BASTEI
LÜBBE

Sam Keen

WIDER DIE LEERE IN UNSERER ZEIT

Eine praktische Philosophie für den Alltag

Aus dem Amerikanischen
von Michael Benthack

BASTEI
LÜBBE

BASTEI-LÜBBE-TASCHENBUCH
Band 60455

Titel der amerikanischen Originalausgabe:
HYMNS TO AN UNKNOWN GOD.
Awakening the spirit in everyday life.
Originalverlag: Bantam Books, a division of Bantam Doubleday
Dell Publishing Group Inc., New York

Lizenzausgabe im Bastei-Verlag Gustav H. Lübbe GmbH & Co.,
Bergisch Gladbach
Printed in Germany, Juni 1998
Einbandgestaltung: Roland Winkler, Bergisch Gladbach
Titelillustration: Marion Brandes, Berlin
Satz: hanseatenSatz-bremen, Bremen
Druck und Bindung: Ebner Ulm
ISBN 3-404-60455-5

Inhalt

Kapitel 3

Autobiographie: Das Leben als Heiliger Text

Kapitel 4

Annäherungen an einen Unbekannten Gott

Kapitel 5

In Gegenwart des Heiligen

Kapitel 6
Der Weg durch die Seelenlandschaft

Kapitel 7
Anmutige Sinnlichkeit: Die Verkörperung des Geistes

Kapitel 8

Das Wissen des Fleisches: Geschlechtlichkeit und Geist

Kapitel 9

Beseelte Erde und Tier-Geister

Kapitel 10
Geist der Öffentlichkeit: Eine Gemeinschaft des Mitgefühls schaffen

Kapitel 11
Tod: Die letzte Frage

Kapitel 12
Die Feier unserer Tage: Gesammelte Rituale für das Leben

Besonders sei gedankt:
Laurance Rockefeller, der die spirituelle Wiedergeburt großzügig unterstützte.

Leslie Meredith,
einem Lektor in der großen Tradition

»Sechzig Jahre lebte ich jede Minute
ohne Bewußtsein, doch keine Sekunde
stockte noch verlangsamte sich dieses Strömen auf mich hin.
Ich verdiene nichts. Heute erkenne ich,
ich bin der Gast, von dem die Mystiker sprechen.
Ich spiele meine Lebensmusik für meinen Gastgeber.
Heute ist alles für den Gastgeber.«
Nicholson, Mathnawi, Buch 1 2084

»Mein Leben war ein langes Lied,
ein Hymnus, gerichtet an einen unbekannten Gott.«
Sam Keen

Vorspiel: Die Sehnsucht

»Jeder Journalist, der etwas auf sich hält, weiß, worum es heute geht, nämlich um die Bestimmung, was es heißt, spirituell zu sein. Das ist die größte Geschichte, und zwar nicht nur dieses Jahrzehnts, sondern des Jahrhunderts.«

Bill Moyers

Spirit: (Geist) »Das belebende oder Lebensprinzip; das, was dem körperlichen Organismus Leben schenkt, im Gegensatz zu den rein materiellen Elementen; der Atem des Lebens.«

Webster's Dictionary

Geist.
Atem.
Das belebende Prinzip.
Die wichtigste Wirkkraft.

Ausatmen. Einatmen.
Expiration. Inspiration.
Sterben und neu geboren werden.

In jedem Zyklus der Atmung, zwischen dem Entleeren und dem Einfließen, entsteht ein Augenblick der absoluten Stille, ein Moment, da etwas an sein Ende kommt. Dann beginnt das schmerzliche Sehnen, das göttliche Unbehagen, während die Lungen flehentlich bitten, gefüllt zu werden, und der Körper sich danach sehnt, vom Geist belebt zu werden.

Um diesen unsichtbaren Windhauch erhaschen, die Reisewege des Geistes orten zu können, müssen wir die Umrisse der Sehnsucht studieren. So wie ein Echo in einer Höhle von unerforschlichen Tiefen kündet, so liegt im schmerzlichen Sehnen die Nostalgie nach der Zukunft. In der Leere zwischen zwei Atemzügen hören wir ein geflüstertes Versprechen, Erfüllung zu finden, spüren wir den Glanz einer Rose, die noch nicht aufgesprungen ist.

Atme durch uns, Atem Gottes, erfülle uns mit neuem Leben.

Stimmen der Sehnsucht

Wie der Hirsch lechzt nach frischem Wasser,
so schreit meine Seele, Gott, nach dir.
Psalm 42

Welche Bedeutung hat für uns heute der Begriff »Geist«? Können die meisten von uns überhaupt noch etwas damit verbinden? Und diejenigen von uns, die immer noch an einen Ort für den Geist glauben, einen Ort namens Seele, einen Gott – wie viele erleben denn sein Wirken? Kann man in diesen chaotischen Zeiten im alltäglichen Leben einen Sinn des Heiligen bewahren, oder müssen wir unseren Geist und unseren Gott an der Tür zum Arbeitsplatz abgeben?

Was kann es heißen, in diesen traumatischen Zeiten ein spirituelles Leben zu führen? Die Wirklichkeit der spirituellen Dimension kommt heute am deutlichsten durch ihre Abwesenheit zum Ausdruck. Schmerzlich sehnen wir uns nach etwas, das unserem täglichen Leben Sinn und Ziel verleiht, etwas, das uns stärker einnimmt, als ein Lippenbekenntnis für eine Idee abzulegen oder am Wochenende einen Gottesdienst zu besuchen. Wir leiden unter einem Vakuum. Unsere Herzen werden von etwas geformt, das uns – noch – nicht widerfahren ist. Scharen von modernen Sinnsuchern sind erfüllt von einer großen Leere, sie sehnen sich danach, seelenvoll zu leben, verlangen nach einem Funken der Inspiration, die eine Leidenschaft entzündet, die sie über das kleinliche Besorgen und Ausgeben erhebt, das ihren Intellekt, ihren Körper und ihren Geist belebt. Wir hungern danach, dieses Gefühl des Heiligen wiederzuerlangen, das gegenwärtig so schmerzlich in unseren Liebesbeziehungen, unseren Familien, unserer Arbeit und in der Politik fehlt.

Es vergeht keine Woche, ohne daß ein Freund oder ein Fremder mich auf diese Sehnsucht anspricht.

Eines Abends, nach zuviel Wein (in vino veritas), schüttete mir eine alte Freundin, etwas über vierzig, brillant, weltgewandt, erfolgreich in ihrem Beruf als Promoterin, erschöpft nach einer Sechzig-Stunden-Woche, ihr Herz aus: »Mir bedeutet das alles überhaupt nichts mehr. Alles, aber auch alles ist mir egal. Ich möchte nur ein paar Tiere haben, einen Garten anlegen und beten. Ich gehöre zur Gott-ist-tot-Generation. Ich habe die Religion immer verachtet. Mein Vater hat an der Atombombe gebaut, und ich war immer stolz auf meine wissenschaftliche Intelligenz. Ich kann mir von Gott keinerlei Vorstellung machen. Aber ich kann mein Leben nicht mehr bewältigen, ohne zu beten.«

Ein anderer Freund, ein Künstler, der erst kürzlich »entdeckt« wurde, Anfang sechzig, gestand mir: »Nachdem ich mehrere Krisen der Lebensmitte überstanden habe, fühle ich mich endlich wohl in meiner Haut, ich führe eine gute Ehe, und meine Kinder sind flügge und gehen ihren eigenen Weg. In den letzten Jahren habe ich eine moderate Berühmtheit erlangt. In finanzieller Hinsicht bin ich erfolgreicher, als ich es mir in meinen kühnsten Träumen ausgemalt habe. Ich habe mir alles gekauft, was ich jemals haben wollte – ein elegantes Haus, ein schönes Auto, Abenteuerreisen in exotische Gegenden der Welt. Ich habe für Wohltätigkeitsorganisationen meiner eigenen Wahl Geld gespendet und mich meiner Familie und meinen Freunden gegenüber großzügig gezeigt. Soweit ich es erkennen kann, habe ich weder ungestillte Bedürfnisse noch unerfüllte Wünsche. Dennoch sehne ich mich nach einer Art Erfüllung, die ich mir nicht einmal vorstellen, geschweige denn benennen kann – dieses Sehnen kann ich nur als spirituell bezeichnen.«

Ein neuer Freund, ein in Los Angeles ansässiger Immobilienmakler, gerade fünfzig geworden, Multimillionär mit einer Vorliebe für schnelle Autos und italienische Mode, hartgesotten und großzügig, äußerte mir gegenüber beim Abendessen in einem eleganten Restaurant: »Es hat mir immer Spaß gemacht, viel Geld zu verdienen, und ich war gut darin. Ich mag die schönen Dinge, die man sich mit Geld kaufen kann – einen Maserati und ein Haus von internationalem Format. Weil ich soviel Geld hatte, habe ich mir nie Sorgen in meinem Leben machen müssen. Aber das reicht mir nicht mehr. In mir ist eine Leere entstanden, die sich mit Geld nicht mehr füllen läßt. Ich muß mein Leben ändern.«

In einem Telefonat, in dem wir ein wenig plaudern wollten, begann ein Rechtsanwalt aus San Francisco, den ich seit Jahren kenne – neunundvierzig Jahre alt, hochintelligent, gut aussehend, ein Meister der Wortspiele und des Witzes, immer blendend gekleidet, vierundzwanzig Jahre abhängig von Alkohol und Drogen, seit sieben Jahren trokken –, eine Unterhaltung über das Leben statt über die Jurisprudenz: »Alles begann, als ein Freund sagte: ›Du kannst diesen ganzen Mist nicht dein Leben lang weitermachen, sonst bringst du dich um. Komm mit mir zu einem Treffen der Anonymen Alkoholiker.‹ Zu dieser Zeit war ich gerade tief verzweifelt. Ich haßte mich und steckte voller Ängste und empfand einen ungeheuren seelischen Schmerz, aber ich konnte mir nicht vorstellen, was ich anstellen müßte, damit es mir wieder gutging. Eines Tages fuhr ich über eine Landstraße und brach in Tränen aus, und da mich niemand erkennen sollte, setzte ich meine Sonnenbrille auf. Dann fing ich an wie ein Wolf zu heulen, so daß ich die Fenster hochkurbeln mußte, damit mich die Leute auf der Straße nicht hörten. Danach bin ich dann zum Treffen der AA mitgegangen.

Als erstes wunderte ich mich über die Gesichter der Anwesenden. Ich sah lächelnde Gesichter. Sie hießen mich willkommen. Da merkte ich, ganz gleich, was für Probleme diese Leute hatten – und sie hatten eine ganze Menge –, mein Problem hatten sie nicht mehr. Sie waren weder isoliert noch einsam, noch ohne Hoffnung. Ihre Gesichter entfachten meine Sehnsucht nach Frieden und nach einem Gefühl des Wohlbehagens. Sie gaben mir das Vertrauen, daß ich an irgendeiner Steile meines Weges empfinden würde, daß ich in Ordnung war, daß ich mit anderen Menschen eine Verbindung herstellen konnte, statt im Hamsterkäfig mit meiner Angst eingeschlossen zu bleiben.

Heute, sieben Jahre später, kam ein junger Mann zu mir in die Kanzlei. Er steckte voller Haß weil ihn eine Frau beschuldigt hatte, ihr Kind sexuell mißbraucht zu haben. Nachdem ich ihm erklärt hatte, daß man keine Anklage gegen ihn erheben könne, forderte ich ihn auf, er solle für die Frau beten, da er sie sonst weder verstehen noch ihr vergeben, noch den Schmerz, den er in sich trug, überwinden würde. Die Begegnung erinnerte mich an den Augenblick, als ich zum erstenmal betete. Meine Frau hatte mir sehr wehgetan und mich zu Unrecht beschuldigt. Deshalb war ich den Großteil des Tages voll Wut umhergelaufen, erfüllt von Groll und mit Plänen, mich an ihr zu rächen. Mein Schmerz war so immens, daß ich irgendeine Möglichkeit finden mußte, ihn loszuwerden. Da ich ein Exemplar des AA-Gebets bei mir hatte, setzte ich mich in meinen Wagen, der auf einem Parkplatz stand, und las es: ›Gott, ich bringe mich dir dar ... befreie mich aus dem Gefängnis meines Selbst, damit ich deinen Willen tun kann.‹ Es war mir peinlich. Ich hatte die Existenz Gottes, jeder Macht, die größer ist als ich, immer geleugnet. Dennoch las ich wieder und wieder, und schon bald empfand ich Erleichterung. Statt in meinem Schmerz verstrickt zu bleiben, begann ich zu verstehen, warum meine Frau über mich hergefallen war, und ich stellte fest, ich konnte ihr vergeben. Seither bete ich, denn es macht mich größer, mein Wesen weitet sich für das, was ist. Ich bete nicht zu irgendeinem übermächtigen Wesen, das alles besser machen soll. Aber ich öffne mich der Macht, die alles Leben erfüllt und beseelt, und bete darum, aus den Fesseln meines Selbst befreit zu werden.«

Vor einigen Jahren erhielt ich einen Brief von einer Frau, die ich bewundere, einer abenteuerlustigen Sucherin, Mutter von drei Kindern und früher mit einem berühmten Arzt verheiratet. Sie erklärte mir, weshalb sie sich dem indischen Ghura Bhagwan X angeschlossen habe. »Der spirituelle Hunger, der mich zu Bhagwan führte, war die große unbeantwortete Frage des zwanzigsten Jahrhunderts: ›Welcher Macht können wir uns hingeben?‹«

Ich schrieb der Frau zurück: »Sie haben die, richtige Frage, aber die falsche Antwort.«

Die spirituelle Sehnsucht unserer Zeit wird durch das immerwährende Bedürfnis des Menschen hervorgerufen, sich mit etwas zu verbinden, das das zerbrechliche Selbst transzendiert, damit er sich etwas Größerem und Beständigerem als seinem kurzen Augenblick in der Geschichte hingeben kann.

Diese Stimmen bilden einen kleinen Teil eines Chors der Sehnsucht, der in einer neuen Gemeinschaft von Sinnsuchern entstanden ist, die sich auf die Reise begeben haben. Vielleicht zählen Sie zu denjenigen, in denen eine Sehnsucht rumort, die die traditionellen Religionen nicht beantworten können. Während orthodoxe Gläubige den Fußstapfen von Jesus, Moses oder Mohammed zu folgen trachten, haben zahllose spirituelle Sinnsucher begonnen, Neuland zu betreten. Viele Menschen, die sich noch vor zehn Jahren geniert hätten, ihre Sehnsucht nach Transzendenz einzuräumen, sprechen heute ganz offen über innere Reisen und Visionssuchen. Spiritualität ist »in«. Millionen, die sich hinsichtlich einer säkularen Weltsicht keinen Illusionen mehr hingeben und die die etablierten Religionen in ihren institutionellen Formen kaltlassen, begeben sich auf die Suche nach etwas – irgendeinem fehlenden Wert, irgendeinem abwesenden Ziel, irgendeinem neuen Sinn, irgendeiner Präsenz des Heiligen.

Im folgenden will ich einige Merkmale der sich wandelnden spirituellen Landschaft, der Renaissance unserer Zeit, angeben:

> Wir erleben einen Anstieg des spirituellen Individualismus und der freischwebenden religiösen Experimente. Die neue Suche zielt darauf ab, neue, unbekannte Wege zu gehen. Das Meinungsforschungsinstitut Gallup berichtet, daß Ende der siebziger Jahre »eine überraschend große Zahl von Amerikanern ein Interesse am inneren bzw. spirituellen Leben entwickelte«. Man schätzt, daß 6 Millionen Menschen transzendentale Meditation betreiben, 5 Millionen Yoga, sich 3 Millionen der charismatischen Bewegung und 2 Millionen östlichen Religionen angeschlossen haben ... Die Kirchen der ›Religiösen Wissenschaft‹, der ›Unity‹ und des

›Neuen Denkens‹, die kein bestimmtes Glaubensbekenntnis voraussetzen, wachsen schnell. Die Trends, die die Religion formen, während wir uns der Jahrhundertwende nähern, bedeuten »eine intensive spirituelle Suche und ein Fortbestehen des Wunsches nach innerem und geistigem Wachstum, gepaart mit einer gewissen Zurückweisung der Autorität der Kirchen.«[1]

Viele Menschen erkunden die Bedeutung der Religion und der Praktiken der amerikanischen Indianer – Visionssuche, der zeremonielle Gebrauch von Meskalin und dergleichen. Es besteht ein wachsendes Interesse an Mythen und Ritualen. Die Schriften C. G. Jungs wurden neu entdeckt. Die Bücher und PBS-Dokumentationen von Joseph Cambell haben einen beispiellosen Erfolg. In den letzten zehn Jahren sind viele Zeitschriften zu diesem Themenkreis gegründet worden.

Der Osten ist auf den Westen getroffen. Zen-Buddhismus, tibetanischer Buddhismus und Dutzende ganz unterschiedlicher indischer Gurus haben viele Menschen des Westens mit Meditation und spirituellen Disziplinen bekanntgemacht; Aikido-, Kung-Fu- und Jiujitsu-Schulen, die diese Kampfsportarten unterrichten, finden sich in jeder größeren Stadt.

Die Anonymen Alkoholiker und Organisationen mit ähnlichen Zwölf-Stufen-Programmen ersetzen die Sucht durch die Hinwendung zu »einer Höheren Macht«.

Therapeuten erforschen die gemeinsame Grenze zwischen Spiritualität und Psychotherapie, und die American Psychiatric Association hat in der vierten Auflage ihres maßgeblichen *Handbuchs der Diagnostik und Statistik* eine neue diagnostische Kategorie aufgenommen: »Religiöse oder spirituelle Probleme«.

Im Rahmen einer feministischen Spiritualität hat man die Große Mutter wiederentdeckt und eine weibliche Bildlichkeit für das Heilige in dic Sprache und in die Liturgien jeder größeren Glaubenslehre eingeführt.

Es besteht in den Vereinigten Staaten ein zunehmender Druck, das Lehrfach »Religion« in die Lehrpläne der Schulen aufzunehmen.

Pioniere auf dem Gebiet der Medizin zeigen, daß Liebe und Spiritualität bei der Heilung der Patienten eine große Rolle spielen.

Die Umweltschutzbewegung hat Vorstellungen für eine zukunftsfähige Wirtschaft entwickelt, die Grenzen des Wachstums aufzeigt, und sich der Idee einer spirituellen Gemeinschaft zur Ehrung allen Lebens verschrieben. In der Katholischen Kirche beginnt die Schöpfungs-Spiritualität die Phantasie vieler Gläubigen immer mehr zu fesseln. Thomas Berry hat vorgeschlagen, wir sollten die Bibel zwanzig Jahre lang aufs Regal stellen und lernen, die Natur als Schrift zu lesen. Es besteht ein zunehmendes Bewußtsein dafür, daß die ökologische Perspektive im Grunde eine theologische Revolution darstellt, die auf der Anerkenntnis der Heiligkeit allen Lebens beruht.

Ausgewählte Spitzenmanager und -managerinnen sagen uns, daß der Beruf neben der finanziellen Belohnungen auch persönliches und spirituelles Wachstum ermöglichen müsse.

Die Systemtheorie hat sich als herrschender Trend in den meisten Wissenschaften, von der Psychologie bis zur Computerwissenschaft, durchgesetzt und die alte Methode der unsystematischen Analyse ersetzt durch die wir alles in seine Bestandteile zerlegt haben. Das neue Denken neigt dazu, Synthese, Netzwerke, Interaktion, Prozesse hervorzuheben. Die alte Vorstellung, wonach das Ganze die Summe der Einzelteile darstellt, wurde durch die Idee ersetzt, daß die Teile nur als Funktionen der Dynamik des Ganzen werden können. Die Vision des neunzehnten Jahrhunderts der einsamen Billard-Kugel-Atome, die wie zufällig miteinander kollidieren und so die Variationen des Lebens erzeugen, wurde ersetzt durch die Vision eines Universums, das aus einem feinen Geflecht von Beziehungen besteht, gleichsam einem Netz aus Edelsteinen.

Der alte Krieg zwischen Wissenschaft und Religion ist zu Ende, und eine neue Liebesaffäre ist im Werden begriffen. Eine Vermählung zwischen Physik und Mystik kündigt sich an. Die Quantenphysik hat die Begrenztheit des alten, an Zeit und Raum gebundenen Newtonschen materialistischen Universums der isolierten Atome nachgewiesen. Paul Davies, Professor für mathematische Physik an der Universität von Adelaide, kommt zu dem Schluß: »Durch bewußte Wesen hat das Universum Selbst-Bewußtsein hervorgebracht. Das ist kein banales Detail, kein unbedeutendes Nebenprodukt geistloser Kräfte ohne Ziel. Wir sollen wirklich hier sein.«[2]

Mag sein, daß Ihr Erfolg oder Ihr Versagen in der Liebe oder im Beruf das drängende Bedürfnis ausgelöst hat, in Ihrem Leben einen größeren Sinn und Zweck zu entdekken. Mag sein, daß die nahe Begegnung mit einer Krankheit oder dem Tod Ihre alten Sicherheiten aufgezehrt und tiefe Zweifel in Ihnen geweckt hat. Mag sein, daß Ihre Verzweiflung über die Verrücktheit der Moderne einen Hunger nach Hoffnung geweckt hat, das Verlangen nach einer neuen Vision des Heiligen.

Die Krise und Suche, die ich in diesem Buch beschreibe und vermesse, hat einen kulturellen wie auch einen persönlichen Kern; sie ist sowohl modern als auch ewig. Das Streben danach, herauszufinden, ob irgendeine Wirklichkeit auf den Namen des Geistes, der Seele oder Gottes antwortet, kann nur eine leidenschaftliche existentielle Reise sein, auf der man die tiefste Bedeutung dessen entdeckt, was es heißt, Mensch zu sein. In diesem Sinne gewärtigen Frauen wie Männer zu allen Zeiten eine Krise, eine Zeit des Nachdenkens, wenn er oder sie dazu herausgefordert wird, das Selbst zu erkunden und zu definieren, eine Vision und eine Gruppe von Werten zu finden. Um Ihnen bei der Selbstprüfung zu helfen, liefern die Kapitel 1 bis 6 detaillierte Wege und Fragen, mit denen Sie Ihr Leben sowie die Quellen Ihres Glücks und Unglücks sezieren können, sowie eine Blaupause zur Heiligung Ihres Lebens. Die vier darauffolgenden Kapitel zeigen Möglichkeiten auf, mit denen Sie Ihre neuen Sichtweisen hinsichtlich des Selbst und des Geistes in Ihre Sexual- und Liebesbeziehungen, in Ihren Beruf, in Ihren Umgang mit der Umwelt und bei der Herstellung einer neuen Form der anteilnehmenden Gemeinschaft integrieren können. Das letzte Kapitel schlägt über fünfzehn Rituale vor, mit denen Sie das Alltagsleben heiligen können.

So wie es keine allgemeine Ernährung gibt, die für alle Menschen gesund ist, so kann auch keine geistige Nahrung für alle Menschen gleich nahrhaft sein. Die Art und Weise, wie wir Sinn verarbeiten, unterscheidet sich auf ebenso tiefreichende Weise, wie der Organismus Speisen verdaut. Manche Menschen gedeihen bei einer Ernährung, die aus kunstvollen Symbolen besteht, und werden von der Liturgie der Hochkirchen, einem komplizierten tibetanischen Tanka oder einem Jungschen Mandala genährt. Andere reagieren allergisch auf allzuviele theologische Rituale und kommen mit einer Quäker-Stille oder einer Zen-Meditation weitaus besser zu Rande.

In diesem historischen Augenblick, da die Geschlechterrollen neu definiert werden, ist anzunehmen, daß sich die Geistesnahrung, die Männer und Frauen stärkt, unterscheidet. Mehr Kaffee für die Frauen, mehr Kamillentee für die Männer. Als Grundregel kann gelten: Frauen müssen die spirituellen Dimensionen der Aggression erkunden, Männer sich in den Disziplinen des Nachgebens, der Fürsorge und des Staunens üben. Wie ich in *Feuer im Bauch* zu zeigen versucht habe, sind die meisten Eigenschaften und Rollen, durch die wir traditionellerweise Männer und Frauen, männlich und weiblich, definiert haben, künstlich. Die Aufteilung der Tugenden entlang der Geschlechterlinien – Männer sind rational, aggressiv, kriegerisch; Frauen sind emotional, intuitiv, empfangend, nährend – ist ein fester Bestandteil der Wege, durch die unsere Persönlichkeit und unser Ich in unserer Kultur geformt und verformt werden. Der Geist, unser Vermögen, die Konditionierung durch unsere Familie und unsere Kultur zu überwinden, kennt kein Geschlecht, keine Nationalität, keine Klassen, keine Farbe, keine Rasse.

Den ersten Teil der spirituellen Reise sollte man eigentlich eher als psychologisch denn als spirituell bezeichnen; denn dazu gehört, die Mythen und Illusionen abzustreifen, die uns in die Irre geführt haben. Vielleicht begreifen wir allmählich, daß wir nur dann seelenvolle Menschen werden, wenn wir die Prädikate – Nationalität, Rasse, Geschlecht, Klasse, Hautfarbe – transzendieren, die bis dahin unsere Identität definiert haben. Während der psychologischen Phase der Reise beschreiten Frauen und Männer gegensätzliche und komplementäre Wege, um wiederzuerlangen, was man ihnen in der jugendlichen Entzweiung in Geschlechterklassen verweigerte. Wenn Männer und Frauen sich der Gaben und Wunden des biologischen Geschlechts bewußt werden und die Geschichte der Entfremdung zwischen den Geschlechtern in ihre Lebensgeschichten einverleiben, dann begeben sie sich auf die gemeinsame Reise, die ich in diesem Buch nachzeichne. Wenn *Feuer im Bauch* eine Erkundung der einzigartigen Erfahrung darstellt, die die Erfahrungen von Männern (und Frauen) färbt, dann ist *Hymne an einen unbekannten Gott* eine Landkarte der Wege, die wir gemeinsam gehen, wenn wir die Fragen der Männlichkeit und Weiblichkeit, der männlichen und weiblichen Rolle, weit hinter uns gelassen haben.

Die Suche nach dem Geist, nach Gott, ist letztlich die Suche nach uns selbst in allen unseren Höhen und Tiefen. Es ist die Aufgabe von Jedermann und Jederfrau und jeder Heldenreise, die Gewißheiten und Zweifel zu überwinden und unser altes Wissen und Selbstverständnis hinter uns zu lassen, und zwar in Richtung einer sich immer weiter entfaltenden Wahrheit. Das war, ist und wird immer das größte Abenteuer des Menschen sein. Bitte nehmen Sie mit mir an dieser Reise teil, die die Verheißung birgt uns in die Richtung dieses Unbekannten Gottes zu führen, dem wir uns überlassen können und der uns mit einem Gefühl für die Heiligkeit unseres Lebens erfüllt.

Aus dem Schatten des Zweifels heraustreten

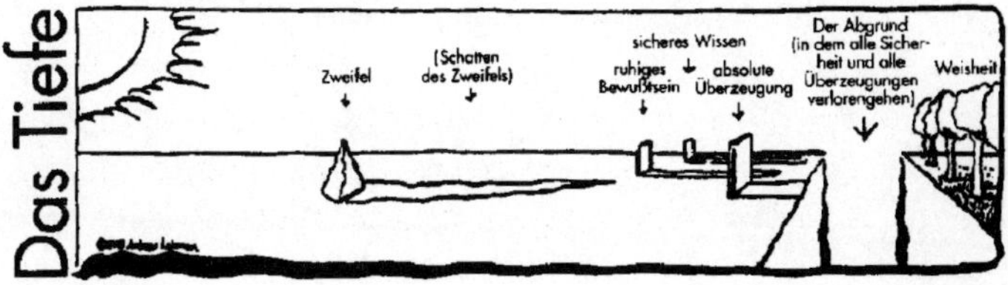

Kapitel 1

Das Sterben der Götter und das Erwachen des Geistes

»Der Geist Amerikas in zunehmend tiefer Krise – Soziale und geistliche Führer konstatieren Verlust des Glaubens und weitverbreiteten Zynismus im Herzen des Landes.«

San Francisco Examiner, 8. Juli 1990

Die Krise des Geistes

Es war in der Dämmerung eines trüben Novembertages im Jahr 1957, als ich in einem klassischen alten Vorlesungssaal der Harvard-Universität saß und eine Vorlesung von Paul Tillich hörte, dem wohl bedeutendsten protestantischen Theologen unseres Jahrhunderts. Es war eine Zeit des kulturellen Optimismus und des aufkommenden religiösen und politischen Liberalismus. Ich war damals frisch verheiratet und im Begriff, meine Version des Amerikanischen Traumes zu erfüllen – ich wollte als Professor an einem kleinen College unterrichten und mit meiner Familie in einer ruhigen, von Ulmen gesäumten Straße wohnen. Eine verheißungsvolle Zukunft schien vor mir zu liegen. Die wohltätige Vernunft und ihre technologischen Begleiter waren die Götter dieser schönen neuen Welt. Internationale Konzerne begannen die Grenzen zwischen den Nationen auszulöschen. Die inoffizielle Religion der USA war der Antikommunismus, doch der Kalte Krieg war eher lauwarm. Die bedeutendsten Theologen dieser Epoche – Paul Tillich, Reinhold Niebuhr und Karl Barth – warnten alle vor Nationalismus und Fundamentalismus. Christen traten in einen Dialog mit Hindus und Buddhisten ein. An diesem besonderen Tag wies Paul Tillich in seiner Vorlesung darauf hin, wie wichtig es sei zu verstehen, daß alle religiösen Aussagen symbolischer Natur seien. Sie seien sprachliche Spitze, die nur einen Blick auf den Stoff des geheimnisvollen Seins gewährten. Keine Religion besitze eine buchstäbliche Wahrheit, und er warne uns vor der Vergötzung der Religion. Tillich riet uns, nach der Präsenz des Heiligen in der säkularen Welt des Alltags Ausschau zu halten.

Als es draußen dunkel wurde, stand einer der Zuhörer auf und sagte: »Dr. Tillich, in drei Minuten wird der Sputnik-Satellit der Russen am Himmel über Cambridge zu sehen sein.« Wir strömten aus dem Saal, blieben auf der Treppe davor stehen, reckten die Hälse nach oben und warteten auf das Erscheinen des neuen Sterns. Ehrfürchtig sahen wir zu, wie dieser neue Engel des Lichts in Sicht kommen, schweigend die Himmelskuppel durchziehen und die Ankunft des Raumfahrtzeitalters ankündigen würde. Als wir in den Vorlesungssaal zurückkehrten, sprach Tillich von der »Größe des Menschen«, in dessen Hände der Auftrag und die Fähigkeit gelegt worden sei, die Erde zu beherrschen. An diesem Abend spürten wir alle die mögliche Erhabenheit der Zukunft. Im Rückblick erkenne ich, daß es da, mitten in dieser offenbaren Epiphanie der kommenden Herrlichkeit, ein kleines Omen gab, das wir übersahen. Denn kaum hatte Tillich die Formulierung »die Größe des Menschen« geäußert, begann ein Baby, das in seinem Tragebett neben seiner Mutter geschlafen hatte, zu weinen. Unsere Aufmerksamkeit wechselte abrupt von dem Stern zu dem Kind, und Tillich beendete seinen Satz mit den Worten »und die Kleinheit des Menschen«.

Das Morgen des Gestern hat sich als etwas anders erwiesen, als wir uns vorgestellt haben. Mittelalterliche Formen des Fundamentalismus, Theokratie, Heilige Kriege und die Politik des Fanatismus sind wieder in Mode, zerreißen ganze Nationen in befeindete Stämme und erfüllen die Straßen mit Scharen von Flüchtlingen. Wir werden mit Geschichten voller Gewalt, Zwietracht, Verrat und Skandalen bombardiert. Unsere Städte sind erfüllt von Massen kauernder Obdachloser und umherziehenden Banden junger Barbaren ohne Hoffnung. Die Wirtschaft stagniert, während die Börsenkurse in die Höhe schnellen. Die Weltbevölkerung steigt schneller, als sie durch Hungersnöte, Seuchen oder Kriege verringert werden kann. Ungezählte Arten verschwinden unter den gnadenlosen Attacken der Menschheit. Ozonlöcher und Aids deuten darauf hin, daß die Natur sich gegen uns wendet. Überall sind die Regierungen und gesellschaftliche Institutionen unfähig, mit dem davoneilenden Wandel fertigzuwerden. Unterdessen verbringen zahllose Wohlhabende ihre Freizeit in Einkaufspassagen und versuchen *Lifestyle*-Luxuswaren zu finden, die sie konsumieren können und die letztlich auf die ohnehin schon überfließenden Müllkippen geschüttet werden.

Einst haben wir erwartet, daß »der Mensch erwachsen geworden ist«, wie Dietrich Bonhoeffer es formuliert hat, doch offenbar sind wir regrediert, zurück in die Kindheit. Wo wir uns früher eine neue Weltordnung vorstellten, besteht heute Chaos; wo wir einmal von Toleranz träumten, herrscht heute Fanatismus; wo wir uns einst eine vielversprechende Anwendung der technischen Errungenschaften vorstellten, herrscht heute die Verschmutzung und Zerstörung der Umwelt vor; wo wir uns eine Revolution des Freizeitverhaltens erträumten, besteht nun ein irrsinniges hektisches Treiben von streßgeplagten Arbeitern und Angestellten. Unsere Vorhersagen sind nicht präziser gewesen als die der Seher, die auf den Seiten des *National Enquirer* die Zukunft vorhersagen.

Und wie sehe ich persönlich das Morgen? Auch das hat sich anders entwickelt, als ich es vorausgesehen habe. Keine ruhigen Straßen, kein sicherer Job, keine ungebrochenen Glaubensbekenntnisse lagen in meiner Zukunft. Vielmehr Scheidung und zweite Ehe, eine thermonukleare Familie, eine Laufbahn als intellektueller Zigeuner, der Verlust vieler Überzeugungen und eine lange Reise in das unbekannte Land, das jenseits von Eden liegt.

Seit den fünfziger Jahren scheinen viele Menschen der westlichen Welt in einer ausgedehnten spirituellen Krise zu stecken. Die großen religiösen Mythen der Vergangenheit verlieren immer mehr die Kraft, unser Leben mit einem Sinn, mit Zielen und Hoffnungen zu erfüllen. Wir sind privilegiert und dazu verurteilt, auf dem Scheitelpunkt zwischen zwei Epochen zu leben, die an die Zeiten erinnern, als die Menschheit vom Jagen und Sammeln zum Ackerbau überwechselte und vom Ackerbau zur industriellen Wirtschaftsform überging. Die alten Werte, Visionen, Weltanschauungen und die Art und Weise, wie wir unser soziales, wirtschaftliches und politisches Leben ordnen, sind in einem tiefreichenden Wandel begriffen.

In der Dämmerung zwischen dem Tod der alten Götter und der Ankunft der neuen wird ein großes Chaos entstehen – und die Versuchung zu verzweifeln. Uns steht keine ruhige, keine besinnliche Zeit bevor, der Wandel ist permanent, er wird bleiben. Es ist zu erwarten, daß an den großen Wendemarken der Geschichte die unterschiedlichen Bereiche des politischen Gemeinwesens in gegensätzliche Richtungen verlaufen werden. Die Mehrheit versucht an den alten Verhältnissen festzuhalten, während eine Minderheit sich daran macht, neue Wege zu beschreiten. Ihres und mein Schicksal ist es, unser Leben inmitten des Krieges des Großen Paradigma zu fristen, dem weltweiten Konflikt zwischen drei mythischen Systemen – dem technologisch-ökonomischen Mythos des Fortschritts, der autoritären Religion und der im Entstehen begriffenen spirituellen Weitsicht.

Unsere Lage ist kritisch, aber nicht hoffnungslos. Weder die Apokalypse noch die Utopie werden in der nahen Zukunft Wirklichkeit werden. Ich sehe die ersten Anzeichen einer Morgendämmerung, eine neue vereinigende Vision, die sich aus der Suche ganz unterschiedlicher Männer und Frauen ergibt. Auf lange Sicht wird die spirituelle Wiedergeburt vermutlich verändern, wie wir das Heilige konzeptualisieren und erfahren, eben die Art und Weise, wie wir unsere wirtschaftlichen, politischen und persönlichen Leben organisieren. Meines Erachtens wird aus dieser Dämmerung ein neuer Mythos – mit einer neuen Politik, einer neuen Form des Wirtschaftens und neuen Formen der sozialen Organisation unserer Städte, Farmen und der freien Natur – geboren werden.

Ob der sich abzeichnende Mythos gedeihen oder untergehen wird, ob die technokratischen, modernen urbanen Staaten den Willen zum Überleben aufbringen und die Fähigkeit, den alten ökozidalen Fortschrittsmythos zu überwinden, ob wir die Widerstandskraft aufbringen, unsere Zivilisation zu re-formieren, können wir nicht wissen. Es ist ernüchternd, sich daran zu erinnern, daß die Geschichte der Menschheit mit den Überresten großer Zivilisationen übersät ist, die lieber untergingen, statt ihren organisierenden Mythos zu ändern.

Hymne an einen unbekannten Gott beruht auf einer Ahnung und einer vorläufigen Lebenseinstellung, die ich einer Karikatur entnahm, die einen bärtigen Propheten zeigt, der ein Schild mit der Aufschrift vor sich her trägt: »Die

Welt wird nicht an ihr Ende kommen. Wir müssen lernen, ihre Probleme zu bewältigen.«

Wenn wir genau hinhören, glaube ich, wird die Stimme im Wirbelsturm uns sicher etwas über den Tod unserer alten Götter sagen, und vielleicht flüstert sie uns auch etwas über die neuen Götter zu, die in diesem Augenblick auf die Welt kommen.

Einladung zu einer Reise

In *Hymne an einen unbekannten Gott* habe ich mir folgende Aufgabe gestellt: Ich möchte versuchsweise eine Landkarte unserer derzeitigen und zukünftigen spirituellen Reise skizzieren, um so die Suche nach einem neuen ordnenden Mythos zu dokumentieren und auf einige der Quellen und Disziplinen hinzuweisen, die zum Überleben in diesen unruhigen Zeiten erforderlich sind.

Ich mache dies erstens, weil mir immer klarer wird, daß die fortgesetzten Bemühungen, eine Gesellschaft auf einen rein säkularen Mythos des ewigen Fortschritts zu gründen, die Menschheit vernichten wird. Zweitens, weil die reaktionären Bemühungen der Fundamentalisten, die einen islamischen, jüdischen oder christlichen Staat gründen möchten, der von der religiösen Obrigkeit regiert wird, die bürgerlichen Freiheiten, die Rechte der Frau und die sexuelle Freiheit bedrohen, die wir unter so großen Anstrengungen erkämpft haben, und uns in Verhältnisse zurückwerfen, in denen Stammesorganisation, Blutvergießen und Götzenverehrung herrschen. Drittens glaube ich, daß die aufkommende spirituelle Weltsicht den aussichtsreichsten Weg darstellt, der unserer Kultur offensteht, weil er wahrhaftiger ist als die anderen Möglichkeiten.

Das Wichtigste ist aber: ich habe mir vorgenommen, diesen Weg zu vermessen, weil es der Pfad ist, den ich selbst beschritten habe. Ich bin in einem liebenden, nonkonformistischen christlichen Elternhaus aufgewachsen, erzogen von Eltern, die praktizierten, was sie predigten, und die starke, lebenspralle Persönlichkeiten waren. Die Lieder, die wir sangen, hallen noch immer in den Korridoren meines Geistes und meiner Erinnerung wider. Einst war mein Gott eine feste Burg, der Schatten eines mächtigen Felsens in einem erschöpften Land, eine Hilfe in vergangenen Zeiten, eine Hoffnung für die kommenden Jahre. Auch wenn ich die Autorität der Bibel und der Kirche nicht mehr akzeptiere, so erklingen doch die Wahrheiten hinter den Worten in der Tiefe meines Wesens. In den stillen Stunden, wenn ich voll Freude oder Traurigkeit bin, steigt ein Satz aus den alten Psalmen und Geschichten, ein Refrain aus einem Kirchenlied oder eine Zeile aus einem traditionellen Gebet an die Oberfläche meines Geistes, und ich empfinde eine Freude, die jedes Verstehen übersteigt.

Dennoch kann ich nicht mehr zur traditionellen Religiosität zurückkehren. Und ich kann auch nicht mehr in dem smogvernebelten Horizont des säkularen Fortschrittsglaubens leben. Deshalb suche ich nach einer Möglichkeit, die Forderungen des Kopfes und des Herzens zu vereinigen. Ohne in einen gedankenlosen Glauben zu verfallen oder mich einer Autorität unterzuordnen, möchte ich einen Weg finden, bei dem ich mich auf die ewigen Arme stützen kann. Und während ich meinem unvermeidbaren Ende zustrebe, kann ich hoffentlich darauf vertrauen, daß mir der unbekannte Gott – der Impuls und das Ziel meiner Suche – treu bleiben wird.

In mancher Hinsicht ist dieses Buch eine Art philosophischer Lobgesang. In einem seelenvollen Leben geht es eher darum, den Rhythmus der Sphärenklänge zu finden und sich auf sie einzustimmen, als darum, die richtigen Worte zu finden. Die Wahrheit des Geistes wird meines Erachtens besser in Liedern und Gedichten übermittelt als durch Sätze. Die beste Seite der christlichen Tradition, die mich immer noch nährt, kommt in der von ihr inspirierten Musik zum Ausdruck. Mein Denken wird nur selten von Glaubenssätzen getröstet, die die Prüfung des Zweifels bestehen, doch wenn ich Bach höre, legt sich meine Seele neben ruhigen Wassern nieder, und ein geheimnisvoller Herr ist immer noch mein Hirte.

Die Reise, die wir unternehmen, muß ein melodisches Element enthalten. Wir müssen den Rat des sokratischen Dämons befolgen, wonach die Ausübung der Philosophie ohne musikalische Begleitung der Seele schaden kann. Der spirituelle Weg des Westens hat etwas zutiefst Musikalisches. Die verwickeltesten Formen des tibetanischen Buddhismus, des Hinduismus und des Taoismus haben komplizierte Mantras, religiöse Bilder, Gesänge und betörend einfache Melodien erschaffen, aber nichts, was sich mit der religiösen Musik eines Bach, Händel oder Mozart vergleichen ließe. Die Gründe dafür sind mir unbekannt, aber es ist ein wichtiger Hinweis für die Männer und Frauen des Westens, dieser einzigartigen Musikalität zu folgen.

Die Kirchenlieder, Psalmen und die Gedichte, die mich unerwartet in die Nähe des Heiligen führen, sind Echos meines christlichen Erbes. (Die Zitate stammen zum überwiegenden Teil aus dem Gesangbuch der Presbyterianischen Kirche.) Wenn sie Ihnen vertraut sind, singen Sie mit. Wenn Sie sie nicht kennen, setzen Sie an diese Stelle Musik aus Ihrer Tradition oder jede Musik, die Ihnen eine unerwartete Gnade übermittelt. Unter keinen Umständen sollten Sie sich auf diese spirituelle Reise ohne Verstand beziehungsweise mit einer Vernunft begeben, die sich von den Texten getrennt hat. Dudley Young erinnert uns in *The*

Origins of the Sacred daran, daß die Ekstasen des Geistes durch das Gesetz – *nomos* – diszipliniert werden müssen. Und das griechische *nomos* bedeutet sowohl Gesetz als auch Melodie. Es gibt keine Trennung zwischen der »Gesetzhaftigkeit«, die die Energien der Musik und des Geistes in Grenzen halten, und der Rationalität, die uns den Kosmos verstehen läßt. Der harmonische Geist ist laut Pythagoras, Bach und Einstein zugleich mathematisch; vernünftig und musikalisch.

Ehe wir uns auf die Reise begeben, sind einige Warnungen auszusprechen. Es ist schwierig, die Methode und den Stil dieses Buches zu klassifizieren. Ständig überschreitet es die Grenzen, die herkömmlicherweise Psychologie, Philosophie, Politik und Theologie voneinander trennen; hin und wieder macht es auch einen kleinen Abstecher in die Autobiographie. Seien Sie versichert, daß mein Wahnsinn Methode hat. Ich bin überzeugt, daß uns durch die üblichen akademischen, objektiven, anonymen Weisen des Schreibens, Sprechens und Nachdenkens über unsere Werte und Visionen, unsere Ängste und Hoffnungen, unsere Sexualität und Spiritualität ein unermeßlicher Schaden zugefügt wird. Viel zu viele Bücher über die Psyche und den Geist sind von abstrakten Autoritäten und Fachleuten geschrieben worden, die gleichsam vom Olymp aus Ratschläge erteilen und Schlüsse ziehen. Mittlerweile mißtraue ich Büchern, in denen es dem Autor an Mut fehlt, verletzlich zu sein und die Geschichte seiner oder ihrer Reise mit dem Leser zu teilen. Gewiß, philosophische und psychologische Bücher müssen mehr sein als Bekenntnisse. Wir müssen über unsere Grundsätze klar nachdenken und die Anhaltspunkte bewerten, die Bruchstücke der Informationen zu vernünftigen Weltanschauungen zusammenfügen. Aber es muß doch jemanden geben, der in unseren Reflexionen und Theorien zu Hause ist – ein identifizierbarer Mensch, der zu seinen Schlüssen als Folge besonderer Kämpfe und einer Identität in der Geschichte gekommen ist. Ich schreibe autobiographische Philosophie, weil ich überzeugt bin, daß ich nur dadurch, daß ich Sie die Knorren meiner Seele sehen lasse, ermutigen kann, die »Maserung des eigenen Holzes zu schätzen«, wie Howard Thurman es einmal formulierte.

Die Geschichte, die sich hier entfaltet, folgt keiner geraden Linie vom Anfang bis zum Ende. Manchmal schweift sie ab, manchmal führt sie in Sackgassen, dann wiederum steigt sie empor zu Höhen, von denen wir in ferne Länder blicken, in denen wir einst zu Hause waren. Insgesamt bewegt sich die Geschichte in einer spiralförmigen Richtung – sie umkreist immer wieder aufs neue die großen mythischen Fragen. Die *Spiralreise* ist vielleicht die beste Metapher für das spirituelle Leben, weil wir darin entdecken, was wir zwar immer gewußt, aber vergessen haben. Allmählich sammeln wir die Fragmente unserer Seele zusammen und erinnern uns an das, was »vor langer Zeit, in einem fernen Land« eins und ganz war. Alles geschieht, als ob wir von einer unbewußten Vision, dem vorbewußten Wissen bewegt würden, daß wir Bürger eines heiligen Kosmos sind. Aber nur, wenn wir auf die Art und Weise leben, die man als »seelenvoll« bezeichnet, entdecken wir, wie Wordsworth schrieb: »Though inland far we be / Our souls have sight of that immortal sea / Which brought us hither.« [Wir mögen tief im Land sein / doch unsere Seelen behalten das unsterbliche Meer im Blick / das uns hierher gebracht hat.]

Sie werden enttäuscht sein, wenn Sie erwarten, daß eine spirituelle Suche zu Gewißheiten und zum Besitz der Wahrheit, zur ganzen Wahrheit, und nichts als der Wahrheit führt. Zweifel und Zwiesprache werden uns nie verlassen. Wir müssen keine endgültigen Antworten auf unbeantwortbare

Fragen finden: Warum sind wir hier? Woher kommen wir? Wohin gehen wir? Und wie sollen wir unterdessen handeln? Aber wir müssen das Gesicht in den Wind halten und die großen Fragen am Leben halten. Es ist von entscheidender Bedeutung, ob wir unsere Kritikfähigkeit aufgeben und uns mit den falschen religiösen Mystifikationen des Kultes und des Stammes abfinden. Unsere einzige Hoffnung für die Schaffung einer gesunden Zukunft, die einen Sinn für die Heiligkeit des Lebens bewahrt, wird aus einer erneuerten Gewohnheit kommen, wenn wir miteinander über jene Dinge sprechen, die nie ganz gesagt werden können, aber nie vergessen werden dürfen.

Vor unserer Abreise müssen wir sorgfältige geistige und emotionale Vorbereitungen treffen. Sie werden Ihren Eifer, auf der Stelle aufzubrechen, zügeln müssen. Wir haben eine Abneigung gegen Vorbereitungen. Wir verlangen nach Ein-Minuten-Lösungen. Aber es gibt keine Instant-Spiritualität. In den ersten Kapiteln werden wir einige der Sackgassen und unheilvollen Routen untersuchen, die andere Reisende auf dem Weg der Spiritualität eingeschlagen haben. Wir werden alternative Karten studieren und versuchen, präzise Definitionen über das angestrebte Ziel zu erlangen. Wir werden dabei ein bißchen Inventur machen; denn wir müssen herausfinden, welche Erkenntnismittel uns zur Verfügung stehen, mit denen wir uns an das schwer faßbare Mysterium des Heiligen anpirschen und es zu einem bewußten Bestandteil unseres Lebens und unserer zwischenmenschlichen Beziehungen machen können.

Eines Tages werden wir, während wir den Prozeß der Selbstvorbereitung durchlaufen, entdecken, daß wir, ohne es zu bemerken, bereits eine lange Wegstrecke gemeinsam zurückgelegt haben. Die Vorbereitungen werden mit der Reise verschmolzen sein. Dann werden wir zu unserer Verwunderung feststellen, daß Theorie und Praxis ineinander gegriffen haben, daß unsere Kontemplation des Selbst untrennbar mit unseren Taten der Anteilnahme verbunden sind und daß unser Patient, der in dem fruchtbaren Dunkel wartet, nun die Art und Weise ist, wie wir dem Unbekannten Gott vertrauen. Und so werden wir Freude bei unseren Fragen empfinden.

Kapitel 2

Die Fragen leben

Szene: Am Sterbebett von Gertrude Stein. Steins Gefährtin Alice B. Toklas beugt sich sorgenvoll über die sterbende Freundin und Mentorin. Toklas fragt: »Gertrude! Gertrude! Was ist die Antwort?« Stein öffnet die Augen und antwortet: »Was ist die Frage?«

... Geduld zu haben gegen alles Ungelöste in Ihrem Herzen und zu versuchen, *die Fragen selbst* liebzuhaben wie verschlossene Stuben und wie Bücher, die in einer sehr fremden Sprache geschrieben sind. Forschen Sie jetzt nicht nach den Antworten ... *Leben* Sie jetzt die Fragen.

Rainer Maria Rilke
Briefe an einen jungen Dichter

Mönch: »Alle diese Berge und Flüsse und die weite Erde – woher kommen sie?« Meister: »Woher kommt Deine Frage?«

Krise und die Suche nach Sinn: Eine schon oft erzählte Geschichte

Eine nicht genannte Quelle berichtet, daß Adam zu Eva sagte, als sie den Garten Eden verließen: »Liebste, wir leben in einer Zeit des Übergangs.«

Vor langer, langer Zeit, unweit der Grenze zur Zukunft der zukünftigen Vergangenheit, liegt eine Geschichte, eingerollt in der ewigen Kern des Immer. Sie ist Adams Geschichte der Vertreibung, Odysseus Irrfahrt, die Suche nach dem Heiligen Gral, meine und Ihre Autobiographie. Sie ist das Gilgamesch-Epos, und sie wurde zum erstenmal erzählt im heutigen Irak. Man wird sie solange neu erzählen, wie wir uns daran erinnern, daß Menschen Heimstättenbesitzer sind, denen man ihre Heimat genommen hat, Zigeuner, die sich danach sehnen, für immer in einem üppig grünen Tal neben stillen Wassern zu leben. Sie enthält das wiederkehrende Drama der Krise und der Suche.

Erst gestern, ungefähr um das Jahr 2700 v. Chr., regierte in Uruk der junge König Gilgamesch, zwei Drittel Gott und ein Drittel Mensch. Hochgemut wegen seiner Eroberungen, voll Stolz auf seine von Mauern umgebene Stadt, verbrachte er seine Tage mit hagestolzen Kriegsplänen und seine Abende mit der Defloration von Jungfrauen und dem Verführen der Frauen seiner Krieger. Um seine dämonische Energie einzudämmen, schufen die Götter sein Spiegelbild als Gefährten – Enkidu, einen Mann der Wildnis, unbefleckt von jeder Zivilisation –, ein stürmisches Herz, das sich mit einem anderen stürmischen Herzen anfreunden sollte. Nach einem großen Ringkampf wurden die Männer beste Freunde, und eine Zeitlang war Gilgamesch zufrieden. Doch nach einer gewissen Zeit bedrückte ihn die Untätigkeit. Getrieben von Langeweile und unbefriedigten Sehnsüchten, sich einen Namen zu machen, unternahmen er und Enkidu eine Expedition in einen Wald, um Zedern zu fällen, mit deren Holz sie einen prächtigen Palast bauen wollten. Dort trafen sie auf den wilden Riesen Humbaba, der auf Geheiß der Götter den Wald bewachte, und töteten ihn ohne Gnade. Um die beiden für ihren Hochmut zu bestrafen, beschlossen die Götter, daß Enkidu sterben müsse. Gilgamesch weinte um seinen Freund und fiel in tiefe Verzweiflung.

Geplagt von dem neuen Wissen, daß der Tod ihn ereilen ebenso werde wie er seinen Freund ereilt hatte, verlor Gilgameschs Leben jeden Sinn. Voll Verzweiflung und Sehnsucht begab er sich auf eine lange Reise nach dem Fernen Land, um nach Utnapischtim zu suchen, dem einzigen Menschen, dem die Götter das ewige Leben geschenkt hatten. Nach vielen Prüfungen und Drangsalen im dunklen Wald fand er Utnapischtim; aber er erfuhr lediglich, daß »es keine Dauer« gibt und daß alle Menschen zum Sterben verurteilt sind. Doch Utnapischtim erbarmte sich Gilgamesch und offenbarte ihm, wie er eine Arzneipflanze finden könne, die unter dem Wasser wächst, mit Stacheln wie Rosendornen, die ihm zumindest seine Jugend wiedergeben würde. Gilgamesch band sich schwere Steine an die Füße, tauchte tief ins Meer und tauchte mit dem Elixier auf, das alten Männern die Jugend zurückgeben konnte. Aber gerade als er die Pflanze essen wollte, sah er einen Brunnen mit kühlem Wasser; er begab sich dort hinein, um zu baden. Tief in dem Teich war eine Schlange, die die Süße der Blume roch. Sie stieg aus dem Wasser empor, stahl die Pflanze, häutete sich und kehrte in den Teich zurück.

Als Gilgamesch seinen Verlust erkannt hatte, setzte er sich nieder und weinte. Schließlich kehrte er, müde, weise und resigniert, nach Uruk zurück. Man kann sich vorstellen, daß er nun, desillusioniert, befreit von falschen Hoffnungen, die gewöhnlichen Freuden des Lebens wieder genießen konnte, nicht mehr seine Macht mißbrauchte und sein Schicksal akzeptierte.

Das Erwachen aus dem Traum vom Fortschritt

Um die jüngste Version der schon oft erzählten Geschichte des Suchers verstehen zu können, müssen wir jene Fragen betrachten, die wir uns selbst stellen, und die Fragen, die unsere Kultur hervorruft. Wir müssen unterscheiden zwischen den Werten und Visionen, zu denen wir ein Lippenbekenntnis ablegen, und denjenigen, die wahrhaft die Grundlage für unser Handeln bilden. Wie die Philosophen des Mittelalters müssen wir unsere Glaubensvorstellungen und unsere Lebensweise – unseren operativen Glauben – unterscheiden. Glaubensvorstellungen sind Ideen im Kopf kognitive Ausdrücke, Landkarten der Welt, unsere besten Begriffsbildungen dessen, wie die Dinge sind, unser Credo. Glauben kommt aus dem Bauch und dem Herzen; er ist in Handlungen sich ausdrückendes Vertrauen, die Disposition, sich so zu verhalten, als sei etwas wahr oder wertvoll.

In einer gut integrierten Person oder Kultur können Glaubensvorstellungen und Glaube zusammenfallen, doch in modernen Gesellschaften erleben wir eine zunehmende Spaltung zwischen beiden. Was wir zu glauben vorgeben, hat wenig mit dem zu tun, wie wir unser Leben gestalten. Unsere Religion und unser Glaube, unsere Glaubenslandkarten und die Werte, nach denen wir uns richten, liegen weit auseinander.

Wie in früheren Zeiten, so haben auch heutzutage nur wenige die Ehrlichkeit, sich dem Offensichtlichen zu stellen. Wenn der Ausdruck Gott bedeutet »das, was uns letztlich tief angeht« (wie Tillich sagt), dann müssen wir nur den Zustand unseres politischen, wirtschaftlichen und sozialen Systems betrachten, um zu erkennen, welche Prioritäten wir wirklich setzen und was wir in Wirklichkeit verehren. Die symbolischen Zentren der modernen Großstadt sind nicht mehr die Kathedralen, sondern die Forschungs- und Entwicklungsinstitute, die Industrieparks, die Finanzmärkte und die Computernetzwerke, die sie alle miteinander verbinden. Wenn unser Herz dort ist, wo unser Schatz liegt, dann ist Gott bei weitem nicht so wichtig wie General Motors oder irgendein bedeutendes ölproduzierendes Land. Was ist der wirksame Glaube einer Nation, die erst kürzlich Tausende irakischer Bürger in einem der einseitigsten Kriege der jüngeren Geschichte niedermetzeln ließ? Dem Öl schenken wir Vertrauen, weil es die Fortschrittsmaschine schmiert, in der wir leben, uns bewegen und unser Dasein fristen.

Unser von Herzen kommende Glaube, die tiefsitzende Überzeugung unserer Kultur ist der gemeinsame Traum aller vom ewigen Fortschritt. Wir nehmen an, daß die Geschichte der Menschheit eine Entwicklung hin zu immer größeren Triumphen ist, der allen Menschen Wohlstand im Überfluß bringen wird. Wir meinen, wir alle hätten das Recht auf Reichtum. Wir glauben, wir lebten am Rande des Zeitalters der Knappheit und am Beginn des Zeitalters des demokratischen Luxus. Der Fortschrittsmythos durchdringt und bestätigt die handlungsleitenden Annahmen sowohl der 94 Prozent Amerikaner, die an Gott glauben, als auch der 6 Prozent von uns, die nicht an Gott glauben. Möglicherweise »glauben« wir an Gott, aber die Kräfte, die Institutionen und die Mythen, die unseren Alltag formen, sind überwiegend säkularer Natur – Geld, Märkte, Maschinen, Medien und Manager. Theoretisch sind wir alle Gläubige; in der Praxis sind wir Atheisten. Noch tief in der Religion verankerte Menschen haben recht mit der Behauptung, daß der säkulare Humanismus eine Ideologie und einen Glauben darstellt. Doch haben sie unrecht, wenn sie glauben, daß wir zu den alten Absolutheiten und zum Glauben unserer Väter zurückkehren können.

Aber obwohl wir wider besseren Wissens weiter die Hoffnung hegen, irgendein technisches Wunder werde eine ewig wachsende Wirtschaft und ein besseres Morgen erschaffen, haben wir die Fundamente unseres Glaubens an den Fortschritt langsam untergraben und stehen nun am Rand des Zusammenbruchs.

Ich möchte den Anfang vom Ende der alten Ordnung auf das Jahr 1988 datieren, als sich vor aller Augen die große Parabel des Müll-Schiffs entfaltete. Das Schiff kam aus New York, fuhr von Land zu Land in dem vergeblichen Versuch, einen Ort zu finden, an dem man die Ladung Industriemüll abnehmen würde, so daß es schließlich zu seinem Heimathafen zurückkehren mußte. Wer Augen hatte zu sehen, dem wurde klar, daß das industrielle, technische und wirtschaftliche »Wachstum« unvermeidlich zur Verschmutzung der Umwelt führt und daß wir womöglich zwischen »Fortschritt« und einer intakten Umwelt wählen müssen. Tief im Inneren hegen wir die Befürchtung, daß wir am Ende des Überflusses angelangt sind. Doch die meisten Politiker pfeifen im dunklen Wald und tun immer noch so, als ob wir alles haben könnten – eine ewig wachsende Wirtschaft, Wohlstand für alle und eine gesunde Umwelt.

Der »American way of life« gründete schon immer auf dem unbewußten Glauben, jede Generation werde die voraufgegangene hinsichtlich des Lebensstandards übertreffen. Jede Einwanderergruppe, die ins Land kam, rackerte und brachte Opfer, wobei sie die Hoffnung auf eine bessere Zukunft nie aufgab. 1988 beantwortete eine Mehrheit der Bürger die Frage: »Glauben Sie, daß es Ihren Kindern besser gehen wird als Ihnen?« zum erstenmal mit Nein. Wir sind die erste Generation von Amerikanern, die im postprogressiven Zeitalter leben.

Daher auch berichtete der *San Francisco Examiner* am 6. Oktober 1991 von dem weit verbreiteten Gefühl, wonach das Zeitalter des endlosen Fortschritts an sein Ende gekommen sei. In einem Artikel unter der Überschrift »Amerika erwacht aus seinem Traum« behauptete die Zeitung: »Vielen bringt das Morgen womöglich keine besseren Verhältnisse. Ken Bauer, zweiundvierzig, wägt die guten und die schlechten Seiten ab und ist zufrieden mit seinem Stück des Amerikanischen Traums. Allerdings kennt er keinen Weg, das zu verwirklichen, was die meisten Amerikaner inzwischen als ein kostbares Geburtsrecht betrachten – die Verheißung eines besseren Lebens für ihre Kinder, so wie ihre Eltern ihnen ein besseres Leben ermöglichten ... Sich mit weniger zufriedenzugeben ist für die Amerikaner, die in den Jahren nach dem Zweiten Weltkrieg aufwuchsen, eine Zeit beispiellosen und ungefährdeten Wachstums, eine fremdartige Vorstellung. Amerika war die einzige wirkliche Macht auf der Welt, und seine Menschen erwarteten, daß es immer weiter aufwärts gehen werde. Mit dieser Erwartung ist es jetzt vorbei.[1]«

Jetzt, da sich das zwanzigste Jahrhundert dem Ende nähert, müssen wir den Nachruf auf den großen Gott Fortschritt schreiben. Wir leben in den letzten Tagen des Mythos des unbegrenzten Wachstums, des Technoutopia und der Religion des Einkaufszentrums.

Verständlicherweise sträuben wir uns dagegen, unsere Gewohnheiten, unseren übermäßigen Konsum und unseren blinden Optimismus aufzugeben. Doch es ist Zeit für den Tod unseres Ichs, und für die lange Reise der Wandlung, die Gilgamesch und andere vor uns unternommen haben.

Suchen heißt fragen

Krise und Suche sind ewig währende Themen. Früher oder später geschieht in allen Kulturen und Individuen etwas, das die übernommenen Antworten zerstört und an deren Stelle dann quälende Fragen zurückbleiben. Alexander der Große und Weltkriege verändern die Landkarte; die Pest und Aids lassen das zerbrechliche Gefühl des Einklangs mit der Natur zerbersten; die Printmedien und die Computerrevolution erzeugen eine neue gebildete Klasse; die industrielle Technologie entthront die Landwirtschaft und organisiert die Gesellschaftsordnung des Mittelalters beziehungsweise des kleinstädtisch geprägten Amerikas um. Oder es geschieht vielleicht, daß der Glaube eines Menschen einfach verschwindet. Wie im Falle Gilgameschs, dem ein Freund oder geliebter Mensch stirbt, läßt einfast tödlich endender Autounfall oder eine schwere Erkrankung unsere angeborene Illusion der Unsterblichkeit zerstieben, und wir werden uns der Zerbrechlichkeit des Lebens schmerzlich bewußt. Oder eine Kündigung, eine Verringerung des Personals in unserer Firma oder der Ruhestand raubt uns die gewohnte Arbeit und ihren Sinn. Plötzlich sind Boden und Decke nicht mehr da, wo sie früher einmal waren.

Die spirituelle Suche beginnt, wenn wir uns von den üblichen Antworten ab- und uns unverbrauchten Fragen zuwenden.

Nichts formt unser Leben so sehr wie die Fragen, die wir stellen – *oder uns zu stellen weigern.* Wir alle sind Fragende, aber die Fragen, die uns inspirieren, sind zutiefst verschieden. Stellen Sie sich vor, wie ihr Leben in Art und Qualität aussähe, wenn die Hauptfrage, die Sie sich stellten, eine der folgenden wäre: Wo bekomme ich meinen nächsten Schuß Heroin? Wie diene ich Gott? Was werden die Nachbarn denken? Was geschah während des Urknalls, als die Welt erschaffen wurde? Wer wird mich lieben? Wie erlange ich Macht? Wie können wir unseren Feind vernichten? Wie können wir die Gewalt beenden? Wo werde ich die Ewigkeit verbringen? Wie kann ich genug Geld verdienen? Wer sind meine Freunde? Wie kann ich zufrieden leben? Ist mein Krebs heilbar? Wie kann ich berühmt werden? Wie heilen wir die Erde? Woher kann ich Essen für meine Kinder bekommen?

In verschiedenen Phasen unseres Lebens drängen sich verschiedene Fragen in den Vordergrund. Ein kleines Kind fragt zwischen den Zeilen: »Werde ich von den anderen gesehen und bewundert? Bin ich sicher? Kann ich Mutter und Vater vertrauen? Wie kann ich sie zufriedenstellen?« Wenn die Eltern kritisch sind, vorwurfsvoll, zornig oder mißhandelnd, fragt das Kind: »Woran leide ich? Wie kann ich einer Bestrafung entgehen?« Im Jugendalter verschieben sich unsere Fragen, zielen mehr in die Richtung: »Wie unterscheide ich mich von meinen Eltern? Was möchte ich werden? Wie kann ich bei den anderen beliebt sein?« Im Erwachsenenalter schließlich fragen wir: »Wie kann ich meinen Lebensunterhalt verdienen? Werde ich heiraten? Werde ich eine Familie haben? Was ist meine Pflicht? Wie kann ich ein wertvolles Mitglied der Gemeinschaft werden?« Beim normalen Gang der Ereignisse finden die meisten Erwachsenen mehr oder weniger befriedigende Antworten auf ihre Fragen nach dem Sinn des Lebens und ihrer letztlichen Bestimmung in den gemeinsamen Glaubensvorstellungen der Menschen in ihrer näheren Umgebung. Die überwiegende Zahl übernimmt die akzeptierte Mythologie und Ideologie der religiösen und säkularen Institutionen, mit denen sie am vertrautesten ist.

Vor Jahren, als ich zum erstenmal »den Glauben verlor«, als die Antworten, die man mir gab, mich nicht mehr befriedigten, entdeckte ich einen Weg, wie ich neu anfangen konnte. Ich spürte die Ur-Fragen auf, die allen Glaubenslehren zugrunde liegen, und begann mich selbst zu befragen, um herauszufinden, was ich glaubte, was ich heilig fand, welche Geschichte ich leben wollte. Und während ich die, Fragen allmählich mehr liebte als die Antworten, begann ich mich mit einer zeitlosen Gemeinschaft der Suchenden zu identifizieren. In meiner Jugend hatte ich das Symbol des Kreuzes vor Augen; es sollte mich daran erinnern, meinen noch nicht geprüften christlichen Glauben stark und rein zu erhalten. Als ich mich von einem Gläubigen zu einem Suchenden verwandelte, hatte ich kein Symbol für meine Suche. Unlängst betrat ich ein Juweliergeschäft auf einer kleinen griechischen Insel und sah ein Fragezeichen aus Silber an einer Kette. Jetzt trage ich es auf meinem Herzen, wo es mich täglich an das Bedürfnis erinnert, die Fragen auf ebenso natürliche Weise in mich einzulassen und wieder loszulassen wie den Atem.

Inzwischen glaube ich, daß die »Suche« eine Metapher für die Bereitschaft ist, mit jenen ewigen Fragen zu ringen und zu leben, die den mythischen Antworten zugrunde liegen, die die Religion liefert. Meine »Frage« ist die »Suche-auf-der-ich-bin«.

Es ist an der Zeit, die ersten Schritte in die Tiefe zu tun. Wie Höhlenforscher der Psyche müssen wir unter die Oberfläche des Status quo steigen, eine dunkle Höhle durchqueren, uns in den Fluß stürzen und uns von seiner Strömung forttragen lassen – hinein ins Wir-wissen-nicht-wohin. Jede Ur-Frage ähnelt einer beschwerten Schnur, die wir ins fadentiefe Wasser werfen, damit wir die Dimensionen unserer Seele ausloten können.

Während Sie die folgenden Fragen durcharbeiten, kann es hilfreich sein, daß Sie von Ihrem Leben eine Zeitlinie zeichnen. Auf dieser Zeitlinie können Sie die Punkte eintragen, an denen Ihre Wünsche, Überzeugungen und Fragen sich im Laufe Ihres Erwachsen- und Älterwerdens wandelten. Vielleicht hilft es Ihnen auch, ein weiteres Blatt Papier bereitzuhalten, das in zwei Seiten unterteilt ist, in denen Sie Ihre Antworten auf die Ur-Fragen schreiben. Widmen Sie eine Seite Ihren unmittelbaren oder offensichtlichen Antworten auf die Frage, eine weitere Halbseite den tieferen Antworten, die den Wertvorstellungen am nächsten kommen, die Sie hören, wenn sie der leisen, stillen Stimme Ihres Geistes zuhören, der Stimme, die Sie im täglichen Leben zu ignorieren oder zu unterdrücken versucht haben. Wenn Sie diesen schriftlichen Bericht behalten und ihn erneut betrachten, werden Sie der verschiedenen Muster in Ihrem Leben gewahr. Dabei werden Sie zwei unterschiedliche Formen erkennen; die lineare und die vielschichtige Seite. Vielleicht entdecken Sie sogar eine dritte Form, die die beiden anderen durchzieht, vereinheitlicht und vereinigt – die spiralförmige Schraubenstruktur der spirituellen Suche.

Tiefe Fragen: Spirituelle Sondierungen

Was wünsche ich?
Was würde mich befriedigen? Meine Wünsche kommen mir endlos vor. Ich will, ich will, ich will – Essen, Liebe, Sex, Unterhaltung, Ruhm, Geld, technische Geräte. Ich fülle mein Leben mit Dingen, die mich einen Augenblick lang erregen. Kataloge kommen mit der Post ins Haus – ich halte Ausschau nach etwas anderem, das ich mir wünsche. Immer will ich etwas haben. Ganz gleich, wieviel ich bekomme, anscheinend bin ich nie zufrieden. Ich bin voll, aber unersättlich. Was würde diese Leere füllen, die ich mit Essen, Sex, Kinkerlitzchen und Süchten der einen oder anderen Art fülle? Wie kann ich die lüsternen Sehnsüchte in mir zum Schweigen bringen, die von den Lockungen der Konsumentenkultur geschaffen wurden, und dem Weg nach einem tieferen Verlangen nach Wahrheit, nach Sinn folgen? Wenn ich meine Wünsche reinige – so nehme ich an –, verleihen sie mir besonders verläßliche Hinweise, wie ich ein beseeltes Leben führen kann.

Die Wandlung setzt ein, sobald Sie merken, daß Sie nie genug von dem bekommen, was Sie im Grunde gar nicht haben wollten. Sie merken, daß das Allheilmittel Sie nicht befriedigt das heftige Verlangen nicht nachläßt, das Narkotikum (Alkohol, Drogen, Erfolg, Sex, Macht, Ruhm, Geld, Besitztümer) Ihren Schmerz, Ihre innere Unruhe nicht betäubt. Im Augenblick, da Sie sich über die normalen Befriedigungen keinen Illusionen mehr hingeben, und Sie sich fragen: »Was wünsche ich mir eigentlich?«, übernimmt Ihr Geist statt Ihres Ichs die Führung in ihrem Leben.

Die großen Wegbereiter bezeugen, daß der Beweggrund, ein spirituelles Leben zu beginnen, eher das Erwachen unserer Wünsche ist als unser grimmiges Pflichtbewußtsein.

Tun Sie es nicht, wenn Sie's nicht wollen.

Siddharta, der junge Prinz, der später Buddha wurde, genoß allen Luxus, den man sich für Geld kaufen konnte – kandierte Früchte, Seidengewänder, erlesene Weine und eine wunderschöne Frau. Eines Tages, als Siddharta die Mauern seines Lustschlosses verließ, begegnete er einem Kranken, einem Alten und einem Leichnam, der zum Friedhof getragen wurde. Plötzlich begriff Siddharta, daß keine seiner Freuden ihn von dem unvermeidlichen Leid der *condition humaine* zu erretten vermochte. In diesem Augenblick verwandelten sich die gewohnheitsmäßigen Freuden, die ihn bis dahin bewegt hatten, zu Asche. Die alte Geschichte geht nicht ins Detail, doch wir können uns vorstellen, daß der junge Mann mit einem Gefühl der Desillusionierung und der Depression darauf reagierte. Vielleicht verging ein gewisser Zeitraum, bis er den vierten Anblick gewahrte – einen Mystiker auf Wanderschaft mit einem friedvollen Gesicht – und erkannte, daß er sich in Wahrheit nach nichts weiter als nach Befreiung sehnte.

Desgleichen gilt: Wenn wir der Geschichte von der Versuchung Jesu »mit dem dritten Ohr lauschen«, können wir sie als einen dramatischen Bericht über eine Zwiesprache und einen Kampf mit dem Verlangen deuten. Die Geschichte erzählt nicht von einer tatsächlichen Begegnung mit einem Wesen namens Teufel oder Satan, sondern dokumentiert das wechselnde Klima des Verlangens im Leben Jesu, wie es auch Siddharta erlebte. In der Darstellung bei Matthäus (4,11) lesen wir, daß der Teufel Jesus zunächst in Versuchung führte, Steine in Brot zu verwandeln, damit sein Hunger gestillt werde. Dann schlug er Jesus vor, dieser solle versuchen, seine Zauberkraft unter Beweis zu stellen, indem er sich von der Zinne des Tempels hinabwürfe. Als es mit diesen beiden Versuchungen nicht klappte, bot der Teufel Jesus das größte Verlangen des Menschen an – Macht. »Wiederum führte ihn der Teufel mit sich auf einen sehr hohen Berg und zeigte ihm alle Reiche der Welt und ihre Herrlichkeit und sprach zu ihm: Das alles will ich dir geben, so du niederfällst und mich anbetest. Da sprach Jesus zu ihm: Hebe dich weg von mir, Satan! Denn es steht geschrieben: ›Du sollst anbeten Gott, deinen Herrn, und ihm allein dienen‹.« Anders als Siddharta war Jesus weder zur Macht noch im Luxus geboren, sondern ein Kind der Armut, das aus einem ausgegrenzten Volk stammte. Es muß eine große Versuchung bedeutet haben, seine Talente zur Erlangung politischer Macht einzusetzen, doch wählte er, seiner tieferen Berufung zu folgen. Dies ist ein Wendepunkt, vor dem viele von uns stehen, zudem einer, der täglich wiederkehrt, da alte und neue Versuchungen auftauchen, die uns von unserem Ziel abbringen wollen.

Der Zen-Buddhismus verknüpft die Annahme, derzufolge Wünsche endlos sind, mit dem Gelübde, die Begierde auszulöschen und das Nirwana, Glückseligkeit und Erleuchtung zu erlangen. Auch die Stoiker predigten, es sei weise, einen Zustand zu erlangen, in dem wir das, was uns zustößt, mit Gleichmut hinnehmen. Augustinus hatte eine andere Lösung: »Du hast uns zu deinem Zwecke geschaffen, o Herr, und unsere Herzen sind ruhelos, bis sie in Dir ruhen.«

Wie entsagen wir unseren Wünschen, trennen wir die Spreu vom Weizen und kultivieren das Verlangen nach Ganzheit, nach Mitgefühl und nach einem ruhigen und zentrierten Geist?

Mir hilft es, wenn ich die geistige und körperliche Nahrung vergleiche, das Problem von Appetit und Ernährung betrachte. Wir alle erleben den Konflikt zwischen dem Verlangen nach Speisen, die gut für uns sind, und dem Wunsch nach Speisen, die nur gut schmecken. Eigentlich müßte ich Brokkoli essen, aber ich will Eis und Schokolade. Wenn wir an nichts als die Befriedigung des Augenblicks denken, ist Häagen-Dazs immer der Sieger. Doch wenn ich die vollständige Erfahrung des Essens genieße, vom Geschmack der Speisen bis zu den langfristigen Auswirkungen, kann ich eine dauerhaftere Lust an einer gesunden Ernährung haben, als wenn ich mich dem Impuls hingebe, meinen augenblicklichen Heißhunger nach Junkfood zu befriedigen.

Genießen Sie die verschiedenen Formen der Befriedigung. Werden Sie ein Gourmet Ihrer Wünsche. Kultivieren Sie das Gespür, welche Verheißungen Sie mit besonders großer Freude erfüllen.

Gestern rief mich ein Mann an. Er war sehr aufgeregt. Seit einem Jahr richtete er seine ganze Aufmerksamkeit auf seine Träume, er befand sich in nahezu ununterbrochener Selbstanalyse. Plötzlich hatte er aufgehört zu träumen, worüber er sich Sorgen machte. Was sollte er tun? Ich fragte nach, und dabei kam heraus, daß er es leid war, nach innen zu schauen, und daß er nach Indien reisen wollte. Ich deutete ihm gegenüber an, das Verschwinden seiner Träume könnte ein Anzeichen dafür sein, daß er die Dramen seine Innenwelt vergessen, seinem Wunsch nachgeben und eine extravertierte Reise antreten sollte. Mit einiger Verwunderung und Erleichterung antwortete der Mann: »Wollen Sie damit sagen, daß nichts dagegen spricht, wenn ich meinen Wünschen folge?«

»Allmächtiger Gott, dem sich alle Herzen öffnen, dem alle Begierden bekannt sind und vor dem keine Geheimnisse verborgen sind, reinige die Gedanken unserer Herzen durch die Inspiration deines heiligen Geistes, damit wir dich vollkommener lieben können.«

Warum gibt es etwas statt nichts?

Am Anfang und am Ende aller unserer Tage steht die große Meta-Frage, der Großvater aller Rätsel. Ein Dreijähriger fährt mit seinem Vater übers Land, und auf einmal sieht er beieinander stehende Tiere, die auf einer Anhöhe friedlich grasen: »Was sind das?« fragt der Sohn. »Kühe«, antwortet der Vater. »Warum?« fragt der Junge. »Warum gibt es Kühe? Warum existiert etwas?«

Ich bin Jedermann, Jederfrau. Meistens bin ich normal. Ich bewohne die gewöhnliche, domestizierte Welt, habe den Himmel über mir und festen Boden unter meinen Füßen. Die Sonne geht auf und unter, die Sterne ziehen ihre festen Bahnen. Ich bin kompetent, bewältige mein Leben, bin differenziert. Ich weiß, wie ich meinen Videorecorder programmieren und meine überschüssigen Dollars an der Börse investieren muß. Doch manchmal tauschen Gestalt und Hintergrund ihre Plätze, und alles, was mir vertraut war, wirkt fremd. Tief in meiner Seele tut sich ein schwarzes Loch auf, und alle meine Gewißheiten verschwinden. Ich habe einen ontologischen Schock erlitten. Ich werde in die unwissende Kindheit zurückgeworfen, bin voller Fragen.

Warum? Warum? Warum? Warum gibt es eine Welt statt eine unendliche Leere?

Die besten wissenschaftlichen Erklärungen sind unfähig, mein Denken zu beruhigen oder meinen Geist zu lindern. Wenn ich die Kette von Ursache und Wirkung zum Urknall zurückverfolge, dann stehe ich immer noch zwischen zwei Spiegeln, in denen ich einen unendlichen Regreß der Bilder meines Selbst sehe. Immer wieder frage ich mich: »Und warum der Urknall? Warum ist der Kosmos so gesetzestreu? Warum nicht ein willkürliches Chaos, das sich ebensowenig vorhersagen und begreifen läßt wie die Kombinationen, die sich ergeben, wenn ein Verrückter Trillionen Würfel wirft? Warum sollte die Natur so konstruiert sein, daß ein winziger Teil davon – der menschliche Geist – die Gesetze und Einheitlichkeiten, die den Rest beseelen, beinahe begreifen kann? Wie flüchtig und seltsam ist es, daß wir selbst dann, wenn wir über alles und jedes letztgültige wissenschaftliche Theorien hervorzubringen vermögen, immer noch vor der unbeantwortbaren Frage stehen – warum gibt es etwas?«

Frederic Spielberg, eremitierter Professor für Indianische Kultur an der Stanford-Universität, heute neunundsiebzig Jahre alt, erinnerte sich unlängst an die Denker, die sein Leben stark beeinflußten. »Etwas, was meine Mutter sagte, als ich noch sehr klein war, hat im Laufe der Jahre eine immer größere Bedeutung gewonnen ... Sie stand am Fenster und sah auf die Straße hinab, Pferdedroschken führen vorbei, Spatzen und andere Vögel pickten auf dem Balkon Brotkrumen auf. Nachdem sie eine Weile geschwiegen hatte, sagte sie – Was soll das alles? Diese vier Wörter waren der eindruckvollste Ausdruck der theologischen Suche, die ich je gehört habe. Da stand sie, staunend, verwirrt von dem Zauber, der Unermeßlichkeit, der Unerklärbarkeit des Ganzen, und stellte diese Frage. Gleichzeitig wußte sie, daß es sich um eine ›dumme‹ Frage handelte, denn sie war sich völlig im klaren darüber, daß sie auf etwas verwies, was sich nicht beantworten ließ, sondern gefragt und immer wieder gelebt werden muß. ... Zu Beginn meiner akademischen Laufbahn stellte ich ein Goethe-Zitat als Motto über mein Leben: ›Die Verblüffung angesichts der Tatsache, daß überhaupt etwas da ist, und die Neugier, dieser Tatsache als Wunder zu begegnen, ist der beste Teil des Menschen.‹«[2]

Jeder von uns muß seine Erfahrungssplitter in ein Modell beziehungsweise eine Landkarte verwandeln, eine Weltsicht und eine Lebensphilosophie, die unsere Entscheidungen im Alltag leiten. Der Mensch ist notgedrungen ein biorhythmisches, narratives, das heißt geschichtenerzählendes Geschöpf. Möglicherweise akzeptieren wir unkritisch die Mythologie unserer Kultur, vielleicht machen wir auch Anleihen bei den Mythen der australischen Ureinwohner oder der Hopi-Indianer, um unser Weltbild zusammenzubasteln. In beiden Fällen aber entgehen wir nicht dem Zustand des Staunens. Das ist wohl auch der Grund, warum so oft das Lied aus dem Gebiet der Appalachen in mir widerhallt: »Ich gehe und staune, über mir der Himmel.«

Wer bin ich?

Erinnern Sie sich, daß Sie als Kind in den Spiegel schauten und sich fragten, wer bin ich? Und warum?

Ich habe eine Brieftasche voller Karten und Ausweise. Mein Lebenslauf liefert die wichtigsten Daten – Name, Geburtsdatum, Familienstand, Beruf. Darüber hinaus kann ich Ihnen tausend Geschichten erzählen, die mein Leben zu einer einzigartigen Autobiographie geformt haben. Aber keine Erklärung, keine Reihen von Erklärungen schützen mich vor der erschreckenden Tatsache meiner Existenz.

Ich spiele tausend Rollen. Gegenüber meinen Eltern bin ich ein Sohn; meiner Frau ein Ehemann; meinen Nachbarn ein verantwortungsbewußter Bürger; gegenüber Gott –? Mir fällt auf, daß ich offenbar immer vor irgendeinem Publikum spiele und einem Drehbuch folge, das der Rolle entspricht, die ich gerade spiele. Ich versuche, meinem Publikum eine gute Vorstellung zu liefern. Was werden »sie« von mir denken? Sehe ich gut aus? Rieche ich gut? Fahre ich das richtige Auto? Trinke ich den richtigen Wein? Die anderen beobachten und beurteilen uns die ganze Zeit, und ich will ihre Zustimmung. Wenn ich mich unangemessen verhalte, werde ich verlegen und schäme mich, als wäre ich versehentlich ins Rampenlicht getreten. Ich tue so, als wäre ich ein Held. Ich chargiere auf der von mir selbst errichteten Bühne, aber wenn ich genau umsehe, erkenne ich, meine Vorstellung gilt den Blicken eines anderen; ich sehne mich nach Beifall. Der englische Theologe Sebastian Moore sagt: »Sünde ist es, sein Leben durch die Augen eines anderen zu betrachten.« Im geläufigen Witz der »Recovery«-Bewegung klingt die gleiche Erkenntnis an: »Du weißt, daß du koabhängig bist, wenn du stirbst, und das Leben eines anderen zieht an deinem inneren Auge vorbei.« Sie und ich existieren in einer unheiligen Symbiose mit denen, die uns beobachten. Ich kenne viele Männer, deren Selbstwertgefühl davon abhängt, wie die Frauen in ihrem Leben sie beurteilen, und Frauen, deren Selbstwertgefühl von den Ansichten der Männer abhängt.

Wer wäre ich, wie würde ich handeln, nach welchen Werten würde ich mich richten, wenn ich nicht das Gefühl hätte, daß mein Leben eine Aufführung vor wechselndem Publikum ist?

Kann ich lieben?

Manchmal scheint es, als sei ich dazu verurteilt, in Einzelhaft im Gefängnis meines Ichs zu leben. Jahr um Jahr überlebt dieses zähe Ich unter der freundlichen Maske meiner Persönlichkeit. Sieh mich an: Ich lächle und habe höfliche Umgangsformen, aber das ist alles Fassade – ein Potemkinsches Dorf. Unter der Oberfläche meiner Persona gibt es verborgene Befestigungsanlagen, tausende Abwehrmechanismen, eine Bastion. Meine Selbstsucht, mein Überlegenheitsgefühl, meine Überheblichkeit und meine Gewohnheit, andere zu beurteilen, bilden Mauern, die mich beschützen. Ich bin nicht wie »die anderen«, sage ich mir. Ich bin besser, kultivierter, arbeite mehr und habe eine überlegene Moral. Ich träume von Eroberung, Siegen, von rachsüchtigen Triumphen, davon, die Nummer eins zu sein.

Insgeheim nähere ich mich jeder Situation auf kalkulierende Weise. Was ist da drin für mich? Muß ich damit rechnen, Macht, Prestige, Zeit, Kraft, Geld zu gewinnen oder zu verlieren? Wie kann ich die Lage zu meinem Vorteil nutzen? Wer sind meine Feinde, wer meine möglichen Verbündeten? Jean-Paul Sartre hatte recht: »Die Hölle, das sind die anderen.« Das Leben ist ein Kampf, in dem wir entweder Eroberer oder Eroberte sind. Andere Menschen sind entweder potentielle Bedrohungen oder nützliche Objekte. Wenn sie schöner, mächtiger, klüger oder reicher sind, dann beneide und fürchte ich sie und ersinne Möglichkeiten, ihnen zu schmeicheln und sie auf meine Größe ›herunterzuholen‹. Sind sie mir unterlegen, dann verachte ich sie insgeheim und nutze sie für meine Zwecke aus.

In den krankhaften Abgründen unserer Psyche fühlen wir alle so und handeln so: der Normalbürger ebenso wie berühmte Politiker, Schauspieler, Talkshow-Moderatoren und Sportler. Beobachten Sie die Superstar-Evangelisten, Priester, Geistlichen, Heiler, Gurus und »heiligen« Männer und Frauen, und Sie werden feststellen, daß sogar sie um Titel konkurrieren; sie wollen die Heiligsten, Weisesten, Erleuchtetesten sein, diejenigen, die sich vom Ich am weitesten befreit haben.

Gerade wenn ich an der Liebe verzweifle, bläst ein Chinook, dieser föhnartige Wind, durchs Fenster meiner winterlichen Festung, und unerwartet setzt Tauwetter ein. Wenn ich die Hauptstraße meines Heimatortes entlangschlendere, spüre ich den scharfen Schmerz im Gesicht des Obdachlosen – das so sehr meinem gleicht –, und ein Pfeil des Mitgefühls trifft mich ins Herz. Oder nach Wochen der Kälte und der Machtkämpfe legen meine Liebste und ich unsere Waffen nieder und finden Entzücken aneinander. Oder die Abendnachrichten bringen das Bild eines kurdischen Vaters, der sein sterbendes Kind hält, unfähig, etwas zu essen oder Medikamente zu finden, und in meiner Phantasie erfinde ich eine Geschichte. Wie wäre es, wenn es sich um mein Kind und mich handelte? Unmerklich erschafft die Phantasie Mitleid, und ich fühle mich der ungeheuren Liebe und dem Schmerz eines anderen verbunden. Könnte sich mein Stimmungsbarometer von kalt zu warm ändern? Könnten diese seltenen Zephyre des Mitgefühls zum Klima meines Lebens werden? Welche Alchimie würde meine bleierne Niedertracht in goldene Großherzigkeit verwandeln? Ich geize zu sehr mit meiner Liebe, weil ich immer nach einem guten Geschäft Ausschau halte.

Heute morgen wunderte ich mich über ein Fernsehinterview nach einem Gerichtsverfahren mit Reginald Denny, dem Mann, der aus seinem Lkw gezogen wurde und während der Unruhen in Los Angeles 1992 übel zusammengeschlagen wurde. Ich hatte die Videoaufzeichnungen gesehen, die wohl ein Dutzend Mal im Fernsehen übertragen wurden, und ich stellte mir vor, daß es Denny natürlich nach Vergeltung gelüsten müsse. Doch nein. Statt dessen umarmte er die Mütter seiner Peiniger und sprach voll Mitgefühl von dem Leid, das sie erlebt hatten. Obgleich die

Männer, die ihn umzubringen versucht hatten, keine Reue zum Ausdruck gebracht hatten, verzieh er ihnen und bat um eine milde Strafe.

Welche Gnade oder welche Anstrengung ermöglicht eine solche Großmut? (»Großmut: eine Größe des Geistes, die es ermöglicht, Gefahren und Schwierigkeiten mit Gleichmut zu ertragen; eine Noblesse des Gefühls, das sich über Gemeinheit, Kleinlichkeit oder Eifersucht erhebt und sich der Rache oder Vergeltung enthält; Großzügigkeit des Geistes.«) Ein wesentliches Element des beseelten Lebens.

Wenn Sie bereit sind, ein Maß an radikaler – und möglicherweise beunruhigender – Selbsterkenntnis zu erringen, könnten Sie ja eine Bewertung Ihres Liebesquotienten vornehmen. Wie groß ist der Wunsch in Ihrem Leben, liebevoller zu werden? Wie weit oder eng ist der Kreis jener, die Sie lieben? Wie viele Ihrer täglichen Aktivitäten sind durchdrungen von Gefühlen der Liebe? Welcher der vielen Versionen der Liebe folgen Sie? (Für Hinweise schlagen Sie das Stichwort »Liebe« in einem Thesaurus nach.)

Bin ich frei?

Ich bewältige meinen Tagesablauf und treffe die gewohnten Entscheidungen. Ich beschließe, aufzustehen, wenn der Wecker klingelt, trinke Tee statt Kaffee, esse Hafergrütze statt Eier, gehe zu Fuß zur Arbeit, statt ein Taxi zu nehmen. Nicht einmal mit den mäßig wichtigen Entweder-oder-Fragen habe ich Schwierigkeiten: Soll ich alles auf eine Karte setzen und eine Immobilie auf dem Land erwerben, oder soll ich weiter in meinem langweiligen Vorort wohnen?

Doch meinen Geist kann ich nicht kontrollieren. Manchmal reisen meine Gedanken fünfzehn Kilometer auf einer Aschenbahn herum. Sobald ich mir Sorgen wegen des

Geldes, meiner Gesundheit oder meiner Kinder mache, werde ich zwanghaft.

Schlimmer noch: Mir fällt auf, daß ich bestimmte selbstzerstörerische Spiele, Drehbücher, emotionale Muster wiederhole. In vielerlei Hinsicht habe ich eine Frau geheiratet, die der Frau meines Vaters verdächtig ähnelte, die meinen lieben alten Dad heiratete, und ich betrachtete meine erste Frau durch eine von meiner Mutter getönte Brille. Ich rebellierte gegen meine Eltern und geriet in die Klemme, weil sie entgegengesetzte Werte vertraten. Ich bin das Negativbild: ich mache automatisch das, was sie nicht getan haben, und umgekehrt. Es ist, als wäre ich eine Marionette, die von den unbewußten Ängsten meiner Eltern, ihres ungelebten Lebens bewegt würde. Ich muß tun, was sie nicht getan haben. Nennen Sie das Gefangensein in der Vergangenheit oder wie auch immer: Wiederholungszwang, Denkschleifen, neurotische Zwänge, unbewußte Unterpersönlichkeiten, Engramme, Archetypen. Ich habe das Gefühl, in einem Geisterhaus zu leben. Phantome aus dem Gestern bestimmen mein tägliches Leben. Es scheint, als sei ich wach, doch in Wirklichkeit bin ich die meiste Zeit ein Schlafwandler.

Ich schäme mich, es zuzugeben, aber mein Unbewußtes ist verschmutzt von den üblichen Vorurteilen und Klischees, mit denen meine Kultur mich angesteckt hat. Ich bin das Produkt einer rassistischen Gesellschaft, die sagt: Weiß ist besser als schwarz, braun, gelb oder rot; Männer sind Frauen überlegen; reich ist besser als arm; heterosexuell ist normal, homosexuell ist pervers. Mir gefallen diese Vorurteile nicht. Ich weiß, sie sind bösartig, geistlos, zerstörerisch und falsch. Ich ehre sie nicht, wenn ich feststelle, daß sie so aus dem Schleim meines Unbewußten emporsteigen. Aber diese irrationalen und erbarmungslosen Vor-Urteile schlummern in meinem Geist. Wenn ich schwach bin, wollen sie ausbrechen.

Wie befreien wir uns von diesen unbewußten Kräften, die uns zu einem Verhalten veranlassen, daß wir auf einer bewußten Ebene nur verachten können?

Unlängst wurde im Staat Washington ein Mann hingerichtet, weil er mehrere Kinder sexuell mißhandelt und ermordet hatte. Er sträubte sich gegen die Bemühungen des Rechtssystems, ihn vor der Hinrichtung zu bewahren, weil er meinte, es gebe keine Möglichkeit, wie er sich von seinen furchtbaren Zwängen befreien könnte. Am Vorabend seiner Hinrichtung erklärte er: Wenn er sich an seine Verbrechen erinnere, sei er zugleich voller Schuldgefühle und sexuell erregt, und er wisse, daß er wieder töten würde, wenn man ihm die Chance gäbe. Diese Schuldgefühle und seine Begierde quälten ihn so sehr, daß es nur einen Weg in die Freiheit für ihn gäbe: den Tod.

Welche Art Exorzismus wäre erforderlich, unser Denken und unseren Geist aus dem Bann zu befreien, den uns unsere Eltern und unsere Kultur auferlegt haben? Wie heilen wir die Wunden, die man uns in unserer Jugend zugefügt hat, so daß wir den endlosen Zyklus der Rache und Vergeltung nicht fortsetzen? In welchem Maß können wir uns je von unserer Vergangenheit befreien?

Die großen Metaphern aus allen spirituellen Traditionen – Anmut, Befreiung, Wiedergeburt, das Erwachen aus der Illusion – legen Zeugnis davon ab, daß wir die Prägung der Vergangenheit transzendieren und etwas Neues tun können. Wie wir dieses Freiheitselixier befreien können, müssen wir längs des Weges herausfinden.

Woran leide ich?

Wie jeder Mensch fühle ich mich oft unwohl in meiner Haut. Manchmal bin ich ängstlich, ohne es zu wissen. Manchmal schäme ich mich, daß ich nicht mein Bestes gegeben habe, und ich fürchte, ich werde wegen meiner Verfehlungen verlassen oder bestraft. Ich mache mir Sorgen wegen einer Liste endlos möglicher Katastrophen, die über mich hereinbrechen können.

Grundsätzlicher betrachtet, wird die Mitte meines Seins von einer Sollbruchstelle durchzogen. Es besteht eine Kluft zwischen dem, was ich sein sollte, und dem, was ich bin, zwischen meinem Potential und meiner Aktualität, zwischen meiner Essenz und meiner Existenz, meinen Idealen und meinen Handlungen, meinen Werten und meinem Verhalten. Meine Lebensweise ist eine Beleidigung dessen, woran ich glaube. Wenn ich mit meinen Lieblingssüchten und lang bestehenden Zwängen ringe, spüre ich häufig eine Seelenverwandtschaft mit Paulus, der sagte: »Denn ich weiß, was ich tue ... Das Wollen habe ich wohl, aber das Gute vollbringen kann ich nicht. Denn das Gute, das ich will, das tu ich nicht; sondern das Böse, das ich nicht will, das tu ich. Wenn ich aber tue, was ich nicht will, so tue nicht ich es, sondern die Sünde, die in mir wohnt.«

Manche Menschen leiden unter einem chronischen Gefühl des Ungenügens, andere an einer arroganten Überheblichkeit. So wundert sich eine Frau, warum sie eine Ehe ohne Nähe aufrechterhält, und eine andere, warum sie es nie gewagt hat, die Ehe zu wagen.

Jeder von uns trifft eine grundlegende philosophische Entscheidung im Hinblick darauf, wie wir das fehlerhafte, schuldhafte, gebrochene Wesen des Menschen verstehen wollen. Wie wollen wir unsere Krankheit, unser Unbehagen verstehen? Liegt das an einer Härte des Herzens, der Rebellion und dem Ungehorsam gegenüber dem Willen Gottes? Haben wir uns verraten? Ist es eine Neurose, eine Spaltung zwischen größenwahnsinnigen und verderbten Bildern des Selbst, die bewirken, daß wir unser wahres Selbst vernachlässigen? Ist es eine Wunde, die aus Mißhandlungen in der Kindheit und einer falschen elterlichen Erziehung resultiert? Liegt es daran, daß ich ein erwachsenes Kind eines erwachsenen Kindes eines erwachsenen Kindes eines alkoholkranken, eines nach Reichtum, Arbeit oder Religion süchtigen Menschen bin? Liegt es an einem biochemischen Ungleichgewicht oder einer genetischen Abnormität? Liegt es an der Entfremdung, die aus dem Leben in einer kapitalistischen, konsum- und konkurrenzorientierten Wirtschaft stammt? Ist es zurückzuführen auf Illusionen, die Unwissenheit meines wahren (nicht-ichorientierten) Wesens? Ist es eine ontologische Wunde, die mit dem menschlichen Selbst-Bewußtsein, der Vorstellungskraft und den unvermeidlichen Selbst-Beurteilungen nach von uns selbst errichteten Maßstäben einhergeht?

Heute folgen immer mehr Menschen im Westen einer Philosophie des Anspruchdenkens, mit deren Hilfe wir uns als Opfer sehen können. Wir gehen davon aus, daß wir das Recht auf ein Leben ohne Einsamkeit, Angst, Furcht, Mangel oder Mißhandlung irgendeiner Art haben. Wenn wir entgegen unseren Erwartungen erkranken oder uns unwohl fühlen, müssen wir jemanden finden, dem wir die Schuld daran geben können. Wenn es Armut gibt, dann muß eine Verschwörung der Reichen dahinterstecken. Empfinden wir unklare Ängste, so muß das daran liegen, daß man uns als Kind mißhandelt hat.

Das Gebet (Reinhard Niebuhr zugeschrieben): »O Gott, gib mir den Mut, die Dinge zu ändern, die ich ändern kann; die Gelassenheit, Dinge hinzunehmen, die ich nicht ändern kann; und die Weisheit, das eine von dem anderen zu unterscheiden«, bringt den spirituellen Imperativ zum Ausdruck, zwischen den psychologischen Fehlern und Fehlschlägen, die wir korrigieren können, und dem wesentlichen Leiden zu unterscheiden, das zur *condition humaine* gehört, die wir mit Würde tragen können.

Wie denken Sie über den Schmerz in Ihrem Leben? Was ist die Ursache für Ihre seelische Qual, Ihre körperliche Krankheit, Ihre finanzielle Unsicherheit?

Was wäre ich, wenn ich geheilt wäre?
Welches Bild würde ich abgeben, wenn meine Gebrochenheit geheilt wäre? Wenn ich ganz wäre? Mich verwirklicht hätte? Was ist meine Verheißung, was sind meine Möglichkeiten? Was könnte aus mir werden? Welches Bild meines idealen Selbst soll ich vor das Auge meines Herzens halten? Ist es realistisch, ein Leben ohne Angst anzustreben? Ohne Furcht? Ohne Haß? Ohne Egozentrik? Soll ich wie Buddha, Jesus oder Gandhi leben oder nur als stärkere, vertrauensvollere liebevollere Version von Sam Keen, mit all seinen Fehlern und Schwächen?

Es ist leicht, etwas Krankhaftes an sich festzustellen. Man kann mühelos die zahllosen Methoden erkennen, wie wir erkranken und scheitern, so daß wir verdreht, verletzt und ungesund an Geist, Körper und Seele geworden sind. Leider stellen wir uns Gesundheit meist als nichts anderes als die Abwesenheit von Krankheit vor. Uns fehlt eine Wissenschaft der Ganzheit, der spirituellen Gesundheit.

Wir brauchen spirituelle Helden, die uns praktische Bilder ganz unterschiedlicher Arten eines geheiligten Lebens liefern, die wir uns vor Augen halten können, um so Inspiration zu erfahren. Das ist ein kniffliges Unterfangen, gefährlich, aber notwendig. Gläubige verfallen leicht dem Irrglauben, Helden zum Ideal und Idol machen zu wollen. Jesus, Mohammed und Buddha, von Jim Jones und Sun Myung Moon gar nicht zu reden, werden in Halbgötter mit magischen Kräften verwandelt, die all jene retten sollen, die sich an sie wenden. Wenn Sie genau hinsehen, werden Sie entdecken, daß alle echten spirituellen Helden und

Heldinnen Herzen aus Gold und Füße aus Lehm haben. Vielleicht muß jeder von uns ein personifiziertes Bild des spirituellen Helden zusammenfügen, den wir brauchen, und zwar in Gestalt einer Collage. So könnte ich beispielsweise das Porträt meines persönlichen Heiligen zusammensetzen, indem ich bei den großen Wegbereitern der Weltreligionen ganz ungezwungen Anleihen mache, Georgia O'Keeffes Verehrung der Schönheit, Paul Tillichs Fähigkeit zu systematischem Denken, Dorothy Days Zuwendung zu den Armen, Vaclav Havels politischen Mut und Wendell Berrys Begeisterung für das Leben auf dem Land übernehme, und dann Beispiele der täglichen Akte der Nächstenliebe und einfachen Freundlichkeit hinzufüge, deren Zeuge ich geworden bin, wie auch die sexuelle Gnade, die mir zwei irdische Frauen gewährt haben, die anonym bleiben werden, um die Gesegneten zu schützen.

Wonach streben Sie? Aus welchen Quellen speist sich Ihr idealisiertes Selbstbild?

Welche Hilfe gibt es wirklich?

Welche Mittel und Arzneien sind verfügbar, um unser seelisches Unwohlsein zu heilen? Solange es Hilfe gibt, gibt es Hoffnung. Aber welche spirituellen Ressourcen und Übungen, welche Therapien führen uns zu größerer Ganzheit? Soll ich beten, meditieren, singen, den Gottesdienst besuchen, fasten, in eine Kirche eintreten oder mich auf die Suche nach einer Vision begeben?

Heute hat sich so etwas wie ein freier Markt in religiösen und spirituellen Dingen entwickelt. Die einfachen, auf dem Markt eingeführten religiösen Konfessionen, die einst ein regelrechtes Monopol für die Heilung unserer Seelen hatten, predigen weiter das Evangelium der Erlösung durch das Wort sowie die Sakramente einer Kirche. Doch tausend spirituelle Unternehmer konkurrieren jetzt um die Loyalität der Gläubigen. Plötzlich befinden wir uns mitten in einer spirituellen Freak-Show.

Viele der neuen Formen von Spiritualität sind wertloser, unkritischer, haltloser Mystizismus. Manche sind nichts weiter als dunkle Machenschaften, Geldmaschinen. Manche sind politische Bewegungen, mit machthungrigen Männern, die sich als geistige Führer aufführen. Manche sind töricht, andere verderblich. Wir tun gut daran, uns Jim Jones und seine treuen Anhänger ins Gedächtnis zu rufen, die heute in einem Massengrab in Guyana vermodern, und den vom FBI assistierten Selbstmord von David Koresh und seinen Anhängern in Waco. Manche der vermeintlichen Ärzte der Seele erzeugen iatrogene Krankheiten und machen diejenigen krank, die sie zu heilen behaupten.

Es ist nicht leicht, den richtigen Seelenarzt zu wählen. Woher weiß ich, welche Medikamente ich gegen meine spirituelle Krankheit einnehmen soll, welchen Heilern ich vertrauen soll? Der Dalai Lama selbst ermahnt die Bürger des Westens, ihre Lehrer genau unter die Lupe zu nehmen und ihnen, wenn nötig, nachzuspionieren. Untersuchen Sie Ihre Einstellung hinsichtlich Ihrer Lehrer, Idole, Rollenvorbilder und Autoritäten. Wenn Sie feststellen, daß Sie Teile deren Verhaltens verteidigen, das Sie bei anderen verurteilen würden, fügen Sie sich dann nicht selber Schaden zu? Wenn wir in die Wildnis reisen, brauchen wir einen Kompaß und einige Werkzeuge, mit deren Hilfe wir messen und unterscheiden können – das heißt, wir müssen einen spirituellen Unfugs-Detektor bauen (das werden wir in einem späteren Kapitel tun).

Wer sind meine Freunde?
Wer ist das »Wir« des »Ich«? Zu wem gehöre ich? Wie eng oder weit ziehe ich den Kreis der Fürsorge und Bindung? Sind meine Sympathien nur bei meiner Familie und meinen Freunden? Bei meinen Nachbarn? Bei Menschen derselben Rasse und Klasse? Definiert der Patriotismus, wer innerhalb und wer außerhalb der Grenzen meiner Gemeinde steht? Bin ich bereit, zu töten oder meiner Regierung zu erlauben, eine Gruppe von Menschen zu vernichten, die sie zum »Feind« erkoren hat? Sind die sozial gekennzeichneten Sündenbocke – die Außenseiter, die Homosexuellen, die Opfer, die Feinde der Öffentlichkeit – Teil meiner Gemeinschaft?

Was ist in meiner unmittelbaren Umgebung, meinem Freundeskreis, meiner Familie, lebensnotwendig? Wer aus diesem Kreis ist dem Aufbau einer Gemeinschaft feindlich gesonnen? Wer würde meine Reise und Mission unterstützen und wen muß man zurücklassen? Wie würde eine geheilte Gemeinschaft, eine gesunde Nation, eine beseelte Weltordnung aussehen?

Was ist das Böse?
Ist das Böse eine Illusion, eine Art Schatten, der dem Bild ästhetische Tiefe verleiht? Resultiert das Böse aus dem Teufel, der Freiheit, oder handelt es sich um eine strukturelle Bedingung des Lebens? Muß es die Möglichkeit des Bösen geben, damit das Gute existieren kann? Wenn es einen wohltätigen und mächtigen Gott gibt, wie kann es dann das Böse geben? Wenn dieser Gott nicht existiert, besteht dann die Möglichkeit, das Böse zu erlösen? Selbst wenn wir die Vorstellung eines metaphysischen Dualismus zurückweisen – den Kampf zwischen Gott und Teufel, zwischen Licht und Finsternis –, wie gehen wir dann mit totalitären Regie-

rungen um, mit Tyrannen, Kriegstreibern, Verbrechern und gewalttätigen Männern und Frauen?

Hat mein Leben wirklich einen Sinn?
Dient mein Leben einem transzendenten Ziel? Gibt es einen höheren Wert als mein persönliches Überleben, dem ich mich verschreiben kann? Ich möchte, daß mein kleines Leben in einem größeren Kontext aufgehoben ist. Ich muß dafür sorgen, daß mein Leben etwas Besonderes ist. Ich möchte dienen, erschaffen, meinen Abdruck im Sand der Zeit hinterlassen. Was für Gaben habe ich, aufgrund derer ich dafür sorgen kann, daß es auf der Welt etwas besser zugeht? Wie finde ich meinen Beruf und meine Berufung? Bieten mir die sogenannten »Zufälle« meiner Geburt, die Gaben und Wunden, die ich ohne mein Zutun erhalten habe – als ich als Amerikaner, Chinese oder Bosnier, als Mann oder Frau, als gesund oder schwach, privilegiert oder verarmt geboren wurde –, besondere Chancen, weisen sie auf eine bestimmte Verantwortung hin? Deuten meine besonderen Interessen und Begabungen auf einen persönlichen Auftrag hin?

Wie heilen wir die Erde?
Alle Fragen, die ich mir stelle, während ich auf der Reise bin, sind ewig und ontologisch. Sie gehören essentiell zur *cordition humaine.* Nur diese Frage ist neu, und zwar so weit, wie wir in der Geschichte zurückgehen können. Seit altersher haben sich Menschen Fragen hinsichtlich der Heilung des einzelnen und der Gemeinschaft gestellt. Doch nur in unserer Generation ist die kranke Umwelt zum Problem geworden. Ökologische Angst ist ein neues Phänomen. Zum erstenmal sind wir gezwungen, ethische

Fragen über die uralten Elemente – Luft, Erde, Feuer und Wasser – zu stellen. Worin besteht unsere Verpflichtung gegenüber dem, was wir einst für »natürliche Ressourcen« hielten? Sollen Bäume Rechte haben? Welche moralischen Verpflichtungen haben wir gegenüber anderen Arten? Brauchen wir eine Änderung unserer Verfassung, ein neues Grundgesetz zum Schutz von Tieren, Wäldern und Luft? Wie beenden wir die anthropozentrische Illusion und treten wieder dem Gemeinwesen aller Mit-Lebewesen bei?

Man könnte noch viele andere mythische Fragen stellen: Wie nahe sollen sich Männer und Frauen sein? Welche Speisen können wir essen, und welche sind tabu? Wie gehen wir anmutig mit dem Leiden um? Statt einer Zusammenfassung und eines Vorausblicks möchte ich eine Karte geben, die auf die ewig überdauernden Fragen hinweist, die die Suche beziehungsweise das lebendige Selbst inspirieren sowie die ewigen menschlichen Fragen und Gefühle, aus denen sie emporsteigen: Am Ende wie am Anfang harren die großen Fragen. So wie Gilgamesch sind auch wir dazu bestimmt, in der Ferne nach einem Balsam zu suchen; er wird die Krankheit der Existenz lindern, und wir werden enttäuscht heimkehren, aber wir werden unser Leben mit größerer Weisheit, Sympathie und Zufriedenheit führen können.

Beim Umgang mit den Ungewißheiten meiner Existenz bleibe ich immer ein Amateur. Jeden Morgen erwache ich aus seltsamen Träumen, befingere ich das silberne Fragezeichen an meinem Hals und stehe auf, um mich neuen Dilemmata und Freuden zu stellen. Ich bin zweiundsechzig Jahre alt, habe Philosophie, Theologie und Psychologie studiert. Ich habe keine gravierenden neurotischen Probleme. Ich bin mit meiner persönlichen Existenz zufrieden.

Und doch frage ich mich jeden Tag: Wer bin ich? Warum wurde ich geboren? Warum werde ich sterben? Was kann man gegen das Böse tun? Nachdem ich mit Toast und Tee gefrühstückt habe, begebe ich mich mit meinem Kompaß und einigen Vorräten auf den Weg, um – wieder einmal – zu versuchen, das vertraut-rätselhafte Territorium meiner Tage zu vermessen und den Unbekannten Gott zu suchen.

Ewige Mythische Fragen

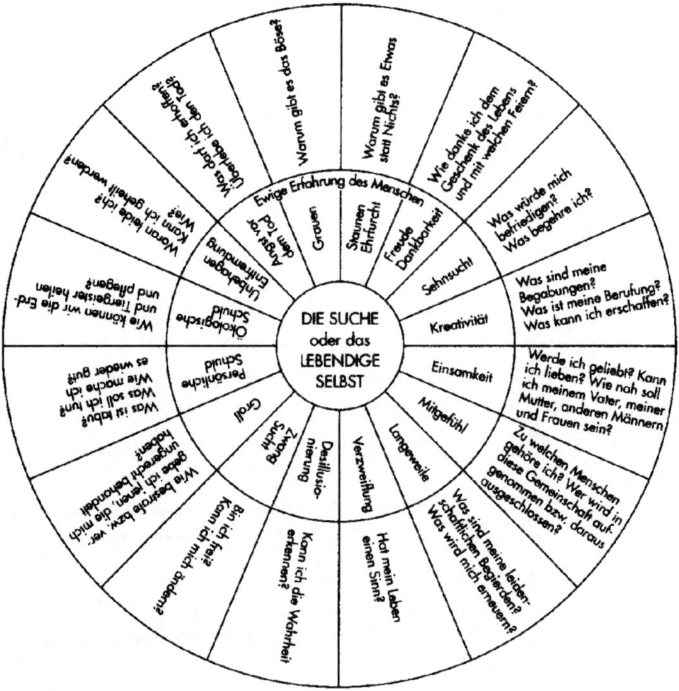

Kapitel 3

Autobiographie: das Leben als heiliger Text

Wohin soll ich gehen vor deinem Geist,
und wohin soll ich fliehen vor deinem Angesicht?
Führe ich gen Himmel, so bist du da;
bettete ich mich bei den Toten, siehe, du bist auch da ...
Denn du hast meine Nieren bereitet
und hast mich gebildet im Mutterleibe.
Ich danke dir dafür, daß ich wunderbar gemacht bin;
wunderbar sind deine Werke:
das erkennt meine Seele.
Es war dir mein Gebein nicht verborgen,
als ich im Verborgenen gemacht wurde,
als ich gebildet wurde unten in der Erde.
Deine Augen sahen mich, als ich noch nicht bereitet war,
und alle Tage waren in dein Buch geschrieben,
die noch werden sollten und von denen keiner da war.
Psalm 139

»Es ist das eigene Leben, das dem Unendlichen den Spiegel vorhält; der Umgang zwischen den Menschen, und nur er, verweist auf die Person hinter unserer täglichen Vision.«

E. M. Forster

Ohne aus seiner Tür zu treten, kann man wissen, was auf der Welt geschieht. Ohne aus seinem Fenster zu schauen, kann man das Tao des Himmels sehen.

Tao-te-King

Gib die Suche nach Gott und der Schöpfung und anderen Dingen ähnlicher Art auf. Halte Ausschau nach Ihm, indem du dich selbst zum Ausgangspunkt nimmst. Lerne, wer es in dir ist, der alles sein eigen macht und sagt: »Mein Gott, mein Geist, mein Denken, meine Seele, mein Leib.« Lerne die Quellen des Kummers, der Freude, der Liebe, des Hasses kennen ... Wenn du diese Fragen sorgfältig untersucht hast, findest du Ihn in dir selbst.

Monoimus, gnostischer Lehrer

Laut dem *Popol-Vuh,* dem Buch der Dämmerung des Lebens und der Herrlichkeit der Götter und Könige, erschufen die Schöpfer und Präger der Maya die ersten vier Mütterväter aus weißem und gelbem Mais und verliehen diesen die vollkommene Vision und die Fähigkeit, unmittelbar zu den Göttern zu sprechen. »Vollkommen sahen sie, vollkommen erkannten sie alles unter dem Himmel, und alles wurde von ihnen ungehindert gesehen. Sie mußten nicht umhergehen, ehe sie sehen konnten, was unter dem Himmel war; sie blieben einfach, wo sie waren. Und die ersten Wesen dankten den Göttern: ›Wahrhaftig, doppelten, dreifachen Dank, daß wir geformt wurden. Man hat uns Mund und Gesicht gegeben. Wir sprechen, wir hören, wir staunen, wir wandeln. Unser Wissen ist gut. Wir haben verstanden, was nah und was fern ist, und wir haben gesehen, was unter dem Himmel, auf der Erde, groß ist und klein.‹« Doch die Schöpfer und Präger, die fürchteten, die Mütterväter würden zu Göttern werden, empfanden Reue wegen der Kräfte, die sie ihnen verliehen hatten, und schwächten die Augen der Menschen. »Sie erblindeten, so wie man auf einen Spiegel haucht. Ihre Sicht flimmerte. Nun sahen sie die Dinge nur klar, wenn sie sie von nahem betrachteten ... Um von einem anderen eine Antwort zu bekommen, droben im Himmel oder hienieden auf diesem Boden, müssen wir sie in den Ohren des Geistes hören, oder wir müssen den geheimnisvollen Schrei eines Tieres entziffern, oder die plötzliche Bewegung eines Tieres deuten, oder den Wind riechen, wenn er uns den Rauch unserer Opfergabe ins Gesicht weht, oder eine Antwort tief in uns erfühlen.«[1]

Wonach wollen wir denn suchen, wenn nicht nach Antworten auf unsere Fragen, wenigstens nach einem Hauch der Transzendenz unseres kurzen Augenblicks in der Zeit? Wie sollen wir weitergehen? Was für ein Gebiet wollen wir erkunden?

Diejenigen von uns, die das Vertrauen in die alte autorisierte Karte des Weges verloren haben, die ins Reich Gottes führt, die keine Führer oder Gurus haben, deren Fußstapfen sie blindlings folgen können, die keinen Glauben in die angeblichen Offenbarungen Gottes haben, die zu der jeweiligen Kirche, Moschee, Synagoge oder Sangha gehören, beginnen ihre Reise notwendigerweise mit einem Sack voller existentieller Fragen und der Sehnsucht, mehr als die unbekannte Totalität zu erfahren, die unser einseitiges Leben umfaßt.

Manche, beispielsweise meine Freundin Susan, können Trost in dem Wissen finden, daß sie ein fester Bestandteil eines unvorstellbar weiten Kosmos sind.

Mit zweiundvierzig Jahren, zwei Jahre nach ihrer Scheidung und dem tragischen Tod ihrer einzigen Tochter, versuchte Susan, immer noch voll Schmerz, neu anzufangen. In ihrem Kummer zog sie sich in eine kleine Hütte im Wald zurück. Eines Nachts machte sie eine außerordentliche Erfahrung: »Als ich aufwachte, war es kalt in der Kabine, und der mit Holz befeuerte Ofen gab keine Wärme mehr ab. Ich beschloß, ein neues Feuer zu machen, damit der Raum die restliche Nacht warm blieb. Es war so friedlich, drinnen und draußen. Ich liebte diesen Augenblick, während ich so im Dunkeln saß, in dieser kleinen Hütte, in diesem Moment der Stille, und darauf wartete, daß die Flammen das Holz verzehrten; ich betrachtete den dünnen schmalen Mond, der die Sterne auf ihrer nächtlichen Jagd durch die Bäume leitete; ich lauschte dem Wasserfall, der sich über die Felsen ergoß. Da wurde mir bewußt daß das Lied der universellen Gnade dem Raum entsprang, genau dort, wo ich stand. Ein Lied, das eher gefühlt wird als gehört und aus einer noch tieferen Region als dem Herzen stammt. Dieses Lied hörte ich auch noch, als ich mich im Bett einkuschelte und einschlief und lächelte, hinein in den sanften, dunklen Fluß.«

Die heiligen Texte fast aller Völker enthalten eine Art Schöpfungsgeschichte, die andeutet, daß wir aus der Sonne, dem Mond und der blühenden Erde ringsum auf direktem Wege Wissen ableiten oder schöpfen können. Dem Zeugnis der Jahrhunderte zufolge können wir alle innerhalb von Zeit und Raum und Materie Anhaltspunkte für eine immanente, schöpferische, sich selbst übersteigende Macht finden, die den Namen »Gott« verdient. Früher einmal enthielt die Geschichte der Entstehung und der luxuriösen Vielfalt des Kosmos einen heiligen Subtext.

Die Stationenreise

Angeblich hat der Kosmos heute seinen Zauber verloren, und die matte Sonne weist uns lediglich den gnadenlosen Weg der Entropie. Folgt man der allseits akzeptiertenAnalyse der Intellektuellen, hat die Wissenschaft gezeigt, daß die Erde und seine menschlichen Bewohner im Schema der Dinge nur von untergeordneter Bedeutung sind. Die Kopernikanische Revolution entfernte die Erde aus dem Mittelpunkt des Universums; die Darwinische Revolution zerstörte die Illusion, daß der nackte Affe eine besondere Schöpfung sei; die Freudsche Revolution zeigte, daß der

Homo sapiens eher von Torheit als von Vernunft beherrscht wird. Im Namen der Wissenschaft beziehungsweise der Science fiction hat die Menschheit eine merkwürdige Art der falschen Bescheidenheit entwickelt, ein herabgewürdigtes Gefühl seines Platzes im Kosmos.

Trotz aller Spekulationen über die vielfältigen Lebensformen, die möglicherweise in anderen Galaxien existieren, trotz der Bemühungen, anderswo im Universum komplexe Lebensformen zu entdecken, zeigen uns die fortgeschrittensten wissenschaftlichen Erkenntnisse, die wir im Augenblick haben, ein unendliches Universum von unbewohnten Planeten und brennenden Sternen. Allein die Erde zeigt die Fleischwerdung der Schöpferkraft des Seins im vielgestaltigen Leben. *Soweit wir wissen, ist der Planet Erde der einzige Ort, der ein Kaleidoskop mannigfaltiger Lebensformen enthält, von denen viele bewußt manche selbstbewußt sind und eine Geschichte über sich selbst erzählt.*

Es erfordert wenig oder gar keinen Glauben, diese zentrale Tatsache mit spiritueller Bedeutung auszuschmücken. Einzig unsere bekannte Erde hat Sein, das zu Fleisch und Gras und Kraut und lebendigem Getier wird. Hier allein, in all den schwarzen Löchern und unendlichen Räumen des Universums hat der Geist, den die Griechen und frühen Christen als Logos definierten – die gestaltende, schöpferische Grundlage, die jedem Lebewesen von innen Gestalt gibt – das Fleisch des Delphins, des Indigofinks und des Menschen angenommen.

Das ist der Skandal, das Koan, das schier unfaßliche Rätsel, die Basis für die spirituelle Reise: Die Erde scheint die Bühne zu sein, auf der das hauptsächliche Drama des Kosmos gespielt wird. Wie großartig und wie einsam!

Wenn wir anfangen, unseren Ort innerhalb der unermeßlichen Weite des sich herausbildenden Kosmos zu erforschen, stehen wir sogleich vor dem Paradox der Spiritualität: Wir sind bereits innerhalb des Seins selbst; deswegen können wir nirgends hingehen, und es gibt nichts Verborgenes, das wir entdecken können. Wir sind, was wir suchen, und sind mitten in dem, was wir suchen. Ein altes Zen-Koan weist auf das Dilemma hin: Wie kann ein Mann, der auf einem Ochsen reitet und nach einem Ochsen sucht, jemals einen Ochsen finden?

Unsere Metaphern der »Reise« und »Suche« sind ein wenig irreführend, weil *wir bereits die grundlegende spirituelle Wahrheit kennen.* Auf einer Ebene unseres Seins ist ein implizites Wissen unserer Verbundenheit mit dem Kosmos in unser genetisches Erbe programmiert, und unseren Kohlenstoffatomen wird die Erinnerung an die fernen Sterne eingeprägt, woher sie kamen und deren Stoff sie teilen. Unser limbisches Gehirn ist die fleischgewordene Geschichte von Äonen, die mit der Entwicklung der Reptilien begann.

Es ist keine Übertreibung zu sagen, daß die Universelle Kraft – Gott – Fleisch von meinem Fleisch ist. Viele »primitive« Völker haben gesagt, daß die *axis mundi,* der Weltpol, das reflektorische Zentrum der Welt, direkt durch unser Rückgrat fließt. Die frühen Christen, die darum rangen, das Wesen Jesu zu bestimmen, sagten, er sei vom selben Stoff wie Gott. Die identischen, ewigen Impulse, die den Urknall erschufen, strömen durch die Synapsen unseres Nervensystems und schlagen in den Kammern unseres Herzens. Mein Leben, jedes Leben, ist der Sitz der Inkarnation – der beseelten Materie.

Obgleich wir ein integraler Bestandteil eines vielgestaltigen Universums sind, das auf rätselhafte Weise vor seinen Einzelteilen existierte, sind die meisten Menschen sowohl von einer Kenntnis der Wahrheit als auch von Selbsttäuschung durchdrungen. Alle Religionen gründen auf der Wahrnehmung dieser komplexen Wahrheit: »... die Erde und alles was darinnen ist, das ist des HERRN ...« Doch meistens sehen wir die Erde durch eine von Sünde und vom Ich getönte Brille – als Schauplatz der Bestätigung unseres Selbstwertgefühls. Wir existieren innerhalb eines heiligen Buddha-Feldes, handeln aber unter dem Einfluß des Trugbilds der Getrenntheit.

Albert Einstein hat unser Dilemma wie folgt benannt: »Der Mensch ist Teil des Ganzen, das bei uns ›Universum‹ genannt wird, ein Teil, der von Zeit und Raum begrenzt wird. Er erfährt sich, sein Denken und Fühlen, als etwas, das vom Rest getrennt ist – eine Art optischer Täuschung seines Bewußtseins. Diese Täuschung ist eine Art Gefängnis, denn es beschränkt uns auf die persönlichen Begierden und auf die Liebe zu einigen Menschen, die uns besonders nahe stehen. Unsere Aufgabe muß es sein, uns aus diesem Gefängnis zu befreien, indem wir den Kreis des Mitgefühls erweitern und alle Lebewesen und die ganze Natur in ihrer Schönheit vorbehaltlos annehmen.«[2]

Die Suche nach spiritueller Erkenntnis ist ein Rätsel: Wir besitzen eine Schatztruhe, die die Wahrheit enthält, sowie eine verwirrend große Zahl verschiedener Schlüssel, von denen jeder oder keiner die Truhe öffnen kann. Das Ende ist bereits in Sicht: Wir passen ins Universum und gehören ihm an. Unseligerweise wissen wir jedoch nicht, wie wir uns die Wahrheit *aneignen* sollen, die uns trösten und heilen würde, weil wir uns systematisch täuschen und in die Gewohnheit verfallen, so zu tun und zu handeln, als seien wir von anderen Formen und Lebensformen – Tieren, Gemüsen und Mineralien – getrennt, die in ihrem Zusammenspiel die Symphonie des Universums bilden.

Wie öffnen wir nun die Schatztruhe, und wie können wir die uns zur Verfügung stehenden Reichtümer nutzen? Wie können wir unsere Gefühle und Handlungen mit unserem

Wissen in Einklang bringen? Wie kann der Verstand das Herz leiten? Wie können wir die Gefühle der Verbundenheit, der Nächstenliebe und des Mitgefühls entwickeln, die dem theoretischen Wissen angemessen sind, daß wir ein integraler Teil des Universums sind? Wie können wir die sich selbst einkapselnden Täuschungen der Zentralität transzendieren? Ich *weiß,* daß ich Teil des Ganzen bin, aber ich *fühle,* als sei ich ein Waise, den man in einem gleichgültigen und chaotischen Universum ausgesetzt hat.

Was wir »spirituelles Leben« und »die spirituelle Reise« nennen, sind nur die von uns entdeckten Wege, mit denen wir unsere Täuschungen, unsere Getrenntheit, unsere Überlegenheit oder Unterlegenheit überwinden und allmählich unsere Identität mit unseren Mitmenschen und dem Mitgefühl mit ihnen herstellen. Der Schatz in der Truhe ist unser tiefempfundenes Vertrauen in jene »Totalität«, die wir Gott nennen können oder auch nicht, *und* jenes Vertrauen in die Zugehörigkeit, das nur aus mitfühlenden Handlungen entsteht. Je weiter wir uns in diesem Buch der Mitte unserer Reise nähern, desto deutlicher wird sich zeigen, daß im Reich des Geistes die einzige Wahrheit, die wir fordern können, untrennbar mit der Liebe und mit Handlungen verbunden ist. Entweder wir streben in Liebe nach der Wahrheit oder wir bleiben verloren in einem gleichgültigen Chaos. Um einen der frühen Quantenphysiker zu zitieren: Wir haben die Wahrheit bereits. Nur wissen wir nicht, wie wir sie erlangen können. Es dauert ein Leben lang, bis wir den Weg nach Hause gefunden haben. Wir alle haben Heimweh, die Sehnsucht, ins kosmische Zuhause zurückzukehren, das wir nie verlassen haben.

Das Verständnis, daß wir Verse in einem kosmischen Lied sind, verleiht uns die notwendige, aber nicht hinreichende Richtung für unsere spirituelle Praxis. Einst befanden wir uns vielleicht in einer Galaxie tief in unserer Essenz, so wie die ersten Müttervater des Maya-Mythos, in unmittelbarer Verständigung mit dem Schöpfer und mit der ganzen Schöpfung. Doch heute ist die Kenntnis des Bandes, das uns mit dem heiligen Kosmos verbindet, dunkel. Der Spiegel, in dem wir das Bild Gottes im Entstehen sehen könnten, ist beschlagen. Das Wissen, daß wir zu einem riesigen Kosmos gehören, kann uns ebenso sehr beunruhigen wie trösten. Das Nachdenken über die Schönheit der Erde kann uns besänftigen, aber wenn wir in die schwarzen Löcher in dem zeitlosen Raum sehen, kann uns ein Gefühl der Bedeutungslosigkeit überwältigen. Niemand hat dieses Gefühl kosmischer Einsamkeit besser eingefangen als Blaise Pascal, der französische Philosoph aus dem siebzehnten Jahrhundert: »Das ewige Schweigen dieser unendlichen Räume macht mich schaudern ... Bedenke ich die kurze Dauer meines Lebens, aufgezehrt von der Ewigkeit vorher und nachher; bedenke ich das bißchen Raum, den ich einnehme, und selbst den, den ich sehe, verschlungen von der unendlichen Weite der Räume, von denen ich nichts weiß und die nichts von mir wissen, dann erschaudere ich und staune, daß ich hier und nicht dort bin.«

Doch die kosmische Geschichte scheitert grundlegend bei dem Versuch, mir eine Karte für *meine* spirituelle Reise an die Hand zu geben. Denn sie siedelt die Menschen zwar in dem großen Plan der Dinge an, aber sie ortet nicht das eine Individuum, das das Zentrum meiner Sinnsuche ist – Sam Keen. Meine Suche – und auch Ihre – wird primär von dem persönlich-*existentiellen* Bedürfnis gespeist, herauszufinden, wie ich in den Plan der Dinge passe, nicht von einem abstrakten Wunsch, zu verstehen, wie der Mensch in einen Kosmos paßt. Ich möchte wissen, ob ich Gaben habe, die einem dauerhaften Zweck dienen.

Wenn ich jemals in der Welt heimisch werden will, muß ich herausfinden, wie ein einzelnes-Leben ins LEBEN paßt, wie sich meine Geschichte in die universelle Erzählung fügt. Vielleicht ist es ein verborgener Segen, daß der Schöpfer, Präger, Träger, Zeuger, die Höchste Gefiederte Schlange auf den Spiegel gehaucht und unser Blickfeld eingeschränkt hat, damit wir lediglich sehen können, was in der Nähe ist, nur einen kleinen Ausschnitt des Antlitzes der Erde. Indem ich meine Geschichte untersuche, kann ich aber zumindest einen kleinen Teil des heiligen Ganzen ins Zentrum des Interesses rücken.

Die Reise über den Garten Eden hinaus

Meine Geschichte ist, wie die Ihre, eine einzigartige Version des universellen Mythos vom Garten Eden: »Und Gott der HERR pflanzte einen Garten in Eden gegen Osten hin und setzte den Menschen hinein, den er gemacht hatte. Und Gott der HERR ließ aufwachsen aus der Erde allerlei Bäume, verlockend anzusehen und gut zu essen, und den Baum des Lebens mitten im Garten und den Baum der Erkenntnis des Guten und Bösen ... Und Gott der HERR gebot dem Menschen und sprach: Du darfst essen von allen Bäumen im Garten, aber von dem Baum der Erkenntnis des Guten und Bösen sollst du nicht essen; denn an dem Tage, da du von ihm issest, mußt du des Todes sterben.«

Wenn Sie den Mythos sorgfältig lesen, werden Sie erkennen, daß uns Gott der HERR beziehungsweise seine autorisierten Repräsentanten auf Erden eine Kommunikationsfalle stellen, eine nur scheinbar freie Wahl lassen, ein Dilemma, aus dem es keinen Ausweg gibt. Entweder: Sei der Obrigkeit gegenüber gehorsam, bleibe im Garten kindlicher Unschuld und empfange das Geschenk des Glücks und der Unsterblichkeit. Oder: Nutze deine Freiheit, erlange bittersüße Selbsterkenntnis, beurteile selbst Gut und Böse, werde aus dem Garten Eden vertrieben, verdiene deinen Lebensunterhalt im Schweiße deines Angesichts und lebe in dem Bewußtsein, daß du sterben mußt.

Die Geschichte vom Paradies hat überdauert, weil sie etwas Immerwährendes an der *condition humaine* einfängt. Wir alle werden klein und hilflos geboren, in eine von Erwachsenen beherrschte Welt, die uns unvermeidlich als sichtbare Götter und allwissende Autoritäten vorkommen. Mit der Muttermilch saugen wir ihre Moralvorsteilungen auf und werden von ihren Mythen durchdrungen, wenn der Vater uns im Arm hält. Wenn die Blicke der Eltern auf uns ruhen, sonnen wir uns, geschützt, in ihren ewigen Armen; wenn sie böse mit uns sind, fallen wir in Ungnade und fürchten uns vor Bestrafung, davor, verlassen zu werden und zu sterben.

Zur rechten Zeit präsentiert sich uns eine Krise mit der Herausforderung, autonome zu werden. Doch wenn wir versuchen, zu schmecken, zu spüren und zu entdecken, was uns richtig und falsch vorkommt, geraten wir in Konflikt mit den Regeln: *Du sollst. Du sollst nicht.* Die Autoritäten sagen: *Brave Jungs ... tun nicht ... Liebe Mädchen ... tun nicht ... Tu, was ich dir sage ... Widersprich deinem Vater nicht. Gib deiner Mutter keine frechen Antworten. Weil wir es gesagt haben – deshalb. Weil das so gemacht wird. Stell nicht so viele Fragen. Du sollst nicht fragen, sondern tun, was ich dir sage.* Man bestraft uns »zu unserem eigenen Wohl«.

Jedem Individuum wird von der Familie und der Kultur eine Kommunikationsfalle gestellt. Die Eltern und die Autoritäten (die guten wie die schlechten) verlangen von uns Gehorsam gegenüber den Normen, Lebensweisen, Ideologien und religiösen Vorstellungen, an die sie glauben. Ihre Forderungen werden noch verstärkt durch die inneren Sicherheitskräfte des Gewissens (dem psychologischen Äquivalent zum KGB, und von unsichtbaren Normen und sichtbaren Gesetzen. Wenn wir experimentieren und Tabus brechen, werden wir unter Umständen bestraft, auf jeden Fall aber empfinden wir Schuld und werden aus dem Garten Eden hinausgeworfen. Doch wenn wir nicht experimentieren, wenn wir gehorsame Kinder bleiben, werden wir die Scham empfinden, die entsteht, wenn wir nie unsere Freiheit genutzt und unser Leben im Garten Eden der Autoritäten verbracht haben. Wenn wir den Gehorsam verweigern; werden wir mit den Kräften der Schuld und Autonomie ringen müssen; wenn wir gehorchen, müssen wir mit den Kräften der Scham und der Abhängigkeit ringen.

Das traditionelle religiöse Leben spielt sich in den Grenzen des Garten Eden ab, innerhalb der Weltsicht des offiziellen Mythos. Die spirituelle Reise beginnt, wenn wir beschließen, von der verbotenen Frucht zu essen und unsere eigene Lebens-Landkarte zu zeichnen, die auf dem beruht, was wir auf unseren Forschungsreisen herausgefunden haben.

Eine zweite Art der Kommunikationsfalle bestimmt die Route unserer spirituellen Reisen – man könnte sie auch eine doppelte Kommunikationsfalle nennen. Eltern geben ihren Kindern widersprüchliche Botschaften, weil sie selber ambivalent sind hinsichtlich dessen, was erlaubt und was verboten ist. In dem Maße, in dem Mami und Papi in gedankenloser Konformität mit den Vorschriften gelebt haben, die sie von ihren eigenen Eltern und anderen Autoritäten geerbt haben, werden sie ihren Kindern einen unbewußten Imperativ weiterreichen, wonach die Kinder ihre ungelebte Rebellion ausagieren. Das Eden des Familienlebens kennt überhaupt keine einfache Gruppe von unzweideutigen Geboten, die man befolgen muß, sondern wird vielmehr von sich widersprechenden Anweisungen regiert. Bewußt sagt Papi: »Arbeite hart.« Unbewußt sagt er: *Tobe dich gehörig aus (was ich nie getan habe).* Bewußt sagt Mutter: »Benimm dich wie eine Dame.« Unbewußt sagt sie: *Sei wild und sexy (wie ich es nicht war).* Wir erben von unseren Eltern die ungelösten Widersprüche, die ihr Leben geprägt haben. Wenn wir uns entschließen, den Garten Eden zu verlassen, uns auf die Suche nach Selbsterkenntnis begeben und die Autorität aufbringen, selbst unser Leben zu gestalten, müssen wir mit den Werten ringen, die unsere Eltern nach außenhin gefördert haben, und mit den verdrängten Chancen, den abgespaltenen Möglichkeiten, die ihnen unbewußt geblieben sind. Was immer von Eltern nicht befragt, sondern fraglos übernommen wird, wird (unbewußt) an die Kinder delegiert. Wenn wir über unser Leben Autorität erlangen wollen, müssen wir nicht nur die Vision von Gut und Böse in Frage stellen, die das Leben im Garten Eden beherrschte, sondern auch die Möglichkeiten erkunden, die unsere Eltern und die Gesellschaft ignoriert haben oder sich weigerten zu erwägen. Nachdem wir gegen Vertraute rebelliert haben, beginnen wir eine Reise in eine ferne Wildnis, die verboten und den Göttern des Paradieses fremd war.

Die Einzelheiten dieser Herausforderungen sind von Mensch zu Mensch verschieden. Ein mißbrauchtes Kind wird mit einem niedrigen Selbstwertgefühl ringen, dem Eindruck, verlassen worden zu sein, und Zorn; ein verzogenes Kind mit einer unrealistischen Anspruchshaltung. Ein begabtes, frühreifes Kind wird mit einem überstarken Selbstgefühl kämpfen. Jeder Erziehungsstil errichtet für Kinder charakteristische Hürden, die sie in ihrem späteren Leben überspringen müssen. Gute wie schlechte Eltern formen und verformen ihre Kinder mit Werten und Visionen, die diese überprüfen und entweder zurückweisen oder bestätigen müssen. Jede Familie legt die dramatische Tagesordnung für ihre Mitglieder fest.

Nehmen wir den Fall meines Freundes Cherif, eines Berbers aus Algerien. Ihn bereitete die Einwanderung aus Afrika nach Kalifornien auf die schwierigere Reise vor, die er nun beginnt. Heute lebt er nicht mehr im Mythos seiner Familie, sondern schreibt seine eigene Lebensgeschichte. Kürzlich erzählte er mir: »Mein Vater war Bäcker, und er sagte mir: ›Du hast einen Dickkopf und wirst nicht viel im Leben erreichen. Übernimm doch die Bäckerei.‹ ›Niemals‹, sagte ich und lief von zu Hause fort, weil sich mir dort kein Beispiel eines Menschen bot, der sein Leben in die eigenen Hände nahm. In Algerien ging das nicht. Ich bin nach Frankreich ausgewandert und habe in der Lebensmittelbranche gearbeitet, bin dann in die Vereinigten Staaten gekommen und habe geheiratet. Dort habe ich als Kellner gearbeitet, eines Tages wurde der Bäcker krank, und ich übernahm das Geschäft und begann als Bäcker zu arbeiten. Bald habe ich mein eigenes Geschäft eröffnet. Ich bin erfolgreich, aber ich fühle mich in der Rolle des Ladenbesitzers und Arbeitgebers unwohl. Es ist keine offene Beziehung. Ich verbringe vierzehn Stunden mit diesen Menschen. Aber ich will dieses Geschäft gar nicht führen. Ich stehe am Scheideweg. Ich möchte etwas Sinnvolleres mit meinem Leben anfangen, etwas, das mit Heilen zu tun hat. Als Kind habe ich die Augen weit aufgesperrt; ich konnte den Blödsinn durchschauen, die Lügen über die Religion. Die Leute gingen in die Moschee, aber da war nur wenig Spiritualität. Alle dachten, ich wäre gehemmt, aber der wahre Grund war, daß ich wie meine Großmutter über seherische Fähigkeiten verfügte. Ich wußte, wann etwas passieren würde und was die Leute dachten. Heute vergegenwärtige ich mir diese Erinnerungen, damit ich den Mut habe, den Sprung zu wagen. Das schulde ich mir. Ich kenne meine Gaben, obwohl ich mich manchmal ihretwegen schäme. Eine Stimme in mir sagt: ›Für wen hältst du dich eigentlich, daß du andere Menschen heilen willst? Du hast keinerlei Diplome. Dein Schicksal ist es, Bäcker zu sein.‹ Aber eine andere Stimme sagt: ›Du hast die Gaben – du kannst ein Heiler werden. Du bist nicht geboren worden, nur ein Körper zu sein. Du besitzt etwas, das diesen Körper umherbewegt, eine Seele.‹ Jedesmal, wenn meine spirituelle ›Glocke‹ klingelt, überkommt mich eine andere Stimme: ›Wie willst du damit deinen Lebensunterhalt verdienen? Da draußen, das ist ein Dschungel.‹ Aber wenn ich nicht durchs Leben gehen und nach meiner Fasson leben kann, dann lohnt sich das Leben für mich nicht. Jetzt kann ich wählen.«

Ein bescheidener Akt des Glaubens

Jeder Versuch, sich ein Ziel zu setzen, das Essen, Trinken und Geldverdienen transzendiert, muß mit einem Glaubensakt beginnen. Wo die Religion aber einen weiten Sprung in die Arme der Autorität verlangt, erfordert die spirituelle Suche lediglich einen kurzen Schritt über die Leere. Die Grundannahme lautet: *Mein Leben ist der Text, in dem ich die Offenbarung des Heiligen finden muß.* Wenn es in meinem Leben einen heiligen Boden und einen heiligen Sinn gibt, dann muß ich ihn hier und jetzt entdecken. Wenn wir Ohren haben zu hören, Augen zu sehen und Körper zu fühlen, dann wird man immer zu uns sprechen. Bestimmte Augenblicke, Ereignisse, Worte, Personen oder Objekte können plötzlich einen Schein entwickeln. Wo unser Leben chaotisch erschien, zeichnet sich ein Muster ab. Ein Zeichen unterscheidet sich nicht von einem gewöhnlichen

Ereignis; es ist die Bedeutung, den wir ihm verleihen, der es heiligt. Da ich daran glaube, daß mein Leben einen Text darstellt, kann ich einen verborgenen Subtext finden, der in besonderen Augenblicken ans Licht kommt.

Die Erfahrung der Entdeckung des Heiligen kann man nicht auf dem Flohmarkt machen. Ohne zu wissen, wie man die Chancen in derlei Fragen berechnen kann, scheint es mir doch unwahrscheinlich, daß Gott den Sinn *meines* Lebens einem Guru oder einer Autorität zugeflüstert hat. Die größte Chance, die ruhige, leise Stimme zu hören, besteht darin, genau auf das heilige Echo in den Stimmen und der Stille zu lauschen, die in meinem Geist, meinem Körper, meinem Herzen widerhallt.

Am sichersten ist wohl, daß ich davon ausgehe, daß mein Leben vom Sein selbst umfaßt wird. Das Geheimnis des Selbst ist ein unverzichtbarer Teil des Geheimnisses des Seins. Der Unbekannte Gott, nach dem ich suche – das Prinzip der Einheit –, ist nicht abwesend, er verbirgt sich vielmehr in der Substanz der Dinge. Wenn wir unsere intimen Erfahrungen ignorieren, dann suchen wir schließlich Gott an allen falschen Orten. Wenn ich die Abgründe meines Wesens erforsche, werde ich die Höhen des Seins entdecken. Wie unten, so oben. Mein Leben gewährt mir den einzigen privilegierten Zugang zum Unbekannten Gott und zu der unbekannten, aber erkennbaren Heiligkeit meines Lebens. Meine Autobiographie enthält die heilige Geschichte, mit deren Hilfe ich den Weg finden kann, der zu einem größeren Gefühl der Einheit und Heiligkeit des Lebens führt.

Versenkung in das eigene Leben

Die meisten religiösen Traditionen stempeln die Autobiographie als etwas Egoistisches ab. Das entscheidende Argument der meisten Glaubenslehren bestand darin, das Ich, die Illusion des Individuums, des einzigartigen, historischen Selbst auszulöschen. Individualität ist die Krankheit, nicht das Heilmittel. In jüngster Zeit hat Don Juan alias Carlos Castenada dieses Thema der Spiritualität des Ostens aufgenommen und die Vorstellung von der »Auslöschung der persönlichen Geschichte« zum zentralen Fokus seines Vorhabens gemacht, ein Krieger, ein Mann des Wissens zu werden.

Ich glaube, daß der autobiographische Weg des Suchens des Heiligen durch intime Erfahrungen der persönlichen Geschichte diese Essenz der Demut darstellt und keinesfalls von Hochmut, Stolz oder Egoismus zeugt. Allen Menschen ist ihre Einzigartigkeit gemeinsam. Jeder von uns kann seine Autobiographie schreiben. Sie ist unser Geschenk, und deshalb ist es unsere Aufgabe, unseren besonderen Augenblick in der Geschichte zu erforschen, den Boden, auf dem wir leben.

Wenn ich die besonderen Umstände meines Lebens erforsche, dann entdecke ich, daß kein vorgefertigtes Glaubenssystem meiner Gebrochenheit eine Form geben kann, es auch keine Blaupause für die besondere Lebensform gibt, die für mich erfüllend wäre. Ich muß herausfinden, wie ich durch meine Familie und meine Kultur verletzt und gesegnet, wie ich durch die Erfahrungen, die ich durchgestanden habe, verbogen und gestärkt wurde. Ich muß die Gaben kennenlernen, die ich den anderen geben kann.

Es gibt nicht *einen* richtigen Weg. Zur Würde und zum Sinn meines Lebens gehören die Entdeckung und Erschaffung meines Weges, meiner Wahrheit, meiner Bestimmung. Eine spirituelle Berufung spüren, heißt vertrauen, daß mein

Leben ein Geschenk ist, das ausgepackt und genossen werden muß. Ich könnte gegenüber meinem Leben verschiedene Haltungen einnehmen. Wenn die Zeiten schlecht sind, wenn mich eine Krankheit zu Schmerzen verurteilt, wenn ein tragisches Ereignis mich überwältigt, wenn ich sinnlose Grausamkeit sehe, bin ich versucht, den Schluß zu ziehen, daß das Leben ein absurder Witz ist. Manchmal scheint es, als wären wir ohne unsere Zustimmung ins Leben geworfen, hungrig nach einem Sinn, der uns verborgen bleibt, und zum Sterben verurteilt wegen eines ungenannten Verbrechens, das wir nicht begangen haben. Doch in guten wie in schlechten Tagen durchdringt mich eine Ahnung, daß meine Existenz ein Privileg ist. Zwischen der Leere davor und der Leere danach sind die wenigen Jahre meines Lebens eine Insel in der Zeit, die mir gegeben wurde.

Den autobiographischen Ansatz darf man jedoch nicht mit der Betonung des starken Selbstwertgefühls verwechseln, auf das ein großer Teil der heutigen Psychologie viel Wert legt. Narzißmus ist der Gegensatz von Spiritualität. Auf der spirituellen Reise erkunden wir das Selbst, damit wir die Grenzen unseres gewöhnlichen Ichgefühls und unseres Anspruchdenkens überwinden und die Illusion hinter uns lassen, daß »Ich das Zentrum der Welt« bin. Indem ich mich an die Beziehungen zu anderen Menschen erinnere, die mein Wesen geprägt haben, beginne ich ein Selbst zu entdecken, das sich nicht mehr einkapselt. Das isolierte, selbstgenügsame, nichtabhängige Selbst ist eine Illusion. Buddhisten sprechen von der Erleuchtung, zu der die erschütternde Entdeckung gehöre, daß das Zentrum des Selbst leer ist. Ich bin nichts, das sich definieren läßt. Die »spirituelle Reise« ist eine Metapher für den nie endenden Prozeß, in dem wir jene riesige Vielzahl von Verbindungen und Beziehungen entdecken, die den Nexus des Selbst bilden. Indem ich meine Autobiographie ins Gedächtnis zurückhole, entdecke ich, daß ich plural bin und immer war. *Ich bin auf ewig definiert durch meine Interaktionen in einem Netz von Wesen, das sich rückwärts und vorwärts in der Zeit bis ins Unendliche erstreckt.*

Allein durch die Erforschung und das Mitteilen meiner Autobiographie kann ich meine Entdeckungen des Heiligen bezeugen. Meine Geschichte ist nicht normativ. Ich gebe mich nicht dem Trugbild hin, ein Heiliger, ein Held zu sein, weder für mich noch für andere. Ich schreibe nicht, um zu sagen: Hier ist *die* Landkarte, der Sie folgen müssen. Vielmehr stelle ich einige der Wendungen und Kehren meiner Reise vor, um Sie zu ermutigen, Ihre eigene Geschichte ernstzunehmen. Untersuchen Sie den heiligen Text Ihrer alltäglichen Erfahrungen, rekonstruieren Sie die Ereignisse und Beziehungen, die in die Schaffung Ihres Wesens eingeflossen sind, holen Sie Ihre Erinnerungen ins Gedächtnis zurück und formen Sie sie zu einer Erzählung, die aus Ihrem Leben eine einmalige Geschichte macht.

Das Suchen nach der heiligen Dimension in unserem Leben gleicht jenem Vorgang, den ein Romanautor bei der Konstruktion einer Figur verwendet. »Gott lebt in den Details.« Die *Details* erwecken die Geschichte zum Leben. Ein Romanautor muß genau wissen, was der Held zum Frühstück ißt, wie er sich kämmt, wie sein Vater und seine Mutter ihn als Kind behandelt haben. Genauso wie der belebende Geist der Figur durch die spezifischen Einzelheiten erkennbar wird, läßt sich die Anwesenheit beziehungsweise Abwesenheit des Heiligen nur entdecken, wenn wir die Einzelheiten unserer Erfahrung untersuchen. Durch die Erinnerung an unsere persönliche Geschichte hoffen wir, wie Plato sagte, herauszufinden, daß die Zeit »ein bewegtes Bild der Ewigkeit« ist.

So wie ein Archäologe muß auch ich mich durch die Schichten äußerer Materie graben, damit ich an die Fundamente gelange. Indem ich die Mythen ausgrabe, die mich geformt und verformt haben, hoffe ich, meinem Ursprung näher zu kommen, meinem *primären* oder *essentiellen* Selbst. Während viele zeitgenössische Sozialphilosophen die These vertreten, daß die Vorstellung eines originären Selbst eine Fiktion darstellt, eine fragwürdige, aber nützliche Idee, bringe ich den Mut auf, zu der Entdeckungsreise aufzubrechen, die Generationen von Mystikern und Reisenden aus vielen unterschiedlichen Traditionen gemacht haben und die bezeugen, daß das verlorene Selbst, nachdem es sich den Illusionen und der Kurzsichtigkeit entledigt hat, die ihnen Familie und Stamm auferlegt haben, in eine Heimat zurückkehren kann, in dem keine Entfremdung zwischen dem Selbst und den anderen mehr herrscht.

Um meine Essenz entdecken zu können, die heilige Absicht, die in meine DNS eingeschrieben wurde, die Geschichte vor der Geschichte, mein ursprüngliches Gesicht (wie das Zen sagt), muß ich mich des Webstuhls des Mythos, auf dem meine Psyche von meinen Eltern und den unbefragten frühen Autoritäten gewebt wurde, erinnern. Die Geschichten über die Familie und die Verwandten haben uns geprägt, ehe wir selbstbewußt wurden und anfingen, der eigenen Lebensgeschichte Gestalt zu verleihen. Ehe wir selbst unsere Lebensgeschichte schreiben konnten, ritzten die Autoritäten die offiziellen Mythen in unsere Haut. Keens, McMurrays, alle Weiße, Amerikaner und Presbyterianer, erzählten mir als erste meine Geschichte, weissagten mir mein Geschick und Glück. Ich bin, wie Sie, ein Palimpsest – »ein Manuskript, das neben dem gegenwärtigen Text ein oder zwei frühere, teilweise ausgelöschte Texte enthält.«

Mein Leben, und Ihres, ist ein Tanz zwischen Schicksal und Freiheit. Meine Autobiographie ist kein Monolog eines Self-made-Mannes, sondern ein Dialog, eine Liebesgeschichte, die ich gemeinsam mit Gott, der Natur, der

Selbstwerdung des Seins, schreibe. Mein Lied ist ein Wechselgesang, ein Kirchenlied, das in einem vielstimmigen Chor gesungen wird.

Die Ko-Schöpfung eines Lebens ist furchterregend und freudevoll. Freiheit ist etwas Wildes und Liebendes. Es gibt keine sicheren Wegweiser in diesem Wald, keine offiziellen Informationshäuschen, die den Reisenden den Weg zeigen.

Wenn ich des Nachts des ewigen Reisens leid bin, blikke ich in erleuchtete Fenster und empfinde Sehnsucht nach einem geregelten Leben. Einen Augenblick sehne ich mich nach der Bibel, einem Jesus, einem Guru, einem maßgebenden Wort aus dem Jenseits, das mich führt. Aber ich weiß, der Preis ist höher, als ich bezahlen will. Es käme mir undankbar vor, die Autorität aufzugeben, die mir über mein Leben verliehen wurde, so zerbrechlich und kurz es auch ist. In diesem geordneten und schöpferischen Chaos, das ich immer wieder in die Erzählung meines Lebens einfügen werde, stützt mich ein bleibendes Vertrauen. Isak Dinesen schrieb in diesem Zusammenhang: »Gott schuf den Menschen, weil Er Geschichten liebte.« Ohne meine Autobiographie und Ihre wäre die Geschichte des Universums für immer unvollständig.

Während ich von meinem Erwachen erzähle, lassen Sie Ihre Gedanken zu ihren eigenen frühesten Erinnerungen an das Selbst und andere (auch Ihre Mutter, an Beispiele der Unterwürfigkeit und der Rebellion) zurückgehen. Fügen Sie die Erinnerungen hinzu, die die Zeitlinie Ihres Lebens bilden. Dies sind die Schlüsselerfahrungen, aus denen Ihre Psyche geformt wurde, in ihnen liegt Ihr erstes Erlebnis der Freiheit und der Anfang Ihrer Suche.

Bloße Füße und Bluejeans: Mein Geist erwacht

Solange ich zurückdenken kann, habe ich die Spannung zwischen Religion und dem inspirierten Leben verspürt, zwischen dem Garten Eden und der offenen Straße. Vom Augenblick meiner Geburt an trug ich die Windeln des Christentums. Ehe ich mich selbst entscheiden konnte, wurde ich von der Matrix und der Maya der Religion umfaßt, lehrte man mich die richtigen Antworten und ermutigte mich, keine beunruhigenden Fragen zu stellen.

Vor langer Zeit saß ich während des Unterrichts in der Sonntagsschule im Keller der Ersten Presbyterianischen Kirche in einem Kreis, bestehend aus kleinen, glänzenden Gesichtern, die zuhörten, wie Miss McCelvey aus der Bibel vorlas. Nach den Geschichten über Maria und Joseph und das Jesuskind gab es Milch und Graham-Kekse; das Vaterunser wurde einstimmig aufgesagt, weil keiner von uns die vielen Wörter behalten konnte, und dann sangen wir: »Jesus liebt mich, das weiß ich / Denn die Bibel sagt es. / Die kleinen Kinder gehören ihm. / Wir sind schwach, doch er ist stark.« Ich konnte als erster meinen Bibelvers auswendig: »Denn also hat Gott die Welt geliebt, daß er seinen eingeborenen Sohn gab, auf daß alle, die an ihn glauben, nicht verloren werden, sondern das ewige Leben haben.« Als ich den Vers beim sonntäglichen Mittagessen aufsagte, dachte mein Bruder Lawrence, ich wolle damit angeben, aber ich war warmherzig und stolz und sonnte mich in der Zuwendung meiner Eltern. Mein Eden war warm und voller Liebe. Die Liebe schmiedet ihre Fesseln auf so liebliche Weise, daß wir kaum wissen, wie uns die

Bemühungen, gute Söhne oder Töchter zu sein, gefangenhalten.

Aber der menschliche Geist ist ruhelos. Er sehnt sich nach den Aufregungen der offenen Straße. Er mag nicht die Sicherheit und die Leichtigkeit des Lebens im Garten Eden.

Eines Morgens fuhr ich mit meinem roten Dreirad los, auf der Suche nach Abenteuern. Ich hatte mich gut verproviantiert, hinten in der Werkzeugtasche am Sitz war ein angemessener Vorrat an Süßigkeiten verstaut. Kurz bevor ich losfahren wollte, tauchte meine Mutter auf und setzte die Grenzen des Erlaubten: »Sammy, du darfst bis zur Ecke fahren und um den Block, aber nicht über die Straße.« Kaum war ich den Augen, die über mich wachten, entkommen, als die Versuchung auftauchte. Direkt auf der anderen Straßenseite führte der Bürgersteig in ein verbotenes Wäldchen, dessen Geheimnis mich mit unwiderstehlicher Macht lockte. Ich blickte um mich und konnte keine Gefahr entdekken. Weit und breit keine Autos. Keine Mutter in Sicht. Also überquerte ich die Straße – fuhr hinein in Freiheit und Angst. Während ich weiterfuhr, stellte ich überrascht und ein bißchen enttäuscht fest, daß sich das Land Jenseits nicht merklich vom heimatlichen Terrain unterschied. Da ich weder Ungeheuer noch verzauberte Schlösser gefunden hatte, machte ich kehrt und überquerte wieder die Grenze zum Garten Eden. Doch während meiner kurzen Abwesenheit hatte sich etwas verändert. Alles sah aus wie vorher, aber ich war eingehüllt von Schuldgefühlen. Und wenn meine Mutter nun herausfand, wo ich gewesen war? Ich radelte so lässig wie möglich nach Hause. Meine Mutter nahm mich an der Tür in Empfang. »Sammy, bist du über die Straße gefahren?« Blitz und Donner schienen vom Berg herabzukommen und drohten, mich auszulöschen. Mit einem Instinkt, der so alt ist wie Adam, sammelte ich meinen ganzen Mut zusammen und verteidigte meinen verletzlichen, im Entstehen begriffenen Geist: »Nein, Mutter, bin ich nicht.« Ich frage mich immer noch, ob sie wußte, daß ich gelogen hatte, und daß ich – wenn ich je mein eigener Herr werden würde – lügen mußte, um den Rückzugsort meiner Freiheit zu schützen.

Die endlose Reise begann – und die Gewohnheit, Fragen zu stellen. Ich erinnere mich an einen Frühling, als ich vier Jahre alt war, die Krokusse blühten, und an den langen Abenden sangen die Zikaden. Ich wollte die Fesseln des Winters ablegen, barfuß sein und frei im Wald umherlaufen, den roten Schlamm zwischen meinen Zehen hervorquetschen und meine Fußrücken von den Kiefernadeln kitzeln lassen. Das war verboten – Spulwürmer im Boden setzten sich angeblich in den inneren Organen der Unbeschuhten fest und produzierten die Art »Faulheit«, die Presbyterianer bei den Armen schnell diagnostizierten. Eines Abends, vor dem Zubettgehen, führte meine Mutter die rituelle Bibellesung durch (bald schon würde ihr die Lektüre von Abenteuerheften folgen). In der Geschichte für den Tag ging es um Moses und den brennenden Busch. Ich spitzte die Ohren, als ich Gottes Worte vernahm: »Moses, zieh die Schuhe aus, du befindest dich auf heiligem Grund.« »Mutter«, unterbrach ich, »Gott hat doch die ganze Welt geschaffen, oder?« »Ja, mein Sohn«, antwortete sie. Mit makelloser Theo-logik ließ ich die Falle zuschnappen: »Und warum müssen wir dann immer Schuhe tragen?« Die Antwort meiner Mutter taucht weder in meiner Erinnerung noch in den Familiengeschichten auf.

Außerdem wunderte ich mich, was es mit den Gebeten auf sich hatte.

Mit Worten und Taten wurde uns beigebracht, mit geschlossenen Augen zu beten. Keine verstohlenen Blicke. Keine schnellen Griffe nach einer Speise während des Gebets. Die größte Versuchung kam während der langen

Gebete des Pastors vor der Predigt, wenn er sich die besondere Gebetsstimme zulegte und sich ein frommes Schweigen in der Gemeinde ausbreitete. Ich war überwältigt von Neugierde. Hielten wirklich alle die Augen geschlossen? Gelegentlich spürten meine hellsichtigen Eltern meinen Eigensinn, öffneten die Augen und ertappten mich dabei, wie ich die Gemeinde beobachtete. Indem sie die Augen niederschlugen, bedeuteten sie mir, ich solle in die heilige Dunkelheit zurückkehren. Auf diese Weise ertappt und in Zucht genommen, nahm ich die korrekte Haltung für einen blinden Glauben an, doch in der Heimstatt meines Geistes hatte der Fragende immer alle Hände voll zu tun. Warum müssen wir beim Beten die Augen schließen? Warum müssen wir alles aussperren – nur nicht die Worte des Pfarrers? Warum müssen wir die »Schönheit der Erde, die Herrlichkeit des Himmels« besingen und dann die Augen schließen? Insgeheim beschloß ich, sobald ich erwachsen wäre, mit offenen Augen zu beten. Vielleicht würde ich auch gar nicht beten. Denn warum sollte ich den Allmächtigen über meine Bedürfnisse oder Seine Pflicht informieren?

Und warum war Gott darauf angewiesen, daß ich eine fromme Stimme annahm und besondere Kleidung trug? Als Kinder hatten wir Kleidung für den Sonntag, für die Schule und zum Spielen. Sonntags trugen wir unsere feinsten, unbequemsten Sachen – Wollhosen, die juckten, und gestärkte Hemden und Krawatten, die die Haut am Hals reizten. In den dreißiger Jahren trugen die Jungen im Süden als normale Kleidung weite Jeans, die man waschen konnte und die nicht gebügelt werden mußten. Während eines strahlenden Sommertages kam mein Vater aus dem Westen zurück; er hatte Levi's für meinen Bruder und mich mitgebracht – ein fabelhafter, vierzehn Unzen schwerer Stoff, an den Taschen gesteppt, steif vor lauter Färbemittel, das die Beine blau färbte, bis die Hose mehrfach gewaschen worden war, garantiert reißfest, haltbar bis in alle Ewigkeit. Ideale Hosen, um damit durch Dornenhecken zu laufen und mit Murmeln im Sand zu spielen. Besser als jede Nacktheit schützten sie uns auf den Abenteuern, zu denen wir aufbrachen, sobald wir den wachsamen Blicken der Erwachsenen und den anderen natürlichen Feinden entkommen waren.

Vielleicht wäre ich den Zwängen der Religion früher entkommen, wenn ich nicht das Bedürfnis verspürt hätte, den Glauben, der meine Mutter und meinen Vater beseelte, direkt und persönlich zu erfahren. Von Anfang an vermischten sich meine rebellische Wesensart und mein fragender Geist mit einem ebenso starken Antrieb nach mystischer Erkenntnis. Ich wollte wissen, was man über Gott wissen und nicht wissen konnte.

Noch heute habe ich die religiöse Kommunikationsfalle vor Augen, in die ich geriet. Im Alter von zehn Jahren, als wir in Boaz, Alabama, lebten, kam ein Vertreter vom Business Men's Council of the Pocket Testament League, Inc., zu uns nach Hause. Bevor er ging, schenkte er mir eine kleine Ausgabe des Neuen Testaments und fragte mich, ob ich das Gelübde unterschreiben würde, das mich dazu verpflichtete, jeden Tag wenigstens ein Kapitel aus der Bibel zu lesen und sie überall mit hinzunehmen – was ich tat. Ein Jahr lang bewahrte ich das magische Buch – es war mein persönlicher Talisman und Machtgegenstand – im Hauptast in meinem Baumhaus auf und las jeden Tag ein Kapitel. Ich betete zu Gott, mir eine persönliche Beziehung zu meinem Herrn und Retter zu gewähren. Tag um Tag wartete ich darauf, daß Jesus in mein Herz kam, aber je inbrünstiger ich betete, desto enttäuschter wurde ich, als der HERR zögerte. Meine Ernsthaftigkeit und meine Bemühungen verstärkten lediglich mein Gefühl der Entfremdung. Zweifel erfüllte den Raum, den ich für die Gnade reserviert hatte. Schließlich ermüdete ich und kam zu dem Schluß, daß Jesus zwar mein Retter sein mochte, er aber ebenso fern war wie Gott.

Wenn ich heute die kindliche Unterschrift unter dem Gelübde in dem zerfledderten Neuen Testament betrachte, verstehe ich die Last der Selbstgerechtigkeit, die auf meinen kleinen Schultern ruhte, und daß ich unvermeidlich zum verlorenen Sohn geworden war. Nur so konnte ich meinen eigenen Weg finden. Auf ähnliche Weise deute ich die Beweggründe, die mich, entgegen so vielen meiner aufrichtigeren spirituellen Neigungen, dazu führten, mit elf Jahren um volle Mitgliedschaft in meiner Kirche zu bitten. Das geteilte Bild dieses Abends steht mir noch deutlich vor Augen. Auf einem Teil sehe ich den Jesus-Knaben mit zwölf Jahren, wie er vor den Kirchenältesten der Synagoge steht und sie lehrt. Auf dem anderen Schirm sehe ich mich selbst im Sonntagsstaat, wie ich vor den Kirchenältesten stehe und ihnen zeige, daß ich mich im Katechismus und in Glaubensfragen sehr gut auskenne. »Was ist das Hauptziel des Menschen? Das Hauptziel des Menschen ist es, Gott zu preisen und ewig Freude an Ihm zu haben.« Die Verschmelzung dieser beiden Bilder sagt mir: Um meine Mutter und Großmutter und all die bewundernden Kirchenältesten zufriedenzustellen, unternahm ich heldenhafte Anstrengungen, mich in die vorfabrizierte Form des Lebens Jesu zu ergießen.

Doch kaum hatte ich mich angestrengt, meine Zweifel zu unterdrücken und Trost im Schutz der Religion zu finden, da tauchte mein Geist auf, dieser Zigeuner, und störte meine falsche Seelenruhe.

Das geschah zum erstenmal, als ich elf Jahre alt war: ich war auf dem Nachhauseweg aus der Stadt hinaus und ging die Court Street in Maryville, Tennessee, entlang. Die Japaner hatten Pearl Harbor angegriffen, und die staatstreuen Amerikaner lernten, die »Japs« zu hassen. Während ich mit meinem Freund Tommy Granger spielte, stellte ich mir laut die Frage, ob auch Christen die Japs hassen müßten. Tommys Eltern hatten ihm verboten, mit mir zu spielen, weil ich unpatriotisch sei und immer Scherereien machte, weil ich Fragen stellte. Anschließend brütete ich im Gehen darüber nach, als ich plötzlich das Gefühl hatte, in einem Lichtkegel zu stehen. Ich schien meinen Körper zu verlassen, und ich sah, wie ich an einer Weggabelung stand, an der ich zwei Szenarien vorhersehen konnte, denen mein Leben folgen könnte, und da wußte ich, daß ich mich entscheiden mußte. Ich erkannte: Wenn ich das übernahm, von dem meine Freunde, Eltern und die anderen Erwachsenen sagten, es sei wahr, würde alles glattgehen und ich würde niemandem in die Quere kommen. Doch wenn ich den anderen Weg einschlug, würde ich mit jeder Frage einen Berg weiter hinaufsteigen und weiter und klarer sehen können. Diese Entscheidung, die ich in jenem Augenblick traf, nach Verständnis zu streben, statt nach Sicherheit, weiter zu fragen, statt den Glauben meiner Väter anzunehmen, war wohl der Beginn meiner spirituellen Suche. Ohne zu wissen, in welche fernen Reiche mich dieses Streben führen würde, tat ich den ersten Schritt in Richtung einer Desillusionierung bezüglich der kulturellen Normen und erwachte aus dem unbewußten Zauber, den meine Eltern und meine Kultur über mich geworfen hatten: Dieses plötzliche spirituelle Erwachen im Alter von elf Jahren hinterließ in mir die beunruhigende Erkenntnis, daß ich nicht bloß ein treuer Sohn liebender Eltern sein konnte, ein geliebter Enkelsohn, ein akzeptiertes Mitglied der Gruppe und ein gehorsames Kind der Kirchengemeinde. Allmählich argwöhnte ich, daß blinder Glaube ein billiger Glaube sei; aber ein billiger Glaube ist zu teuer – er wird damit erkauft, daß man sich Seelenabenteuer versagt.

Wenn ich darüber nachdenke, erkenne ich, daß sich die Prinzipien meines Credos bereits in jungen Jahren abzuzeichnen begannen:

Geh barfuß: »Fühle die unterschiedlichen Lehren der Erde und des Pflasters unter deinen Füßen« (Heather Keen). Bleibe erdverbunden und bescheiden. Versuche den Grund deines Seins zu verstehen.

Öffne deine Augen. Sieh alles, was du kannst. Schönheit ist die Verkündigung der Heiligkeit. Feiere die Gaben der Ohren, der Augen, der Nase, des Mundes und der Haut. Sei empfindsam. Schmecke das Bittere und das Süße.

Sprich mit einer Stimme. Lebe in einer einzigen Welt. Lege keine Kleidung an, die deine Gewöhnlichkeit verhüllt. Trage Jeans, wann immer möglich.

Wie man seine spirituelle Autobiographie schreibt

Ein Reiseführer ist nutzlos – es sei denn, man möchte eine Reise antreten. Das Ziel der *Hymne an einen Unbekannten Gott* besteht weniger darin, die Einzelheiten meines Lebens mitzuteilen, sondern jenen Hilfe und Trost zu spenden, die sich auf einen Weg gemacht haben, der meinem ähnelt. Am besten wird das Ganze funktionieren, wenn Sie am Ende jeden Abschnitts oder Kapitels eine Pause einlegen und prüfen, was von dem, was ich gesagt habe, Ihren Erfahrungen widerspricht. Während der Vorbereitungen zu diesem Buch habe ich zwei Monate damit verbracht, alle verfügbaren Photographien zu sammeln, aus jeder Phase meines Lebens, und sie chronologisch in große Alben eingeklebt, damit ich mich besser erinnern konnte. Ich schlage Ihnen vor, daß Sie, wenn Sie das Buch lesen, innehalten und zu Ihrer Geschichte zurückfinden und dann anfangen, Ihre spirituelle Autobiographie zu schreiben.

Hier noch einige Leitfragen und Anregungen:

- Welche Autoritäten, Mythen, Geschichten, Drehbücher haben Ihr Leben geformt? Wer hat Ihnen die ersten Antworten auf die großen Fragen hinsichtlich des Sinns des Lebens gegeben? Worin bestand das Credo Ihrer Eltern?
- Auf welche Weise unterscheiden sich Ihr derzeitiger Glaube, Ihre Lebensphilosophie und Ihre Lebenspraxis von denen Ihrer Eltern? Wieviel Kontinuität und Diskontinuität besteht zwischen den Generationen?
- In welchem Maße leben Sie immer noch, behaglich oder unbehaglich, im Garten Eden, und lehnen es ab, die Frucht vom Baum der Erkenntnis von Gut und Böse zu essen und ihr Leben aufgrund eigener Erfahrungen zu beurteilen? Durch wessen Augen betrachten Sie das Leben?
- Stellen Sie die Geschichten jener Ereignisse, Worte und Personen und Gegenstände zusammen, die unerklärlicherweise in der Erinnerung leuchteten und Ihnen ein Gefühl der Richtung, des Ziels oder der heiligen Bedeutung vermittelten. Welche Grenzerfahrungen, Offenbarungen, Erleuchtungen und Erweckungserlebnisse haben sich aus dem Fluß Ihres täglichen Lebens herausgehoben?

Kapitel 4

Annäherungen an einen Unbekannten Gott

»Man muß sich an den Weg halten, der uns auf unsere Unwissenheit hinweist. Je älter wir werden, desto seltsamer wird die Welt, und desto komplizierter das Muster.«

T. S. Eliot

Basislager, Mount Analogue

»In der mythischen Tradition«, schrieb Rene Daumal in seinem Buch *Mount Analogue,* »bildet der Berg die Verbindung zwischen Himmel und Erde. Sein einsamer Gipfel erreicht die Sphäre der Ewigkeit, sein Fuß breitet sich durch vielfältige Vorberge in die Welt der Sterblichen aus. Es ist der Weg, auf dem sich der Mensch zum Göttlichen erheben und auf dem sich das Göttliche dem Menschen offenbaren kann ... Wenn ein Berg die Rolle des Mount Analogue spielen soll, des höchsten symbolischen Berges, müssen seine Gipfel unerreichbar sein, aber sein Fuß muß den Menschen zugänglich sein, so wie die Natur sie geschaffen hat. Der Berg muß einzigartig sein; er muß geographisch existieren. Die Tür zum Unsichtbaren muß sichtbar sein.«

Bislang hat uns die Reise, die mit dem Entschluß begann, der moralischen Krise und der spirituellen Dürre, die unser Leben und unsere Heimat heimsucht, zu entkommen, dazu genötigt unsere Sichtweisen der säkularen Stadt und täglichen Rituale zu verlassen. Wir wurden berührt von unserer Sehnsucht, getrieben von Fragen, die wir gestellt haben, weil wir die kaum erinnerten Vorberge, die Ursprünge der Geographie, erforschen wollten, die unsere innere Landschaft formen. Nun blicken wir abermals auf diese Ereignisse, die uns ge- und verformt haben, wobei wir hoffen, einen tieferen Sinn und Zweck in unserem Leben zu finden, eine neue Landkarte zentraler Glaubensvorstellungen und richtigen Handelns.

Eine bunt zusammengewürfelte Gruppe von Abenteurern, Gralssuchern, rastlosen Seelen und Suchenden hat sich aufgemacht ins Hochgebirge und ein provisorisches Lager am Fuß des Berges mit vielen Namen errichtet – Mount Analogue, Berg Sinai, der Berg der Oliven, der Olymp, der Mount Heru, Harney Peak, Mount Kailas.

Jede Nacht entbrennen am Lagerfeuer endlose Diskussionen über die topographischen Verhältnisse des Berges, die Neigung der Hänge, die vermutete Lage von Gletschern, Felsspalten und Lawinengebieten, die geeignetsten Plätze zum Biwakieren und die besten Gipfelrouten. Einige Bergsteiger vermeiden die langweiligen Diskussionen und beschäftigen sich immer wieder damit, die Ausrüstung zu überprüfen, ihre Karten zu studieren und den Angriff auf den Berg zu planen. Um zwölf Uhr, da die Sonne am hellsten strahlt, und in klaren Nächten, wenn der Mond scheint, versammeln sich alle auf einem Vorberg, in der Hoffnung, einen Blick auf den Berg zu erhaschen.

In Wirklichkeit weiß keiner, ob der Berg überhaupt existiert. Die Region, in der die Überlieferung ihn ansiedelt, liegt in ständigem Dunkel; er ist eingehüllt von einem tiefliegenden Nebel, der die Täler füllt, und von einer durchgehenden Wolkendecke, die die Gipfel verhängt. Hin und wieder vertreibt ein starker Wind den Nebel und zerreißt die Wolken zu sich bauschenden Tableaux aus zarten, durchsichtigen Formen – Luftschlösser, riesige Tier- und Ungeheuer-Gestalten. Manche Beobachter sagen, sie hätten eine klare Vision eines fest umrissenen Berges. Doch leider zeichnen diejenigen, die behaupten, solche Offenbarungen erfahren zu haben, regelmäßig stark voneinander abweichende Skizzen und topographische Karten des einzig wahren Berges. Hin und wieder treffen Pilger mit wirrem Blick aus Orten mit seltsam klingenden Namen im Lager ein und verkünden, sie hätten den Gipfel erklommen und das umliegende Gebiet vom höchsten Gipfel aus gesehen. Wenn einer der Gipfelstürmer von der schmalen, aber wirklichen Route berichtet, sammelte er unweigerlich eine Gruppe von Jüngern um sich, die beschließen, ihm auf diesem Weg zu folgen.

Wenn die vorsichtigeren und aufgeschlosseneren Abenteurer alle mehrdeutigen Indizien und sich widersprechenden Forderungen durchsehen, dann wird ihnen klar, daß sie vor einer Schwierigkeit stehen, die den direkten Zugang zum Berg versperrt. Kann man den unbekannten Gipfel nicht lokalisieren, kann man ihn auch nicht erklimmen.

So hat es den Anschein, als sei unsere Reise schon im Basislager zu Ende.

Aber vielleicht ist ja nur der direkte Weg versperrt. Wenn wir unsere Orientierung änderten und eine innere, statt eine äußere Richtung einschlügen, die Höhen und Tiefen *im Selbst* aufsuchen, könnten wir vielleicht eine Passage zum Jenseits entdecken. Möglicherweise kann ein verborgenes Vermögen zur transzendenten Erfahrung der Essenz unseres Menschseins homogenisiert werden, die uns einen Blick auf den Berg ermöglicht. Ein Echo in der Höhle der Sehnsucht könnte uns von unerforschlichen Tiefen berichten. Durch die Erkundung der Geographie des inneren Berges gibt uns der Geist bzw. die Seele womöglich einige Hinweise, auf welcher Route man sich dem heiligen Berg am besten nähert.

Lebendige Sprache: Die Poesie des Heiligen

In diesem Stadium der Reise können wir bestenfalls hoffen, voranzukommen, wenn wir zunächst davon ausgehen, daß der menschliche Geist bzw. die Seele ein Bild Gottes enthält. Diese Annahme ist allen religiösen und spirituellen Traditionen gemeinsam. Unser Geist-Spiegel ist zweifellos beschlagen vom heißen Atem des Ich, und das Bild Gottes bleibt verschwommen; doch wir können diesen Spiegel als eine Art geistigen Computer mit Bildvergrößerung verwenden, mit dem wir eine grobe Landkarte entwerfen, die uns auf der weiteren Suche leitet.

Damit wir diese vorläufige Karte ausbreiten können, müssen wir uns auf einige allgemeine Begriffe und Bedeutungen einigen. Zur Entdeckung unserer Freiheit, unseres Geistes, der Fähigkeit zur Transzendenz gehört ein Erwachen aus der Verzauberung durch unsere Kultur. Der Geist ist das universelle Lösungsmittel, das sich in keiner sozialen oder psychischen Struktur zurückhalten läßt. Die verlorenen Söhne und Töchter müssen das elterliche Zuhause verlassen und in ein fremdes, fernes Land reisen, in dem noch nicht alle Erfahrungen mit Namen versehen sind.

Es liegt wohl auf der Hand, daß alle – bis auf diejenigen, die glauben, sie verfügten über eine Art Springteufel-Gott, sowie Zyniker, die alle Anstrengungen aufgegeben haben, über irgend etwas zu sprechen, das verifizierbares Wissen übersteigt –, ein authentisches Sprechen über ihr spirituelles Erleben der Welt notwendigerweise als höchst imaginativ, poetisch und ungenau erleben.

Ein beseeltes Sprechen ist eine Sprache, die bis zum Zerreißen gespannt ist; sie stolpert über sich selbst, stürzt sich kopfüber in Unsinn, zerplatzt; und dabei enthüllt sie etwas, das sich nicht sagen läßt. Sie ist abwechselnd exzessiv und übermäßig bescheiden, sie spricht von Erzengeln und nimmt Zuflucht in der Silbe *om*.

Die beste spirituelle Sprache ist die Stille: »Sei still und wisse, daß ich Gott bin.« »Das Tao, das gesprochen werden kann, ist nicht das ewige Tao.« »Gott ist ein Symbol für das Unsagbare – Ich Bin Der, Der Ist.«

Während die an die Kultur gebundene Religion über Gott tratscht und wissend über Sünde und den Weg zum Seelenheil spricht, ist die beseelte Sprache schüchtern und zurückhaltend. Sie ist eher Zeuge, als daß sie predigt. Wie Mystiker und Zen-Meister wissen, ist jede spirituelle Sprache etwas ironisch, und sie zügelt ihre Worte.

Die Begegnung mit dem Heiligen kommt – neben der Stille – am ehesten durch Lieder, durch Tanzen, Rituale und Gedichtmetaphern, Gleichnisse, Koans, Geschichten und Mythen zum Ausdruck. Seit Urzeiten kennen Männer und Frauen das Zungenreden, tanzen sie ekstatisch und geraten in Trance, um in die Stille unterhalb der Sprache einzutauchen und mit Worten oder Gesten eine Intuition zum Ausdruck zu bringen, die zu tief ist, als daß sie sich in Worte fassen ließe. Wenn wir über spirituelle Fragen sprechen, reden wir immer um das Wesentliche herum.

Kein echtes spirituelles Sprechen über Gott verwechselt die Karte mit dem Territorium, das Symbol mit dem Gegenstand. Jede wörtliche Auslegung konzentriert sich auf den Buchstaben und verfehlt den Geist; sie versteht die Worte, aber nie die Musik, und erzeugt so eine spirituelle Taubheit für die Zwischentöne. Man kann sich zu Tode hungern bei dem Versuch, ein Kochbuch zu essen.

Wir müssen uns aber nicht nur vor der religiösen Neigung zur Buchstäblichkeit und Abgötterei schützen, sondern auch gegen die säkulare Tendenz, die Sprache des Heiligen in Besitz zu nehmen und zu entehren.

Die Entweihung beginnt mit der Prostitution der Sprache. Große Worte werden eingefangen und in den Dienst unbedeutender Absichten gezwungen. Die Begriffe Glaube, Hoffnung, Liebe werden mißbraucht, um Profit zu schöpfen oder Diktaturen zu installieren. Werbung, Propaganda und politische Doppelzüngigkeit foltern systematisch die Sprache, verüben Anschläge auf die Wahrheit und verführen eine passive Öffentlichkeit zu dem Irrglauben, Glück lasse sich kaufen oder ein sinnvolles Leben durch den Gehorsam gegenüber den richtigen Autoritäten erlangen.

Wenn *Joy* zum Namen eines Waschmittels wird, dann schäumt die Freude nicht mehr aus den Tiefen empor, um uns zu überraschen und uns von unserer Kleinheit reinzuwaschen.
Wenn *Spring* eine Seife ist, dann erinnert uns der Flieder nicht mehr an das Versprechen, daß der Winter nun zu Ende geht und Hoffnung aufkeimt.
Wenn man mit Namen wie *Cougar* und *Lynx* Autos bezeichnet, dann wird die Maschine unser Totem und unser Körper nicht mehr beseelt von katzenhafter Anmut.
Wenn wir *eine Stadt zerstören, um sie zu retten,* dann verlieren wir die Bedeutung des Heilens und jede Unterscheidung zwischen dem Heiligen und dem Dämonischen.
Wenn *Land* zum Synonym für *Besitz* wird, dann verfallen wir der Illusion, daß wir die Erde besitzen können, die einst unsere »Mutter« war und die für immer die Substanz unserer Verkörperung sein wird, das Eisen in unserem Blut, der Sauerstoff in unserer Lunge.
Wenn etwas, das schmutzig ist, *verschmutzt* [engl. soiled] ist, dann vergessen wir den heiligen Kult, der der Agrikultur zugrunde lag (das Wort bedeutet »anbauen, wohnen, anbeten, bewundern«), und schließlich fürchten wir den Humus, der für die Bestimmung des Menschen von zentraler Bedeutung ist.
Wenn *Kapital* engl. »capital«, auch in der Bedeutung von »Haupt«] schließlich nur »Geld« bedeutet, dann haben wir sicherlich den Verstand und den Kopf verloren.
Wenn wir in Anleihen und Aktien *investieren,* dann haben wir Mammon zum Priester gemacht und unsere Hoffnung auf die Sicherheit des abstrakten Marktes gesetzt.
Wenn *Konzerne* [engl. corporations, auch in der Bedeutung von »Körper-

schaften«] die Gesetze, Produkte und unseren Lebensrhythmus bestimmen, dann sind wir aus dem Körper von Mutter Natur nur aufgetaucht, um uns von einem anderen Körper verschlingen zu lassen, und der Konzern ist zum männlichen Leib geworden, dem alle Werte entspringen.
Wenn *Liebe* etwas ist, das »gemacht« werden muß, dann verwechseln wir Herstellen mit Anmut und Gnade. Wenn man alkoholische Getränke als »geistig« bezeichnet oder als Mittel, mit dem man »allem auf den Grund gehen« kann, dann wird der Geist zu einem Mittel zur Erlangung materialistischer, egozentrischer Ziele und eines geistlosen Vergessens.

Auf der Suche nach einer Definition des Geistes

Konfuzius hat gesagt, die Aufgabe des Philosophen sei »die Richtigstellung der Begriffe«. Wenn wir die Bedeutung von »Vater, Sohn, Mutter, Tochter« kennen, so Konfuzius, dann wird die Familie glücklich und die Gemeinschaft stark sein.

Um die spirituelle Tiefe unseres Lebens wiederzuerlangen, müssen wir unser Verständnis bestimmter Wörter erneuern, die Wacht halten, und einen Sicherheitszaun um die Würde des Menschen ziehen. Wir verkleinern uns, wenn wir die Bedeutung von: *Geist, Fleisch, Seele, Körper heilig, Lust, Verheißung, Passion, leiden, bereuen, vergeben, Vernunft, Staunen, Freiheit, Vertrauen, böse, Fürsorge, Hoffnung, heilen, Wahrheit* preisgeben. Jeder Mensch muß sich das Recht verdienen, diese Worte zu verwenden, indem er herausfindet, wie sie seine Erfahrungen zum Ausdruck bringen. Wir erneuern uns, wenn wir unsere Verbindung mit dem Heiligen erneuern und uns bemühen, die Metaphern zu prägen und die Gesten zu benutzen, die am besten unser Erleben destillieren. Damit wir an das wohlschmeckendste Fleisch herankommen, muß unsere Sprache tief bis zum Knochen schneiden. Wenn wir beseelt sind, sprechen wir eine erotische Sprache, gleiten wir in deren Falten und Furchen und liebkosen die inartikulierte Erfahrung, bis sie sich in einem Lied Luft macht. Wenn wir unsere Erfahrung des Heiligen ins Gedächtnis zurückholen, überfallen wir – wie Dichter – das Unausgesprochene und kommen mit Metaphern in den Händen zurück. Wir stikken das Wort zum stillen Stoff unserer Tage und erzeugen Sinn: alter Wein in neuen Schläuchen.

Wenn wir weiter einige der falschen Mystifikationen und des dogmatischen Unsinns zur Auflösung bringen können, die sich aus ganz verschiedenen Darstellungen dessen zusammenfügt, was das Wesen des Geistes sei, können wir eine vorläufige Bestimmung gewinnen. Verwerfen wir also einige der vorherrschenden, vagen, groben, dogmatischen und reduktionistischen Definitionen.

Geist und *Seele* werden gemeinhin auf solch unklare Weise gebraucht, daß man überhaupt nicht wissen kann, was die Menschen behaupten oder zurückweisen, wenn sie die Begriffe benutzen. Von religiösen Menschen höre ich häufig leere Sätze, etwa: »Der Geist ist flüchtig, unbeschreiblich, ungebunden. Die Seele ist unser Verbindungspunkt zwischen dem Selbst und dem Geist. Seele ist Qualität des Bewußtseins. Geist ist die nichtkörperliche Essenz, die in unserem Herz schlummert. Seele ist das, was überlebt, wenn alles Übrige von mir stirbt.« Ein am Beginn des Weges, der zum Berg hinführt, aufgestelltes Schild warnt vor diesem krausen Mystizismus: »Warnung! Ein Mangel an klarem Denken hinsichtlich des geistigen Lebens könnte Sie in einem trüben Sumpf landen lassen, in der Gesellschaft von verworrenen Geistern, umgeben von einer schweren Wolke dunkler Behauptungen und falscher Geheimnisse.«

Auch kann man sofort Definitionen der Art zurückweisen, die wir sonntagmorgens von den Fernsehevangelisten hören, die die Ätherwellen beherrschen und die die fragwürdige Tugend auszeichnet, so starr zu sein, daß sie schon tot sind. Mit *Geist* meinen sie eine und nur eine Sache, und die schließt die meisten von uns aus. Die Gabe des Heiligen Geistes kommt von Gott auf Seine Anhänger, die Jesus als Herrn und Retter angenommen haben. Wenn Sie diese Definition akzeptieren, dann müssen Sie nur Glauben haben und warten.

Ich habe eine andere Methode, um zu einem vorläufigen Verständnis des Begriffs *Geist* zu kommen, nämlich ihn im Zusammenhang mit den anderen Begriffen zu betrachten, die zum selben Wortfeld gehören, etwa *Ich, Persönlichkeit, geheiligt, heilig.*

Der Begriff *Geist* bezog sich ursprünglich auf Atmen und Atem. Es bezeichnete das belebende oder vitale Element in Menschen oder Tieren, im Gegensatz zum rein stofflichen Element. Oft hat man *Seele* als eine unsterbliche spirituelle Größe betrachtet, die vom Leib getrennt ist, eine schwer zu fassende Eigenschaft, die Tiere und Menschen beseelt und Menschen die einzigartige Fähigkeit verleiht, das bloß Tierische zu transzendieren. Daß beide Worte der Ur-Erfahrung entstammen, kann man leicht erkennen, wenn man den Unterschied zwischen dem Lebendigen und dem Toten herauszufinden versucht. Unmittelbar nach dem Tod sieht ein Mensch immer noch so aus wie im Leben, aber etwas fehlt. Sein Atem ist verschwunden, und damit alle Energie, Lebenskraft und jede besondere Eigenschaft, die ihn für andere erkennbar gemacht hat, egal, ob man ihn nun liebte oder haßte.

Es ist unvermeidlich, daß wir dieses grundlegende Mysterium, das die Lebenden von den Toten trennt, verstehen und benennen wollen. Wir können nicht anders – wir fragen uns, ob eine *Wesenheit* (genannt Seele) uns belebt und Leben einhaucht, im Augenblick unserer Geburt in unseren Körper eintritt und uns verläßt, wenn wir sterben, und vielleicht in irgendeinem nichtzeitlichen und nichträumlichen Reich (Himmel) überlebt oder zurückkehrt und einen anderen Körper (Reinkarnation) wiederbelebt. Oder ob, wie im Fall von Adam, ein Schöpfer-Gott den menschlichen Körper aus Lehm formt und ihm Seinen Atem-Geist einhaucht. Wenn wir zwei Menschen beobachten, von denen der eine langweilig und bedrückt ist und keine Energie und Lebendigkeit ausstrahlt, und der andere lebhaft, leidenschaftlich, energisch und voller Enthusiasmus ist, dann fragen wir uns außerdem natürlich, woher dieser Unterschied stammt.

Unser soziales Selbst – das Gesicht, das wir aufsetzen, um den Gesichtern zu begegnen, die wir kennenlernen – läßt sich von unserem Geist bzw. unserer Seele unterscheiden. Problematisch wird es dann, wenn wir uns mit unserer Persönlichkeit und mit Rollen überidentifizieren und vergessen, nach der Beziehung zu jenem Mysterium, das unseren Geist, unsere Seele begründet, zu suchen und es zu vertiefen. Ohne dieses Streben werden wir oberflächlich. Unser Ich und unsere Persönlichkeit sind unvermeidlich einschränkend, sie müssen durch eine spirituelle Perspektive erweitert werden. Sicher, dafür brauchen wir ein starkes Selbstgefühl. Aber wenn wir nicht erkennen, daß wir unsere Familie, das Ökosystem, die Gemeinschaft und die Selbstwerdung des Höchsten darin einschließen müssen, dessen angemessener Name *Gott* lautet, dann verraten wir die herrliche Komplexität, die mit den uralten Begriffen *Geist* und *Seele* bezeichnet wird.

Spiritualität beziehungsweise der seelenvolle Weg ist das Streben, unser »höheres« Selbst zu entdecken und die »Tiefen« zu erkunden, sich von dem heiligen »Nicht-Ding« bewegen-beleben-inspirieren zu lassen, das uns menschlich macht, dem Unbekannten Gott, in dem wir leben und uns bewegen und unser Sein haben, das wir möglicherweise aber nie ganz begreifen. Das belebende Prinzip in einem Menschen ist der *spirituelle Instinkt,* der Impuls, über das Ich hinauszugehen, die Höhen und Tiefen zu erforschen, unser individuelles Leben mit etwas jenseits des Selbst zu verbinden, mit etwas Überdauernderem (selbst wenn es etwas Ewig-Sich-Wandelndes ist) als dem Selbst. Letztlich stammt unser Selbstwertgefühl aus der Entdeckung einer bedeutungsvollen Quelle des ewigen Sinns, der das Selbst transzendiert.

Schließlich sind *Geist* und *Seele* keine okkulten Größen. Vielmehr repräsentieren sie die Art und Weise, wie wir die Essenz unserer Menschlichkeit definieren, wenn wir die soziale und psychologische Konditionierung überwinden und uns als Wesen erfahren, die in einem Kosmos eingebunden sind, den wir als geheiligt oder heilig wahrnehmen.

Ein spiritueller Kompaß und Seelendetektor

Wenn wir auf unserer Reise Hindernissen begegnen, benötigen wir oft nur einen ungefähren Richtungsanzeiger. Etwas so Ungenaues wie »Gehe in den Süden, nicht in den Norden« kann da schon als grober Kompaß dienen, der uns zum Heiligen führen kann, getreu dem Spiel, das wir als Kinder spielten. *Warm, wärmer. Kalt, kälter.*

So wie es körperliche Symptome der Gesundheit und der Krankheit gibt – Blutdruck, Herzfrequenz oder Energieniveau –, so haben wir auch einen inneren Kompaß, der uns sagen kann, ob wir uns in Richtung des inspirierten oder des entmutigten Lebens bewegen. Selbst ein Agnostiker kann das erforschen, was Gabriel Marcel, der französische Philosoph als die »konkreten Annäherungen an das

Geheimnis des Seins« bezeichnet hat. Es gibt, so sagt er, bestimmte Neigungen, etwa Staunen, Treue, Liebe und Hoffnung, die uns in Richtung des Heiligen führen, und andere Dispositionen, beispielsweise Verrat, Haß und Verzweiflung, die zu einer entweihten Welt hinführen.

Obgleich die Weltreligionen unterschiedliche Wege zu Gott kennen, besagt eine fast universelle Übereinstimmung, daß bestimmte Handlungsweisen von Gott fortführen. So gibt es beispielsweise im Zentrum des buddhistischen Rad des Lebens eine Warnung. Wenn du die Welt zu begreifen und zu besitzen trachtest (Symbol: der Hahn), oder wenn du vom Leben zurückweichst und dich der Furcht hingibst (Symbol: die Schlange), dann fällst du in eine immer größere Verblendung oder Maya (Symbol: das Schwein) und wirst tiefer und tiefer sinken und als Tier, hungriger Geist oder Bewohner der Hölle wiedergeboren. Das Judentum, das Christentum und der Islam porträtieren die »Sünde« auf ähnliche Weise – als die Bemühung, das Leben zu besitzen und zu beherrschen, und sie alle warnen, daß diese Einstellung die entfremdete Illusion hervorbringt daß das Selbst, statt Gott, die Mitte des Universums darstellt. Von hier führt nur noch ein kurzer Weg zur Herrschaft über andere Menschen, dazu, daß man sie als Objekt, als seelenloses »Es« behandelt statt als heiliges »Du«, und von dort zur Schurkerei. Der Sinn der Erlösung ist umstritten; die Sünde ist offensichtlich.

Wir können bestimmen, ob wir uns einem beseelten Leben nähern oder davon entfernen, indem wir erkennen, daß eine gierige (und deshalb ängstliche) Egozentrik zu einer illusionären und entfremdeten Lebensweise führt, fort vom selbst-transzendierenden Weg des spirituellen Bewußtseins. Ausgehend von diesem Grundprinzip lassen sich die folgenden Unterscheidungen zwischen dem beseelten und dem seelenlosen Leben treffen:

Beseeltes Leben	*seelenloses Leben*
entwaffnete Psyche	gepanzerte Psyche
durchlässig	verschlossen
einschließend	ausschließend
mitfühlend	totalitär

Ganz egal, wie sehr wir uns im Chaos, in der Angst, in Gefühlen der Sinnlosigkeit und Verzweiflung verlieren, es läßt sich immer ein absoluter Bezugspunkt finden und die Richtung bestimmen, in die wir reisen sollen. Auf der spirituellen Reise weist der Kompaß stets in Richtung Mitleiden. Dieser Seelenkompaß ist das Pendant zum Leitsystem, mit dessen Hilfe Piloten und Schiffskapitäne ihre genaue Position bestimmen. Schreiben Sie dieses einzelne Wort – »Mitgefühl« – in Ihr Herz ein. Wann immer Sie verwirrt sind, steuern Sie weiter in diese Richtung, die zur Vertiefung Ihre Liebe und Fürsorge für alle Lebewesen führt, – einschließlich Ihnen selbst –, und Sie werden nie weit vom Weg der Erfüllung abkommen.

Das Böse als Orientierungspunkt

Paradoxerweise ist es viel leichter, die Abwesenheit oder Perversion des Geistes zu entdecken als seine Anwesenheit. Das Erkennen des Bösen ist ein besonders fester Orientierungspunkt auf unserer spirituellen Reise. Es gibt Seinsweisen in der Welt, die jeden Zugang zu allem versperren, was man legitimerweise als Reich des Heiligen bezeichnen könnte.

Extreme Beispiele, die Parabeln des Grauens – die Vernichtungslager der Nazis oder die sowjetischen Gulags –

lassen uns sofort in eine vollkommen entheiligte und dämonische Landschaft gelangen. Jeder, dessen Geist lebendig und gesund ist, weiß instinktiv: ganz gleich, was für Einstellungen, Werte und Verhaltensweisen zu Auschwitz führten, sie führen zu gleich vom Heiligen fort. Ein solch klarer und ausgeprägter Fall des Bösen und der Entheiligung liefert dem spirituellen Suchenden dieselbe Richtung wie ein Kompaß, der »Norden« anzeigt. Das Schauspiel des nackten, unbezweifelbaren Bösen ist ein Wegweiser, auf dem in Großbuchstaben steht: *Falsche Richtung, Betreten verboten!* Dieser Weg führt zu Selbstzerstörung und Entweihung hin und fort vom Reich des Geistes. Erst wenn wir sicher sind, daß zügellose Grausamkeit und sinnlose Gewalt zur Entweihung führen, können wir auch die ersten Umrisse des möglichen Lebens in einer sakralen Welt nachzeichnen. Wenn wir verletzen, was nicht verletzt werden darf, spüren wir den stummen Beweis der wesensmäßigen Heiligkeit aller Lebewesen.

Wir erkennen das eindeutig Böse in der Brutalisierung dessen, was sakrosankt sein sollte. (An diesem Morgen waren es Babys, die in Sarajewo von serbischen Heckenschützen erschossen wurden.) Wenn wir Dostojewskijs berühmte Warnung: »Wenn Gott tot ist, ist alles erlaubt.« umkehren, bekommen wir eine Formel für eine völlig seelenlose Landschaft. *Wenn Folter, Völkermord und der Mord an der Umwelt erlaubt sind, dann sind das Heilige und der menschliche Geist abwesend.* Möglicherweise glauben wir nicht an Gott, aber unsere These wird ganz klar, wenn wir uns in Gegenwart von Vergötterung, Entweihung und Verrat an der Verheißung des Menschen befinden.

Die Anwesenheit des Bösen liefert uns nicht nur deshalb einen moralischen Kompaß, weil er eindeutig auf Entweihung weist, sondern auch, weil er zeigt, daß die Entwicklung der Nächstenliebe und die Durchführung bestimmter Handlungen, um das Maß des Bösen in der Welt zu verringern, ein notwendiger Bestandteil des geistigen Lebens ist.

Es ist leicht, ja »normal«, über den Fluß zu blicken und unseren Nachbarn zunächst als unseren Rivalen, dann als Aggressor und schließlich als Feind Gottes zu betrachten, den wir mit Recht zerstören dürfen. Ohne zu leugnen, daß wir gegen das sozial und politisch Böse kämpfen müssen, macht die spirituelle Tradition allerdings ganz klar, daß der einzig wahre heilige Krieg in der Seele des Einzelnen beginnt. Das Schlachtfeld zwischen Gut und Böse, der furchterregende Ort – der »Swept with confused alarms of struggle and flight / Where ignorant armies clash by night« [»Umbraust von verwirrenden Alarmsignalen des Kampfes und der Flucht / Wo Heere, die sich nicht kennen, aufeinanderprallen«] (Matthew Arnold) –, ist in mir und in Ihnen. Das »Antlitz des Feindes« konstruieren wir aus den geleugneten Anteilen des selbstgerechten Ichs.

Inspirierte Lehrer ermahnen uns, den Balken vor unseren Augen zu entfernen, ehe wir den Splitter aus dem Auge unseres Bruders entfernen, in die Hölle hinabzusteigen, ehe wir versuchen, den Himmel zu stürmen, und sich mit den eigenen Dämonen bekannt zu machen, ehe wir versuchen, Engel zu werden.

Das sicherste Kennzeichen beseelter Männer und Frauen ist die Bereitschaft, die Welt durch die Linse der eigenen Gebrochenheit zu betrachten und mit der eigenen Neigung zu Selbstsucht, Gier, Grausamkeit, Arroganz, Haß, Apathie zu ringen. Wenn wir uns das spirituelle Leben als Reise vorstellen, so geht es bei ihr ebenso darum, aus dem Sumpf der Sünde, der Entfremdung, der Illusion herauszukommen, wie darum, zu den Gipfeln der Einsicht und der Erleuchtung emporzusteigen. Wenn Sie den heiligen Berg hinaufsteigen wollen, machen Sie sich darauf gefaßt, daß Sie immer wieder ins dunkle Tal hinabsteigen müssen.

Schnappschüsse und Porträts

Louis Armstrong wurde einmal gebeten, den Begriff Jazz zu definieren. »Mann«, antwortete er, »wenn Sie sie nicht kennen – ich kann sie Ihnen auch nicht geben.« Es ist schwierig, mehr als eine vorläufige Definition von »Geist« zu geben, doch in bestimmten Fällen zeigt die Nadel meines Seelen-Detektors, daß dieses Phänomen nicht weit entfernt ist.

Der Geist ist, wie der Wind, nur in der Bewegung sichtbar, der aus seiner Anwesenheit resultiert. Wir sehen, wie Bäume schwanken, der Atem sich im Zyklus von Einatmen und Ausatmen bewegt doch wir erkennen nicht die Sache selbst. Die Seele kann, wie das Licht, nur durch das entdeckt werden, was sie erhellt. Wir müssen die ungreifbare Geröllhalde hinaufkrabbeln, und erst wenn wir in der Nähe sind, erkennen wir, ob die Seele anwesend oder abwesend ist.

Eine der ältesten und universellsten anerkannten Zeichen des Geistes ist die unwillkürliche Bewegung. In Bali, Haiti oder Woodstock erzeugen die Trommeln einen hypnotischen Rhythmus, und die Tänzer bewegen sich wie Menschen, die ein fremder Geist in Besitz genommen hat. Der sibirische Schamane folgt dem Schlag seiner Trommel, fällt in Trance und steigt mit dem jenseitigen Wilden hoch über das Dorf, wo er die Ursachen und Heilmethoden der Krankheiten sehen kann, oder er steigt in die Unterwelt hinab, um die Namen der Dämonen herauszufinden, die die Gemeinschaft beunruhigen. In Gruppen der Pfingstbewegung wird der Heilige Geist empfangen, sobald ein Dutzend Männer und Frauen sich in Krämpfen winden und beginnen, ekstatisch zu reden. Die gelassene Stille auf einem Treffen der Quäker wird unterbrochen, wenn ein »Freund« vom Geist zum Sprechen aufgefordert wird. Die Worte eines Sufi-Lehrers gruppieren sich wie automatisch in die geordnete Kadenz von Gedichten, formen sich zu einem Sprechgesang und brechen hervor, so daß ein spontaner Lobgesang Gottes entsteht. Der Chor in einer Baptistenkirche der Schwarzen »swingt« im Rhythmus des Liedes, und die Gemeinde nimmt den Takt auf, klatscht die Hände und wiegt sich, während der Geist unter den Mitgliedern wandelt.

Man darf aber nicht jede Trance, jedesmal, wenn wir von einem überwältigenden Gefühl hinweggetragen werden, als Beweis ansehen, daß hier ein heilender, ganzmachender oder heiliger Geist wirkt. Platon warnte, daß es gleichermaßen göttliche und dämonische Formen der Besessenheit und des Wahnsinns gebe. Der Autor des ersten Briefes des Johannes riet den frühen Christen, »prüfet die Geister, ob sie von Gott sind.« Es gibt viele Formen gefälschter oder perverser Spiritualität, die die Menschen dazu verführen, ihren Willen und ihre persönliche Verantwortung einer zerstörerischen Unternehmung oder Organisation voreilig zu unterwerfen. Die Raserei randalierender englischer Fußball-Fans ist eine grausame Parodie auf die ekstatische Gemeinschaftlichkeit der Hopi-Indianer, die an einem Regentanz teilnehmen. Auf den Reichsparteitagen in Nürnberg gaben Tausende, die von dem Ritual und der Verheißung des Dritten Reichs beseelt waren, ihr Gewissen preis; sie gaben sich einem Einzelwillen hin, der sie schließlich dazu verführte, Massenmorde zu begehen.

Es gibt eine besonders gute Probe, mit der sich herausfinden läßt, ob ein besonderer Fall der Selbsttranszendenz oder Verzückung schöpferisch oder zerstörerisch ist, nämlich ob sie zu mitfühlenden Handlungen und einer umfassenderen Gemeinschaft führt. Johannes formuliert es unmißverständlich: »Wer da sagt, er sei im Licht, und hasset seinen Bruder, – der ist noch in der Finsternis ... Daran erkennen wir den Geist der Wahrheit und den Geist des Irrtums ... Ihr Lieben, lasset uns einander lieben ...; denn Gott ist Liebe.«

Ein beseeltes Leben kennzeichnet einen Anstieg in der Kraft zur Liebe und einen Rückgang im Willen zur Macht.

Könnte ich den Geist oder die Seele auf Zelluloid bannen, so würde es sich um Ereignisse handeln, in denen ein Mann oder eine Frau auf eine heldenhafte oder anmutige Weise handelt, die über das hinausgeht, was wir auf der Grundlage dessen, was wir über ihren/seinen Charakter wissen, erwartet oder vorhergesagt haben. Zwei berühmte Schnappschüsse machen die unsichtbare Bewegung sichtbar, durch die das Ich transzendiert wird und zum Geist sich wandelt – das eine Foto zeigt den vietnamesischen buddhistischen Mönch, der sich auf offener Straße verbrennt, um so gegen den Krieg zu protestieren, das andere den jungen Chinesen, der reglos vor den herannahenden Panzer auf dem Platz des Himmlischen Friedens steht.

Wenn ich ein vielschichtigeres Porträt geben sollte, würde ich meine Kamera in ein Schlafzimmer in Cambridge, Massachusetts, richten, wo mein langjähriger Freund Dick Ruopp, der in fortgeschrittenem Stadium an der Lou-Gehrig-Krankheit leidet, fast unbeweglich in einem Krankenhausbett liegt. Er ist an eine Beatmungsmaschine angeschlossen, die ihm beim Atmen hilft, und an Schläuche, durch die ihm seine flüssigen Mahlzeiten eingeflößt werden. Seine Arme werden durch ein Geschirr gestützt, wodurch er auf einer Computertastatur, die auf einem Nachttisch steht, tippen kann, und ein Stimmsynthesizer verwandelt seine geschriebenen Gedanken in gesprochene Sprache. Alle Rollen, Verhaltensweisen, Statussymbole und Freuden, die früher diesen Mann charakterisierten, fehlen. Der ehemalige Präsident des Bank Street College, Gourmetkoch, Bonvivant, Segler, Tischler und Hochschullehrer ist allem entkleidet, das normalerweise das Leben lebenswert macht. Doch jeder, der das Zimmer betritt, erkennt sofort, daß er sich mitten in einem großen Drama befindet, in dem Liebe und Geist sichtbar werden. Zwischen Dick und seiner Frau, Pat, die heirateten, nachdem sie entdeckt hatten, daß er erkrankt war, wird ständig eine Liturgie der Liebe aufgeführt. Fürsorge wird ebenso natürlich angeboten und angenommen wie das Lächeln, das zwischen den beiden hin- und her wechselt. Frotzelnde Bemerkungen und Geplauder mischen sich mit ernsthaften Unterhaltungen, die in einem antiphonalen Tanz der Gesten und Augenbewegungen aufgeführt werden, zwischen einer synthetisierten Stimme und einem New Yorker Akzent. Nie habe ich eine Klage gehört! Als ich Dick mit meiner Frau besuchte, sagte Jan: »Du kommst ja toll mit deinen Schwierigkeiten klar.« Dick antwortete: »Mir bleibt nichts anderes übrig.« Jan sagte: »Du könntest doch ein bißchen jammern.« Spitzbübisch lächelnd antwortete Dick: »Auf die Idee bin ich noch gar nicht gekommen.« Schließlich würde ich meine Kamera auf Dicks Gesicht richten – schmal unter dem korrekt gestutzten Bart, glitzernde, freudestrahlende Augen –, dorthin, wo die fleischgewordene Definition eines »beseelten Lebens« sichtbar wurde.

Als nächstes würde ich vielleicht den Augenblick der Inspiration und Transzendenz filmen, als Larrick, heute ein kompetenter, geschickter Elektromeister, Musiker und Segler, aus einem Gefängnis im Iran entlassen wurde, wo man ihn wegen Haschischschmuggels verurteilt hatte: »Was soll ich sagen? Ich war jung und dumm, und ich wurde im Iran mit fünfundfünfzig Kilos erwischt. Ich hatte bereits vierzehn Monate meiner zweijährigen Haftstrafe abgesessen, als ich erneut vor den Richter geschleppt wurde und man mir weitere fünf Jahre aufbrummte. Da wußte ich, daß dies wahrscheinlich immer wieder passieren würde, und ich nie aus dem Gefängnis wieder rauskommen würde. Ich schrieb meiner Frau und sagte ihr, es hätte keinen Sinn, auf mich zu warten. Bald darauf trat ich in einen Hungerstreik, denn ich wäre lieber gestorben, als für den Rest meines Lebens im Gefängnis zu sitzen. Eines Nachts fiel ich auf die Knie. Das fiel mir unglaublich schwer, weil ich in einer Mormonenfamilie aufgewachsen war und mich jede Form der organisierten Religion abstieß. Ich bin Agnostiker. Aber ich betete zu einem Unbekannten Gott. Es war eine Art ›Abmachung‹. Ich versprach hoch und heilig, daß ich alles, was ich verbrochen hatte, wiedergutmachen würde und meinen Drogenmißbrauch in den Griff bekommen wollte. Nach vierundzwanzig Tagen ohne Essen, wurde mir plötzlich klar, daß es keine Rolle spielte, ob ich mich im Gefängnis befand oder draußen. *Freiheit ist eine innere Angelegenheit.* Ich mußte die Freiheit in mir selbst finden. Nicht lange danach kamen die Wächter, die mir mitteilten, ich solle meine Habseligkeiten zusammensuchen, weil man mich freilassen würde. Ich habe den Wächtern nicht geglaubt – die haben so etwas ständig gemacht, um die Häftlinge zu quälen. Man hatte eine Amnestie verkündet, worauf man auch mich entließ. Aber das war nicht mehr wichtig. Ich war bereits frei. Ich brauchte dann zehn Jahre, um meine Suchtabhängigkeiten zu überwinden, aber im nächsten Monat bin ich seit acht Jahren clean und trocken.«

Außerdem würde ich ein Ereignis filmen, das sich zutrug, als ich sah, wie der Geist einer Frau – ich nenne sie Betty – unter schwierigen Umständen auftauchte und erblühte. Ich war einer der Leiter einer Reisegruppe, die mehrere Tage durch einen schmalen Cañon in Arizona wanderte. Betty hatte sich der Reisegruppe auf Anraten ihres Therapeuten angeschlossen, war aber völlig unvorbereitet. Sie war achtunddreißig Jahre, sanft, passiv und in schlechter körperlicher Verfassung, eine Frau, die sich den an sie herangetragenen Erwartungen angepaßt hatte, als Büroangestellte arbeitete und sich von der Welt zurückgezogen hatte. Sie erzählte, sie sei Jungfrau, habe weder einen Freund noch enge Freunde. Am Ende des ersten Tages taten ihr alle Muskeln im Leib weh, und sie hatte Blasen an den Füßen. Am Ende des zweiten Tages hatte sie offene Wunden an den Füßen. Zur Verwunderung aller beklagte sie sich jedoch immer weniger, je schwieriger alles wurde. In der Abenddämmerung des dritten Tages, als wir in unserem Lagerplatz ankamen, versammelten sich die anderen Gruppenteilnehmer um sie, badeten und bandagierten ihr die Füße und machten es ihr so bequem wie möglich. Am vierten und am fünften Tag war Betty von Fürsorge umgeben, während sie beim Gehen ständig Schmerzen hatte. Mit jeder Meile schien sie ihre alte Persönlichkeit weiter hinter sich zu lassen; ihr Gesicht wurde immer bestimmter und strahlender. Am Ende der Reise verbreitete sie Zähigkeit, Selbstvertrauen, Stolz und die Entschlossenheit, ihr Leben zu ändern. Wir fühlten uns alle geehrt, weil wir Zeuge ihrer Metamorphose geworden waren, und sie uns mit ihrer Anwesenheit beehrt hatte. Später erfuhr ich, daß sie gleich nach ihrer Rückkehr ihre Stelle gekündigt, eine Umschulung begonnen und sich aus ihrem Kokon befreit habe.

Der unerforschliche Geist

Wenn wir tief in unsere Seele blicken, weil wir hoffen, dort ein Spiegelbild Gottes zu finden, entdecken wir, daß der menschliche Geist selbst unergründlich hoch und tief ist. Der innere »Berg« ist ebenso stark von Wolken verdunkelt wie der heilige Berg, den wir unbedingt erklimmen möchten. Der Seelenspiegel enthüllt die Unbestimmbarkeit des Menschen. Die Wirklichkeit dessen, der ich bin, läßt sich niemals völlig von irgendwelchen Aussagen, die mich beschreiben, einfangen oder erschöpfend deuten. Im Grunde meiner intimsten Selbsterkenntnis ist mir bewußt, daß ich unerkennbar bin, auf immer ein Flüchtender, wobei ich dem Besten in mir fliehe und mich in einem Geflecht der Sprache und des Bewußtseins verfange.

Nur ich allein kann meinen Geist entdecken und mich befreien. Nur ich kann den existentiellen Sprung wagen, die Entscheidung treffen, die mich über das hinwegträgt, was ich gestern gewesen bin (und von dem mir jeder Experte sagen würde, das ich es auch morgen sein werde), und etwas Neues tun. Man kann die einzigartige menschliche Fähigkeit, die wir Geist nennen, auch Freiheit nennen. Es ist das Vermögen, unsere biologische, psychologische, soziale und politische Konditionierung zu transzendieren. Diese Freiheit kann die Wissenschaft nie entdecken, da ihr der Zutritt zum Versuchslabor verwehrt ist.

Die Freiheit und den Geist entdecken wir nur in der ersten Person Singular, in den einsamen und risikoreichen Augenblicken, in denen wir aufhören, unser Leben als unpersönliches Phänomen zu betrachten, und die Besonderheit unserer einzigartigen Erfahrung bewohnen. Einer meiner Bekannten, der zwischen dem dreizehnten und dem siebenundzwanzigsten Lebensjahr alkohol- und drogensüchtig war, beschrieb seine Genesung auf eine Weise, die die Entdeckung der spirituellen Dimension treffend beschreibt; er sagte: »Ich mußte mich weiter dehnen, als ich es für möglich hielt.«

Gabriel Marcel, den ich kennenlernte, als ich gerade an meiner Doktorarbeit, *The Idea of Mystery in Gabriel Marcel*, schrieb, trifft eine Unterscheidung zwischen Problemen und dem Geheimnis, die ich als grundlegend für das Verständnis des Wesens des spirituellen Lebens erachte. Probleme können durch das Sammeln von Fakten gelöst werden, doch echte Geheimnisse lassen sich durch keine wie immer auch geartete Wissenssteigerung eliminieren. Zunächst scheint ein Geheimnis lediglich ein schwieriges Problem zu sein, das sich vielleicht lösen ließe, wenn wir irgendwelche zusätzlichen Informationen besäßen. Doch die Dinge liegen anders. So können Wissenschaftler zwar das Problem lösen, wie sich eine Krankheit heilen läßt, weil das Virus »da draußen« existiert, unabhängig von denen, die nach ihm forschen. Möglicherweise kann ein ausgereifter psychologischer Test die Wahrscheinlichkeit bestimmen, daß eine Heirat zwischen Linda, die zur Hysterie neigt, und mir, der ich zur zwanghaften Seite der Skala neige, eher Erfolg haben wird oder nicht. Doch kann er mir nie mitteilen, ob ich Linda heiraten oder mich von ihr scheiden lassen soll.

Wenn ich den Sinn meines Lebens, die Freiheit, Gott, das Böse, den Geist erforschen will, gibt es keinen objektiven Ort, von dem aus ich einen Anhaltspunkt finde, der von meinem wollenden, fühlenden und entscheidenden Selbst getrennt wäre. Immer wenn ich mich nach Themen erkundige, die meine Existenz betreffen, bin ich mit den »Fakten« untrennbar verknüpft. Ein Geheimnis ist etwas, in das ich einbezogen bin, und deshalb verliert die Unterscheidung, was in mir und was vor mir ist, seine Bedeutung und seine ursprüngliche Gültigkeit. Wir alle müssen ungeheuer große Entscheidungen treffen – darüber, ob wir frei sind oder vielleicht frei werden, darüber, was wir wertschätzen, wann und an wen wir uns binden, ob wir dem Geheimnis, das uns umfaßt, vertrauen oder mißtrauen und wie wir die Geschichte unseres Lebens erzählen wollen.

Die wichtigste Entscheidung, die wir je treffen, betrifft die Frage, ob wir Entscheidungen treffen können. Freiheit wird in demAugenblick geboren, da ich beschließe, ich bin frei, mich von dem fortzubewegen, was mich zuvor gefangengehalten hat. Weil ich frei bin, weil ich Geist bin, transzendiere ich alles, was ich oder irgendein anderer über mich wissen kann. Wenn ich alles das, was die Biologie, Soziologie, Psychologie und irgendeine andere Wissenschaft möglicherweise zu meiner Selbsterkenntnis, die ich durch Beobachtung und Meditation angesammelt habe, hinzufügt bleibe ich mir selbst immer noch ein tiefes Rätsel.

Daher ist nicht einmal Selbsterkenntnis das Ziel des echten spirituellen Lebens. Indem ich meinen Geist verfolge, entledige ich mich nach und nach der Kleidung der Identität, die meine Familie, die Kultur und ich selbst mir angezogen haben. Ich bin ent-täuscht, ent-identifiziert und radikal ent-mythologisiert worden. Und das hinterläßt das Gefühl, daß ich weder die Grenzen dieses seltsamen Wesens, Ich genannt, noch den Fremden, der mein Nachbar ist, erkennen kann, noch die unheimliche Welt des Innen, die mich nährt.

Obgleich die Psychologie denAnspruch erhebt, den Kittel des Seelenarztes tragen zu dürfen, so ist der Geist doch nicht dasselbe wie das Unbewußte. Das Unbewußte ist die ignorierte oder verdrängte Seite der Psyche, die von der Familie und der Kultur geformt wird. Es ist die legitime Aufgabe der Psychotherapie, das Unbewußte bewußt zu machen, sich mit dem verdrängten Schatten-Wissen zu befassen und kenntlich zu machen, was im Unbewußten wohnt. Die Psychoanalyse kann mir womöglich helfen, zu verstehen, wie meine Psyche, meine Persona und mein sexueller Charakterpanzer geprägt wurden, wie ich von der Mythologie meiner Familie und meiner Kultur ge-formt und ver-formt wurde. Im Idealfall hilft uns die Psychoanalyse, die Illusionen der Persona und der Psyche zu entmystifizieren, so daß wir die ungelösten Familienkonflikte nicht auf die spirituelle Reise mitnehmen, und keine Gurus und Autoritäten benötigen, die an die Stelle unserer Eltern treten. Zu oft ersetzt die Psychoanalyse allerdings die persönliche Autorität durch die therapeutische und errichtet als Motivation das Ideal der Selbsterkenntnis – die nie umfassend sein kann –, wo durch sie uns von einem umfassenderen Selbstgefühl und dem Gefühl der Verbundenheit abschneidet.

Eine Art systematisches Unbewußtes ist in die Struktur des Bewußtseins eingelassen. Ein wichtiger, nichtpsychologischer Grund, weshalb ich nicht alles erkennen kann, was es über mich oder die Welt zu wissen gibt, besteht darin, daß zu jedem Erkenntnisakt Unwissenheit gehört. Auch wenn ich jedem Aspekt meines Selbst Aufmerksamkeit schenke, bleibt ein anderer Teil doch im Dunkel. Manchmal drehe ich so schnell wie möglich um, weil ich sehen will, was sich hinter mir befindet, aber mein Schatten bewegt sich schneller. Und wenn ich mich zu genau beobachte, gerate ich ins Quantum-Dilemma – ich verändere also das Selbst, das ich durch den Akt des Beobachtens beobachte: Jedesmal, wenn ich mir ein Bild von mir mache, stelle ich fest, ich habe für die Kamera posiert. Offenbar kann ich mich gar nicht überrumpeln.

Im Zeichen des Geistes leben heißt, die Illusion aufgeben, daß sich das Leben, die Welt, andere Menschen und das Selbst erkennen und vorhersagen lassen, und man das alles kontrollieren, in Schubladen stecken oder schützen kann.

Ich bin ein gefährlicher Typ, immer im Werden begriffen. Unter meiner Persona-Psyche-Geschlecht (sie alle sind legitime Objekte der Selbsterkenntnis) erstrecke ich mich fadentief ins Maßlose, ins Undefinierbare, in die unerfindliche Totalität. Der unergründliche Geist und der unerkennbare Gott sind unzertrennliche Vorstellungen.

Das Vertrauen in einen unerkennbaren Gott

»Die Idee Gottes kann zum letzten Hindernis auf dem Weg zu Gott werden.«

Meister Eckhart

»Dunkelheit in Dunkelheit. Die Pforte aller Wahrnehmung ... Das Tao, das sich sagen läßt, ist nicht das ewige Tao.«

Tao Te King

»Wenn ein Mann der Straße sicher sein will, auf der er wandelt, muß er die Augen schließen und im Dunkeln gehen.«

Johannes vom Kreuz
Die dunkle Nacht der Seele

Wenn Sie einen metaphysischen Schwindel erleben, die Angst, in die endlosen miteinander verknüpften Geheimnisse hinabzustürzen, machen Sie sich keine Sorgen: An diesem Punkt unserer Reise sollen Sie sich schwindlig, gewichtslos in der Leere fühlen. Wir stehen zwischen zwei Spiegeln, von denen jeder ein Bild enthält, das in einem geheimnisvollen Hintergrund verschmilzt. Wenn wir den inneren Berg anschauen, uns selbst als Geist oder Seele betrachten, bietet sich uns ein unerschöpflicher Ausblick.

Wenn wir in Richtung des heiligen Berges blicken, lüftet sich die Wolkendecke gerade so lange, daß wir erkennen können: Es gibt keinen einzelnen Berg, den wir ersteigen könnten. Wir sind von Bergen umgeben. Unser Basislager scheint das einzige Tal in einer ungeheuren, uns umgebenden Weite zu sein. Machen wir die Sache noch etwas komplizierter: Da wir zwischen zwei Spiegeln stehen, zittern die Bilder, sie bilden einen unendlichen Regreß, bei dem wir nicht unterscheiden können, was in uns ist und was sich ohne uns abspielt. Der Boden, auf dem wir stehen und der uns vom Berg trennt, ist uns unter den Füßen weggerutscht.

Entspannen Sie sich. Ergeben Sie sich dem Schwindelgefühl, und das Fallen wird sich zum Fliegen, das Nichtsein zum Zufluchtsort wandeln.

Wenn wir tief in die Geschichte der Theologie hinabtauchen, stellt sich heraus, daß die tiefsten religiösen Denker den gleichen Schwindel kennen, den wir erbeten, erlitten (oder genossen) haben. Die meisten originellen Theologen und Philosophen sind, nachdem sie jeden Muskel ihres Geistes angespannt haben in dem Bemühen, Gott zu definieren, zu dem Schluß gekommen, daß der höchste Eine in Geheimnis gehüllt bleiben wird. Wie es in einem Neger-Spiritual heißt: Gott ist »so hoch, daß ich nicht darübersteigen kann, so niedrig, daß ich nicht darunter hindurchkriechen kann, so breit, daß ich nicht drum herumgehen kann, und deshalb muß ich zur Tür hereinkommen« (wobei wir nicht einmal sicher sein können, welche Tür – wenn es denn eine gibt – zu Gott führt). Gott ist weder ein Objekt, das sich erkennen läßt, noch ein Problem, das sich durch menschliche Intelligenz lösen läßt, sondern der Boden unter unserer Fähigkeit, irgend etwas zu verstehen, die Totalität, in der wir leben, uns bewegen und unser Sein haben.

Am Ende fällt die Religion in Mystizismus zurück, wenn sie erkennt, daß wir – nachdem alles gesagt ist, was sich über Gott sagen läßt – immer noch von einem undurchdringlichen Schweigen umgeben sind. Thomas von Aquin widmete einen Großteil seines außerordentlich strengen Denkens dem Versuch, zu ergründen, wie wir über Gott sprechen können, wobei er sich auf Analogien stützte, die der menschlichen Erfahrung entlehnt sind. Doch nachdem unser Geist die Leiter der Analogie so hoch wie möglich in Richtung Gott ausgefahren hat, zieht er den Schluß, daß »wir mit Ihm verbunden bleiben wie mit einem Unbekannten«. Und Augustinus gestand schließlich ein, nachdem er in endlosen Sätzen die Dreifaltigkeit zu erklären versucht hatte: »Ich schreibe nur, um nicht zu Verstummen.« Der Mystizismus rät uns, der *vita negativa* zu folgen, die unendliche Ferne zu ehren, die das Endliche und das Unendliche trennt, in der »Wolke des Nichtkennens« (Jakob Böhme) zu leben, das Schweigen Gottes zu achten, in dem niemand zu Hause ist (Meister Eckhart), die Verborgenheit Gottes (Martin Luthers *»deus absconditus«*) anzuerkennen und zu begreifen, daß wir über Gott nur symbolisch, gleichnishaft und poetisch sprechen können.

Wir sind gefangen in einem Paradox namens *condition humaine*. Unser spiritueller Instinkt drängt uns, daß wir uns mit dem Ganzen des Seins verbinden, doch die Struktur unseres Geistes, der begrenzt wird von den Bedingungen unserer Sterblichkeit, frustriert dieses Verlangen. In Wahrheit können wir nicht genug *wissen*, als daß wir Theisten oder Atheisten sein können. Wir haben keine andere Möglichkeit, als zu *entscheiden*, ob wir diesem umfassenden Geheimnis trauen oder mißtrauen wollen.

Meines Erachtens ist die beste theologische Position diejenige, die Agnostizismus mit Vertrauen verbindet. Ich wähle, dem mich umgebenden Geheimnis zu vertrauen, aus dem ich auftauche und in das ich im Tod verschwinden werde. Nur so kann ich im Dunkel des unerkennbaren Einen ruhen.

Die wichtigste spirituelle Tugend ist Demut, die Bereitschaft, erdverbunden zu bleiben, ein Geschöpf des Erdreichs. Zu dieser seltsamen Tugend gehört die Verpflichtung, freudig mit dem zu leben, was wir wissen können, nicht zu betrügen, nicht so zu tun, als könne ich eine Brükke über die Kluft schlagen, die uns von dem Wissen des Ganzen des Seins trennt.

Immer wenn ich die Suche nach Gewißheit aufgebe und die wesensmäßige Verdunkelung der *condition humaine* rückhaltlos annehme, empfinde ich es als etwas Gutes, als Bürger der irdischen Vielfalt, ohne Kenntnis des Einen zu leben.

Dieses Akzeptieren der Verdunkelung mag uns als weitere seltsame Tugend erscheinen. Doch liegt darin eine Heilkraft, ein Gegenmittel gegen den Stolz und die verborgene Vergötterung, die mit der Forderung einhergeht, den Willen und die Wege Gottes zu »kennen«. Es gibt zahlreiche Tragödien, die uns nicht befallen, wenn wir der »Erde« treu verbunden bleiben. Sobald ein Volk den Anspruch auf den privilegierten Status »eines erwählten Volkes« erhebt oder behauptet, die einzig wahre Verkündigung Gottes zu besitzen, liefert es sich selbst eine theologische Rechtfertigung zur Kriegführung. Es besteht eine starke Korrelation zwischen wahren Gläubigen, bekannten Göttern und einer hohen Zahl an Gefallenen.

In der Praxis gibt es nur eine Möglichkeit, unseren Nachbarn zu lieben – das große Gebot jeder Religion: Wir müssen den Anspruch aufgeben, wir besäßen einen privilegierten Zugang zum einen, wahren Gott. Man müßte eine neue Goldene Regel aufstellen: Liebe die Wahrheit deines Nachbarn wie deine eigene. Liebe erfordert Demut. Das Wesen der Überheblichkeit besteht in dem Glauben, daß wir ein Monopol auf die Wahrheit besäßen und daß unser Nachbar irrt. Zur Liebe gehört Reue – ich muß die Fehlbarkeit meiner Behauptungen erkennen, zuhören und lernen, die Wahrheit des Fremden zu schätzen.

Jeder von uns erschafft sich ein Bild seiner Welt, indem er nur rund ein Dutzend der Trillionen von Flecken verbindet, die man miteinander verknüpfen müßte, um ein »wahres« Porträt des Universums zu zeichnen (wenn überhaupt die Vorstellung, man könne das Universum und die Wahrheit *erkennen*, einen Sinn ergibt). Angesichts der inhärenten Begrenztheit des endlichen menschlichen Geistes und unserer fast unerschöpflichen Fähigkeit zur Selbsttäuschung, kommen wir der Wahrheit wohl dann am nächsten, wenn wir uns unserer Unwissenheit deutlich bewußt bleiben. Glauben ist wie Tanzen im Dunkeln.

Gebet eines Agnostikers

Als Amerikaner des zwanzigsten Jahrhunderts haben mich meine Mentoren während meiner Erwachsenenzeit in Wort und Tat gelehrt, daß ich autark zu sein habe. Von Emerson lernte ich, mich auf mich selbst zu verlassen. Erich Fromm lehrte mich die Tugend der Autonomie. Gary Cooper, Clint Eastwood und die vielen anderen Helden jener großen Moritaten – der Westernfilme – zeigten mir, daß ein echter Mann aufrecht ist und alle Schwierigkeiten allein durchsteht. In jüngster Zeit warnen mich zahlreiche populär-psychologische Bücher vor der schrecklichen Gefahr der Koabhängigkeit. Keine Krükken. Kein Anlehnen. Ich bin ein freistehendes, sich selbst stützendes Individuum.

Ich schäme mich ein wenig für das Eingeständnis, daß ich mich zu gewissen Zeiten vom Beten nicht abzuhalten vermochte. Wie ein schiffbrüchiger Seemann habe ich mein Bittgesuch in die Leere geschleudert.

Mißverstehen Sie mich nicht. Ich glaube nicht an das Gebet. Dennoch bete ich. Oder vielleicht betet es mich. Intellektuell ergibt das Beten für mich keinen Sinn. Wenn das gleichgültige Universum wie eine Uhr funktioniert und den Marschgesetzen von Ursache und Wirkung folgt dann geschieht, was geschehen soll – *Que será, será*. Und kein Mutwillen, kein Flehen meinerseits wird daran etwas ändern. Wenn es einen fürsorglichen, wissenden und mächtigen Gott gibt, wird Er-Sie-Es den Spatzen im Auge behalten und sicherlich auch mich beobachten. Was dann Gebete überflüssig machte. Auch würde kein Gott mit Selbstachtung von mir fordern, Seinen-Ihren-Seinen Namen mit Lobgesängen zu preisen. Auch müßte man einen fürsorglichen Gott nicht – wie einen vergeßlichen Präsidenten –, daran erinnern, er solle sich einschalten und einen unbedeutenden Menschen begnadigen, der Schmerzen und Tragödien ausgesetzt ist, die mit der *condition humaine* (von Gott geschaffenen) untrennbar verknüpft sind.

Dennoch: Am Donnerstagabend vor Weihnachten wurde Wiyanna, die langjährige Freundin meiner Tochter, bewußtlos aufgefunden und sofort ins Krankenhaus gebracht. Freitag und Samstag blieb sie im Koma; keiner der Tests deutete auf eine Erkrankung hin.

Die Ärzte waren ratlos. Wir konnten nur dasitzen und mit Wiyannas Eltern warten. Ich beobachtete unsere Tochter – die ängstlich und verständnislos die Hand ihrer reglosen Freundin hielt –, und ich rief aus der Tiefe meines Wesens: »Nein! Gott. Nein! Bitte nicht!« Ich weiß nicht, was ich erwartete. Doch Kummer, Wut und Hoffnung hatten sich vermischt und einen Schrei nach Erbarmen in das umschließende Dunkel ausgelöst. So sehr mein Geist gegen das Beten rebellierte, so sehr konnte er sich nicht damit abfinden, in einer Welt zu leben, in der Wissenschaft und Selbstgenügsamkeit das letzte Wort behalten.

Ich berichte mit ungeheurer Erleichterung, daß unsere schlafende Schöne am Sonntagmorgen aufwachte und nach ihrer Mutter fragte. Am Dienstag wurde sie aus dem Krankenhaus entlassen; sie war gänzlich genesen. Die Ärzte haben immer noch keine Diagnose, keine Erklärung. Auch habe ich keine Nadeln, mit denen ich diese Erfahrung stricken kann, keine Kategorien, anhand derer ich verstehen könnte, was geschah oder warum. Nur dies: Mein Geist läßt sich nicht – vergleichbar der Liebe – im Horizont meines Denkens zurückhalten. Er übersteigt meinen Verstand und stürzt sich in das Chaos unterhalb der Rationalität. Er reist mit seinem eigenen Paß und überschreitet ungehindert die Grenzen der bekannten und erklärlichen Welt.

»Man kann uns mit Eulen vergleichen, die versuchen, die Sonne zu betrachten; da aber das natürliche Verlangen nach Wissen, das in uns ist, nicht ohne Zweck ist, ist sein unmittelbarer Gegenstand unsere eigene Unwissenheit.«

Nicholas von Cusa

»Leben ist eine Art des Nicht-Sicher-Seins, nicht zu wissen, was als nächstes kommt oder wie es eintritt. Der Künstler weiß nie etwas genau. Wir machen einen Sprung nach dem anderen ins Dunkel.«

Agnes de Mille

Kapitel 5

In Gegenwart des Heiligen

Es ist klar zu sehen, doch man kann es nicht erkennen.
Es ist nie still, doch man kann es nicht hören.
Es geht nicht verloren, doch man kann es nicht finden.
Gott ist unerkennbar, die Seele unergründlich.
Doch das Heilige kann jeden Augenblick erscheinen.

Wenn wir uns auf die Reise in die Wildnis begeben, können wir ein wenig Leitung hinsichtlich des Wo und des Wie finden, und wir können lernen, wohin wir schauen sollen, wenn wir die Karten und Reiseberichte einiger der großen spirituellen Forschungsreisenden untersuchen; dabei helfen uns auch die Darstellungen aus fremden Religionen.

Es wäre nicht ganz ehrlich, wenn ich vorschlüge, daß die Trennung zwischen den traditionellen religiösen und spirituellen Wegen gleichbedeutend mit der Trennung zwischen Lämmern und Löwen sei, den Furchtsamen und den Tapferen. Kirche, Moschee, Synagoge und Sangha bergen Schätze, die das Leben jener wandeln, die sie entdecken und Nutzen daraus ziehen. Es gibt keine Konfession, die keine Sammlung von Heiligen des gewöhnlichen Lebens enthielte – strahlende, weise und einfühlsame Männer und Frauen, die vor Großzügigkeit und Freude überströmen. Der Geist weht, wie der Wind, wohin er will, innerhalb der Mauern und ohne sie. Er kann Sie überkommen, während Sie in einem Refugium, umschlossen von Buntglas, sitzen, umgeben von den vielen Symbolen Ihres Glaubens, oder während Sie auf einem hohen Bergkamm stehen, wenn der Blitz in einer großen Kiefer einschlägt, nur einen Herzschlag entfernt von dem Weg, auf dem Sie wandern, oder während Sie mit anderen einen Streikposten bilden und gegen die ungerechten Methoden der Mächtigen protestieren.

Schätze der uralten Traditionen bergen

Keiner der großen Religionsstifter war orthodox. Jesus war kein Christ, Gautama kein Buddhist, Mohammed kein Muslim. Sie alle waren charismatische spirituelle Sucher, Mystiker, Propheten, unbequeme Kritiker der herrschenden Kreise in ihrer Zeit. Ralph Waldo Emerson schrieb einmal über die Religion: »In der ersten Generation waren die Männer golden und die Kelche aus Holz. In der zweiten Generation waren die Männer aus Holz und die Kelche aus Gold.« Das Charisma wird bürokratisiert, der Geist gezwungen, eine Stechuhr zu drücken und sich vor der Obrigkeit zu verantworten.

Wenn der kluge Suchende erkennt, daß es einen verborgenen spirituellen Schatz im Labyrinth jeder Religion gibt, macht er sich die Landkarten zunutze, die die bedeutenden Entdeckungsreisenden gezeichnet haben. Schatzgräber wären töricht, die Bibliothek zu verbrennen.

In allen religiösen Traditionen gibt es Kartographen, die das Terrain der metaphysischen Reiche zeichnen, die Stadien der Reise markieren und die Techniken und Disziplinen erläutern, die erforderlich sind, um im Himmel, im Nirwana oder im Shambhala anzukommen. Wenn Sie nach einem Baedeker suchen, der Sie auf der Pilgerfahrt begleitet, tun Sie gut daran, die einfachen wie die komplizierten Reiseführer zu konsultieren.

Die Position der klassischen minimalistischen Religion wird – elegant und einfach – im *Tao-te-King* (Das Heilige Buch vom Weg und von der Tugend) sowie im *Chuang-Tzu* (Das wahre Buch vom südlichen Blütenland) skizziert. Da das Tao, die Quelle aller Dinge, unsagbar ist und sich nicht erfassen läßt, sollten wir weich und fließend sein wie das Wasser, das auch den stärksten Stein abnutzt. Der Weg ist leicht. Gib das bewußte Streben auf, gib dich hin und werde fügsam wie ein Kind. Leere dich, vermeide Konflikte und Bindungen. Die große Lehre besteht darin, den Weg des Nichtstuns zu erlernen. *Tschuang Tsu* rät: »Wenn Fische, die im Wasser geboren sind, den tiefen Schatten im Teich und im Becken suchen, sind alle ihre Bedürfnisse befriedigt. Wenn der Mensch, der im Tao geboren ist, im tiefen Schatten des Nichtstuns versinkt und er seine Aggression und Sorgen vergißt, fehlt ihm nichts, und sein Leben ist sicher.«

In der christlichen Tradition dienen die Bibel, die Glaubensbekenntnisse, das Dogma, die Morallehren und Sakramente der Kirche als relativ einfache, offiziell autorisierte, Landkarten. In der Allegorie *Des Pilgers Reise* von John Bunyan, dem einflußreichsten Buch des Christentums nach der Bibel, folgt der Christ dem Weg durch den *Markt der Eitelkeit*, in den *Sumpf der Verzagtheit*, erklimmt die *Lieblichen Berge* und begibt sich auf den Weg zur *Himmlischen Stadt*. Für den Buchstabengläubigen war das authentische Leben angeblich eine »Nachahmung Christi«, ein Folgen »in seinen Fußstapfen«. Die christlichen Mystiker brachten noch mehr komplizierte Programme hervor. Bernhard von Clairvaux stellte sich, wie Plato, eine Leiter vor, die von der unreinen Liebe der geschöpften Dinge zu der reinen Liebe zu Gott führten. Johannes vom Kreuz kartographierte die Fahrt durch »die dunkle Nacht der Seele« auf eine Weise, die die Erkenntnisse der zeitgenössischen Psychologie der Heilenden Reise durch eine Depression vorwegnahm. Teresa von Avila verglich die Stadien der spirituellen Reise mit einem Fortschreiten durch viele Häuser unserer inneren Burg. Auf dieser Reise entfernen wir uns allmählich von unserem gedankenlosen Leben und dem Vertrauen auf unsere äußere spirituelle Seite – Lehrer, Bücher, Wortgebete – und wenden uns nach innen, um unsere angeborene Göttlichkeit zu erforschen und unsere innere Autorität zu kultivieren, bis wir am Ende eine mystische Vermählung von Gott erleben. Hildegard von Bingen, eine Zeitgenossin von Bernhard von Clairvaux aus dem zwölften Jahrhundert, hinterließ uns in ihren *Illuminationen*, einem sprachlichen und bildlichen Bericht über ihre Visionen, einen der bemerkenswerteren Berichte über das mystische Leben. In ihrer sehr originellen theologischen Vorstellungskraft wird Sünde als das Austrocknen des Lebenssaftes wahrgenommen. Wenn wir ungerecht und gleichgültig sind, werden wir alt, hart, spröde und verstaubt. Erlösung ist Frische, Grünen, Saftigkeit. Jesus, der saftigste der Saftigen, ist die fleischgewordene Grünheit. Der heilige Geist ist die Kraft, die alles zum Grünen bringt, alle Dinge wachsen läßt und gnädigen Tau ins Herz des Menschen schickt, damit die Trockenheit gemeistert wird.

Von den wichtigsten Weltreligionen hat der tibetanische Buddhismus die kompliziertesten Landkarten und differenziertesten spirituellen Übungen hervorgebracht: Gesang-Mantras, Gesten-Mudras, bildliche Schema-Mandalas sowie verschiedene Meditationsformen. Das große Rad des Lebens, das an den Wänden der Tempel, Klöster und zahlreichen öffentlichen Gebäuden zu sehen ist, zeigt die Ursachen des Elends (Verlangen-Haß-Täuschung), sowie die karmischen Reiche, die die Geschöpfe durchlaufen müssen – die Reiche der Götter, die Titanen, die hungrigen Geister, die Hölle, das Tierreich –, ehe sie das Menschenreich erreichen und die Chance erhalten, Erleuchtung zu erlangen. In den tantrischen Formen des tibetanischen Mystizismus verläuft der Weg zur Befreiung, wie es heißt, direkt durch den menschlichen Körper. Zum Streben nach Erleuchtung gehört Atemkontrolle, Meditation, Visualisierung und einfühlsames Tun, um die Primärenergie (Prana, Kundalini) in der Wirbelsäule aufsteigen zu lassen, durch die verschiedenen seelisch-geistigen Zentren (Chakren), bis der gesamte Körper von göttlichem Licht, Weisheit und Mitgefühl durchdrungen ist. (Siehe *Foundations of Tibetan Mysticism* von Lama Govinda und *Das Tibetanische Buch vom Leben und vom Sterben* von Sogyal Rinpoche.)

Wenn Sie die traditionellen religiösen Landkarten oder auch modernere Karten benutzen, bedenken Sie, daß »die Karte nicht das Gebiet« ist und daß Sie die letztliche Autorität, der Kartograph und Autobiograph Ihrer Lebensreise, sind. Konsultieren Sie unbedingt die klassischen Berichte über die Erfahrungen, die die bedeutenden religiösen Pilger angefertigt haben. Verwenden Sie sie, aber versuchen Sie nicht, Ihnen genau zu folgen, denn sonst verirren Sie sich.

Besonders wichtig ist, nach den Edelsteinen zu suchen, die in der Tradition Ihres Geburtsrechts verborgen sind. Am Beginn der Suche werden wir oft zu Exilierten, doch schließlich kommen wir auf der spirituellen Reise in kreisförmiger Bewegung unserem Zuhause immer näher. Wenn Sie in einem jüdischen Zuhause großgeworden sind, werden Sie vielleicht zum Reisenden in ein buddhistisches Land, doch schließlich werden Sie in Ihr heimatliches heiliges Land zurückkehren müssen und die spirituellen Schätze bergen, die dort noch unter einem Berg aus Giftmüll begraben liegen. Derselbe Grundsatz läßt sich auf alle Suchenden anwenden, ungeachtet ihrer Rasse, Hautfarbe oder Glaubensrichtung.

Religion und die spirituelle Reise

Stellen wir den Sachverhalt ein wenig vereinfacht dar: Es gibt zwei verheißungsvolle Wege, die wir beschreiten können, die uns in die Richtung des Heiligen führen, zwei unterschiedliche Möglichkeiten, Antworten auf die ewigen existentiellen Fragen, vor denen jeder Mensch steht – den Pfad des religiösen Pilgers und den Weg des spirituellen Suchers.

Religionen liefern uns beglaubigte Antworten auf die schmerzlichsten Lebensfragen – durch Glaubensbekenntnisse und Katechismen. Kürzlich habe ich meine Mutter besucht, und sie erzählte mir einen Witz, der das Wesen der Religion kennzeichnet. »Ein Sonntagsschullehrer fragt die Klasse: »Welches kleine graue Tier klettert auf Bäume, sammelt Nüsse und hat einen langen, buschigen Schwanz?« Ein kleiner Junge antwortet: ›Ich weiß die Antwort soll Jesus oder Gott lauten, aber in meinen Augen ist das ein Eichhörnchen.‹« Wie auch die Frage lautet, die Antwort für Christen ist immer Jesus oder Gott.

Jede Religion behauptet, eine Offenbarung Gottes zu besitzen, göttlich inspirierte Schriften, Rituale und Priester. Mir fällt für die Auffassung keine bessere Illustration ein als ein Vorkommnis, das sich vor mehreren Jahren zutrug. Während einer öffentlichen Diskussionsveranstaltung über die Frage der Autorität sprach ich mit Herb Richardson, einem Freund und konservativen christlichen Theologen. Er sagte: »Ich sage dir, was es heißt, an die Autorität der Bibel zu glauben. Wenn du mich fragst, ob ich glaube, was auf Seite 313 der Bibel steht, sage ich ja. Und dann schaue ich nach, was dort geschrieben steht.«

Die Religion präsentiert dem Gläubigen eine autorisierte Karte des Lebens – Vorschriften, die man befolgen, Beispiele des Lebens der Heiligen, Erlöser und Boddhisattvas, die man nachahmen und sich zum Vorbild nehmen, Tabus, die man vermeiden, Gebote, denen man gehorchen, Traditionen, die man achten soll. So wird das religiöse Leben zur *Pilgerfahrt* zu einem bekannten Ziel. Das Ziel ist vorgegeben, und die Mittel sind es auch. Gott ist das Ziel der Suche. Die Kirche, die Bibel, der Guru sowie die akzeptierten geistigen Disziplinen sind die Mittel.

Wohl jeder gläubige Mensch durchleidet eine Glaubenskrise, eine dunkle Nacht der Seele, doch der Weg, die Wahrheit und das Leben sind bereits festgelegt. Der Fortschritt des Pilgers wird dabei markiert von moralischen Kämpfen, Fehlschlägen, Augenblicken des Ungehorsams und Rückfällen, aber den Weg selbst haben jene, die ihn bereits gegangen sind, gut vermessen: »Brüder, wir wandeln auf Wegen, die die Heiligen bereits beschritten haben.« Das religiöse Leben wiederholt einen heiligen Weg, der ein für allemal unseren Vätern offenbart worden ist. Die offizielle Geschichte, das Ritual, das beglaubigte Lebensmuster sollen wiederholt werden. Improvisation, Neuheit, Dinge, auf andere Weise zu tun, das alles ist exzentrisch, tabu.

Gehorsamkeit ist die grundlegende religiöse Tugend: »Nicht mein Wille, sondern Dein Wille geschehe.« Dabei wird der Wille Gottes festgelegt, ebenso die Gebote, Gesetze, Regeln und Disziplinen, die von den maßgeblichen Texten, Institutionen, Priestern und Königen abgesegnet werden.

Die spirituelle Reise ist das genaue Gegenteil der religiösen Pilgerfahrt. Die Suche beginnt, wenn der Betreffende in ein spirituelles »schwarzes Loch« fällt, in dem sich alles Feste auflöst. Gewißheiten verschwinden, Autoritäten werden in Frage gestellt, sämtliche üblichen Trostverheißungen und Gewißheiten der Religion versagen, und der Weg verschwindet vor unseren Augen. Jede spirituelle Reise ist das Bemühen, den Sinn des Lebens zu finden. Sie ist experimentell, die Erforschung eines noch nicht kartographierten Landes, dessen Grenzen noch nicht bekannt sind. Der spirituelle Geist lebt und liebt die großen mythischen Fragen.

Ein Mann oder eine Frau macht eine Tugend aus dem, was die Religion als Laster betrachtet (und umgekehrt). Der Suchende kultiviert die Disziplin des Zweifels, betrachtet den Agnostizismus als Tapferkeitsauszeichnung, erfreut sich der Dunkelheit, findet Freiheit im Nichtwissen, strebt nach Ent-täuschung, steigt freiwillig in das Schattenland hinab, erforscht das Unbewußte, erkundet das Profane und zieht die gewöhnlichen Orte den sakralen vor.

Der Gegensatz läßt sich wie folgt zusammenfassen:

Das religiöse Leben	*Die spirituelle Suche*
Am Anfang ist das Wort, die Offenbarung, der bekannte Gott.	Am Anfang steht die Frage, der Zweifel, der unbekannte Gott.
Der Lebensweg ist vorgezeichnet.	Das Abenteuer ist offen.
Die grundlegende Tugend ist Gehorsam gegenüber dem Willen Gottes.	Die grundlegende Tugend ist Offenheit, Warten, Zuhören.
Gehe die heiligen Wege.	Wähle, erschaffe, erfinde.

Das religiöse Leben zielt auf heilige Objekte und Orte: Kirchen, Schreine, Texte, Sakramente.	Das spirituelle Leben zielt auf profane Erfahrungen ab, existentielle Fragen, gewöhnliche Augenblicke.
Aufstieg	Abstieg
Offenbarung	Bewußtheit
Beruht auf Wundern, Mysterium, Autorität, einer offenbarten Schrift.	Grundlage ist die Suche nach Indizien des Heiligen in den Ereignissen meines Lebens.
Institutionell, kollektiv.	Individuell, gemeinschaftlich.
Der gotische Drang, sich über alles zu erheben.	Der fleischgewordene Drang, zur Tiefe der Dinge vorzustoßen.

Jede Kultur und Nation, jedes Volk und jede Familie verhängt einen Bann über ihre Mitglieder. Unsere Identität, unsere Werte, unsere Weltanschauungen und unsere Lebensgeschichten werden uns auf unbewußte Weise durch den Zufall der Geburt zugeschrieben. Unsere geographische Bestimmung macht uns zu Christen, Muslimen oder Buddhisten. Wir alle sind von Geburt an dazu verurteilt, von Autoritäten indoktriniert, verzaubert und geformt zu werden, die wir uns nicht ausgesucht haben. Und wir alle müssen diese persönliche Geschichte Revue passieren lassen, damit wir uns bewußt davon befreien können.

Es ist Zeit, dem gewundenen Pfad zu folgen, der sich durch die Gebirge des Geistes windet.

Der Zweifel, die Ent-täuschung und der verlorene Glaube

Als ich getauft wurde, wurde ich Mitglied einer Glaubensgemeinschaft. Damit war ich umgeben von Christen, denen zufolge der Glaube eine einzigartige Tugend darstellte, die zu Hoffnung und Mildtätigkeit Anlaß gab.

Ironischerweise vermittelten der starke Glaube und die Güte meiner Eltern widersprüchliche Botschaften, die mich später weit von zu Hause entfernen sollten: »Sei selbständig in deinem Denken. Aber glaube an die grundlegenden Wahrheiten, die Gott in der Bibel offenbart hat.«

Da ich keinen unerschütterlichen Glauben hatte, wiederholte ich oft das Gebet: »Ich glaube, o Gott, hilf mir in meinem Unglauben.« Aber je öfter ich meine Zweifel zum Schweigen bringen wollte, desto lauter wurden sie. Versuchen Sie einmal, nicht an einen Affen zu denken. Erst nach Jahren fand ich heraus, daß der von mir verachtete Zweifel ein Schatz war, der mich in der Abwesenheit des Glaubens bereichern sollte.

Doch je mehr ich meinen Willen zum Glauben stärkte, desto mehr Zweifel belagerten die Bastion meiner Psyche. Mit dem Beginn der Adoleszenz erblühten beunruhigende Fragen in meinem Geist wie Pickel auf meinem immer noch orthodoxen, aber unruhigen Gesicht. Während die Hormone in mir tobten, überfluteten mich Fragen hinsichtlich der Sexualität. Wenn Gott der Schöpfer meines Körpers wie meines Geistes war, warum durfte ich dann meinen drängenden Impulsen nicht nachgeben? Mußte ich meinen Sexualtrieb, wie meine Zweifel, denn verdrängen? Was soll ein Christ tun, wenn er auf dem Rücksitz eines 1948er Ford mit Jane Derickson sitzt? Ich suchte Leitung und versuchte mir vorzustellen, wie Jesus masturbierte oder mit Maria Magdalena schlief. Doch im selben Maße, wie mich diese

Phantasie erregte, erweckte sie auch Schuldgefühle. Da es niemanden gab, mit dem ich über die spirituellen Dimensionen erotischer Handlungen, bei denen es zumAustausch von Körperflüssigkeiten kommt, sprechen konnte, schob ich die radikale Befragung der Sexualität zwei Jahrzehnte auf.

Da ich immer noch versuchte, die Religion meiner Kindheit zu verfeinern, statt sie zurückzuweisen, und mich dennoch unterdrückbare Zweifel plagten, erreichte ich bald eine Gabelung auf der Straße, an der ich zwischen dem Glauben an die »Offenbarung« und dem Vertrauen an die Kraft meines Verstandes wählen mußte. Warum sollten meine Zweifel und Fragen die Gläubigen aufregen? Wenn Gott mich geschaffen hatte, hatte Er dann nicht auch meinen Verstand hervorgebracht? Und wenn Er meinen Verstand hervorgebracht hatte, wäre es dann nicht respektlos, sich zu weigern, Fragen zu stellen und klar zu denken?

Ich will versuchen, beschloß ich, meine Zweifel zu lösen, indem ich Theologie studierte, doch zum großen Verdruß der Ältesten der Presbyterianischen Kirche schrieb ich mich an der gottlosen Harvard-Universität ein, wo man, wie einige Kommilitonen sagten, »hingeht, um Religion zu studieren, nicht, sie zu praktizieren.«

An der Harvard-Universität geriet ich unter den bestimmenden Einfluß zweier Geistesriesen. Sie zeigten mir, wie man mit Leidenschaft denkt, und erweiterten mein Denken, damit es der Weite meines Geistes Platz bot. Es handelte sich um den Theologen Paul Tillich und dem Mystiker Howard Thurman.

Es gab tiefreichende Meinungsunterschiede zwischen Tillich und Thurman. Über manche Denker kann man in knappen, klaren Sätzen schreiben. So hatte Hemingway einen sauberen, gut erleuchteten Verstand, der aber von paranoider Finsternis umgeben war. Sein männliches Ideal, wo nach Anmut und Gnade sich unter Druck zeigen, erzeugte einen Stil, den ein Übermaß an Klarheit auf Kosten der Tiefe kennzeichnet. Tillich zufolge ist eine komplexere Syntax erforderlich, es sind Sätze notwendig, die *beides / und* einschließen, die Freiheit und Bestimmung, Glaube und Zweifel, Existenz und Christus ins Gleichgewicht bringen. Tillichs germanischer Geist bestand auf Ideen, die sauber in Zweierkolonnen marschierten. Um über Howard Thurman sprechen zu können, braucht man byzantinische Sätze, die die Prioritäten von Verstand und Herz zusammenweben, die eine Pause machen und dann in die Erfahrung eintauchen, die mittendrin abbrechen und der Stille lauschen und die versuchsweise mit *vielleicht* oder *möglicherweise* enden. Thurmans Denken war voller Kommata, Semikolons, Gedankenstrichen, Klammern und Nebensätze – keine Punkte. Ich erinnere mich besonders gut an eine Predigt in der er zu einer vorläufigen Schlußfolgerung kam, nachdem er einer Idee auf ihrem verschlungenen Weg bis in eine Sackgasse gefolgt war. Er ging zurück, um einen Seitenweg zu erkunden, machte eine lange Pause und schloß mit Fragezeichen in seiner Stimme: »Ich weiß nicht. Ich weiß nicht. Es kann sein.«

Tillich verzauberte uns gleichsam durch seine zweistündigen Vorlesungen, sie waren von großer geistiger Dichte, machten Anmerkungen zu allen wichtigen Philosophen, beantworteten alle möglichen Einwände. Thurman begann seine Erkundungen stets mit einem verwirrenden Widerspruch zur allgemeinen Erfahrung – einem moralischen Paradox, einem Konflikt zwischen Pflicht und Verlangen, dem Dilemma des Leidens. Seine Seminare begannen immer um 6 Uhr 30 morgens in der Kühle der Marsh Chapel der Bostoner Universität. Nach einer gewissen Zeit begann er langsam zu lesen, oft aus dem Psalm 139: »Erforsche mich, Gott, und erkenne mein Herz ...« Oder wir lauschten

Bach und saßen schweigend eine Stunde da. Später, am Nachmittag trafen wir uns wieder und sprachen über die Einsichten und Fragen, die uns eingefallen waren. Thurman hatte zwar tiefen Respekt für die Architektur der Gedanken, doch bestand er auf meditativem Denken, das mit seinen Wurzeln in den Gefühlen, Bildern und intuitiven Erkenntnissen, die unseren alltäglichen Erfahrungen entspringen, verbunden blieb.

Während ich auf diese Weise von großen Lehrern unterrichtet und von den intellektuellen Gärungsprozessen Harvards angeregt wurde, löste sich die geschrumpelte Nabelschnur, die mich mit dem orthodoxen Christentum verbunden hatte. Im zweiten Studienjahr heiratete ich Heather. Vor Ablauf eines Jahres konvertierte Heather zum christlichen Glauben – aufgrund der Güte und des eindrucksvollen Beispiels meiner Mutter. Ich hatte natürlich zwiespältige Gefühle, was Heathers neu gefundenen Glauben betraf, da ich gerade dabei war, meinen zu verlieren, und die ersten erregenden Erfahrungen machte, mit Kopf und Herz zu denken. Auf die Bitte meiner Mutter hin wurden wir eingeladen, mit Dr. Donald Barnhouse – damals der angesehenste Intellektuelle aus dem Kreis der fundamentalistischen Christen – zu Abend zu essen. Dr. Barnhouse war gerade in Boston, weil er in der Park Street Church einen evangelischen Gottesdienst abhalten wollte. Während des Essens brachte ich viele meiner Zweifel vor und versuchte, einige der Ideen mitzuteilen, die ich von Tillich übernommen hatte, wurde aber belehrt: »Harvard und seine Theologie hat noch keinen Sünder gerettet.« Heather, gesegnet sei ihr wißbegieriges Herz schaltete sich mit bohrenden Fragen ins Gespräch ein. Schließlich fragte sie, mit all der Aufrichtigkeit und dem Schmerz, der dem Wunsch nach einem festen Glauben und der Unfähigkeit entspringt seine Zweifel zum Schweigen zu bringen: »Woher wissen Sie das? Wie können Sie nur so sicher sein?« Barnhouse antwortete, indem er auf die Bibel verwies; er wollte beweisen, daß die Bibel eine Autorität darstellte, der wir unser eigensinniges Denken unterwerfen sollten. Mit einem aus Enttäuschung geborenen Geist äußerte Heather dann, was durchaus als Epitaph des Fundamentalismus gelten kann: »Ich wünschte, ich könnte in irgendeiner Sache so sicher sein, wie Sie es in allen sind.« Dr. Barnhouse sah darin ein Kompliment. Damit war das Essen zu Ende, und wir begleiteten ihn zur Park Street Church, zum Abendgottesdienst.

Die Predigt hatte – was angemessen war – die Tugenden des Glaubens im Gegensatz zu den Anmaßungen des Denkens zum Thema. Dr. Barnhouse brachte seinen Fall gegen die Überheblichkeit des Intellekts vor, und plötzlich parodierte er Heather, er ahmte ihren Tonfall und ihre genauen Worte nach: »Sie [die intellektuellen] sagen mit aufgesetzter Aufrichtigkeit: ›Woher wissen Sie das? Wie können Sie nur so sicher sein?‹« Heather und ich sahen uns ungläubig an. Ich erinnere mich nicht mehr, ob wir die Kirche sofort verließen oder bis zum Ende des Gottesdienstes warteten. Allerdings weiß ich noch, daß Heather später, während sie weinte und ich sie im Dunkeln festhielt, immer wieder fragte: »Wie konnte er nur so herzlos sein?«

An jenem Abend weitete sich mein Geist, und ich verstand, wie mich Fesseln der Liebe in einem Gefängnis festgehalten hatten, das meinem Verstand und meinem Geist Gewalt antat. Weil ich von sanften und gütigen Christen erzogen worden war, hatte ich die verborgene Grausamkeit in der dogmatischen Religionsauffassung nicht erkannt. Dr. Barnhouse zeigte mir die lieblose Logik des Fundamentalismus, die den wahren Gläubigen nur gestattet, jene

Nachbarn zu lieben und zu achten, die an ihre Version der geoffenbarten Wahrheit glauben. Die große Zahl, die Gott einen andern Namen verliehen haben, die auf »fremde« Weise ihre Andacht verrichten, werden entmenschlicht, indem man sie »Heiden« oder »Ungläubige« nennt. Im Namen Gottes werden sie zum Fehlerhaften, zur äußeren Finsternis und zum Höllenfeuer verdammt, es sei denn, sie konvertieren zur wahren Religion.

Als ich mich über das familiäre Terrain hinauswagte, in dem ich als Kind und junger Mann gelebt hatte, war der erste Führer, der erschien, um mir beim Erkennen der rohen Phänomene der Erfahrung des Heiligen zu helfen, Rudolf Otto.

In seinem klassischen Buch *Das Heilige* setzt sich Otto das Ziel, die scheinbaren Widersprüche zwischen den verschiedenen Religionen zu lösen. Wenn wir uns auf das Äußere konzentrieren – die Rituale, Glaubensbekenntnisse, Dogmen und Symbole –, dann liefern die Weltreligionen so unterschiedliche Wahrheitsansprüche, daß kein vernünftiger Mensch auch nur einen davon ernst nehmen würde. Moses, Jesus, Buddha, Konfuzius, Mohammed und Lao-Tse – sie alle scheinen sich widersprechende Behauptungen hinsichtlich Gott aufzustellen. Doch wenn wir uns auf die *Erfahrung des Heiligen* konzentrieren, stellen wir eine fast universelle Übereinstimmung fest. Otto zufolge enthalten Begegnungen mit dem Heiligen – ein Aborigine, der im australischen Hinterland träumt, ein Jude, der an der Klagemauer in Jerusalem betet, ein Christ, der in der Kathedrale in Chartres eine Vision von Christus hat – drei Elemente. Das Heilige wird immer als Mysterium erlebt, das furchterregend-majestätisch-überwältigend und zugleich faszinierend-verheißungsvoll-erstrebenswert ist.

Betrachten wir jedes der drei Elemente der Erfahrung des Heiligen.

Geheimnisvolle Blaue Blumen

Vor mehreren Jahren wurde ich zu einem Dinner mit Willy Unseld eingeladen, dem ersten Amerikaner, der den Mount Everest bestiegen hatte. Ich hatte mich immer schon für das Bergsteigen interessiert und seinen Bericht über die amerikanische Expedition mit großer Spannung gelesen. Stellen Sie sich meine Überraschung vor, als man mich Willy Unseld vorstellte, und er als erstes sagte: »Sie sind einer meiner Führer.« »Warum?« fragte ich. »Nach meinem Aufstieg«, erläuterte er, »wurde ich vom Berg hinabgetragen, weil ich mehrere fast erfrorene Zehen hatte. Wir kamen zu einem schneebedeckten Vorgebirge, von dem aus man die Weite des Mount Everest überblicken konnte, und machten Rast. Ich blickte hinab, und da ragte eine einzelne blaue Blume aus dem Schnee! Bis auf den heutigen Tag vermag ich nicht zu schildern, was mit mir geschah. Es war, als ob sich ein unendlicher Raum um die Blume öffnete. Ich stand wie versteinert da und betrachtete die Blume. Ich weiß nicht, wie lange ich – in abstrakter Zeit gemessen – dastand, oder wie sich die Weite in mir und um mich herum ausbreitete. Als meine Füße abgeheilt waren, ging ich immer wieder in die Berge und versuchte diese Erfahrung wieder einzufangen, die ich weder benennen noch verstehen konnte. Eines Tages gab mir jemand Ihr Buch, *Apology for Wonder*; es half mir zu verstehen, was mir widerfahren war. Jetzt weiß ich, ich werde immer wieder in die Berge zurückkehren, egal, wie hoch der Preis sein mag, eben weil ich nur dort diese Art Erfahrung mache.«

Nur das staunende Auge sieht den heiligen Horizont, das in den Blättern einer blauen Blume eingehüllt ist.

Meistens erkennen wir nicht, daß wir uns in Gegenwart des Heiligen befinden: Entweder sind wir zu sehr mit praktischen Angelegenheiten beschäftigt, oder eine hochtrabende religiöse Sprache mit ihrer falschen Mystifikation hat uns zu dem Glauben verführt, das Heilige offenbare sich nur in übernatürlichen und gewaltigen Ereignissen – Jungfrauengeburten, Erscheinungen von Engelschören, Visionen von den sieben Himmeln, Auferstehung der Toten. Viele Menschen ziehen daraus den Schluß, sie hätten noch nie eine mystische Erfahrung gemacht, weil sie ja noch nie ein Wunder erlebt oder die Stimme Gottes gehört hätten. Unlängst schilderte mir ein Freund, wie eine Reihe anscheinend zufälliger Ereignisse – die Verfügbarkeit eines Segelbootes, ein idealer Wind, ein Sonnenuntergang – zusammenkamen, so daß er die Asche seines Vaters auf eine Weise verstreuen konnte, die sich in eine heilige Zeremonie verwandelte. Er sagte: »Das muß wohl ein spirituelles Erlebnis gewesen sein, aber ich bin Ingenieur, und glaube nicht, daß Ingenieure spirituelle Erfahrungen machen können.«

Das Paradox, das in jedem echten Mystizismus begründet ist, besteht darin, daß etwas ganz Gewöhnliches wie die erste, aus dem Schnee sprießende blaue Blume im Frühjahr oder ein günstiger Wind plötzlich einen Blick in die Ewigkeit freigibt. In Sekundenbruchteilen verschiebt sich unsere Perspektive, und wir erkennen, *das Gewöhnliche ist geheimnisvoll.* Buddhisten bezeichnen diese Erfahrung als Oszillieren zwischen Form und Leere. Jede Blume, jeder Satz, jede Grasfläche, die im Wind sich wiegt kann sich plötzlich ändern – auf einmal ist das Betreffende kein Objekt mehr in einer Landschaft, sondern eine Epiphanie. Eben noch ist die Blume ein bekanntes Beispiel einer klassifizierten Art, ein Gegenstand, den wir als selbstverständlich wahrnehmen. Dann wechseln Gestalt und Grund ihren Platz, wir schaudern und erkennen, daß alles radikal merkwürdig ist und letztlich unser Fassungsvermögen übersteigt. Warum gibt es überhaupt Blumen? Die grundlegende spirituelle Erfahrung des ontologischen

Staunens hängt von keinem besonderen »Wunder«, keiner Offenbarung ab.

Wenn wir begreifen, daß das Gewöhnliche das Wunder *ist*, so ändert sich unsere grundlegende Haltung und seelische Disposition. Das Leben ist nicht mehr ein Problem, das gelöst werden muß, sondern ein Geheimnis, an dem wir ganz und gar teilnehmen dürfen. Die Erfahrung der Heiligkeit der alltäglichen Wirklichkeit gestattet einem Mann oder einer Frau auf die Frage des Philosophen Ludwig Wittgenstein: »Die Lösung des Problems des Lebens wird im Verschwinden dieses Problems gesehen. Aber ist es möglich, daß jemand das Leben so sehr liebt, daß das Leben aufhört, problematisch zu sein? Daß man in der Ewigkeit lebt und nicht in der Zeit?« mit Ja zu antworten.

Der Begriff Geist (engl. spirit) bezieht sich auf die Art und Weise, wie wir die Welt und das Selbst in dem Augenblick wahrnehmen, da sich unsere Perspektive verschiebt – wir nicht mehr die blaue Blume als Objekt und einzelnes Exemplar beobachten, sondern ihr als transparentes Beispiel und Symbol der Selbstwerdung begegnen. Mein Leben ist insofern »spirituell«, als die starren Grenzen meiner Identität durchlässig werden und gegenüber dem Sein, der Energie, dem Gott, transparent wird, aus dem und zu dem aller Segen fließt.

Ich bekenne, ich habe mich immer danach gesehnt, einen Blick auf den Einen zu erhaschen, aber mir gelingt doch nur, daß sich mir gelegentlich eine kleine Offenbarung zeigt, die sich einem besonderen Umstand verdankt. Ein einzelnes Vergißmeinnicht, ein Bussard, eine knorrige Eiche, sie alle werden plötzlich leuchtend, bedeutungsvoll, gesättigt mit Sinn. (Warum reicht es nicht, in dem Vielen zu schwelgen? Warum dieser aussichtslose Drang, der unbewußte Zwang, den Einen zu erkennen, der sich nicht erkennen läßt? Wir Menschen sind merkwürdige Geschöpfe, wir sehnen uns danach, mit unseren Augen zu erblicken, was hinter unseren Augen liegt.)

Das Gottes-Spiel trägt den Namen »Verstecken«. Er-Sie-Es-Die scheint immer gerade gegangen zu sein, kurz bevor ich dort ankomme, es läßt eine Spur des Glanzes zurück, wie die Spur eines Berglöwen, den man nie gesehen hat. Die Erde ist voller Fußabdrücke; sie ist die mehrfache Inkarnation des *Logos*, der Intentionalität Gottes.

Die Begegnung mit dem Heiligen ist deshalb geheimnisvoll, weil sie unsere normalen Denkgewohnheiten zerstört. Sie bringt unsere Verstehenskategorien durcheinander, weil ein Sternenhimmel oder die Geburt eines Kindes oder ein Text, den wir hundertmal gehört haben, oder ein – Hochamt durchscheinend wird bis zu einer Tiefe, die über sich hinausweist. Doch das Medium ist nur ein Symbol, ein Finger, der über sich selbst hinausweist, ein Behältnis, eine Metapher, eine vorübergehende Inkarnation des Mysteriums, das weder ganz erfaßt noch begriffen werden kann. Anders als eine wissenschaftliche Untersuchung vermittelt uns die Erfahrung des Heiligen kein verifizierbares Wissen über Gegenstände und Ereignisse. Es geht dabei nicht um Tatsachen, sondern um Bedeutungen. Das spirituelle Erleben braucht keine faktenähnlichen Beweise – keine Turiner Grabtücher, keine besonderen Wunder, keine Daten, die dem Skeptiker nicht zugänglich sind. Es geht um die Erfahrung des Gewöhnlichen als etwas Geheimnisvollem.

Weil jede Wahrnehmung des Heiligen die falsche Gewißheit des gesunden Menschenverstandes erschüttert, wird sie von zutiefst widersprüchlichen Emotionen begleitet. Das Geheimnis des Seins ist schrecklich und faszinierend, furchterregend und begehrenswert, bedrohlich und tröstlich.

Wenn wir das Opium der populären Religion rauchen, verfallen wir leicht dem sentimentalen Glauben, daß uns spirituelle Bewußtheit Glaube, Hoffnung, Liebe, Erlösung, Trost und Seelenfrieden bringen werde. Aber das Erkennen der geheimnisvollen Dimension des Gewöhnlichen wird unweigerlich vom furchteinflößenden Bewußtsein begleitet, daß sich das Leben letztlich unserem Verständnis und unserer Kontrolle entzieht.

Alles Feste schmilzt, sobald sich unser Blickwinkel vom landläufigen Verständnis zum Staunen verändert. Wir werden wie der Physikprofessor, den die Vision der Unkörperlichkeit der Atome so große Ehrfurcht einflößte, daß er mit Schneeschuhen umherging, damit er nicht in die Leere zwischen den umherwirbelnden Atomen fiel. Sobald wir das Universum als nie endenden Prozeß betrachten und uns als sich stets ändernde Augenblicke in diesem Prozeß, fällt es schwer, sich über die täglichen Schwankungen der Dow Jones-Indexes aufzuregen. Wenn wir die Nicht-ig-keit »unterhalb« aller Dinge berühren, bekommen wir »weiche Knie«. Wir erzittern und verstummen angesichts des intensiven Gewahrwerdens unserer Kreatürlichkeit, unserer absoluten Abhängigkeit und der Kontingenz der Welt.

Wenn wir Spiritualität ohne Illusion erleben wollen, müssen wir der Tatsache ins Auge sehen, daß der unbegreifliche Boden unseres Seins auch ein Schlachtfeld ist.

Mutter Erde ist auch Kali die Schwarze mit ihrem Totenschädelhalsband, und Kronos verschlingt seine Kinder.

Ernest Becker zeigt in *The Denial of Death* die Vision der dunklen Seite der »Kraft« in ihrer nacktesten Form: »Was sollen wir von einer Schöpfung halten, bei der die routinemäßige Aktivität der Organismen darin besteht, andere mit Zähnen aller Art zu zerreißen – beißen, Fleisch und Pflanzenstengel zermalmen, Knochen zwischen Backenzähnen, die das zerrissene Fleisch gierig und mit Freude die Kehle hinunterschlingen, die Essenz in den eigenen Körper einverleiben und dann mit üblem Geruch und Gasen den Überrest ausscheiden ... Die Schöpfung ist ein alptraumhaftes Schauspiel, das auf einem Planeten stattfindet, der seit Millionen von Jahren vom Blut aller seiner Geschöpfe getränkt ist.«

Auch der Dichter William Blake, der über die furchterregende, amoralische Kraft eines Tigers nachsann, zeigt uns dieses furchtbare Antlitz des Heiligen:

Tiger, Tiger, hell entfacht
In den Waldungen der Nacht,
Welches Gottes Aug und Hand
Nur dein entsetzlich Gleichmaß band?

Welcher Himmelsabgrund kennt
Feuer, das im Aug dir brennt?
Wessen Flügel war Bedräuer?
Welche Hand griff nach dem Feuer?

Welche Schulter, welch Gesetz
Flocht dein Herz als sehnig Netz?
Und als es erstmals schlug voll Grauen
Welche Schreckenhand und Klauen?

Was der Hammer? Was die Fessel?
Und dein Hirn in welcher Esse?
Amboß was? Wessen Griff gepreßt
Hielt dein tödlich Schreckbild fest?

Als die Sterne Speere schossen
Und Tränen in den Himmel gossen
Sah lächelnd Er Sein Werk vor sich?
Schuf Er, der auch sein Lamm schuf, dich?

Tiger, Tiger, hell entfacht
In den Waldungen der Nacht,
Welches Gottes Aug und Hand
Mut für dein furchtbar Gleichmaß fand?

(Übers. A. v. Bernus u. W. Schmiele)

Das ist es, was wir fürchten – in die Hände des leibhaftigen Gottes zu fallen.

Faszinierender Segen und phantastische Möglichkeiten

Kein Argument kann die ätzende Macht der dunklen Vision neutralisieren. Der Verstand kann kein Gegenmittel zur Versuchung zu verzweifeln entwickeln. Philosophen und Theologen haben sich vergeblich bemüht, die Grausamkeit der Natur zu erklären und die Wege Gottes zum Menschen zu rechtfertigen.

Doch es gibt einen Wechselgesang, der zugleich weniger und mehr als die Stimme der Vernunft darstellt, die die Angstschreie begleitet, die wir auf dem Schlachtfeld des Lebens vernehmen. Klagelied und Halleluja-Chor ertönen wechselseitig, sobald wir dem ganzen Geheimnis des Seins treu bleiben.

Genauso, wie wir vor der rohen, majestätischen Macht des Seins erzittern und vor ihr zurückweichen, so werden wir zur unendlichen Quelle der Schönheit, Fürsorge und Schöpferkraft hingezogen, der wir entsprangen und die uns am Leben erhält (möglicherweise im Zustand des Todes). Neben Blakes Vision des furchterregenden Tigers müssen wir die Rhapsodie des Heiligen Franz von Assisi stellen, der sich als Bruder des Wolfes bezeichnete.

Alle Begegnungen mit dem Heiligen beinhalten eine Verheißung des Trostes, der Erfüllung, der Harmonie und der Liebe. Diese Verheißung fasziniert uns; sie er-mutigt uns und fordert uns auf, letztlich an die Güte des Seins zu glauben, auch wenn aller Anschein dagegen spricht. Doch das Echo der Furcht und der atemlosen Angst läßt sich im Hintergrund der Hymnen des Geistes immer hören. Gerade im Schattental des Todes vermochte der faszinierte Psalmist zu verkünden, »der Herr ist mein Hirte«. Und inmitten ihrer Leiden sangen die schwarzen Sklaven: »Es gibt den Balsamstrauch, sein Harz schließt unsere Wunden.« Wenn die gleichgültige Macht des Universums uns in Versuchung führt, zu verzweifeln, eben dann berühren wir den jugendlichen Impuls im Herzen des Seins, das unser Gefühl und unseren Verstand für Möglichkeiten erschließt, die unsere unmittelbare Erfahrung des Möglichen transzendieren. Und dann staunen wir: Vielleicht gibt es im Herzen meines Seins etwas Tod-loses; vielleicht ist das Tragische, auch wenn es wirklich ist, nicht das letzte Wort hat; vielleicht lassen sich die Entfremdung, die Sünde, die Gebrochenheit der *condition humaine* heilen; vielleicht bin ich nicht allein in einem gleichgültigen Multiversum.

Man hat die faszinierende Dimension der Erfahrung des Heiligen in der Sprache der Erotik und in sexuellen Bildern zum Ausdruck gebracht. Vom Hohelied Salomos bis zu der Dichtung von Dschelal ed din Rumi hat man die Beziehung der Seele zu Gott immer wieder mit dem Geschlechtsakt zwischen Liebenden verglichen. Wenn man das Antlitz von Berninis berühmter Statue der Heiligen Theresa betrachtet, läßt sich überhaupt nicht erkennen, ob es eine spirituelle oder sexuelle Ekstase zeigt. All die sanften, religiösen Bilder, die Verheißung auf Beistand, Gnade, Anmut und Zuflucht in den ewigen Armen zeigen, sie alle entspringen dem Urgefühl, zur unerkennbaren Quelle hingezogen zu werden, aus dem jeder Segen strömt.

Heilige Fragen

Mircea Eliade und Paul Tillich sind die Seelenforscher, die einige Gedanken entwickelt haben, die uns bei dem Versuch nützen können, zwischen hoffnungsvoll stimmenden und Verderben bringenden Pfaden, zwischen schöpferischen und dämonischen Wegen zu unterscheiden, auf denen wir unser autonomes Ich etwas Größerem und Dauerhafteren als uns selbst hingeben können.

Eliade sammelte Anhaltspunkte aus einer großen Vielzahl von Kulturen und zeigte in seinem Buch *Das Heilige und das Profane*, daß eine Erfahrung des Heiligen eine besondere Organisation des Lebens hervorbringt. Als Beispiel zitiert er den Brauch der australischen Ureinwohner, die einen Welt-Stab bei sich führen; dies ist die symbolische Darstellung der Verkündigung, daß sie – ganz gleich, wo sie sind – im Zentrum der Welt leben. Alles Leben wird um das Heilige organisiert. Dasselbe läßt sich in europäischen Städten mit ihren mittelalterlichen Bauten ablesen. Die gotische Kathedrale, der heilige Ort, der die Symbole des Heiligen beherbergte, steht mitten in der Stadt. Alles Leben wurde auf diesen zentralen Punkt ausgerichtet.

Was wir als zentral wichtig erachten, was unserem Leben das organisierende Prinzip liefert, das erleben wir als heilig. Diese funktionale Definition macht auch begreiflich, daß wir das Heilige falsch bestimmen können. Man kann einen Götzen erschaffen, indem man einer Person, einer Sache oder einer Institution, die lediglich unsere zögernde Loyalität verdient, unseren Glauben schenken, wir uns sogar mit unserem Leben für die Person oder Sache einsetzen. So hat Paul Tillich gezeigt, daß die nationalsozialistische Bewegung in Deutschland alle Eigenschaften einer Religion annahm. Sie forderte absolute Loyalität; sie verhieß vollkommene Erfüllung; sie erschuf quasireligiöse Rituale und Feiern; sie produzierte für ihre Anhänger künstliche transzendente Erfahrungen; sie arbeitete eine vollständige Weltanschauung und ein apokalyptisches Programm aus. Nichts zentralisiert und organisiert das Leben zwingender oder produziert rascher quasireligiöse Erfahrungen als Fanatismus und Vergötterung. Arthur Koestlers glänzendes Porträt eines wahren Gläubigen in seinem Roman *Sonnenfinsternis* zeigt die vollkommene Aufgabe von Ich und Verstand, die zur totalen Verpflichtung gegenüber dem Kommunismus gehörte.

Tillichs Überführung der Zentralerfahrung des Heiligen in psychologische Kategorien liefert uns einen Bezugspunkt, mit dessen Hilfe wir leicht erkennen können, wann unsere Bindungen nicht mehr schöpferisch sind, sondern dämonisch werden, wann das Gute das Beste zerstört. Wann ist beispielsweise die Jagd nach Geld nicht mehr ein Mittel, mit der wir auf gesunde, ganzheitliche Weise leben können, sondern Selbstzweck – eine Anbetung des allmächtigen Geldes? Wann beginnt das Bemühen, der weltbeste Eiskunstläufer zu werden, zum Zwang zu werden? Wann richtet der Drang zur persönlichen Weiterentwicklung eine Ehe zugrunde, ein Zuhause, wann zerstört er die Gemeinschaft? Wann zerstört die Bindung an eine Kirche oder einen Kult die Fähigkeit, Wahrheiten, von wo auch immer sie kommen, willkommen zu heißen?

Angesichts unserer Fähigkeit zur fehlgeleiteten Treue gegenüber dämonischen Anliegen und Institutionen ist es wesentlich, daß wir im Laufe unseres Lebens häufig eine Pause einlegen; wir müssen unsere Werte, unsere Prioritäten und unsere Bindungen kritisch betrachten und überlegen, ob wir in eine Richtung gehen, die uns Erfüllung bringt oder eher ein Desaster verheißt.

Ausgestattet mit vorläufigen Definitionen, einigen Faustregeln, wie sich ein beherztes von einem mutlosen Leben unterscheiden läßt, sowie einer Beschreibung der Erfahrung des Heiligen, sind Sie gut darauf vorbereitet, das unerforschte Territorium Ihres Lebens mit neuen Augen zu sehen.

Wenn Sie die Hauptereignisse und Grenzerfahrungen Ihres Lebens sammeln und neu zusammenfügen, werden Sie entdecken daß Sie manchmal einen Weg gegangen sind, der sie in die falsche Richtung führte, tief in einen Ort der Mut- und Seelenlosigkeit. Möglicherweise finden Sie heraus, daß Ihnen das Heilige in einer religiösen Umgebung begegnet ist oder in Augenblicken der Krise, als Sie des furchterregenden Geheimnisses Ihrer Freiheit gewahr wurden. Oder Sie stellen vielleicht fest, daß das Heilige anwesend war, als Sie in Sekundenschnelle durch die Liebe verwandelt wurden, als Sie mit Tausenden in einem Konzert der »Grateful Dead« tanzten, oder als sich eine Feldlerche, ihren kosmischen Chor anstimmend, in die Lüfte emporhob.

Kapitel 6

Der Weg durch die Seelenlandschaft

»Oh, der Geist, der Geist hat Berge; Klippen, so abgründig Furchterregend, glatt, von keinem Menschen ergründet. Mag der sie leicht nehmen, der nie dort hing.«

Gerard Manley Hopkins

»Ich denke, um wiederzuerlangen, was ich schon weiß, um meine Essenz wieder zusammenzufügen, um die Verheißung schätzen zu können, die sich seit meiner Geburt entfaltet, um mein kosmisches Antlitz im Spiegel meines Geistes zu sehen.«

Sandor McNab

»Eine Seele traf einen Engel und fragt ihn: ›Auf welchem Weg komme ich am schnellsten in den Himmel – dem Pfad des Wissens oder dem Pfad der Liebe?‹ Der Engel sah ihn verwundert an und sagte: ›Sind nicht beide Wege einer?‹«

Olive Schreiner

Das heroische Streben nach Übereinstimmung

Wir haben bereits einige Erkundungstouren gemacht, um die Pfade jenseits des Basislagers auszukundschaften. Bislang haben wir Fragen gesammelt, die uns leiten werden, eine Methode für unsere Reise vorgeschlagen, einige vorläufige Definitionen dessen gegeben, wonach wir suchen, die Landkarten des Heiligen untersucht, die einige bedeutende Forschungsreisende gezeichnet haben, uns einige Wegweiser notiert, denen wir uns anvertrauen können, und einen provisorischen Kompaß gebaut, der uns sagt, ob wir unserem Ziel näher kommen oder uns davon entfernen.

Diejenigen, die sich zum Basislager durchgeschlagen haben, sind Einzelgänger, wild aussehende Individualisten, die auf Konformität und Sicherheit verzichtet haben, um unserer Krankheit und unserem Unbehagen zu entkommen und unserer einzigartigen Bestimmung zu folgen.

Während wir Vorbereitungen treffen, uns in das Land ohne Pfade aufzumachen, das das Tal umgibt, müssen wir als Gruppe weitergehen. *Vom diesem Punkt an ist die Heldenreise kein Solo-Abenteuer mehr, sondern ein gemeinschaftliches Unterfangen.* Die Gefahren, denen wir begegnen, sind unvorhersehbar und ganz unterschiedlich. Möglicherweise begegnen wir Sümpfen, Treibsandgebieten, undurchdringlichen Regenwäldern, Gletschern, gefrorenen Wasserfällen, plötzlichen Gewittern, Lawinen, Pfaden, die am Fuß unübersteigbarer Felsen enden. Sollten wir in größere Höhen vordringen, werden einige von uns bizarre Visionen und Halluzinationen haben (die Entsprechung zum Tiefenrausch, den der Taucher erleidet, wenn er zu lange in einer Tiefe von zweihundert Fuß verweilt).

Wer den Aufstieg zu wirklichen oder metaphorischen Bergen wagt dem sollte man eine Warnung auf den Weg mitgeben: Die extremen Bedingungen, die man im Gebirge vorfindet – Wind, Wolken, Erschöpfung und Höhenluft – prädisponieren die Bergsteiger dazu, Visionen zu haben oder ungewöhnliche Erscheinungen in einem visionären Licht zu sehen ... Auf dem Mount Everest, als seine Gedanken von den Auswirkungen der extremen Höhe und der Erschöpfung abschweiften, hatte Frank Smythe den deutlichen Eindruck, daß ein anderer, ein ›dritter Mann‹ an seinem Kletterseil hing. Das Gefühl war so real, daß er sich einmal sogar umwandte, und seinem geheimnisvollen Gefährten etwas zu essen anbot ... Reinhold Messner ... hatte diese Vision auf dem Kangchenjunga: »Im letzten Camp, nahe dem Gipfel, hatte ich eine ganz seltsame Vision; ich sah sämtliche Körperteile, aus denen ich bestehe ... Ich sah ein rundes Bild mit vielen Bildern darin ... es war, als sähe ich mein Leben und meinen Körper und meine Seele und meine Gefühle in einem Mandala. Aber ich war nicht einmal sicher, ob es sich nur um meine eigenen Eindrücke oder allgemeinmenschliche handelte, Ihre oder die irgendeines Menschen ... Es war sehr, sehr merkwürdig.«[1]

Die Vorstellung, daß die Heldenreise von einem Einzelnen unternommen werden muß, paßt nahtlos in die moderne Ideologie des Individualismus. Aber das ist eine ausgesprochen gefährliche Halb-Wahrheit, die nur für die erste Phase der spirituellen Reise zutrifft, in der wir die Illusionen der Psyche und unsere autobiographische Wahrheit erkunden. Wer versucht, allein zu reisen, wird am Ende isoliert und entfremdet sein und allen möglichen Formen des Wahnsinns anheimfallen. Jede Woche erhalte ich einen Brief von einer verlorenen Seele, die überzeugt ist, er oder sie habe den Geheimen Schlüssel entdeckt. Der Brief enthält zumeist ein kompliziertes Diagramm des »Systems«, das erklärt, wie sich die verborgene Bedeutung von allem offenbart, indem man bestimmte Nummern hinzufügt oder bestimmte Wörter zerlegt. Gelegentlich sieht man ganzseitige Anzeigen in der *New York Times,* die großartige Programme zur Errettung der Welt oder den allgemeinen Frieden durch eine makrobiotische Diät, transzendentale Meditation oder die Abschaffung des Finanzamtes und der Trilateralen Kommission anpreisen. Sie soll die Wirtschaftsbeziehungen zwischen Europa, USA und Asien regulieren. Im allgemeinen sind von Einzelnen ersonnene

Systeme nicht nur höchst eigenartig, sondern auch paranoid.

Von nun an kann man den Gefahren und Illusionen, denen der Solobergsteiger ausgesetzt ist, nur entgehen, wenn man beim Hochseilen die Kommunikation aufrechterhält, nach Übereinstimmung strebt und über die gemeinsamen Erfahrungen nachdenkt. Die Rettungsleine, die die Einzelnen davor schützt, in den Abgrund des einsamen Wahnsinns zu stürzen oder im Treibsand der gemeinsamen Torheit zu versinken, ist die Vernunft. Und die Vernunft ist nichts mehr oder weniger als das gemeinschaftlich akzeptierte Regelwerk des klaren Denkens, das durch den Konsens der größten und umfassendsten Gemeinschaft von Männern und Frauen durch die Jahrhunderte hindurch geschaffen wurde.

Manche Reisende, die so weit gekommen sind, murren vermutlich; wenn sie hören, daß die Stationenreise verlangt den Pfad der Vernunft zu gehen. Sie werden kritisch einwenden: »Ich bin der Kopf-Reisen und Verstandes-Spiele überdrüssig. Ich möchte direkt, mit dem Herzen, aufbrechen. Denken ist langweilig. So viel wir auch analysieren, es wird weder Frieden noch Zufriedenheit bringen. Warum fangen wir nicht mit Gebeten, Ritualen, Gesängen oder Akten der Hingabe an? Ich möchte Komplexität, Ambiguität und Zweifel hinter mir lassen und Glauben schöpfen, mich einer Sache verschreiben, mich ihr hingeben.«

Weder können noch sollten wir Einzelnen verbieten, die Einzelsuche weiter fortzusetzen; das ist auch unmöglich. Doch wir sind verpflichtet, sie davor zu warnen, daß diejenigen, die sich von der Rückkopplung und der Disziplin des Konsenses abschneiden, in der ständigen Gefahr schweben, dem spirituellen Narzißmus zu verfallen und die Verbindung zur gemeinschaftlichen menschlichen Erfahrung zu verlieren, die allein ein einfühlsames Herz und einen mitfühlenden Verstand hervorbringen kann. Wenn sie ihre Glaubensvorstellungen nicht vor das Gericht der universellen Erfahrung bringen, sind sie zu einem Leben in Einzelhaft verdammt.

An irgendeinem Punkt der Reise muß jeder einen Akt des Glaubens vornehmen. Wenn die Zeit gekommen ist, gibt uns eines die Hoffnung auf eine sichere Landung – das Seil, das uns mit unseren Mitreisenden verbindet.

Das wichtigste Erfordernis für eine moderne spirituelle Praxis besteht darin, eine intelligente Theorie darüber zu entwickeln, was es bedeutet, in einem heiligen Kosmos zu leben. Es gibt keine dringlichere Priorität, als unsere Intelligenz mit der Erfahrung des Heiligen wiederzuvereinigen, damit wir mit kühlem Verstand über unsere politischen, wirtschaftlichen, ökologischen und psychologischen Probleme nachdenken können. Derzeit befinden wir uns mitten in einer Epidemie der Gedankenlosigkeit, einem Wiedererstarken des religiösen Fundamentalismus, der »Glauben« als das Eigentum der religiösen Institutionen definiert, sowie dem gedankenlosen Marsch einer abstrakten Intelligenz auf einer Sauftour, die einen unsere Umwelt zerstörenden Fortschritt erzeugt. Die Menschheit leidet unter einer tragischen Trennung von Vernunft und Glauben, unter entmutigtem Denken. Doch eine spirituelle Lobotomie wird uns nicht von den Folgen des blinden Glaubens und gedankenlosen Handelns heilen. Wenn wir unseren Weg durch das Dickicht finden wollen, brauchen wir den Mut zu sorgsamem Denken, zur Überprüfung unserer Glaubensvorstellungen, damit wir wissen, worauf sie gründen. Meine Vernunftregeln folgen im nächsten kurzen Abschnitt, der davon erzählt, wie ich mit der Abwesenheit einer Autorität zu Rande gekommen bin.

Die desillusionierte Sicht auf die Religion meiner Eltern hinterließ in mir eine Leere, das Bedürfnis nach einer Weltsicht und einer Lebens-Karte, die den zerstörten »Glauben meiner Väter« zu ersetzen vermochte. Wie sich herausstellte, war das Geschenk, das mein Leben bestimmt hat, das Resultat einer Wunde – des Verlustes meiner ursprünglichen Sicherheit. Meine Ent-Täuschung, was das Christentum betraf, war zugleich auch eine *Bekehrung zur Philosophie.*

Sobald ich das Bemühen aufgegeben hatte, die Flut der Zweifel einzudämmen, die die Sandburgen meines Kindheitsglaubens fortspülten, tauchte ich freudig ins Meer der Fragen. Wie Renee, die Protagonistin in Rebecca Goldsteins Roman *The Mind-Body Problem,* trat ich aus einem Weltbild in das spiegelbildliche Gegenteil. Dabei empfand ich dasselbe wie sie: »Meine moralische Schwäche wurde meine moralische Stärke, die Ödnis meines Glaubens war in Wahrheit die Fruchtbarkeit meiner Rationalität, und am Ende wurde ich gerettet. Können Sie sich vorstellen, wie es war, sich vom Geist meiner Religion abzuwenden – hin zum Geist der Philosophie – oder, wie ich es in jener Zeit gern nannte, dem Geist der Rationalität? Denn hier sind Gründe, etwas zu glauben, nie unwesentlich, sondern bilden den gesamten Kern der Sache. Die Unterscheidung zwischen bloßen Glauben und Vernunftglauben ist die Unterscheidung, die jegliche Philosophie begründet. Wenn die Wahrheit unser Ziel ist (und was sonst sollte sie sein?), dann müssen wir mit der Vernunft den Weg dorthin finden.«[2]

Befreit vom Kampf, das glauben zu müssen, was ich unglaubwürdig fand, begann ich viele neue Pfade zu erkunden. Doch wie ein gebranntes Kind nahm ich mir fest vor, mich keinem allzu großen Glauben hinzugeben. Ich wollte ein intellektuell verantwortungsvolles Glaubenssystem, keinen blinden Glauben. Wenn ich mich band, dann sollte es mit Herz und Verstand geschehen. Ich schwor mir, nicht noch einmal einer religiösen Illusion zu verfallen.

Mein erstes Eintauchen in die wichtigsten Weltreligionen – Hinduismus, Islam, Buddhismus, Taoismus – und das Studium der Anthropologie präsentierte mir eine verwirrende Vielfalt von Göttern, Göttinnen, Engeln, Dämonen und Geistern – und vielerlei neuen Fragen. Heben sich die widerstreitenden Visionen denn nicht gegenseitig auf? Da sie nicht alle wahr sein können, sind sie also alle falsch? Gibt es eine Evolution der Religion vom primitiven Polytheismus zum Monotheismus, in der man eine sich entfaltende Offenbarung der Natur und des Willen Gottes entdecken könnte? Oder hatten die radikalen Kritiker der Religion, beispielsweise Feuerbach und Freud, recht, als sie behaupteten, alle Götter seien Träume, Illusionen, der Phantasie entsprungene Projektionen, die wir aus Angst und dem verzweifelten Bedürfnis heraus heraufbeschwören, ein vater- oder mutterähnliches Geschöpf möge über uns Menschen wachen? Ist die Religion lediglich ein vorwissenschaftliches Bemühen, das Universum zu erklären, das jeder aufgeben muß, der daran festhält, über die Natur und die Ursprünge der Erde klar zu denken? Mußte ich, um ehrlich zu sein, das winterliche Lächeln auf dem Antlitz der Wahrheit erwidern und mich der sterilen Welt des säkularen Humanismus verschreiben?

Als Student an den Universitäten Harvard und Princeton und später als Professor für Philosophie und Christlichen Glauben am Presbyterianischen Seminar von Louisville rang ich mit der Frage, wie sich Weltanschauungen und Visionen überprüfen, begründen bzw. sich als falsch bestimmen lassen. Immer stärker faszinierte mich die erste Frage von den, nach Kant, drei großen Fragen der Philosophie: »Was kann ich wissen?« (Die beiden anderen Fragen lauten: »Was sollen wir tun?« und »Was dürfen wir hoffen?«) Außerdem fragte ich mich weiter: »Können wir Gott, das Heilige, das Geheiligte erkennen? Wenn ja, wie?«

In den fünfziger und sechziger Jahren beherrschte A. J. Ayer die Stimmung auf dem Gebiet der Philosophie: Er enthauptete mit einem Schlag jedwede traditionelle Theologie. In seinem Werk Sprache, *Wahrheit und Logik* stellte er die These auf, daß sich der Sinn eines Satzes mit Hilfe des Verfahrens der Verifikation überprüfen lasse. Wenn wir wissen wollten, ob es auf der dunklen Seite des Mondes Berge gibt oder ob Gott allmächtig ist, müßten wir erst einmal herausfinden, wie wir die Wahrheit dieser Aussage verifizieren können. So könnte man zum Beispiel einen Satelliten um den Mond herumschicken, um so die Behauptung, dort gebe es Berge, zu verifizieren oder zu falsifizieren. Aber wie sollen wir denn verifizieren, daß Gott allmächtig ist? Es gibt keinen Ort außerhalb der Totalität der Wirklichkeit oder jenseits Gottes, wo wir stehen können, um beurteilen zu können, ob Gott allmächtig ist oder nicht. Deshalb sind Aussagen über Gott, so Ayer, weder wahr noch falsch, sondern sinnlos. Sie scheinen zwar eine Behauptung über die äußere Wirklichkeit – Gott – aufzustellen, doch in Wirklichkeit handelt es sich um verdeckte Aussagen über unsere Gefühle. Zu sagen: »... und die Erde und alles, was darinnen ist, das ist des HERRN ...«, ist dasselbe wie der Satz: »Jede Wolke hat einen Silberstreif.« Die Theologie, wie die Dichtung, sagt uns nur, wie wir fühlen oder was wir wünschen. Sie vermittelt uns kein Wissen. Die Religion kann als Klebstoff nützlich sein, der die Gesellschaft zusammenhält; sie mag uns Trost spenden inmitten der furchterregenden Dunkelheit unserer Tage. Doch haben wir, Ayer zufolge, keinen Grund anzunehmen, daß sie wahr ist.

Mein intellektuelles Streben nach einer vernünftigen Herangehensweise in Glaubensangelegenheiten führte mich zu Ludwig Wittgenstein. In seinen frühen Jahren gehörte Wittgenstein zu den Architekten einer übermäßig restriktiven, wissenschaftlichen Sicht hinsichtlich des Wissens, der Verifikation und der Sprache. Später im Leben kam er zu dem Schluß, daß es unterschiedliche Sprachspiele, unterschiedliche Methoden der Verifikation und Evidenzkriterien gibt. Religiöse Aussagen wie: »Am Anfang schuf Gott ...« und »Der Herr ist mein Hirte, mir wird nichts mangeln«, sind keine isolierten Wahrheiten, die sich überprüfen lassen, indem man dieselbe Methode der empirischen Verifikation wie in der Wissenschaft anwendet. Vielmehr sind sie Teil eines dichten Geflechts aus Metaphern, Symbolen, Liturgien, Heldengeschichten, Gesten, Liedern, Tänzen, ethischen Forderungen, prophetischen Herausforderungen und Trostverheißungen, das einen Wahrnehmungsschirm formt, durch den wir die Welt sehen. Wenn wir die Welt durch eine religiöse Brille betrachten, sehen wir alles in einem anderen Licht, als wenn wir sie durch eine wissenschaftliche Brille betrachten. Wenn ich behaupte: »Die Erde ist des Herrn«, erfahre ich mich als Geschöpf Gottes und nicht als zufälliges Produkt eines zufälligen Prozesses.

Alle Weltanschauungen, Mythologien und Ideologien, ob nun religiöser, säkularer oder spiritueller Natur, sind Wahrnehmungsschirme, durch die wir unsere Erfahrung filtern. Sie sind Griffe, mit denen wir die verwirrende Komplexität unserer Welt begreifen und handhaben können. Keine kann letztlich verifiziert oder auch falsifiziert werden.

Stellen Sie sich vor, daß drei Menschen in einem Wald

mit alten Redwoodbäumen stehen. Der Holzfabrikant mit seiner rein säkularen Mentalität sieht nur die wirtschaftlichen Möglichkeiten – Bretter aus Redwoodholz, Arbeitsplätze und Gewinn. Der Biologe mit seiner wissenschaftlichen Sichtweise sieht die lange Entwicklungsgeschichte des Zusammenspiels zwischen dem Baum und seiner Umwelt, die das komplizierte Ökosystem des Waldes hervorgebracht hat. Die Person, die sich dem Wald mit einer religiösen oder spirituellen Sensibilität nähert, erlebt die Redwoodbäume als Teil der geschöpften Welt. Keine dieser drei Weltsichten ist wahr oder falsch. Jede ist ein Weg, Dinge zu betrachten, die eine andere Reaktion beinhalten. Der Holzfabrikant wird schlagartig aktiv, um sich die Rechte zum Holzabbau zu sichern und den Wald zu »ernten«. Der Wissenschaftler dringt mit Sonden tief in den Boden, mißt die Dicke des Humus, verarbeitet Daten über Klimaveränderungen und schreibt gleichsam eine Naturgeschichte des Waldes. Die religiöse oder spirituelle Person ist in der Regel voll Ehrfurcht, sie kann nur noch ehrwürdig schweigen angesichts der numinosen Macht der aufragenden Bäume und empfindet ihre Schönheit mit großer Dankbarkeit.

Der Akt des Glaubens ist ein unvermeidlicher Bestandteil der *condition humaine.* In gewisser Weise läßt sich die existentielle Situation jedes Einzelnen mit einem Gerichtssaal vergleichen, in dem der Welt ein Prozeß gemacht wird. Gibt es eine verborgene Ordnung unter der Unordnung? Spielt Gott mit dem Universum Würfel? Angesichts tragischer Ereignisse, dem Bösen und dem Tod müssen wir alle uns fragen, ob es Grund zur Hoffnung gibt. Der Verstand ist Staatsanwalt, Verteidiger, Geschworenen-Jury und Richter. Jedes Glaubenssystem muß seinen Fall vor dem Gericht der Vernunft vorbringen und Indizien vorlegen, die seine Wahrheitsbehauptungen stützen. Zwar kann man nie sichere Beweise für die absolute Wahrheit einer Weitsicht und Lebensphilosophie liefern, doch läßt sich bestimmen, ob sie die minimalen Voraussetzungen der Vernunft erfüllt oder nicht.

Für mich bedeutete die Entdeckung, daß sich keine Weitsicht beweisen läßt, eine Erleichterung. Endlich konnte ich mich von der unlösbaren Aufgabe abwenden, ein wasserdichtes Glaubensgebäude zu errichten, und mich an die lösbare Arbeit machen, eine vernünftige Lebensphilosophie zu formulieren.

Auch wenn wir in einem Universum leben, das unser Bedürfnis nach Sicherheit nicht befriedigt und uns mitunter als unermeßlich absurd und chaotisch erscheint, können und müssen wir *Indizien* für die Vernünftigkeit oder Unvernunft unseres Glaubenssystems sammeln. Die Alternative wäre Narrheit – und zwar nicht von der lustigen Art.

Nichts spiegelt unser Dilemma so deutlich wider wie das Auftauchen des Fernsehens als eines der wichtigsten Kräfte in unserem Leben. Heute leben wir in einer von den Medien erschaffenen Umwelt, in der wir von widerstreitenden Wahrheitsbehauptungen umzingelt werden. Es ist, als wären wir in einem Zimmer mit hundert säkularen Evangelisten eingesperrt, die uns anschreien und mit Bildern des guten Lebens bombardieren, mit der Verheißung auf Erlösung durch Freihandel, Vollbeschäftigung und allumfassende Gesundheitsfürsorge. Jahr um Jahr wächst unser Zynismus, weil wir wissen, daß unsere Meinungen von inhaltsleeren Verlautbarungen und schönen Bildern manipuliert werden. Was kann ich glauben? Wie sollen wir entscheiden, woran wir glauben sollen, und auf welcher Grundlage?

Im Laufe meiner schwierigen Reise, während ich versuchte, dem Gesehenen, Gehörten und Gefühlten einen Sinn abzugewinnen, habe ich eine Reihe von Faustregeln gesammelt, die mich vor intellektuellen Torheiten geschützt haben und die mir halfen, meine Existenz einer vernünftigen Lebensphilosophie einzufügen. Ich empfinde diese Regeln nicht als trockene Maßregelungen, sondern als Werkzeugkasten, der sowohl zerstörerische als auch aufbauende Werkzeuge enthält – eine Feile, eine Bügelsäge und einen Schweißbrenner, mit denen ich mich von Glaubenssystemen befreien kann, die meinen Geist einzuschnüren und einzukerkern drohen; einen Hammer, eine Säge und eine Plastikplane, damit ich aus dem Rohmaterial meiner Erfahrung eine Behausung zimmern kann.

Allgemeine Richtlinien: Die Regeln der Vernunft

Denken Sie wie ein existierendes Individuum mit Herz, Geist und Seele. Nicht wie ein »objektiver« Intellektueller oder Professor.

Die Philosophen des Existentialismus waren meine ersten Helden auf der Reise durch die Seelenlandschaft – Kierkegaard, Nietzsche, Dostojewski, Camus, Sartre und Marcel. Sie vermittelten mir den Schlüssel zum Wesen eines leidenschaftlichen Geistes: Man muß als *einer* denken, nicht als irgend jemand oder als niemand. Ich bin in einer speziellen historischen Zeit und Situation eingefügt geboren in eine bestimmte Familie, geformt von ganz besonderen Erfahrungen und Erlebnissen. Ich muß als Einzelmensch denken, der mit den Problemen, Gaben und Wunden ringt die mein Leben mir vorgelegt hat.

Stellen Sie die Autorität(en) in Frage.

Der Pfad zu persönlicher Freiheit beinhaltet zwei lange und fürchterregende Schritte über die Leere: Schritt eins: Stellen Sie die Autorität(en) in Frage. Schritt zwei: Entmachten Sie die Autorität(en).

Unterziehen Sie alle Indizien, die Ihnen vom Hörensagen bekannt sind, einem Kreuzverhör.
Keine Autorität, keine altehrwürdige Tradition, keine nicht befragbare Offenbarung hat automatisch vor dem Gericht der Vernunft Bestand. Die Äußerungen von Moses, Buddha, Jesus oder Mohammed, genauso wie die religiösen Behauptungen von Swedenborg, Sun Myung Moon, David Koresh oder des Papstes – und auch die Erklärungen unserer politischen Führer –, müssen einer Prüfung anhand der Minimalforderungen der Vernunft standhalten. Alle Wahrheitsansprüche sind denselben Evidenzregeln unterworfen. Wir müssen kämpferisch sein und uns daran erinnern, daß auch aufrichtig Gläubige irren. Die Geschichte der Menschheit ist voll von verheerenden Beispielen blinden Glaubens, zu festem Glauben und großer Leichtgläubigkeit; sie ist voll von gescheiterten Göttern. Die Anhänger des Jesus, des Kommunismus und des Kapitalismus haben grausame Kreuzzüge veranstaltet, und Blut ist ein schlechtes Argument für die Wahrheit. Daß Milliarden Menschen an die Reinkarnation beziehungsweise die Wiederauferstehung Christi geglaubt haben, befreit die Gläubigen nicht vom Erfordernis, für die Gültigkeit ihres Glaubens Indizien vorzulegen.

Seien Sie in Ihrem Glauben widerspruchsfrei.
Die Minimalforderung an jedes Glaubenssystem lautet, daß es eine innere Kohärenz aufweisen muß. Ein widerspruchsvolles System ist ein Oxymoron, ein Widerspruch in sich. Ein Selbstwiderspruch ähnelt dem Klang von Metall, das in einem Motor gegen anderes Metall schabt, es ist das Symptom eines nahenden Zusammenbruchs. So ist es inkonsistent zu behaupten, daß (1) Gott Liebe ist; (2) wir, da wir nach dem Bild Gottes geschaffen wurden,

unsere Nachbarn lieben müssen wie uns selbst; und (3) Gott seinem auserwählten Volk befiehlt, die Bewohner des Heiligen Landes niederzumetzeln. (Gesegnet seist du, wenn du die Köpfe ihrer Kinder an Steinen zerschmetterst.) Nur wer die intellektuelle Verantwortung verrät, kann allen drei Aussagen Glauben schenken, selbst wenn sie alle im »geoffenbarten« Text der Bibel enthalten sind. Wenn wir darauf bestehen, sich widersprechenden Behauptungen zu glauben, geraten wir in einen Zustand der spirituellen Schizophrenie, bei dem sich Glaube und Vernunft voneinander trennen und in der Verbannung leben.

Zu Beginn meiner Lehrtätigkeit kam ich mit einem lustigen Beispiel für innere Widersprüchlichkeit in Berührung. Mehrere junge Professoren und ich stellten fest, nachdem wir am Presbyterianischen Seminar in Louisville zu unterrichten begonnen hatten, daß man von den Angehörigen des Seminars erwartete, das Gelübde abzulegen, keinen Alkohol zu trinken. Das lehnten wir ab, und so begann der Aufstand der Jungtürken. Während der langen Fachbereichssitzungen, auf denen diese Frage diskutiert wurde, vertrat Dr. Love, der Professor für das Neue Testament, die These, die Trauben seien ein Geschenk Gottes, doch der Gärungsprozeß verwandele sie in gottlosen Wein. Wir machten eine Pause, um etwas zu Abend zu essen, und standen in der Schlange vor der Salattheke in der Cafeteria. Ich fragte wie nebenbei und so unschuldig wie eine Viper: »Dr. Love, möchten Sie Blauschimmelkäse-Dressing zu Ihrem Salat?« »Ja«, antwortete er. »Er ist fermentiert«, sagte ich. Nach Mitternacht endete die Sitzung mit einem Sieg der Kräfte der Konsistenz, und mehrere von uns begaben sich zu einer nahegelegenen Gaststätte, wo wir uns an Blauschimmelkäse und Wein delektierten.

Wenn Sie Zeuge der emotionalen und moralischen Folgen eines schwerwiegenderen Falls werden möchten, bei dem die intellektuelle Tugend der Konsistenz nicht praktiziert wird, sollten Sie einen Ort aufsuchen, an dem sich die Befürworter der »Pro-Leben« und der »Pro-Wahl« in der Frage der Abtreibung gegenüberstehen. Jede Seite behauptet, der Beweggrund ihres Engagements sei die Ehrfurcht vor dem Leben. Doch durch einen seltsamen logischen Fehlschluß vertritt jede Seite ihre selbstgerechten Ansichten, ohne auf die innere Widerspruchsfreiheit ihrer Argumente zu achten. Die meisten »Pro-Leben«-Befürworter sind für die Todesstrafe, und die meisten »Pro-Wahl«-Anhänger sind dagegen. Diejenigen, die sich für die Abtreibung aussprechen, schützen sich vor der bewußten Wahrnehmung ihrer Inkosistenz, indem sie darauf bestehen, daß der Fötus kein Leben darstelle, das verehrt werden muß, während jene, die die Todesstrafe befürworten, darauf beharren, daß der Kriminelle kein Leben darstellt, das man ehren muß. Das Ergebnis ist ein fortdauernder Konflikt.

Überprüfen Sie, ob Ihre Kernüberzeugungen mit den bekannten Tatsachen übereinstimmen.

Rationale metaphysische Überlegungen müssen mit derselben Regel der äußeren Konsistenz übereinstimmen, die auch auf dem Gebiet der theoretischen Physik Gültigkeit hat. Der Physiker Richard Feynman hat einmal geschrieben: »Das Wesen der wissenschaftlichen Einbildungskraft war eine machtvolle und beinahe schmerzliche Regel. Was Wissenschaftler erschaffen, muß der Wirklichkeit entsprechen. Es muß dem entsprechen, was bereits bekannt ist. Die wissenschaftliche Kreativität ist Phantasie in einer Zwangsjacke ... Was immer wir in der Naturwissenschaft vorstellen dürfen, muß mit allem anderen, was wir kennen, konsistent sein.«[3] Metaphysik und Theologie müssen zwar notwendigerweise ein spekulatives und imaginatives Element besitzen, doch alles, was sie behaupten, muß mit dem konsistent sein, was wir wissen. Wir können nur dann an mutmaßliche Wunder glauben, die die bekannten Naturgesetze verletzen, wenn wir willens sind, jedes kritische Urteil aufzugeben. Wir wissen genug über Wasser, um zu wissen, daß Menschen nicht darauf gehen können, und wir wissen genug über Jungfrauen, um zu wissen, daß sie keine Kinder zur Welt bringen. Aber auch wenn wir die beteiligten Mechanismen nicht begreifen, so wissen wir auch, daß eine Krebserkrankung spontan heilt, daß man Giftschlangen mitunter gefahrlos anfassen kann und daß es Beispiele für Hellseherei und außersinnliche Wahrnehmungen gibt (ESP).

Streben Sie nach Kohärenz.
Ein rationales Glaubenssystem muß nach Kohärenz streben. Jenseits der Minimalforderung, daß es nicht selbstwidersprüchlich sein darf, müssen seine einzelnen Aussagen zusammenhängen und ein einheitliches Bild der sichtbaren und unsichtbaren Welt präsentieren. Die Rationalität des Menschen ist ein Prozeß der aus einer chaotischen Masse von Fakten eine Erzählung schafft. Die Vernunft zielt darauf ab, eine verwirrende Vielfalt von Punkten zu einem Einzelbild zu verbinden und ganz verschiedene Erfahrungen zu einer einzigen Geschichte zusammenzufügen.

Derzeit ist in intellektuellen Kreisen ein radikaler Pluralismus unter dem Begriff »postmoderner Geist« in Mode. Es herrscht das Gefühl, daß nichts einen Sinn ergibt, daß es nur Beliebigkeiten gibt. Der zeitgenössische Stil in den Künsten, in der Moral und der Politik besteht darin, die althergebrachte Suche nach Kohärenz aufzugeben und sich damit zu begnügen, Collagen herzustellen. Das Leben ist wie MTV geworden – Bilder; Erfahrungen, die man ohne jede Verbindung nebeneinander stellt. Alles nur Punkte, aber keine Verbindungslinien.

Jeder, der nach Weisheit strebt, ist gut beraten, die jüngsten Stile mit Skepsis zu betrachten. Im Geistesleben wie in der Damenmode wechseln die Stile in regelmäßigen Abständen. Die Säume gehen rauf und runter. Im einen Jahrzehnt streben wir nach Synthese; in dem nächsten dekonstruieren wir die Synthese. Zuerst erschaffen wir uns ein großes Bild aus kleinen Datenmengen; dann werfen wir das Bild ein und untersuchen die Einzelteile. Im Augenblick zerfallen ganze Reiche, Synthesen fallen auseinander, Mauern stürzen ein und Vielfalt, Chaos und die Rechte ethnischer Minoritäten beherrschen die Nachrichten. Schon übermorgen werden neue Ordnungsprinzipien, Reiche und vereinheitlichende Geschichten auftauchen.

In seinem Buch The *Sentiment of Rationality* hat William James (1842-1910) diesen Rhythmus als etwas bestimmt, das dem Wesen des Verstandes inhärent ist. Denken heißt versuchen, Ordnung in die Vielfalt zu bringen, und umgekehrt. Zu wenig Ordnung, und wir haben es mit Schizophrenie zu tun; zu viel, und wir erleben eine Diktatur. Der Wahnsinn entsteht an den entgegengesetzten Enden der Skala – Inkohärenz und übermäßige Kohärenz. Der Tobsuchtsanfall eines Alkoholikers im Delirium tremens ist ein Hervorbrechen unzusammenhängender Sätze, die keinen Sinn ergeben. Die Verschwörungstheorien eines Paranoikers sind hingegen wasserdicht. Rationalität ist der Verstand, der ein- und ausatmet, die Teile zu einem Ganzen zusammensetzt und dann das Ganze in seine Einzelteile zerlegt.

Der inspirierende Verstand ist, wie Gott, stets im Begriff, Ordnung ins Chaos zu bringen. Die Menschen sind einäugig und schwach, und deshalb können sie das Leben nie in stets gleichen Begriffen und seiner Gesamtheit erkennen.

Doch wir verlieren etwas wesentlich Menschliches, wenn wir nicht mehr danach streben, unsere Erfahrungen zu einer einzigen Vision zu zentrieren und zu vereinigen. Griechische Denker der Antike, religiöse Apologeten und Wissenschaftsphilosophen stimmen in kaum etwas überein – es sei denn, daß der menschliche Geist in der Lage ist, die in den Dingen liegende Rationalität und Ordnung zu erkennen. Der Mikrokosmos ist Teil des Makrokosmos, der menschliche *logos* begreift den göttlichen *logos,* der holographische Verstand spiegelt das holographische Universum wider. Der Geist wird nur dann bis zum Zerreißen gespannt, wenn er nach Kohärenz strebt.

Streben Sie nach Vollständigkeit.
Vollständigkeit ist, wie Kohärenz, sowohl ein notwendiges als auch ein unmöglich zu erfüllendes Erfordernis des Denkens. Zwar kann sich niemand das Wissen in seiner Gesamtheit aneignen, doch eine vernünftige Weltsicht kann weder alle Gebiete des Wissens noch der Erfahrung ignorieren. Im Augenblick befinden wir uns in großen Schwierigkeiten, da das technologisch-wirtschaftliche Paradigma die ökologische Evidenz übersieht, daß die Erde nur über begrenzte natürliche Ressourcen und eine begrenzte Belastbarkeit verfügt.

Jede Weltsicht muß sich den großen mythischen Fragen, die ewig sind, widmen, weil sich in ihnen der Kampf spiegelt, mit den unvermeidlichen Elementen der *condition humaine* fertig zu werden – Geburt, Sexualität, Politik, betörende Schönheit, das herzzerreißende Böse, Entscheidungen, Arbeit, Leid, Tragik und Tod.

Die Weigerung, nach Vollständigkeit zu streben, ist wahrscheinlich der am weitesten verbreitete Fehler im Denken aller Individuen und Organisationen. Eine Art Tunnelblick scheint unsere Denkvorgänge in Mitleidenschaft zu ziehen. Wir richten den Blick so hypnotisch auf eine kleine Wahrheit, daß wir alle anderen Wahrheiten vernachlässigen. Wie an einen Planwagen angeschirrte Pferde mühen wir uns vorwärts und sehen dabei nur den schmalen Streifen Realität, der sich dem Blick bietet, den unsere Scheuklappen erlauben. Goethe hat einmal gesagt: »Die meisten Geheimnisse haben recht in dem, was sie behaupten und unrecht in dem, was sie leugnen.«

Aus dem Denken mit aufgesetzten Scheuklappen folgt ein äußerst schiefes Leben. Wir werden echte Gläubige statt Forschungsreisende, Propagandisten statt Philosophen, Fanatiker statt Liebende.

Viele spirituelle Gruppen des New Age konzentrieren sich so übermäßig auf die Willenskraft, auf das Erschaffen der eigenen Realität, auf totale Verantwortlichkeit und absolute Freiheit, daß sie für das tragische Schicksal blind werden, das einen Gewerkschaftler in El Salvador dazu verdammt, von einer Todesschwadron ermordet zu werden, oder ein Kind, das mit Aids zur Welt kommt, in jungen Jahren zu sterben.

Am entgegengesetzten Extrem billigen wir immer stärker eine Sozialphilosophie, die Freiheit und individuelle Verantwortung negiert. Der Sturm, sich als Opfer zu fühlen, breitet sich geradezu epidemieartig aus. Kriminellen wird verziehen, weil uns Fachleute erklären, daß abweichendes Verhalten von verborgenen gesellschaftlichen und psychologischen Kräften verursacht wird. Wir sind Opfer der Familie, des Geschlechts, der Klasse, der Wirtschaft oder der Hormone. Das prämenstruelle Syndrom, das posttraumatische Streßsyndrom oder eine Hypoglykämie infolge des Verzehrs von allzu vielen Schokoriegeln werden zur Entschuldigung und Ausrede für schlimmste Taten. Alles, das sich durch ein Syndrom benennen läßt, bringt eine neue Klasse von Opfern hervor.

Ziehen Sie die Einfachheit vor.
Die Vernunft strebt, wenn sie die Wahl zwischen gleichen Deutungen hat, nach der einfachsten Erklärung. In der Metaphysik wie in der Naturwissenschaft ist die schönste und eleganteste Erklärung die einfachste. Der Lehrsatz Wilhelm von Occams – Vervielfache nicht Größen beziehungsweise Erklärungsprinzipien über das notwendige Maß hinaus – hilft uns, allzu großen Glauben zu vermeiden. Der althergebrachte Pantheon der Dämonen, Engel, Hexen und Geister und Zauberer, mit dessen Possen Carlos Castenada die Köpfe einer ganzen Generation füllte, sowie Bücher wie *Rosemary's Baby* liefern natürlich angemessenere Themen für Fantasie-Filme als für ernsthafte spirituelle Überlegungen. Echte Geheimnisse sind überall; wir müssen keine okkulten Wesen erschaffen. Die Zahl von übernatürlichen Wundern wächst in direktem Verhältnis zum Niedergang des Gefühls des Staunens. Eine wirkliche Wölfin ist etwas viel Wunderbareres als ein nicht existierender Werwolf. Die gütigen Taten guter Männer und Frauen sind weit erstaunlicher als die Träume von Engeln.

Manche Menschen scheinen endlos auf der Suche nach okkulten Erklärungen zu sein. Kein noch so großes Maß an Beweisen wird einen Verschwörungsfanatiker jemals davon überzeugen, daß Lee Harvey Oswald Präsident Kennedy erschossen hat, oder daß die Regierung der Vereinigten Staaten nicht von einer Handvoll Bankiers kontrolliert wird. Wenn alles andere scheitert, sollten wir den Schluß ziehen, daß manchmal die Dinge tatsächlich das sind, als das sie erscheinen. Eine Rose ist eine Rose ist eine Rose. Selbst Freud, der eine Vorliebe für verwickelte Traumdeutungen hatte, sagte, daß eine Zigarre manchmal eben nur eine Zigarre ist.

Achten Sie Komplexität.
Diese Regel widerspricht scheinbar der vorhergehenden. Doch die Tugend der Einfachheit verwandelt sich rasch in ein Laster der übermäßigen Vereinfachung, wenn wir versuchen, komplexe Phänomene zu homogenisieren.

Mitunter erfordert das klare Denken, daß wir das Messer benutzen – entweder / oder. Bei anderen Gelegenheiten müssen wir eine komplexe Verbindung von sowohl / als auch herbeiführen. Ein offensichtlicher Widerspruch kann uns als fundamentales Paradox erscheinen, das sich durch das Denken nicht auflösen läßt. So kann zum Beispiel die Quantenphysik ansatzweise das seltsame Verhalten des Lichts begreifen, und zwar allein dadurch, daß es das Phänomen behandelt, als wäre es sowohl Welle als auch Teilchen. Wenn wir es mit der Psyche des Menschen zu tun haben, können wir davon ausgehen, daß nur die Widersprüche wahr sind. Weil unser Fühlen ein Amalgam von bewußten und unbewußten Motiven ist, ist es anderen gegenüber ambivalent, ein kompliziertes Kompositum von Liebe und Haß, Verlangen und Angst. Desgleichen sind die Freiheit des einzelnen und sein Schicksal so miteinander verflochten, daß man ein ganzes Leben benötigt, um zu entdecken, was in unserer Macht steht und was nicht.

Beiteiligen Sie sich an Überlegungen, Dialogen, Gesprächen.
Für das beseelte Leben ist eine Gemeinschaft der Zwiesprache und der Gespräche erforderlich, weil sich der Schatz immer in irdenen Gefäßen befindet. Alle Begegnungen mit dem Heiligen werden durch das verzerrte Medium einer lokalen Kultur vermittelt, egal, ob es sich nun um die christliche, jüdische, muslimische, hinduistische oder Hopi-Kultur handelt. Die Sichtweise jedes Gläubigen ist voreinge-

nommen. Es gibt nur einen Weg, mit dem wir uns vor der Vergötterung schützen können, die sich in jede kulturgebundene Religion einschleicht: Wir müssen die Sichtweise der größeren Gemeinschaft einnehmen. Gespräche erschaffen Gemeinschaft und Mitgefühl. Monologe erzeugen Zwietracht und Fanatismus.

Die Vernunft ist die Bezeichnung, die wir dem Konsens verleihen, der aus den Gesprächen zwischen Menschen und Gemeinschaften ganz unterschiedlicher Lebenserfahrungen stammen. Insoweit die Vernunft irgendeinen Einfluß auf die Lebensführung hat, repräsentiert sie den Triumph einer menschlichen Gemeinschaft, die geprägt wurde von Millionen individuellen Gesprächen zwischen Menschen unterschiedlicher Glaubensüberzeugungen und -systeme. Es legt auch unausgesprochen Zeugnis für den Glauben ab, daß wir das Grundprinzip der Dinge gemeinsam besser erkennen als einzeln.

Die Unterscheidungskraft der Seele erwächst, wie die Vernunft selbst, aus der Zwiesprache. Wilhelm Pauck, der Reformationsforscher, pflegte zu sagen: »Luther glaubte, daß etwas im Gespräch geschah. Das Wort, das Reden, die Gespräche – sie sind wichtig.« Nur durch das Sprechen über die wichtigsten Dinge können ein Individuum und eine Gemeinschaft Weisheit entwickeln. Wenn wir unseren Nachbarn und Freunden genug vertrauen, daß wir über unsere Geheimnisse mit ihnen sprechen, lernen wir zwischen einem vernünftigen Glauben und Leichtgläubigkeit, zwischen Gläubigkeit und Fanatismus zu unterscheiden. Der echte Glaube sucht immer den Dialog mit der Vernunft, weil das Wissen des Gefühls und des Verstandes in Einklang stehen müssen, die Psyche sich sonst weiter unbehaglich fühlt.

Unterziehen Sie Ihre Glaubensüberzeugungen der Prüfung durch moralische Handlungen und die Erfordernisse des Mitgefühls.
Haben Sie die Erfordernisse der Vernunft befriedigt, besteht die entscheidende Probe für eine Religion beziehungsweise Spiritualität darin, was für ein Leben sie hervorbringt. Darum: »An ihren Früchten sollt ihr sie erkennen.«

William James hat gesagt, daß es leicht ist, religiöse Erfahrungen zu machen, aber schwer, ein religiöses Leben zu führen. Das Kennzeichen echten Glaubens besteht darin, ob er zum fortdauernden Bemühen anregt, zur moralischen Wandlung des Selbst sowie zu gewohnheitsmäßig ausgeführten fürsorglichen sozialen Handlungen. Eine wahrhafte spirituelle Reise soll zu Freude und Mitleidsfähigkeit führen.

Im Wesen jeder spirituellen Tradition liegt die Erkenntnis, daß nur diejenigen, die willens sind, die *Wahrheit zu tun,* vom Vertrauen in den unbekannten Gott losgegürtet werden und »den Frieden finden, der jedes Verstehen übersteigt.« *Im Reich des Geistes ist die Offenbarung von Handlungen nicht zu trennen.* Ich kenne keine Stelle, an der dieser Grundsatz treffender ausgedrückt wird als im letzten Absatz von *Die Suche nach dem Historischen Jesus,* in der Albert Schweitzer über Jesus schreibt: »Als ein Unbekannter und Namenloser kommt er zu uns, wie er am Gestade des Sees an jene Männer, die nicht wußten, wer er war, herantrat. Er sagte dasselbe Wort: Du aber folge mir nach! und stellt uns vor die Aufgaben, die er in unserer Zeit lösen muß. Er gebietet. Und denjenigen, welche ihm gehorchen, Weisen und Unweisen, wird er sich offenbaren in dem, was sie in seiner Gemeinschaft an Frieden, Wirken, Kämpfen und Leiden erleben dürfen, und als ein unaussprechliches Geheimnis werden sie erfahren, wer er ist ...« Für Albert Schweitzer, der bereits ein berühmter Bibelforscher war,

Bach-Experte und Organist, wurde das unergründliche Geheimnis des Jesus erst klar, als er sich dem Leben eines ärztlichen Missionars in Afrika verschrieb.

Vertreten Sie Ihre Glaubensüberzeugungen offen, flexibel und auf leichte Weise.

Der Protagonist des Romans *Mating* von Norman Rush schlägt zwei interessante Möglichkeiten vor, wie man Glaubenssysteme überprüfen kann. Er sagt: »Ich bin kein Gegner irgendeines Systems per se. Ich sammle Systeme. Was Systeme angeht, bin ich Agnostiker, aber ich liebe sie. Damit will ich sagen, daß wir an jedes System, das wir erwägen, dieselben Fragen stellen sollen. Was sind seine Früchte? ... Wieviel Zwang ist erforderlich, damit es weiter funktioniert?«

Die Probe, »wieviel Zwang erforderlich ist, damit es weiter funktioniert«, ist eine interessante Richtschnur zur Überprüfung von Glaubenssystemen. Wasserdichte Ideologien neigen dazu, sich in diktatorische politische Systeme zu verwandeln. Als Weltanschauung und Lebensphilosophie befriedigte der Kommunismus zwar viele theoretische Erfordernisse der Vernunft, aber er wurde in moralischer Hinsicht korrupt, nachdem ein zwanghafter Ausstoß von Propaganda, widersprüchlichen Überzeugungen, Waffengewalt und politische Unterdrückung notwendig wurden, um ihn am Leben zu erhalten. Im Gegensatz dazu beinhaltet der tibetanische Buddhismus, wie er im Leben und in den Lehren des Dalai Lama exemplifiziert wird, eine rigorose Ordnung aller Details des Lebens und eine beständige Beachtung des Strebens nach Erleuchtung, doch scheint er ein hohes Maß an einfühlsamen Handlungen hervorzubringen. Je vollständiger eine Weltsicht und eine Lebens-Landkarte die Zeit strukturiert und unsere

Energien leitet, desto größere Sicherheit bietet sie. Doch jedes System, dem wir dienen müssen, zerstört in zwanghafter Weise die Fähigkeit zu staunen, die Phantasie und die Freiheit.

Ein Detektor zum Erkennen spirituellen Unfugs

Meine Lebensumstände haben mich dazu geführt, über die Zusammenstellung eines Werkzeugkastens zur Einschätzung der Vernünftigkeit von Glaubenssystemen hinauszugehen; statt dessen möchte ich etwas bauen, was ich als spirituellen Unfug-Detektor bezeichnen will, und eine Reihe von Warntafeln aufstellen, mit deren Hilfe wir uns vor übermäßigem Glauben, irrationalen und zerstörerischen Weltsichten und götzendienerischen Bindungen schützen können.

1969 gewährte man mir ein Forschungsfreisemester, und ich verließ die akademische Welt, in der die klassischen Fragen auf anständige und geordnete Weise debattiert wurden. Gemeinsam mit meiner Familie packte ich mein Hab und Gut zusammen und fuhr, um die Schulen der humanistischen Psychologie zu studieren, nach Kalifornien, wo ich von dem ansteckenden Irrsinn und dem kreativen Gärungsprozeß überwältigt wurde. Ich besuchte Encounter-Gruppen, in denen »Kopf-Trips« verboten waren und in denen Fremde von mir wissen wollten, was ich hier und jetzt *fühlte.* Fritz Perls, der Meister der Gestalttherapie, forderte mich heraus, das Erinnern und Voraussehen aufzugeben und im Hier und Jetzt zu leben, den Kopf zu verlieren und Verstand anzunehmen. Ich unterwarf meinen Körper Alexander Lowen und Stanley Keleman, bioenergetischen Therapeuten, die mich drängten, den Fluß der sinnlich-sexuellen Energie meines Körpers mit vitalem Gefühl aufzuladen. Ida Rolf bearbeitete meine Muskeln, brachte sie in die richtige Stellung und machte meinen Charakterpanzer weicher, bis ich mich gerade und locker hielt und tief atmete. Ich bewegte mich am Rand einer Gruppe der Neuen Linken, von Revolutionären, die drauf und daran waren, »das Establishment« zu stürzen und das Zeitalter des Wassermanns und die Politik der Liebe herbeizuführen. Ich probierte einige der nicht ganz so starken psychodelischen Drogen. Ich atmete ein. Ich besuchte die berüchtigten, aber unschuldigen heißen Bäder von Esalen. Ich surfte und lief am Strand und kümmerte mich viel zu wenig um meine Kinder.

Am Ende dieses so turbulenten Jahres war mir klar, daß ich nicht mehr zu meiner alten Lebensweise zurückkehren konnte. An einem Morgen im Mai rief ich im Presbyterianischen Seminar in Louisville an und bot meine Kündigung an. Die Fakultät akzeptierte, anmutig und klugerweise. In einem einzigenAugenblick hörte ich auf, ordentlicher Professor mit lebenslanger finanzieller Sicherheit zu sein, und stand ohne sichtbare Einkommensquelle da. Ich hatte Angst und war in Hochstimmung.

Wie sich herausstellte, konnte ich den Übergang vom akademischen zum freiberuflichen Philosophen relativ leicht vollziehen. Zu der Zeit lebte ich in Del Mar, wo günstigerweise die kurz zuvor gegründete Zeitschrift *Psychology Today* ihren Sitz hatte. Eines Tages erhielt ich einen Anruf vom Herausgeber. T. George Harris, der mich fragte: »Könnten Sie nach Santa Cruz hochfahren und versuchen, ein Interview mit Norman O. Brown, das wir mittendrin abgebrochen haben, für unsere Zeitschrift zu Ende zu führen?« Gesagt, getan. In Windeseile trat ich in den Beruf des Journalisten über. In den darauffolgenden zwanzig Jahren führte ich zahlreiche lange Interviews mit einigen der bedeutendsten Denker jener Zeit: Herbert Marcuse, Joseph Campbell, John Lilly, Carlos Castenada, Stanley Keleman, Ernest Becker, Roberto Assagioli, Ivan Illich, Robert Bellah, Elisabeth Kübler-Ross, Michael Murphy, Rollo May und Susan Griffin. Ich recherchierte und schrieb über die Strömungen, die sich mit Bewußtseinserweiterung beschäftigten, die neuen Therapien und die im Entstehen begriffenen psychologischen und religiösen Kulte. Ich interviewte einige der bekannteren Gurus: Guru Bawa, Oscar Ichazo, Arthur Janoff, Muktananda, Chogyam Trungpa und Werner Erhart. Ich recherchierte das Aric-Institut, das Urschrei-Institut, das Naropa-Institut, est, Wellsprings, Silva Mind Control, Psychosynthese und die Scientology-Kirche.

Im Milieu dessen, was von verschiedener Seite als »New-Age-Bewegung« beziehungsweise humanistische Psychologie bezeichnet wird, fand ich eine befreite Spiritualität, die sich von den klassischen Bemühungen getrennt hatte und einen Weg zwischen Glauben und Vernunft eröffnete, der mir so wichtig war. Niemand im Zeitalter des Wassermanns schien sich den Kopf darüber zu zerbrechen, Gründe für das anzugeben, woran er glaubte, und erst recht nicht, Indizien dafür zu sammeln, um seine Schlußfolgerungen zu untermauern. Das New Age einer außer Kontrolle geratenen Leichtgläubigkeit – der Glauben an heilende Kristalle, das Channeln von Geistern, außerleibliche Erfahrungen, Pyramidenmacht, Zauberei und Wohlstand für alle – war angebrochen. LSD-Visionen wurden für wahr gehalten. »Est« bot Erleuchtung an zwei Wochenenden. Swamis, erleuchtete Meister und Neoschamanen sprachen wissend vom Wesen des Einen und *der* Wahrheit. Channeler im Trancezustand verliehen Seth, Ramtha oder anderen viertausend Jahre alten Wesen ihre Stimme. Lichttherapeuten reinigten unsere Aura, ordneten unsere Chakras neu und befreiten uns von negativer Energie. Verkäufer in Sachen Mystizismus annoncierten, daß »Du mit einem endlosen Schritt ins Nirwana kommst, wenn du das Zen Enso T-Shirt (18,95 Dollar) kaufst, und du kannst deinen Körper-Geist-Seele mit dem Universum mit der fabelhaften kosmischen Om-Stimmgabel (34,95 Dollar plus Verpackung und Versand) in Einklang bringen.« Die Schöpfer der neuen Therapien verhießen, daß ihre Heilmittel, und nur ihre die Entfremdeten heilen würden. *Common Ground,* ein Katalog der Quellen zur persönlichen Transformation in der San Francisco-Area, führt Hunderte von spirituellen Technologien, Therapien und selbsternannten Heilern auf, von denen fast alle superlativische Behauptungen aufstellen. Das Gute, das Schlechte und das Lächerliche warben Seite an Seite für ihre spirituellen Waren.

Auf meinen Reisen entlang der neuen Grenze habe ich viele Beispiele für zerstörerische Spiritualität, falsche Mystifikation, krassen Machtmißbrauch, verborgene Tyrannei und kultischem Fanatismus gesehen. Unkritische Gläubigkeit, fehlgeleiteter Glaube und eine übermäßige Treue gegenüber Gurus und Gruppen waren an der Tagesordnung. Persönlichkeitskulte bildeten sich, in denen die loyalen Anhänger auch offensichtliches sexuelles und finanzielles Fehlverhalten, Trunksucht und tyrannisches Verhalten übersahen oder entschuldigten. Werner Erharts dubioses Finanzgebaren ist an die Öffentlichkeit gekommen. Trungpa Rinpoche praktizierte nicht nur die »verrückte Weisheitstechnik«, bei der er mit ausgewählten Studentinnen Orgien feierte, sondern trank sich auch zu Tode. Onzel Tenzin, sein Nachfolger, unterhielt ebenfalls sexuelle Beziehungen zu seinen Schülerinnen, und zwar als er bereits wußte, daß er an Aids erkrankt war. Auch Muktananda schlief mit seinen jungen Schülerinnen. Die Psychosynthese in den Händen von Jim Vargu pervertierte die sanften Lehren von Assagioli und vertrieb die Mitglieder, die nicht bereit waren, der Gruppe absolute Treue zu schwören und »die Arbeit« über Freunde und Familie zu stellen. Die Liste der Gurus und Gruppen, die Tyrannei und Gedankenkontrolle im Namen der Spiritualität praktizierten, ließ sich endlos fortsetzen. Die Anhänger von Fritz Perls, Carl Rogers und Arthur Janoff haben wenig Schaden angerichtet – nur daß sie die Stile ihrer Meister auf fast komische Weise nachahmten. Die Anhänger von L. Ron Hubbard (Scientology) und Bhagwan Rajneesh verloren normalerweise ihr Geld und ihre Besonnenheit. Die Anhänger von Jim Jones schluckten die volle Dosis Gift. Ein allzu starker Glaube kann tödlich sein.

In dieser Atmosphäre »befreiter Spiritualität« rang ich mit dem Problem, das schließlich uns alle verfolgte. Wie man in Kalifornien denkt, so denkt man in den USA. Am westlichen Rand der Dinge sind die Extreme normal und Mäßigung selten. Der Anstieg der konkurrierenden spirituellen Visionen und neuen Religionen, der sich heute an der Pazifikregion so deutlich abzeichnet, weist in die Zukunft. Ein radikaler Pluralismus wird übrigbleiben. In einer pluralistischen Gesellschaft müssen wir aber einen Weg finden, mit dem wir den Unterschied zwischen Naivität und verantwortlichem Glauben, zwischen schöpferischen und destruktiven Bindungen erkennen. Es stimmt wohl, daß die große unbeantwortete Frage des zwanzigsten Jahrhunderts lautet: »Wem können wir uns hingeben?« Dennoch benötigen wir ungefähre Prinzipien, die uns leiten, damit wir uns nicht etwas zu Geringem, falschen Göttern, Gurus und Gruppen anvertrauen.

Stellen Sie sich diese Zeichen etwa vor so wie die Warnungen auf einer Zigarettenpackung. Achtung: Diese Praktiken schaden Ihrer spirituellen Gesundheit.

Hüten Sie sich vor charismatischen Führern, unbefragten Autoritäten, erleuchteten Meistern, vollkommenen

Gurus, reinkarnierten Lehrern und Therapeuten, die behaupten, die einzig wahre Therapie entwickelt zu haben.

Meiden Sie Autoritäten, die Ihnen eine universelle Blaupause zur Erlösung oder eine Landkarte für Ihre spirituelle Pilgerfahrt liefern wollen. Mißtrauen Sie jedem, der behauptet, ein esoterisches Wissen der verborgenen Wahrheit, des Willen Gottes, des Ergebnis der Geschichte zu besitzen – oder zu wissen, warum die USA den Iran ins Steinzeitalter zurückbomben sollten. Die großen spirituellen Geheimnisse sind, wie der »Entwendete Brief« (Titel einer Geschichte von Edgar Allen Poe), vor aller Augen sichtbar. (Allerdings müssen Sie sich vielleicht umkrempeln und Ihr Innerstes nach Außen kehren, um sie finden zu können.)

Nutzen Sie unbedingt die spirituelle Weisheit von Lehrern, Therapeuten, Freunden und Wegbereitern – je mehr, desto besser. Befolgen Sie aber Rumis Ratschlag: »Lerne über dein inneres Selbst von jenen, die solche Dinge kennen, aber wiederhole nicht wörtlich, was sie sagen.«

Seien Sie auf der Hut vor jedem, der Sie fasziniert, verzaubert, überwältigt. Wenn Sie den Blick von jemandem nicht abwenden können, dann haben Sie wahrscheinlich angefangen, Ihr Leben durch seine Augen zu betrachten statt durch Ihre eigenen.

Gehen Sie jedem aus dem Wege, der Gehorsam verlangt. Gehorsam ist bei Kindern eine Tugend und eine zivile Pflicht, aber kein guter Weg zu spiritueller Reife.

Sehen Sie sich das Privatleben eines spirituellen Lehrers genau an. Geht er oder sie mit Geld, Macht und Sexualität offen und auf bewundernswerte Weise um? Spirituelle Führer müssen Rechenschaft ablegen. Jede Doppelmoral ist abzulehnen. Unter dem Deckmantel von »verrückter Weisheit« wird viel Unheil angerichtet und entschuldigt.

Überprüfen Sie, ob ein spiritueller Führer Freunde, Beziehungen zu Gleichaltrigen und einer Gemeinschaft von

Gleichen hat oder aber nur Schüler. Ich mißtraue jedem, der behauptet, universelles Mitgefühl erlangt zu haben, dem aber die Fähigkeit zur einfachen Freundschaft fehlt. Freunde sorgen dafür, daß wir ehrlich bleiben. Hat ein Führer lediglich Schüler und Anhänger, bekommt er / sie nur sehr wenig ehrliches Feedback oder Kritik. Die Fähigkeit, mit anderen als gleichberechtigt umzugehen, ist ein notwendiges Element jeder echten Spiritualität.

Beobachten Sie, ob man Sie zu unterschiedlichen Meinungen, Herausforderungen, zu Kritik und Diskussionen ermutigt oder diese eher behindert. Können diejenigen, die das Sagen haben, eingestehen, daß sie auf wichtige Fragen keine Antwort haben? Gibt der Führer jemals zu, daß er (es ist fast immer ein Mann) sich geirrt hat und seine Kritiker recht hatten? Eine spirituelle Gemeinschaft sollte offen sein für jede Wahrheit, die an ihre Tür klopft.

Binden Sie sich an keinen Führer, keine Gruppe, die fordert, daß Sie die Treue zu ihm / ihr höher einstufen sollen als die Treue zu Ihrem Partner, Ihrer Familie oder Ihren Freunden. Verweise auf eine »höhere Loyalität« gegenüber einer Kirche, einem Unternehmen, einer Organisation oder einer Nation sind verdächtig. Viel besser ist es, sich darauf zu konzentrieren, jene lieben zu lernen, die Ihnen nahestehen, als sich einer fernen Organisation oder einem zukünftigen Utopia zu verpflichten. Nächstenliebe beginnt zu Hause. Wenn ein Glaubenssystem uns nicht dazu ermutigt, unsere Bindungen an die Familie und Freunde zu stärken und eine größere Gemeinschaft anzustreben, so ist das eine Form von Verfolgungswahn, nicht von gutem Glauben. Wenn eine Gruppe fordert, daß Sie sich von der Außenwelt zurückziehen, packen Sie Ihre Koffer und reisen Sie mit dem Zug um Mitternacht ab.

Weisen Sie *sofort* jeden Führer, jede Religion ab, die die Heimat mit dem heiligen Land identifiziert, das Volk mit dem Volk Gottes, den Feind mit dem Reich des Bösen. Wenn Narzißmus eine Art Vergötterung im kleinen ist, dann ist Nationalismus Vergötterung im großen.

Prüfen Sie, wieviel Humor und Spaß hinsichtlich bestimmter Glaubensüberzeugungen, Merksätze und Lehrsätze möglich ist. Fehlt der Humor, ist das ein fast sicheres Zeichen von psychologischer Starre, Fanatismus und drohender spiritueller und politischer Tyrannei. Das erste, was todernste Führer und Organisationen tun, ist, Satire zu verbieten, die Clowns zu unterdrücken, die Spaßmacher zum Schweigen zu bringen und die Leichtigkeit abzuschaffen. Demgegenüber haben die tiefsten spirituellen Traditionen immer erkannt, daß das Heilige und das Profane, wie Weisheit und die Narretei, Arm in Arm gehen, und wahre Frömmigkeit mit respektlosem Lachen gewürzt sein muß. In heiligen Zeremonien in Bhutan imitiert und parodiert ein übel beleumundeter Clown mit einem hölzernen Phallus, den er hochhält, die Handlungen der »ernsthaften« Tänzer. Unter den Pueblo-Völkern des Südwestens, den Kosharen, begleiteten die heiligen Clowns die Kachima-Tänzer und scheinen die Zeremonie zu unterbrechen, indem sie sich über die ernsthaften Themen lustig machen. Frohsinn und Heiterkeit retten uns davor, daß wir uns zu ernst nehmen, und schützen uns vor der Vergötterung, der Annahme, daß unsere Kirchen, Rituale und Glaubensformeln selbst heilig sind statt die Symbole, die über sich hinausweisen, hin zu einem unbekannten Gott.

Es fallen mir mehrere Beispiele für die Art von Leichtigkeit ein, die eine falsche Frömmigkeit vertreibt, so wie ein Seewind den Smog fortbläst.

Während einer von Paul Tillichs höchst abstrakten Vorlesungen in Harvard über die Wesen Gottes, erhob sich eine Frau und fragte: »Dr. Tillich«, sagte sie, »es ist wohlbekannt, daß Psychoanalytiker außerordentlich große Schwierigkeiten mit Patienten haben, die sich in der psychoanalytischen Theorie auskennen. Glauben Sie, daß Gott dieselben Probleme mit den Theologen hat?« Die Zuhörer waren einen Augenblick wie betäubt durch die Frage, bis Tillich antwortete: »Da bin ich ganz sicher.« Und dann lachte er auf eine Weise, die ein Gelächter auslöste, das die übermäßig ernste Stimmung des Proseminars Systematische Theologie im Nu fortwischte.

An der Universität von Chicago soll einmal eine berühmte Debatte zwischen Charles Hartshorne und Paul Holmer stattgefunden haben. Hartshorne, Metaphysiker in der Tradition von Alfred North Whitehead, benötigte über eine Stunde, ein kompliziertes metaphysisches Argument für die Existenz Gottes zu entwickeln. Schließlich erhob sich der Philosoph Paul Holmer, der überzeugt war, daß die normale Sprache die Essenz der Weisheit enthält, um zu antworten: Er machte eine lange Pause und sagte dann sehr langsam: »Gott ist groß. Und Gott ist gut. Und wir danken Ihm für unsere Speise. Und mehr sage ich nicht über Gott.« Und damit setzte er sich.

Zu den Dingen, die in den letzten Jahren dem Begriff »Spiritualität« einen unangenehmen Beigeschmack zugefügt haben, zählt die zwanghafte Art und der humorlose Stil mancher ihrer Befürworter. Häufig treffe ich aufrichtige Menschen, die tief an Christentum, Zen, Psychoanalyse, Homöopathie, Astrologie oder künstliche Intelligenz glauben und die für alles eine Erklärung haben, was sie jedoch blind für alles macht, was nicht in ihr Glaubenssystem fällt. Und was alles nur noch schlimmer macht – diese Einstellung geht oft mit einer Diszipliniertheit einher, die für diese Menschen eine Belastung ist, und sie für andere unerreichbar macht. So hörte ich einmal eine Frau, die mit einem Mann zusammenlebte, der sich ein Großteil seiner Zeit religiösen Praktiken widmete, mit denen er sein

Bewußtsein erweitern und seine Beziehung zu Gott kultivieren wollte, verärgert sagen: »Es ist viel leichter, ein Heiliger zu sein, als mit einem zu leben.« Als Minimalforderung müßte eine echte spirituelle Lebensweise die starren Grenzen und Abwehrmechanismen unseres Ichs zur Auflösung bringen und zulassen, daß wir uns weniger ernst nehmen und anderen gegenüber offener werden.

Während Sie sich einen Weg durch die gefährlichen Paradigmenkriege dieser Zeit, durch das Chaos aus konkurrierenden Mythen und Glaubenssystemen bahnen, sollten Sie sich Ihren Humor, ein offenes Herz und Ihren Verstand bewahren. Und jeden Morgen, wenn Sie aufbrechen, sollten sie die Batterien Ihres spirituellen Unfug-Detektors überprüfen, um sicherzugehen, daß sie in gutem Zustand sind.

Kapitel 7

Anmutige Sinnlichkeit: Die Verkörperung des Geistes

»Du mußt nicht gut sein.
Du mußt nicht auf den Knien rutschen
hundert Meilen durch die Wüste und bereuen.
Du mußt nur das weiche Tier Deines Körpers
lieben lassen, was es liebt ...«

Mary Oliver, Dreamworks

Neuorientierung: Die Suche nach Himmlischem im Niedrigsten

Am Anfang folgt eine spirituelle Suche fast immer dem Weg, den wir bisher erforscht haben – der Hauptstraße, die zum Gipfel des »Berges« führt, in Richtung auf ein unmittelbares Erkennen des fernen Gottes. Die althergebrachten Metaphern für das religiöse Leben raten, den Blick empor zu richten. Gott ist »droben«, im Himmel, über allen Dingen. Um Grenzerfahrungen zu machen, müssen wir die Augen aufheben zu den Bergen, von denen uns Hilfe kommt, oder zum heiligen »Berg« hinaufsteigen.

Die Metaphern, die darauf verweisen, daß Gott irgendwie »da oben« ist, ist möglicherweise in einer Zeit entstanden, als die Menschen glaubten, daß die Götter tatsächlich auf den Bergspitzen lebten. Diese Bilder sind aber irreführend, denn sie suggerieren, das spirituelle Leben solle nach oben weisen, ein Sich-erheben über das Reich der Sinne sein. Das Ergebnis ist, daß viel von dem, was sich als Spiritualität ausgibt, von Feindseligkeit gegenüber dem Körper und einer Zurückweisung des normalen Alltagslebens in Wirtschaft und Politik durchdrungen ist. Wie wir in den folgenden Kapiteln aber sehen werden, ist auf dieselbe Weise, wie unser Geist untrennbar mit unserem Körper verbunden ist, unser Körper untrennbar mit dem Gemeinwesen und sind unsere privaten Gebete untrennbar mit unseren politischen Handlungen verknüpft.

Das Drama der Öffentlichkeit spiegelt sich in unseren privaten und familiären Dramen wider. Man untersuche eine individuelle Psyche unter dem Mikroskop, und man wird dort den Mythos der Polis eingraviert finden, die Werte, die Weltsicht und die Ideologie der Kultur. Das Autobiographische ist untrennbar mit der Politik verknüpft und umgekehrt. Unsere historische Situation erfordert, daß wir auf einige neue, entscheidende Fragen eine Antwort finden:

Können wir eine heilende Beziehung zwischen den Sinnen, der Sexualität und der Seele erkennen, zwischen dem fleischlichen und dem heiligen Wissen?

Können wir unsere Beziehung zur Erde und unserer industriell-ökonomischen Mythologie ändern und so ein Gefühl der Zugehörigkeit innerhalb einer inspirierten Erde wiedererlangen?

Können wir Gemeinschaften des Mitgefühls schaffen? Ist eine Politik der Seele möglich?

Um diese Fragen zu beantworten, müssen wir die Höhen verlassen und uns in die Tiefen stürzen. In den folgenden Kapiteln werden wir den Weg des fleischlichen Wissens erkunden. Wenn ich vom »Berg« herabsteige, desillusioniert und enttäuscht von meiner Suche nach dem hohen Gott, und zu meiner Sterblichkeit heimkehre, lauten die Fragen, die mein Herz berühren und meine Füße auf einen neuen Weg bringen: Gibt es eine himmlische Herrlichkeit im Niedrigsten? Können meine Augen sehen, meine Ohren hören, meine Nase riechen, meine Zunge schmekken, meine Haut das Heilige fühlen?

Es mag uns überaus fremd erscheinen, solche Fragen überhaupt zu stellen. Fast scheint es, als würden wir in dem Augenblick, da wir die dünne Höhenluft hinter uns lassen, in einem vor Verwirrung wimmelnden Sumpf stürzen. Etwas Verrücktes geschieht, wenn wir die Begriffe *Spiritualität, Sensualität* und *Sexualität* im selben Satz unterbringen. Es ist, als wolle man ihnen nicht gestatten, sich miteinander zu verbinden. Wir scheinen das Reine und das Unreine, das Heilige und das Profane, im selben Behältnis zu vermischen. Das hat etwas Erschreckendes. Derselbe Impuls, der uns zur Suche nach Gott auf Höhen führt, führt uns zur Trennung des Heiligen vom Sinnlichen und Sexuellen. Das eine gehört zum »höheren« Reich, das andere zum »niedrigeren« Reich; das eine ist hoch und betrifft unsere Erlösung, das andere ist niedrig und verführt uns zur Sünde.

Solange wir zulassen, daß Sinnlichkeit und Seele getrennt voneinander bleiben, schaffen wir einen Zustand, ja eine Krankheit, die man vielleicht am besten als Schizophrenie bezeichnet. Manchen Menschen gelingt es, mit dieser Spaltung zu leben, indem sie entweder ihre sinnlichen oder spirituellen Regungen verdrängen. Doch oft zahlen sie einen hohen Preis, wie es die Vertuschung der Fälle sexuellen Mißbrauchs durch Priester seitens der katholischen Kirche oder das erbärmliche Verhalten der protestantischen Prediger Jimmy Swaggart und Jim Bakker verdeutlicht.

Die Trennung von Geist und Fleisch, die unsere Kultur durchdringt, verwirrt uns alle um so mehr, weil uns tief im Inneren bewußt ist, daß sie falsch ist. Jeden von uns drängt es nach Integration und Ganzheit, wir alle haben ein drängendes Verlangen danach, die Welt der Sinne zu feiern, unser Fleisch zu ehren und uns mit einem geliebten Menschen im Sakrament der Sexualität zu vereinigen.

Da wir die kognitive und emotionale Dissonanz tilgen, die wir in bezug auf Fleisch und Seele empfinden, sendet unsere Kultur doppeldeutige Botschaften aus. In der Praxis halten wir die Sinnlichkeit und Spiritualität dissoziiert, doch *theoretisch* feiert der zentrale religiöse Mythos der Kultur des Westens eine Integration von Fleisch und Seele. Trotz seiner Verheißung, uns zu heilen, wagen es nur wenige von uns, die radikalen Implikationen dessen zu erkunden, was vielleicht die kühnste religiöse Affirmation aller Zeiten ist: »Und das Wort ward Fleisch und wohnte unter uns ... voller Gnade und Wahrheit.«

Wir drehen uns nun um, um den geheimen Pfad der fleischgewordenen Spiritualität zu erforschen; wir begeben uns auf die Suche nach be-gnadeter Sinnlichkeit, inspiriertem Fleisch, sakramentaler Sexualität, eben dem Himmlischen im Niedrigsten.

Im Namen die Schönheit der Erde

Der verrückte Bürgerkrieg zwischen Verstand und Seele tobt überall um mich herum – und in meinem Inneren.

Ich hatte Glück, vielleicht empfing ich auch die Gnade, früh im Leben einen Guru zu haben, ein lebendes Vorbild für die Verbindung von Verstand und Seele, der mich das Dharma der Freude und der Begeisterungsfähigkeit lehrte. Wenn er einen Apfel auseinanderschnitt und mir eine Hälfte davon gab, sagte er: »Sieh dir den Farbton des Saftes an.« Wenn er einen Löffel nahm und ihn tief ins köchelnde

Wasser im Topf tauchte, ließ er mich von der Hühnersuppe schmecken und fragte: »Müssen wir noch eine Prise Basilikum oder Pfeffer dazugeben?« Wenn er um Mitternacht in mein hell erleuchtetes Zimmer kam, unterbrach er meine Lektüre mit dem Satz: »Geh nach draußen und betrachte den Vollmond, wie er mit den Wolken spielt.« Wenn er Stoffteile zwischen den Fingern rieb, stellte er meine Unterscheidungsfähigkeit auf die Probe: »Spürst du den Unterschied zwischen Popelin, Leinen und ägyptischer Baumwolle?« Wenn er die Lautstärke auf dem Plattenspieler so weit hochdrehte, daß das Musikstück in der ganzen Nachbarschaft zu hören war, unterwies er mich: »Hör dir an, wie die Themen in Bachs Fugen wiederkehren.«

Seine Lehren über die Bewunderungswürdigkeit des Holzes erstreckten sich über einen Zeitraum von mehreren Jahren. Meine Lehrzeit begann, als er einen Spazierstock aus einem Walnußbaum schnitzte. Zuerst schälte er die Rinde und schnitt die Enden auf die richtige Länge zu, wobei er dem knorrigen Auswuchs, der in seine Handfläche passen sollte, besonders große Aufmerksamkeit widmete. Dann rieb er den Stock mit dem feinsten Sandpapier, bis sich die unregelmäßigen Konturen ganz glatt anfühlten. Mehrere Monate rieb er dann das Holz mit Weizenkeimen, die er aus einem nahegelegenen Feld besorgt hatte, bis das Holz den richtigen Glanz hatte. Als dann das Holz alterte, folgten Einreibungen mit Olivenöl, Wachs und anderen Substanzen, die die rohe Schönheit des Hickoryholzes erhöhen.

Drei Jahrzehnte lang unterwies mich mein Lehrer – mein Vater – in den fünf Imperativen der fleischlichen Spiritualität: Schmecken, Berühren, Riechen, Zuhören und Sehen. Durch seinen ununterdrückbaren Enthusiasmus zeigte er mir, daß ich das offene Geheimnis der Schönheit dieser Welt genießen, schätzen und darauf achten muß, es zu bewundern und sich an ihm zu freuen. Jedesmal, wenn mich plötzlich etwas Schönes ergreift, höre ich das Echo des alten Liedes: »Dies ist die Welt meines Vaters/Und meinen lauschenden Ohren/singt die ganze Natur und alles um mich her/die Musik der Sphären.« Ist es der irdische oder der himmlische Vater, der aus den Kelchen von Orchideen und aus dem Gesang der Drosseln zu mir spricht? Ich kann es nicht unterscheiden. Sogar dreißig Jahre nach dem Tod meines Vaters hat derjenige, der überall zu mir spricht, eine Stimme, die mir sowohl vertraut als auch heilig ist.

Und doch sind auch widrige Winde über die Landschaft meiner Seele hinweggeblasen. Viele Nächte lag ich wach und fragte mich, ob ich mein Interesse an Vögeln weiter verfolgen sollte, deren kaleidoskopartige Schönheit mich begeisterte, und Ornithologe werden sollte, oder ob ich »höhere« Dinge anstreben sollte. Vielleicht könnte ich ja Theologie studieren, grübelte ich. In den Bruchstücken, die aus den Tagebüchern aus meiner Jugend übriggeblieben sind, finden sich viele Hinweise auf meinen Konflikt zwischen Verstand und Herz, Körper und Geist, Schönheit und Frömmigkeit. Ich war der festen Überzeugung, daß ich – wollte ich ein guter Christ sein – asketischer leben und meinen Enthusiasmus für das Vergnügen verdrängen mußte. Zuviel Freude an den »weltlichen Dingen« galt mir als Kennzeichen eines verdunkelten heidnischen Geistes.

Doch die Regungen meines Körpers sorgten weiter dafür, daß ich auf dem heidnischen Pfad der Verdammnis wandelte. Ich versuchte Christ zu sein, doch immer wieder brach meine Sinnlichkeit hervor. Kaum hatte ich mir geschworen, enthaltsamer zu leben, und schon lief ich zum Doughnut-Laden am Penny Hill und vertilgte ein halbes Dutzend warmer, mit Honig überzogener, mit Marmelade gefüllter und mit Zimt bestäubter Doughnuts, oder ich rannte zu den wenigen Wäldchen, die es um Widmington herum noch gab, und spionierte die verborgene Schönheit der freien Natur aus. Askese und das Streben nach einer entleiblichten Wahrheit sind mir immer gegen den Strich gegangen.

Im Laufe meines Lebens hat mich Schönheit, stärker als jedes Argument, von der Gesegnetheit dieser Welt überzeugt. Mein Verstand, in dem es von Zweifeln wimmelte, wird oft von einer wilden Orchidee überwältigt und zum Schweigen verurteilt, die sich in einem moosbedeckten Plätzchen eines Baches verbirgt. Und wenn ich daran verzweifle, das grausige Antlitz der Geschichte begreifen zu können, wird meine Seele unerwartet vom harten Klang des Liedes einer Drossel emporgehoben, den mir ein vorbeistreifender Wind zu Gehör bringt. Wenn ich mich aller Argumente und Zweifel entledigt habe, aller Theologie, die ich er- und verlernt habe, bleibt immer noch jenes starke Gefühl der Verbundenheit von Schönheit und Heiligkeit zurück.

Die Entleiblichung der Seele

Was ist mit uns geschehen? Warum erleben wir bezüglich der Sinnlichkeit und Sexualität so viele Konflikte? Welche krankhafte Vorstellung hat unsere Freude zerstört? Wie wurde die Welt entzaubert, »krank«? Wann hörte sie auf, heilige Botschaften in Gesang und Sprache auszusenden?

Im zeitgenössischen Leben wirken insgeheim zwei Kräfte zusammen, die unseren Körper gefühllos machen – schlechte Religion und der Irrsinn des Bekommens und Ausgebens. Wir beginnen unsere Reise als Behinderte, unsere Körper sind verwundet, unsere Sinne betäubt von der doppelten Bürde unserer antisinnlichen religiösen Tradition und Konsumkultur. Die unheilige Allianz von Religion und Ökonomie ermutigt uns, unseren Körper einem »höheren« Anliegen zu opfern – Gott oder dem Kommerz. Wir leiden unter einem Entzug, einer Überfrachtung der Sinne und einem seelenlosen Verstand. Wir haben den Kontakt zu den Dingen verloren: Sie ergeben keinen Sinn mehr.

Jedesmal, wenn ich nach Athen reise und die Akropolis hinaufgehe, bin ich betrübt an diesem Ort, an dem die westliche Kultur erstmals die Verbindung zwischen Verstand und Seele feierte, denn ich erkenne, wie weit wir aus dem Stand der Gnade gefallen sind. Auf diesem heiligen Hügel kann man immer noch an den antiken Statuen der Männer, Frauen, Tiere und Götter, aber auch an den großartigen Säulen des Parthenon und den ihn umgebenden Tempel eine Feier in Marmor des Glaubens erkennen, daß das Heilige seinen höchsten Ausdruck in Harmonie und Schönheit findet.

Zweifellos haben die so angenehmen Konturen der menschlichen Anatomie, nicht weniger als der Sternenhimmel über uns, Männer wie Frauen seit Beginn der Menschheitsgeschichte mit ehrfürchtigem Staunen erfüllt. Die Griechen waren die ersten, die die Ansicht vertraten, die Schönheit sei der sichtbare Beweis für die Existenz des Göttlichen. Hätte man Sokrates und Platon gefragt, wieso sie eigentlich wüßten, daß der Kosmos von Göttlichkeit durchdrungen ist, hätten sie auf die geordneten Bewegungen der Himmelskörper hingewiesen. Es war ein Axiom des antiken Denkens, daß die Ordnung und somit die Rationalität der Natur Modell und Führer des ethischen Lebens und der Regierung der idealen Republik darstellen.

Im *Symposion* vertritt Platon die Auffassung, daß es eine Leiter gäbe, die von der Sinnenerfahrung zur höchsten mystischen Vision führt. Man beginne mit der Liebe zu einem schönen Gegenstand, sagte er, dann werde man nach und nach auf den Flügeln des Eros zur Liebe der Schönheit emporsteigen. Schönheit, Wahrheit und Güte, argumentierte er weiter, sind unzertrennlich. Wenn das körperliche Auge bewundert, öffnet sich das Auge des Geistes allmählich und erblickt die Schönheit der göttlichen Ideale, Formen und Archetypen, die die Dingwelt sowohl transzendieren als auch prägen.

Die klassische griechische Philosophie hat das Reich der Sinne sowohl verherrlicht als auch entwertet. Einerseits sollte das Leben der Vernunft dazu beitragen, daß wir uns über die unfeine materielle Welt erheben und die unbändigen Leidenschaften des Körpers transzendieren. Doch nirgends ist die Schönheit des menschlichen Körpers so sehr gefeiert worden wie in der Bildhauerkunst der Griechen, so kultiviert worden wie im »Gymnasium« und so geehrt wie bei den Olympischen Spielen. Man sagt, daß Sokrates, der häßlich war und für die jungen Männer anziehend sein wollte, den Dialog erfand, um das spirituelle Pendant zum Ringen zu schaffen.

Die Griechen erschufen außerdem eine hochentwickelte Therapie zur Versöhnung von Körper und Geist. Um Zeuge der praktischen Anwendung des Glaubens zu werden, wonach Schönheit notwendig ist, um die Harmonie von Leib und Seele wiederherzustellen, könnten wir von Athen nach Epidauros reisen – dem Heilungszentrum, das dem heiligen Gott Äskulap geweiht war. Fast tausend Jahre hindurch, bis weit ins fünfte Jahrhundert A. D., verbreitet sich der Kult des Äskulap in der Welt der Griechen und Römer. Der Kult hatte über vierhundert Zentren, die außerhalb der Städte lagen, wo frische Winde gingen und es sprudelnde Quellen gab. An der berühmtesten dieser Stätten, Epidauros, machten sich Männer und Frauen auf der Suche nach Heilung ein Repertoire von Techniken zunutze, die es mit jeder der Methoden aufnehmen konnte, die heute in »holistischen« Heilungszentren verwendet werden. Nachts schlief der Hilfesuchende in einem Schlafraum unter freiem Himmel – dem Abaton – und erwartete einen Heilungstraum; häufig wurde er von den geheiligten Schlangen gebracht, die auf dem Boden umherschlängelten. Am Tage wurden im Tempel Gebete und Opfer dargebracht. In dem viertausend Zuschauer fassenden Amphitheater wurden Wettkämpfe auf dem Gebiet der Musik, der Dichtung und der Leichtathletik abgehalten. Aufführungen von Tragödien und Komödien präsentierten den Zuschauern eine Vision der Würde und sorgten für die Katharsis des Lachens und der edlen Tränen, die den Geist ebenso reinigten wie Nieswurz den Magen und die Eingeweide reinigt. Auch sportliche Aktivitäten, körperliche Bewegung, heiße und kalte Bäder, Massagen, Arzneien, Kräuter, diätische Kost oder Operationen wurden verschrieben.

Sokrates hat für alle Zeiten den Grundsatz formuliert, der bis heute das Fundament der Heilkraft der Seele bildet: »So wie man nicht versuchen darf, die Augen ohne den Kopf zu heilen oder den Kopf ohne den Leib, so darf man auch den Leib nicht ohne die Seele behandeln.«

Gnostizismus: Der Leib als Gefängnis

Auf welche Weise ist uns der antike Glauben verlorengegangen, wonach das Fleisch der Geist unter fremden Namen ist? Irgendwo in den wenigen hundert Jahren, die die Kultur des klassischen Griechenlands vom Zeitalter des Christentums trennt, vollzog sich ein grundlegender Wandel der Weltsicht, der Grundeinstellung und des Gefühls, was den Körper betrifft.

In den Unruhen, die den Eroberungen Alexander des Großen folgten, und dem Zusammenbruch der griechischen Stadtstaaten vollzog sich in der westlichen Welt ein gravierender Paradigmenwechsel, ein tiefer Wertewandel. Dieser Umschwung in der philosophischen Stimmung läßt sich am besten am Aufkommen der zahllosen neuen Sekten und philosophischen Schulen ablesen, die man unter dem Oberbegriff »Gnostizismus« zusammenfassen kann. Sekten wie die Essener, die Neoplatoniker in Alexandria sowie häretische Theologen wie etwa Marcion teilten die gnostische Sicht, daß der Leib und die materielle Welt ein schmutziges Gefängnis sei, eine dunkle Höhle, in der die reine Seele gefangengehalten wird. Der Gnostizismus beinhaltete eine radikale Ablehnung des Körpers und die Suche nach einer göttlich offenbarten *gnosis,* einem geheimen Wissen, das die Seele erweckt und dazu führt, daß sie sich an ihre göttlichen Ursprünge erinnert.

In dem Bemühen, der fremden materiellen Welt zu entfliehen, haben sich viele gnostischen Sekten einer strengen Askese verschrieben. Da diese Welt die Schöpfung eines Demiurgen beziehungsweise eines bösen Geistes sei, so glaubten sie, seien die Wünsche des Leibes nach sinnlichen und sexuellen Freuden böse Regungen, die man unterdrücken muß. Eine Passage aus dem *Thomas-Evangelium,* das man in der Bibliothek von Nag Hammadi fand, ist ein typisches Beispiel für die Zurückweisung des Fleisches: »Wehe euch, die ihr Hoffnung in das Fleisch und das Gefängnis, das vergehen wird, setzt ... Wehe dem Fleisch, das von der Seele abhängig ist; wehe der Seele, die vom Fleisch abhängig ist.« Es gibt eine besonders aufschlußreiche Metapher für die gnostische Einstellung zum Leib, nämlich daß die Seele einer Perle gleiche – rein und unsterblich –, die man in die Ausscheidungen und den Schleim der Materie getaucht habe. Im Gnostizismus gehört zum spirituellen Pfad, daß man eine geheime *gnosis* erwarb, sowie Übungen, die notwendig waren, um die Seele vom Makel ihres Eintauchens in die Zeit und die Materie zu reinigen.

Christentum: Inkarnation und ambivalente Fleischlichkeit

Dieses Klima der gnostischen Ablehnung der Sensualität durchdrang am Beginn des christlichen Zeitalters die gesamte Antike. Die Stimmung des Paulus und der frühen Kirche war apokalyptisch. Die Welt steht dicht vor ihrem Ende, glaubte man. Die Zeit verrinnt. Die Situation zielt auf eine Entscheidung. Christus kann jeden Augenblick zurückkehren, alles wird im Nu vernichtet und transformiert werden. Wir sind hienieden nur Gäste, und deshalb sollen wir uns nicht niederlassen, um die Erde zu verfeinern und zu genießen. Die Zeit, die wir mit Tändeleien verbringen, dient keinem Zweck, sie ist dem ernsten Geschäft gestohlen – der Vorbereitung für das kommende Königreich. Es ist keine Zeit für die Freuden der Ehe. Bestenfalls oder schlimmstenfalls erlaubte Paulus: »... es ist besser, zu brennen, als sich in Begierde zu verzehren.« Selten wird der Heiligkeit des Fleisches oder dem Geschenk der Sinne Ehre erwiesen: Wir sollen in der Welt sein, aber nicht von ihr. Wir sind keine Bürger dieser Welt.

Das Christentum nimmt seit jeher eine zwiespältige Haltung zu den Sinnen, dem Fleisch und den Wundern dieser Welt ein. Theologisch bekräftigt es, daß ein liebender Gott Körper, Geist und Seele ex nihilo schöpft. Kein Demiurg, kein Teufel verschmutzt das sterbliche Fleisch, noch hat er die Kontrolle über den Lauf der Zeit. Die Kirche hat, *theoretisch,* jede Art von Dualismus – Gnostizismus, Manichäismus – abgelehnt, der Gottes Herrschaft über die Zeit, den Geist oder den Stoff begrenzte. Aber *praktisch* war die Kirche ein beständiger Feind der Fleischlichkeit. Die apokalyptische Stimmung brachte zwei Lebensregeln hervor: Regel 1: In Zeiten der Not wird der normale Genuß an der Freude der Schöpfung beschränkt, damit wir uns ganz und gar den Werken widmen können, mit denen allein wir uns auf das kommende Reich Gottes vorbereiten können. Regel 2: Die ganze Zeit bis zum Rückkehr Christi wird als Phase des Ausnahmezustandes betrachtet. Zweitausend Jahre hat die Kirche versucht, diesen permanenten Ausnahmezustand aufrechtzuerhalten.

Vom Jahr 100 nach Christus an versuchten pragmatischere und weltlichere Christen mit dem fehlerhaften Fahrplan für die Apokalypse fertig zu werden. Wenn der Herr über eine Generation hinaus zögere, so meinten viele Christen, sei es erforderlich, die Feuerwehrübungen abzusagen und mit Anmut in den normalen Mysterien der historischen Zeit zu leben. Hin und wieder brachen innerhalb der Kirche Bewegungen aus, die denen ähneln, die Matthew Fox unlängst als »schöpfungszentrierte Theologie« bezeichnet hat. Christen erinnern sich daran, daß »die Erde ... des Herrn« ist, feiern die Sinne und singen »zum Lobpreis der Schönheit der Erde und der Herrlichkeit des Himmels«. Doch mit krankmachender Regelmäßigkeit kehrt das immerwährende Mißtrauen gegen das Fleisch und die Erde zurück. Augustinus' schroffe Zurückweisung der freudigen Sexualität taucht immer wieder auf und scheint uns nicht mehr loszulassen. Katholiken, deren sexuelles Gewissen noch heute von einer zölibatären, männlichen Priesterschaft geformt wird (dessen wichtigster Instinkt ist: »Sag einfach nein«), leiden an einer tief ambivalenten Haltung gegenüber der Sexualität.

Um dem Makel des Heidentums zu entgehen und um die Transzendenz Gottes zu schützen, haben die Glaubenslehren des Judentums, des Christentums und des Islams oft das Fleisch und die Materie entwertet. Damit bereiteten sie den Weg für den Triumph des säkularen Umgangs mit der Erde.

Säkularer Un-sinn

Die zweite Triebkraft, die unsere Körper unempfindlich gemacht hat, ist das Aufkommen der wirtschaftlichen »Frage« als unserer beherrschenden Sorge.

Der zeitgenössischen Ideologie zufolge hat der Säkularismus unsere Sinne und unsere Sexualität von der Tyrannei der religiösen Unterdrückung befreit. Doch jedesmal, wenn ich Chicago oder Bangkok besuche, habe ich den Eindruck, daß in der Megalopolis – der heutigen und zukünftigen Stadt – die Mehrheit der zeitgenössischen Felsenbewohner unter einer Atmosphäre leiden, in der Sinne und Körper ständig unter Streß leiden und von unangenehmen Reizen erschöpft werden. Müll, Abfall und aufdringliche Werbeplakate attackieren das Auge. Der Verkehr, die Baustellen und der Straßenlärm bombardieren das Ohr. Smog und eine verpestete Luft beleidigen die Nase. Die sich meilenlang entlangziehenden, mit Brettern zugenagelten und verfallenden Gebäude im Zentrum Detroits sind fast nicht mehr zu unterscheiden von den Ruinen des vom Krieg heimgesuchten Beirut.

Das rasante Tempo (der Streß und die Erregung) des Großstadtlebens, das mit Hilfe chemischer Stimulanzien und Antidepressiva aufrechtgehalten wird, zerstört die Muße, die wir benötigen, um staunen und dankbar sein zu können. Die ständigen Angriffe machen unsere Sinne stumpf und bewirken, daß wir uns in unsere isolierten privaten Welten zurückziehen, fast so, als wenn wir unter Reizentzug litten. Gefangene, die in dunklen Zellen gefangengehalten werden, und Versuchspersonen, die sich freiwillig in Kammern begeben, die einen völligen Reizentzug simulieren, fangen an zu halluzinieren.

Natürlich gibt es reizvolle Winkel in New York, Los Angeles, Mexico City, Sao Paulo, Bogotà – Parks, Museen, architektonische Denkmäler und Wohnungen, die ihre

Bewohner zu Refugien umgestaltet haben. Doch die Schönheit der Städte wird zunehmend zu einem Privileg der kulturellen Elite. Mit ausreichend Geld und »gutem Geschmack« können sich die Reichen von einer Menge Häßlichkeit und den Anschlägen auf die Sinne abschotten. Sie bewegen sich zwischen einem Penthouse mit Blick auf einen Park, einem eleganten Restaurant und einem Wochenendhaus auf dem Land, und das erlaubt den wenigen Glücklichen, ihre Sinne in einer ansonsten sinnestötenden und entmutigenden Umwelt lebendig zu halten.

Je mehr wir die öffentlichen Räume der Häßlichkeit überantworten, desto mehr Schönheit zieht sich ins private Reich zurück. In direktem Verhältnis zur verfallenden Sinnenlust in unseren Städten dekorieren wir unseren Körper mit Mode und hängen »Kunst« in unsere Häuser. Die Gebildetsten unter uns haben die Feier des erblühenden Hartriegels und dem Farbwechsel von Ahornblättern durch die Verehrung der neuesten Kunststile ersetzt.

Blicken wir in der Geschichte zurück und betrachten die Malereien in den Höhlen in Lascaux, so zeigt sich, daß die Menschen schon immer ein Auge für die Schönheit und die Fähigkeit hatten, schöne Gegenstände zu schaffen. Bis vor kurzem war die Kunst vom Geist der Verehrung durchdrungen; man denke nur an das Gefühl der Ehrerbietung und Wertschätzung, die van Goghs Sonnenblumen und Georgia O'Keefes Orchideen verströmen. Die künstlerische Schöpfung war eine Feier und eine Zwiesprache mit der Schönheit, die man in der gewöhnlichen Welt der Sinne fand, *keine Ersetzung der Schönheit.* Heute aber ist die Kunst, wie die Religion, zum Selbstzweck geworden, sie ist keine Aufforderung mehr, sich in Schönheit und Heiligkeit zu versenken. Während unsere Umgebung die Sinne immer weniger anspricht, wird die »Kunst« zu etwas Besonderem, das man in Museen oder Galerien ausstellt. Uns scheint die Ur-Weisheit des balinesischen Sprichworts verlorengegangen zu sein: »Wir haben keine Kunst, wir machen alles so schön, wie wir können.«

Das geplante Veralten der Waren in der Konsumkultur ist eine Form der kapitalistischen Askese, eine Weigerung, die Dinge zu lieben und zu schätzen. In einer von der Wirtschaft angetriebenen Gesellschaft benutzen wir die Dinge und werfen sie weg, statt sie zu bewundern. Uns fehlt ein wunderbarer Materialismus. Unser gewohnheitsmäßiger Prestigekonsum ist ein Beispiel dafür, daß wir überall an den falschen Orten nach Liebe suchen.

Das Geschenk der Sinne

Wie sollen wir die »Pforten der Wahrnehmung reinigen«, damit wir die Dinge *bewundern* können, statt sie nur *nutzbar zu machen?* Wie können wir die spirituelle Dimension der Sinne wiedererlangen und den Körper als Sitz der Offenbarung neu entdecken? Was würde es bedeuten, zu leben, als ob »das Wort Fleisch ward«, als ob die ewige Logik und Intentionalität, die alles Sein formt, in einer wilden Orchidee anwesend wären?

Das lateinische Wort *datum,* das »Geschenk« bedeutet, gibt uns einen ersten Hinweis. Am Anfang ist das Geschenk der Farbe, des Geschmacks, des Hörens, Riechens, Berührens. Freude ist in der Physiologie der Sinne angelegt. Das Auge wird durch Scharlachrot erregt, beruhigt durch Blaßgrün, besänftigt durch Azurblau, geklärt durch Schwarz und Weiß. Wir freuen uns spontan am Gesang einer Feldlerche und reagieren erschrocken beim schrillen Ruf eines Rotschwanzbussards. Alice Walker kommt in ihrem Roman *Die Farbe Lila* der Urtheologie der Sinne sehr nahe, wenn sie Shug sagen läßt: »Ich glaub, es stinkt Gott, wenn du irgendwo in einem Feld an der Farbe Lila vorbeigehst und sie nicht siehst ... Aber jeder Idiot, der auf der Welt lebt, kann doch sehn, daß Es [d. h. Gott] immer probiert, uns auch Freude zu machen ... Es macht immer kleine Überraschungen und läßt die dann los, wenn wir's am wenigsten erwarten ... Alles will, daß man es liebt. Wir singen und tanzen und schneiden Gesichter und schenken Blumen, weil wir wollen, daß man uns liebt. Ist dir schon mal aufgefallen, daß Bäume, genau wie wir, alles tun, daß man sie beachtet, außer gehen?«

Der Instinkt, Dankbarkeit zu empfinden und zu feiern, den die Religion von Anfang an als Andacht zum Ausdruck brachte, durchdringt unseren sensorischen Kontakt mit der Welt. Die Lippen eines Säuglings erfreuen sich natürlicherweise der Brustwarze. Das Auge wird gebannt und versinkt in glücklicher Kontemplation der Sonne, die über dem dunkel werdenden Meer untergeht. Das Ohr dankt spontan dem Laut fallenden Wassers. Die Fingerspitzen preisen den glatten Stein.

Wir sind geboren, den Dingen einen Sinn abzugewinnen. Unterscheidungsfähigkeit und Urteilskraft sind im Auge, ehe sie im Intellekt sind. Die Nase und das Ohr urteilen zwischen Gut und Böse, lange ehe der Geist oder das Gewissen Moralkategorien gelehrt haben. Wir schmecken die Welt und empfinden sie als angenehm für den Gaumen, oder wir spucken sie aus wie saure Milch. Der Duft von Flieder öffnet die Nase; der Geruch von verwesendem Fleisch verschließt sie. Ein Stinktier errichtet automatisch die richtige Distanz zwischen ihm und uns.

Zum größten Unsinn des modernen Geistes zählt die Annahme, daß der Mensch allen Sinn aus dem an sich bedeutungslosen Rohmaterial fabriziert, das uns die Sinne vorlegen. Sicher, der Kardinalsvogel, der blitzartig in Sicht kommt, verkündet seinen Sinn. Ohne eine Erklärung seiner Existenz zu liefern, liefert er eine der grundlegenden Kategorien, die notwendig sind, um der Welt einen Sinn abzugewinnen – die Farbe Rot.

Wenn Sie bezweifeln, daß Sinneswahrnehmungen und Verstand eng miteinander verknüpft sind, machen Sie doch einmal folgendes Gedankenexperiment. Erstens subtrahieren Sie Rot vom Spektrum der Farben, die es in der Welt gibt. Als nächstes Orange, Gelb, Grün und so weiter, bis nichts übrigbleibt, bis auf die fast ununterscheidbaren Grauschattierungen. Welche Art Sinn oder spirituelle Freude verbleibt in einer Welt ohne Farben?

Wenn wir Sinnlichkeit von Spiritualität trennen, erschaffen wir eine leblose Welt. Die Nase, die sich selbst überlassen wird, kann bezeugen, daß Necaucus, New Jersey, entweiht worden ist. Laufende Nasen und brennende Augen bezeugen, daß der Wind, der sauren Regen und Luftverschmutzung mit sich führt, nicht der Wind des Geistes ist. Die Trommelfelle wissen, daß die gewalttätigen Dezibel der Jetmotoren und der Lärm des Großstadtverkehrs Leib und Seele reizen.

Je mehr wir die Sinne entheiligen und vergessen, das Geschenk der Schönheit zu feiern und dafür dankbar zu sein, desto eher erschaffen wir entheiligte Umgebungen – die schwarzen Löcher in Kalkutta und die Slums in ehemaligen Industrieregionen, die inzwischen heruntergekommen sind. Wenn wir im Namen der Religion oder der Wirtschaft versuchen, der Zeit, der Materie und der Geschichte zu entfliehen, vernachlässigen wir die Verschönerung, die Bereicherung und die Verwaltung unseres Landes und unserer Städte. In den wunderbaren Texten des tibetanischen Buddhismus, ebenso wie im *Wall Street Journal,* suche ich vergebens nach einem Gedicht, das eine Briscone-Kiefer feiert oder die Gläubigen dazu auffordert, dem Lied einer

Feldlerche zu lauschen. Im Osten haben Jahrhunderte der Kultivierung der inneren Landschaft der religiösen Vorstellungskraft durch komplizierte Rituale, Gesänge, Mudras, Mantras, Yamtras und Mandalas ebensowenig vermocht, die Entwaldung der äußeren Landschaft von Nepal und Indien aufzuhalten, wie der westliche Kapitalismus die Rodung der Wälder der Cascades Mountains verhindert hat.

Mittlerweile mißtraue ich jeder Religion, jeder Therapieform, die sich ausschließlich darauf konzentriert, das Innenleben zu kultivieren oder die Seele zu retten, aber keine Feier der Sinne, keine ökologische Vision und kein Interesse an sozialer Gerechtigkeit einbezieht. Wir können nur dann danach streben, uns um die Welt zu kümmern und sie zu transformieren, wenn wir das Vertrauen haben, daß sich der Geist im Fleisch und im Schmutz inkarniert. Diese Welt *ist* unser Zuhause. Wir leben am richtigen Ort. Wir müssen nicht in den Himmel oder in eine NASA-Raumkolonie flüchten.

Als Gegenmittel zur Abstumpfung der Sinne, zur Trostlosigkeit eines körperlosen Lebens, sollten Sie sich im Fach der Freude ausbilden.

Während Sie die Hauptstraße entlanggehen, im Park joggen oder mit der Familie zu Abend essen, stellen Sie sich vor, Sie wären ein Künstler des gefundenen Gegenstandes, ein Sammler des spontanen Auftauchens der Schönheit. Lassen Sie keinen Tag vergehen, ohne dem Museum Ihrer Erfahrung etwas hinzuzufügen: die schokoladenbraune Kastanie, die soeben aus der vanilleeisfarbenen Schote geplatzt ist; eine gesprenkelte Feder, die von der Brust eines Sperlings gefallen ist, das Muster und das Tempo des Wassers, das in einem Springbrunnen plätschert und im Licht der Morgensonne glitzert; der unerwartete Strahl haselnußbraunen Lichts, das aus dem Auge Ihrer Tochter blitzt und kontrapunktisch mit ihrem Lächeln spielt;

der Kontrast zwischen einer Gewitterwolke und dem geraden Kondensstreifen eines Flugzeugs, der sich klar gegen den stillen blauen Himmel abzeichnet; der süßlich-scharfe Duft brennender Blätter.

Halten Sie häufig inne und stellen Sie sich vor, daß Sie die vor Ihnen liegende Szene durch den Sucher Ihres Fotoapparates wahrnehmen. Wie würden Sie das Bild rahmen? Was würden Sie einschließen, was ausschließen?

Studieren Sie einen einzelnen Stein. Eine Zen-Geschichte erzählt von einem unerfahrenen Bergsteiger, der sich zum größten Bergsteiger der Welt ausbilden lassen wollte. Er rechnete damit, daß man ihn die vielen esoterischen Techniken lehrt, die der Meister dem Hörensagen nach vervollkommnet hatte. Statt dessen wählte der Meister einen kleinen Stein aus dem Garten, gab ihn dem Lehrling und sperrte ihn ein Jahr lang in ein Zimmer ein. Da sich der Lehrling mit nichts beschäftigen konnte, betrachtete er den Stein, spielte damit, schmeckte ihn, spürte jede winzige Wölbung und jede Kante und die weiche Oberfläche, studierte in mondhellen Nächten und regnerischen Tagen die Variationen der Farbe und Temperatur. Als das Jahr zu Ende ging, hatte der Lehrling ausgezeichnete Kenntnisse und eine große Wertschätzung jedes winzigen Details und jeder Nuance des Steins erworben. Als er schließlich aus seiner Einzelhaft befreit wurde, ging er in die hohen Berge und stieg die steilsten Hänge mit großer Leichtigkeit empor, denn die Felskanten und Stellen, an denen man sich festhalten konnte und die ihm zuvor als zu schmal und gefährlich vorgekommen waren, wirkten nun riesig und einladend.

Die Wiederverzauberung und Einstimmung des Leibes

In meiner Kindheit gab mir mein Vater eine Stimmgabel, damit ich die richtige Höhe für den Anfangston eines Liedes fand. Ich schlug die Stimmgabel am Tisch an, der Laut – twangggggg – erfüllte das Zimmer, und die Schwingungen pulsierten durch meinen Körper, bis sie meine Trommelfelle kitzelten und meine Stimme ihren angemessenen Ort auf der Tonskala fand.

Ursprünglich waren wir alle verzauberte Wesen. Als Kinder waren wir natürliche Mystiker; was immer draußen geschah, geschah auch im Inneren. Ich lief nicht *wie* der Wind; ich *war* der Wind, der ungestüm durchs hohe Gras wehte. Mühelos machte ich Metamorphosen durch, wurde zum Bussard, der über einem Tal schwebte, eine Schlange, die über einen Fels glitt. Die Pferde sprachen mit mir, und ich verbrachte glückliche Nachmittage mit Galoppieren, Wiehern und Bocken. Schreiende Ziegenmelker und Schleiereulen sangen mich in den Schlaf, und oft erwachte ich in der Dunkelheit und mußte nach einem Pelz auf meinem Gesicht tasten, um herauszufinden, ob ich ein Junge war, der träumte, er sei ein Bär, oder ein Bär, der träumte, er sei ein Junge. Ehe wir lernten, über Tabu-Gegenstände Stillschweigen zu bewahren und unser ungeheures Wissen zu vergessen, waren wir alle freudig und schmerzlich allwissend und hellsichtig. Wir bewegten uns im Rhythmus der Menschen der unmittelbaren Umgebung; unsere Körper tanzten zur Freude unserer Mütter und Väter und betrauerten ihre Traurigkeit. Mitgefühl war unvermeidbar. Ich erinnere mich, daß ich weinte, als das Auge meines Vaters übel zerkratzt war und er drei Tage lang in einem dunklen Zimmer lag. Wenn uns archaische Mythen berichten, daß wir früher einst die Sprache der Vögel, Tiere, Reptilien und Insekten sprachen und verstanden, so erinnern sie uns daran, daß die Kindheit eine Zeit des Eins-Seins und der Gemeinschaft aller fühlenden Wesen war, als alle Geschöpfe einen einzigen Körper teilten.

Stellen Sie sich den Körper als feine Stimmgabel vor, der entweder von einer Kakophonie oder von Harmonie zum Klingen gebracht wird, von *Heavy metal* oder Sphärenmusik, von den Vibrationen eines Preßlufthammers, der eine Straße aufreißt, oder von der »Ode an die Freude« in Beethovens Neunter Symphonie. Wir sind Geschöpfe, die schwingen. Atome und Herzen werden gleichermaßen durchpulst. Krankheit und Gesundheit, Zerstörung und Schöpfung hängen davon ab, ob wir eingestimmt oder mißgestimmt sind. Arythmie, die Krankheit eines ungesunden Herzens, beruht auf schlechten Vibrationen, die den Takt verfehlen, dem falschen Trommler hinterhermarschieren.

Führen wir die Metapher der Stimmgabel etwas weiter. Mystiker und auch zeitgenössische Gehirnforscher wie Karl Pribram haben die Vorstellung entwickelt, wonach man sich Geist, Körper, Seele des Menschen als Hologramm vorstellen kann – als komplizierte Klangkörper, durch den alle Schwingungs-Strömungs-Impuls-Informationen des Universums fließen. In vielerlei Hinsicht ist die Hologramm-Metapher eine quasiwissenschaftliche Neuformulierung der christlichen Vorstellung vom *logos*. Dieser ist das schöpferische Grundprinzip im Geist Gottes und zugleich die wesentliche Struktur des menschlichen Geistes. Dem Johannes-Evangelium zufolge wurde der *logos* in Christi Fleisch. In der Hopi-Version dieser Vorstellung ähnelt das menschliche Rückgrat einem Radio, das auf die kosmischen Schwingungen und die Botschaften und Gesänge des heiligen Volkes eingestellt ist. Tantrische Formen des Hinduismus und Buddhismus gehen davon aus, daß der Körper eine aufsteigende Ordnung von Chakras oder Schwingungszentren beherbergt, die auf unterschiedliche spirituelle Wirklichkeiten eingestimmt werden können. Tibetanische Mönche haben Gesänge in jeder Oktave entwickelt, die die menschliche Stimme singen kann und die angeblich den »brüchigen« Körper reparieren und neu einstimmen können. Wenn man das wichtigste Mantra *om,* den heiligen Laut, die Quintessenz, die Ursilbe, das magische Zauberwort des Universums singt, kehrt unser Bewußtsein zu seinem göttlichen Ursprung zurück. In diesen Traditionen erinnert uns der Brauch des Sprechgesangs daran, daß wir einen Klang-Körper, einen Klang-Geist, nur dann haben können, wenn wir uns auf die Symphonie des Seins einstellen. Man entferne die Schwingungen von den Saiten einer Violine, und das Musikinstrument ist nicht mehr da; man entferne das harmonische Zusammenspiel zwischen Protonen und Elektronen, und es gibt kein Atom; man entferne unsere Einstimmung mit der Welt jenseits des Selbst, und es gibt keinen menschlichen Geist mehr.

Meine eigenen Erforschungen auf dem Gebiet der Einstimmung des Körpers haben sich nicht in erster Linie im Rahmen einer östlichen Meditationspraktik vollzogen, die darauf abzielt, das Kundalini herbeizuführen – die Schlangenkraft, das Prana, die gestaltende Kraft des Alls –, das mein Rückgrat hinaufsteigt. Ich habe nicht die Geduld, den tantrischen Überbau der Phantasie des geschmeidigen Körpers zu errichten, indem ich systematisch über die unterschiedlichen Chakras meditiere. Meine sporadischen Bemühungen; den Lotussitz einzunehmen und während stundenlanger Meditation reglos dazusitzen, erzeugten eher ein schmerzendes Gesäß als Erleuchtung. Als Mensch des Westens neige ich zu körperlich aktiven Übungen – dem Zen des Mauerns, des Orchideenpflanzens, Holzhackens, Bergsteigens, Reitens und des Spazierengehens.

Die Suche beginnt mit einem Gefühl des Unbehagens, etwas Krankhaftem, der Erkenntnis, daß die Einheit von Körper-Geist-Seele gestört ist. Mein Bewußtsein von der unzertrennlichen Einheit von Körper und Geist setzte mit der Entdeckung meines Mangels an Anmut und meiner Schande ein. Ich erinnere mich an den Schock der Entfremdung in der neunten Klasse, als ich bei einer Prügelei mit Ray Snead unterlag. In meinenAugen war Ray ein Schlappschwanz, und deshalb fühlte ich mich doppelt gedemütigt, als er mein Gesicht in den Kies rieb. Mein Bewußtsein schien meinen Körper wie aus weiter Ferne zu betrachten und beschämt zu sein. Sofort machte ich einen Bodybuilding-Kurs und baute einige Muskeln auf. Die Ergebnisse waren gar nicht schlecht. Nach einem Jahr war ich schlank in den Hüften, hatte eine ausgeprägteTrizeps-, Bizeps- und Pektoralmuskulatur und war entschlossen, daß man mir niemals wieder Sand ins Gesicht kicken würde. Auf diese Weise ausgerüstet, versuchte ich – vergebens – Boxen und Judo zu erlernen, bis ich mich einer vornehmeren Sportart widmete – dem Ringen.

Erst mit Mitte Dreißig ging mir auf, nach weiterem Bodybuilding und weiteren körperlichen Exerzitien, daß ich meinen Körper um den Spiegel, den Gegner und den Beruf herum organisiert hatte. Der Körper, den ich hergestellt hatte, sah gut aus, schnitt in Wettkämpfen angemessen ab und funktionierte gut, doch er spannte sich ständig gegen das Eindringen von Zärtlichkeit. Ich befahl ihm, was er zu tun hatte, und meistens gehorchte er wie ein gutbezahlter, mürrischer Butler. Er war besser im Beruf als beim Spiel: ein guter, modischer, ernsthafter, produktiver, disziplinierter, neurotischer, den Tod verachtender amerikanischer Körper. Aber gerade, als er dem Körperbild nahekam, das ich in mir in meinem privaten platonischen Himmel ausgemalt hatte, wurde mir schmerzlich bewußt, daß er – und ich – nur über wenig direkte sinnliche oder kinästhetische Bewußtheit verfügte und praktisch unfähig war, sich den weichen, strömenden Empfindungen hinzugeben, die das Spiel der Intuition, der Phantasie und der anmutigen Sexualität begleiten. Ich untersagte dem weichen Tier meines Körpers, das zu lieben, was es liebte.

Beim Versuch, meinen Körper aus der Gefangenschaft zu befreien, in die er geraten war, erschienen vier Führer, die mir halfen, das Wesen der fleischgewordenen Spiritualität zu verstehen – Rudolf Otto, der Kartograph des Heiligen; Wilhelm Reich, der erste Theoretiker psychosomatischer Phänomene; Norman O. Brown, der Prophet des dionysischen Christentums, und Ida Rolf, die große alte Dame der Körpertherapie.

Rudolf Otto, den ich kurz in Kapitel 6 vorstellte, lieferte mir den ersten theoretischen Hinweis, der mir half, eine kinästhetische Verknüpfung zwischen dem Körper und der Erfahrung des Heiligen herzustellen. Die Erfahrung des Heiligen, sagte er, beinhaltete stets ein *Erzittern.* In jenen außergewöhnlichen Augenblicken, da wir es wagen, das Leben in seiner unbezähmten Roheit und unerklärlichen Schönheit zu sehen, und uns der Illusion entledigen, daß wir die Realität begreifen und beherrschen können, wird unser Körper von machtvollen Emotionen bewegt. Wir erschaudern vor der Majestät des Lebens, verstummen vor Staunen und werden von Freude durchflutet. Und so zittern die Quäker, die Shaker schütteln sich, die Derwische wirbeln, und die Geisttänzer auf Haiti verfallen in ekstatische Trance.

Ottos Analyse besagt daß wir das Heilige nur dann erfahren können, wenn wir in der Lage sind, uns dem Gefühl in der Bewegung hinzugeben, und zulassen, daß wir gerührt werden. Wenn wir wie besessen danach trachten, uns und andere weiter im Griff zu behalten, werden wir unseren Körper panzern, ihn unempfindlich machen und uns systematisch davon abhalten, daß uns die Erfahrung des Heiligen erschüttert. Ohne einen Körper, der imstande ist, zu zittern, zu staunen und zu genießen, sind wir bewußtlos, gefühllos und mutlos.

Wobei erzittern Sie? Wobei erlauben Sie sich, die Kontrolle zu verlieren? Wo lassen Sie es zu, von einer Lebenskraft, die größer ist als Ihr Ego, bewohnt, übernommen zu werden? Sind Sie starr geworden? Ziehen Sie den Status quo dem Leben des Geistes vor? Wenn Ihre Beziehung zu Ihrem Körper die sichtbare Manifestation Ihrer Beziehung zu Ihrem unsichtbaren Geist ist, was sagt das über Sie? Ignorieren oder kümmern Sie sich um Ihren Körper-Geist? Bestrafen oder lieben und schätzen Sie ihn? Behandeln Sie ihn als Arbeitstier oder als Freund?

Die Psychologie Wilhelm Reichs lieferte mir den zweiten Hinweis, der mir half, die somatische Komponente des ent-geistigten Lebens zu begreifen, den Weg, auf dem der Körper sich gegen Inspiration und Mitgefühl panzert. Reich, Zeitgenosse Freuds, schmiedete eine unzertrennliche Verbindung zwischen Psyche und Soma und entwickelte eine Theorie, die zur Grundlage der heutigen körperorientierten Therapien wurde – Rolfing, Bioenergetik, Alexander-Methode, Feldenkrais-Arbeit und andere. Freud hatte das Ich als eine Art belagerte Festung gedeutet, die alle Arten dieser Abwehrmechanismen einsetzt, um die unerfüllbaren Forderungen der engelsgleichen Kreuzfahrer des Über-Ichs und den barbarischen Horden der Libido abzuwehren. Sein stärkster Verbündeter in diesem ungleichen Kampf war die in der Psychotherapie gewonnene Einsicht, die die verzerrten Strategien des Unbewußten bewußtmachte. Wilhelm Reich oblag es, Freuds Vision der belagerten Psyche in somatische Begriffe zu übersetzen.

Reichs große Entdeckung bestand darin, daß jeder psychologische Abwehrmechanismus eine Folge im körperlich-muskulären Bereich hat. Durch chronische Muskelspannung erzeugen wir das, was er als Körperpanzer bzw. Charakterpanzer bezeichnete, der Körper, Geist und Seele starr und verschlossen macht. So formt zum Beispiel ein Mann, der als Kind geschlagen wurde, seinen Körper zu einer dauerhaften Haltung der Unterwürfigkeit oder des Trotzes. Eine Frau, die als Kind sexuell mißbraucht wurde, spannt und desensibilisiert ihre Hüftmuskulatur, um das ursprüngliche Trauma »vergessen« zu können. Wenn wir vor dem unvorhersehbaren Chaos des Lebens Angst haben, erschaffen wir ein totalitäres Ich und einen harten Körper, mit dem wir uns gegen das verteidigen, was wir fürchten. Die Angst spannt und verengt die Brust und den Bauch und behindert den Atemstrom, so daß Spontaneität und Hingabe an die Inspiration unmöglich werden. Ein Krieger oder konkurrenzorientierter Mensch mit einer paranoiden Weltsicht formt den Geist und den Körper zu einer Waffe. Starre Kategorien – wir oder sie, gut oder böse, weiße Hüte oder schwarze Hüte – und ein Körperpanzer, der unsere Gefühle betäubt, sind die beiden Seiten ein und derselben Medaille. Reich hat mich davon überzeugt daß ich meinen Körperpanzer aufweichen muß, wenn ich offener und einfühlsamer werden will. Um in die Unterwelt des Unbewußten hinabzureisen und die göttlichen und dämonischen Geister zu erkunden, die dort wohnen, mußte ich die chronische Muskelspannung und den starren intellektuellen Stil entwaffnen, der mich in einer sich selbst schützenden Welt der Ideen isoliert hielt.

1967 stieß ich – ich war noch Professor am Priesterseminar – auf zwei Bücher, die zu bedeutenden Ereignissen in meinem Leben wurden. Sie lieferten mir elegante Theorien, aus denen ich die Landkarten für meine Reise während einer Dekade zusammenstellte. In Norman O. Browns beiden Büchern *Zukunft im Zeichen des Eros* und *Love's*

Body fand ich eine Vision dessen, wie der Körper aussähe, wäre er inspiriert, wiedergeboren, wiederverzaubert. In meinen Augen ist *Love's Body* bis heute unser wichtigstes Buch zur Schaffung einer einzigartigen westlichen fleischgewordenen Spiritualität.

Durch eine genaue Analyse und verblüffende Wortspiele zeigt Brown, daß wir die erotische Fähigkeit des Körpers in seiner Gesamtheit zerstört haben und die Genitalien zum einzigen verbliebenen Sitz der ekstatischen Lust ernannt haben. Indem wir unsere Zeit, unsere Energie und unsere Phantasie einem Leben der Kriegführung und des zwanghaften Arbeitens widmen, indem wir unser Leben um Abstraktionen herum organisieren, indem wir die Freude am Hier und Jetzt opfern, um ein Mehr an Besitztümern anzusammeln, indem wir ständig die Befriedigung aufschieben, bis die Arbeit erledigt ist, machen wir unseren Körper unempfindlich. Unsere Ohren werden so sehr mit Lärm, Geplapper, Werbung und zielgerichteten Reden verstopft, daß wir nicht mehr dem Seufzen und Flüstern der wechselnden Winde lauschen. Unsere Nase wird so verstopft von der Verschmutzung, daß die tiefen emotionalen Zentren des limbischen Gehirns, die direkt von den Gerüchen stimuliert werden, brachliegen und wir eine Rose weder riechen noch erinnern können. Unsere Lungen, eingeengt von flachem, raschem Atmen, werden unfähig, sich dem Atem des Lebens anmutig hinzugeben. Nachdem wir Körper, Geist und Phantasie betäubt haben, schaffen wir den Mythos der romantischen Liebe und erwarten von der genitalen Sexualität, daß sie uns alle möglichen erotischen und ekstatischen Freuden bereitet. Belastet mit dieser unerfüllbaren Erwartung, muß die genitale Sexualität uns unweigerlich enttäuschen. Die einfarbige Technicolor-Erfahrung des Sexualaktes kann nicht den Entzug ausgleichen, der darin liegt, in einer monotonen, korpotechnischen

Welt der Effizienz, der Konkurrenz und der wirtschaftlichen Belohnung zu leben.

Brown vertritt die radikale These, daß wir die Psyche neu organisieren und den Körper wiederauferstehen lassen müssen, indem wir in erster Linie gegenüber der Lust loyal sind, statt dem gegenüber, was wir irrtümlich für die »Realität« gehalten haben – die Welt, die wir aus künstlicher Knappheit, Angst, aufgeschobener Befriedigung und zwanghafter Arbeit schaffen. Unsere Sinne müssen von unserer Besessenheit befreit werden, die sich auf das Bekommen und Besitzen richtet. Der Körper eines Liebenden, ein ganz und ganz inspirierter Körper, wäre nicht mehr um Abwehrmechanismen oder einem Charakterpanzer herum organisiert, sondern offen, verletzlich und auf erotische Weise mit der ihn umgebenden Welt verbunden.

»Das Wort dem Fleisch wiedergeben. Das Wissen wieder fleischlich machen; nicht deduktiv, sondern unmittelbar durch Wahrnehmung oder Sinne; die körperlichen Sinne ... Die Wirklichkeit des Leibes ist keine gegebene ... Es ist der poetische Leib, der gemachte Leib; der Mensch macht sich selbst, seinen eigenen Leib, in der symbolischen Freiheit der Einbildungskraft. ›Der Ewige Leib des Menschen ist die Einbildungskraft, das heißt, Gott selbst, der Göttliche Leib, Jesus: wir sind seine Glieder.‹ ... Das Reich im eigenen Leib finden und den eigenen Leib in der Außenwelt. Der Leib, der verwirklicht werden soll, ist der Leib des kosmischen Menschen, der Leib des Universums als der eines einzigen vollkommenen Menschen ... Der Leib, der identisch mit der Umgebung ist ... In der bewußten Symbolik kehrt der entfremdete Geist zu seinem menschlichen Schöpfer zurück; ›alle Götter sind in unserem Leib‹. Erlösung ist die Reformation des Schöpfergeistes im Menschen; Erlösung ist Vergöttlichung; wir machen einen neuen Himmel und eine neue Erde.«[1]

Wie viele Visionäre bietet Norman O. Brown kaum Hilfe, wenn es darauf ankommt, einen Weg vorzuschlagen, der von dem Aktuellen zu dem idealen führen kann. Seine Diagnose unseres Unbehagens, unserer Krankheit ist klar – Körper und Geist sind entfremdet. Browns Vision des ganz und ganz beseelten Körpers ist machtvoll und einladend. Aber was für eine Medizin, was für eine Therapie, was für eine Disziplin, was für Werkzeuge der Gnade stehen uns für unsere Heilung zur Verfügung? Niemand wußte, was Brown empfahl, und er schwieg sich aus, was die praktischen Implikationen seiner Theorie betrifft. Sollen wir unseren Geist mit psychedelischen Drogen erweitern? Sollen wir eine »polymorphe Perversität« praktizieren, indem wir zu einer wahllosen Sinnlichkeit zurückkehren? Sollen wir Gedichte lesen und die erotische Einbildungskraft fördern? Sollen wir, wie der Gestalttherapeut Fritz Perls riet, »den Verstand verlieren und Vernunft annehmen«, d. h. unseren Sinnen folgen? Sollen wir zu sexueller Permissivität und öffentlichen Orgien ermutigen?

Wie viele Suchende in den sechziger Jahren beflügelte mich die Vision einer Wiederauferstehung des Körpers, doch war ich enttäuscht wegen des Fehlens einer Verkörperung in einer spirituellen Praxis. Die üblichen protestantischen Kirchen boten dem Körper kaum etwas; da gab es bloß die Freiübungen des episkopalischen Gottesdienstes, dieses ständige Knien und Aufstehen, das Experiment, das Glaubensbekenntnis zu Gitarrenmusik zu sprechen und einem gelegentlichen Tanzchor. Die Kirchenlieder hatten das Gehirn zum Fühlen und die Beine zum Bewegen anregen sollen, doch nur in den Gemeinden der Schwarzen und in der Pfingstbewegung werden sie mit Schwung und Begeisterung gesungen. Ich habe mit östlichen Körperdisziplinen – Yoga, Tai-chi und Aikido – experimentiert, allerdings mit begrenztem Erfolg, da ich nicht bereit war, die traditionell autoritäre Beziehung zwischen Guru und Schüler zu akzeptieren.

Es geschah fast zufällig, daß ich auf ein Heilmittel stieß, das mir ein wenig half. In meiner Rolle als Reporter für die Zeitschrift *Psychology Today* recherchierte ich das Verfahren der Strukturellen Integration, auch Rolfing genannt, wobei ich es an mir selbst ausprobierte.

Als ich meinen fast nackten Körper auf eine Liege im Esalen-Institut legte, wußte ich, daß die zehn Stunden des »Processing« (schreckliches Wort) die Bearbeitung des Bindegewebes aller wichtigen Muskelgruppen in meinem Körper beinhalten würde. Aber ich suchte nach dem damaligen Heiligen Gral – Wachstum/Entwicklung – und war bereit, meine zarten, aber sündig verzerrten Gesichtszüge Ida Rolfs kundigen Fingern, Fäusten und Ellbogen auszusetzen. Zwar wußte ich, daß sich Erlösung niemals ohne Schmerzen ergibt, aber ich war nicht vorbereitet auf den Schmerz und die Panik, als »die Arbeit« auf meiner Brust begann. Es tat höllisch weh. Später begriff ich, daß die chronische Spannung in meiner Brustmuskulatur einen Abwehrpanzer gebildet hatte, der mich emotional, körperlich und spirituell einschränkte.

Doch damals, uninformiert und unheroisch, stöhnte, fluchte und wunderte ich mich, welche entmythologisierte Suche nach Erlösung mich dazu brachte, mich einer solch schmerzhaften Narretei zu unterwerfen. Nach dem Trauma der ersten Stunde erschienen geringe, aber unmißverständliche Veränderungen in meiner Körperhaltung und meiner Einstellung zum Leben. Meine Füße bekamen festeren Bodenkontakt; meine Beinmuskeln schienen wie frisch geölt; meine Gelenke waren wie Kugellager. Ermutigt durch diese freiere Bewegung und eine erhöhte kinästhetische Sensibilität, gab ich meine völlige Zustimmung zu dem, was ich zunächst als Probe für meine Kreuzigung empfunden hatte.

Im Laufe der Rolfing-Massagen wurde mir klar, daß ich einen Großteil meiner Schmerzen selber verursacht hatte. Meine lang zurückreichende Gewohnheit, alle möglichen Katastrophen angstvoll vorwegzunehmen, sowie ein vages paranoides Mißtrauen gegenüber anderen Menschen hatten meine Muskeln chronisch verspannt. Unter Idas heilenden Händen erlebte ich den allmählichen Verlust meines Charakterpanzers. Während ich lernte, mich zu entspannen, und zuließ, weicher zu werden, verringerten sich viele meiner chronischen Spannungen und Schmerzzustände.

Meine Brust wollte jedoch weder ihre Abwehr noch ihre Schätze freigeben. Jedesmal, wenn sich die Rolfing-Hand näherte, geriet ich in Panik und empfand unerträglichen Schmerz. Erst in der siebten Stunde meiner Qualen fiel die Festung. Ida knetete einen Muskel in meiner Schulter, und plötzlich überfluteten mich Erinnerungen an Prügeleien mit meinem älteren Bruder. Ich wurde wieder zum Kind und begann unkontrollierbar zu weinen. Tief bekümmert fragte ich meinen geliebten kleinen Gott und Bruder: »Lawrence, warum tust du mir weh?« Das Loslassen der Erinnerung und der Kummer, den sie hervorrief, löste die Panik, die Spannung, den Schmerz in meiner Brust. Am Ende der Stunde konnte ich, zum erstenmal in meiner Erinnerung, meine Lunge in einer weichen Bewegung füllen. Eine inspirierende Veränderung.

Als ich diesen und andere lange bestehende psychosomatisch-spirituelle Abwehrsysteme aufgab, empfand ich eine neue Offenheit, Leichtigkeit und Aufgeschlossenheit. Mein Körper wurde lockerer, ebenso mein Geist. Ich erwärmte mich für Meinungen, Menschen und Ereignisse, die mir bis dahin die Haare hätten zu Berge stehen lassen.

Es gab auch noch andere Veränderungen. Ich hielt mich gerader. (Ja, Mutter, es fühlt sich besser an.) Der tägliche Schmerz einer alten Sportverletzung, die ich mir beim Ringen zugezogen hatte, verschwand. Am wichtigsten war aber, daß ich eine unmittelbare sinnliche und kinästhetische Bewußtheit für meinen ganzen Körper entwickelte.

Und während ich mir meines Körpers bewußter wurde, spürte ich eine Schwere, die ich zunächst als Depression fehldeutete. Eine ganz und gar sensuelle Lebensweise beinhaltet das Wissen um das wesentlich tragische Wesen der *condition humaine* – das heißt, wir werden ent-täuscht. Während ich mich mit meinem Körper identifiziere, sehe ich die Bedeutungslosigkeit all jener Ersatzdenkmäler der Unsterblichkeit – gehorteter Reichtum, mächtige Maschinen, politische Reiche, Fassaden der Jugendlichkeit –, die wir todesverachtende, promethische Menschen erschaffen. Alle diese dienen der Vermeidung des ursprünglichen Kummers, daß alles, was wir lieben und genießen, auf furchtbare, wundersame Weise flüchtig und verletzlich ist. Alles Fleisch verfällt, und bis dieses Wissen in unserem Innern Wurzeln schlägt, kann es kein Tanzen geben. Es war kein Zufall, daß die Griechen, die Eros und Thanatos lange vor Freud vereinigten, glühende Verehrer des Fleisches und entschlossene Gegner des Todes waren. Den Körper wiederzubewohnen, fleischlich zu werden, ist eine freudige Heimkehr und eine schwierige, abwärts führende Reise in den Humus, den Boden und zum Ende der Existenz, die erste und letzte Wahrheit des Fleisches.

»Geringfügige Veränderungen«, sagen Sie vielleicht. »Nicht weltbewegend. Ein kleiner Anstieg in der Fähigkeit zu spüren, zu fühlen und wahrzunehmen löst nicht das Problem des Bösen und gibt den Obdachlosen kein Zuhause.« Stimmt. Doch für den einzelnen ist die Wandlung, die stattfindet, wenn Gefühllosigkeit durch die Fähigkeit ersetzt wird, ganz unterschiedliche Gefühle zu haben, ungeheuer groß. Das Erwachen der Seele verändert die ganze Art, in der eine Person sich in der Welt verkörpert. Der beseelte beziehungsweise wiederauferstandene Körper ähnelt dann allmählich eher einer Stimmgabel als einer schwer bewachten Bastion. Befreit aus dem Gefängnis meines Körper-Ichs, bin ich imstande, eine wiederverzauberte Welt zu berühren, zu schmecken, zu hören und zu sehen. Wenn die Pforten der Wahrnehmung geöffnet sind, kann man die Ewigkeit in einem Sandkorn und alle Geschichten des Kummers »in einer leeren Tür und einem Ahornblatt sehen«.

Heilende Berührungen: Das Handauflegen

Um die Körper wiederauferstehen zu lassen, müssen wir unsere Fühler ausstrecken und erneut mit der Welt Verbindung aufnehmen.

Kein Wunder, daß die Dinge keinen Sinn ergeben. Wir haben nur wenig stillschweigendes Wissen voneinander. Unsere wichtigsten Institutionen – Schulen, Krankenhäuser, die Armee, die Geschäftswelt – folgen alle einer Regel: Du sollst nicht berühren. Die meisten von uns wurden dazu erzogen, zur Welt und zu den anderen auf Distanz zu gehen: Bitte nicht berühren. Hände in den Schoß. Westliche Männer sind durch ihre Homophobie besonders eingeschränkt, und deshalb reduzieren sie ihre Berührungen auf einen sterilen Handschlag oder das Nehmen und Geben in Sportarten, bei denen es zu Körperkontakten kommt. Freunde schlendern nicht Hand in Hand. Wir sind eine berührungsfeindliche Gesellschaft, daran gewöhnt, per Telefon »die Hand auszustrecken und jemanden zu berühren«, aber gehemmt, was die Vereinigung des Fleisches betrifft. Marshall McLuhan hat unrecht – wir leben in einer zunehmend hochtechnisierten Kultur, in der wir kaum noch miteinander in Berührung kommen.

Die verbreitetsten Religionen in den USA vermitteln weitgehend körperlose Erfahrungen. Einige wenige Baptisten praktizieren zwar noch den Brauch des Füßewaschens, aber niemand befolgt mehr der Ermahnung des Paulus, »euch untereinander mit dem heiligen Kuß« zu begrüßen. In der Kirche ist kein fleischliches Wissen erlaubt, kein Umarmen, kein Tanzen oder Handauflegen.

Ich kann den Chor der Einwände geradezu hören: »Verwechseln Sie da nicht Sexualität mit Spiritualität? Wovon sprechen Sie eigentlich, von so einer Art New Age-›In-den-Arm-nehmen‹-Ritual? Wildfremde Menschen zu streicheln, wird mir wohl kaum helfen, meine Seele zu finden.«

Es ist kaum zu erkennen, wie wir spürbare Beziehungen wiederaufnehmen können, wenn wir den Tastsinn so sehr sexualisiert haben, daß wir uns bei jedem Körperkontakt unbehaglich fühlen. Die Berührung selbst ist uns schon verdächtig. Im gegenwärtigen Klima, in dem fast überall panische Angst vor sexuellem Mißbrauch herrscht, ist es schwierig, eine Berührung von der Vorstellung des Liebkosens und Streichelns zu trennen. Lehrer haben Angst, ihre Schüler und Schülerinnen anzufassen, aus Angst, man könne sie wegen sexuellen Mißbrauchs anzeigen. Armeeoffiziere und Rekruten haben furchtbare Angst, ein Schwuler könnte die militärische Disziplin durch Berührungen untergraben. Eltern verbannen ihre Babys routinemäßig aus dem gemeinsamen Bett und argwöhnen, sie könnten psychologischen Inzest begehen, wenn sie mit den Kindern schmusen.

Dennoch: Um unseren Geist-Körper zu heilen, müssen wir einander berühren. Affen, die getrennt von ihren Müttern aufwachsen und nicht berührt werden, werden depressiv und feindselig. Kinder, die man nicht berührt, ermatten, selbst wenn alle anderen körperlichen Bedürfnisse befriedigt werden. Männer und Frauen, die nicht berührt werden, stählen Leib und Seele, um ihre Einsamkeit erdulden zu können. Bei einem Experiment, bei dem man Kassierer und Kassiererinnen unterwies, jeden zweiten Kunden flüchtig zu berühren, wenn sie das Wechselgeld zurückgaben, entdeckten Psychologen, daß diejenigen, die man berührt hatte, einen viel besseren Eindruck von dem Geschäft hatten, in dem sie soeben eingekauft hatten. In der ganzen prätechnischen Welt ist das Berühren – oder wie es im Neuen Testament heißt: das »Handauflegen« – ein wichtiger Bestandteil der Heilung der Seele gewesen. Unlängst nahm ich in Brasilien an einem Gottesdienst der Umbanda-Kirche teil, in dem die Ältesten – Männer und Frauen – in Trance fielen und die Mitglieder der Gemeinde reinigten, indem sie mit den Händen über den ganzen Körper jedes Gemeindemitglieds strichen.

Während eines Semesters, als ich an der Klinik der Universität von Florida unterrichtete, führte ich eine Übung durch, bei der sich die Studenten in Zweiergruppen aufteilten und mit drei Arten von Berührungen experimentierten: Erstens: Nehmen Sie die Hand Ihres Partners und untersuchen Sie sie klinisch. Zweitens: Berühren Sie die Hand des Partners auf verführerische oder sexuelle Weise. Drittens: Berühren, liebkosen oder massieren Sie die Hand des Partners auf eine Art, die nicht sexuell ist, aber die Absicht verfolgt ein wenig sinnliche Lust zu geben und zu empfangen. Danach stellte ich Fragen: »Was ist eine medizinische Berührung? Welche Art von Berührung macht krank? Welche Form der Berührung heilt?« Schließlich bat ich die Studenten, über folgende Hypothese nachzudenken: Wenn sie die Patienten nur auf klinische Weise berührten, machten sie sie weiter krank, indem sie ihren Körper als Objekt behandelten; wenn sie sie auf sexuell erregende Weise berührten, machten sie die Patienten krank, weil es eine fordernde und unangemessene Intimität war; und die heilende Berührung soll nicht nur die Absicht verfolgen, klinische Informationen zu sammeln, sondern sensorische – aber nicht sexuelle – Lust zu geben und zu nehmen. Selbstverständlich zogen sich die Diskussionen über das Experiment über mehrere Tage hin.

Der gegenseitige Kontakt reicht weder aus, um objektive Erkenntnisse zu sammeln noch um eine gewisse Distanz zu wahren, noch um intime Nähe auf sexuellen Kontakt zu begrenzen: Um »das weiche Tier deines Körpers lieben zu lassen, was es liebt«, muß man die Lust der unschuldigen Berührung neu entdecken. Da wir Menschen fleischgewordene Seelen sind, muß die Gnade, die uns erlaubt, dem Geheimnis zu vertrauen, das uns umgibt, durch die Sinne kommen. Unsere Seelen sind spürbar. Bitte berühren.

Atme durch mich, Atem Gottes!

Die unmittelbarste Art, den Körper als Tempel des heiligen Geistes zu erleben, zu spüren, wie das Fleisch inspiriert wird, besteht darin, mit dem einfachen und tiefreichenden Akt des Atmens zu beginnen. Kehren wir einen Augenblick zum Anfang dieses Buches zurück. Schon allein der Begriff »Geist« entstammt der Erfahrung des Atmens. Der Atem, der durch uns hindurchgeht, ist die Immanenz der höheren Macht, des heiligen Geistes, der uns von Augenblick zu Augenblick belebt.

»Leib und Geist versöhnen hieße die Atem-Seele wiedererlangen, welche die Lebens-Seele an Stelle der Geist-

Seele oder des Schattens ist; Atem-Bewußtsein an Steile von Gehirn-Bewußtsein; Leib-Bewußtsein an Stelle von Kopf-Bewußtsein. Das fleischgewordene Wort ist ein lebendiges Wort, keine Schrift, sondern ein Atemhauch.«[2] Das Zeugnis all jener, die in den Traditionen des Hinduismus, des Buddhismus, des Sufismus und des christlichen Mystizismus meditiert haben, belegt, daß uns die Dimension des Geistes so nahe und unmittelbar zugänglich ist wie der Akt und Nichtakt des Atmens. Atmen ist gewöhnlich und offenbarend zugleich, eine natürliche und übernatürliche Erfahrung.

Der älteste Text, der uns zum Thema Meditation überliefert ist – Patandschalis Yoga-Sutras, die Jahre vor dem Aufkommen des Christentums verfaßt wurde –, legt die Grundlage für die spirituelle Disziplin des Atmens, das sogenannte *pranayama*. Patandschali fiel auf, daß eine direkte Beziehung zwischen der Atmung und geistigen Zuständen besteht. Unrhythmisches oder eingeschränktes Atmen erzeugt geistige Trugbilder. Indem wir der Kadenz des Atmens Aufmerksamkeit schenken, lassen wir die Atmung automatisch werden, was wiederum die Brennweite des Geistes erhöht.

Die Behauptung, man könne »das Atmen entdecken«, wirkt komisch, da wir es alle seit dem Augenblick der Geburt tun. Aber Atmen ist wie Träumen. Es gibt seinen spirituellen Schatz nur frei, wenn wir die unnatürliche Disziplin praktizieren, das ins Bewußtsein zu holen, was normalerweise unbewußt bleibt. Ich stand schon weit in der Lebensmitte, ehe ich die Verbindung zwischen meiner eingeschränkten Brust, eingeschränkten Gefühlen, eingeschränkter Atmung, eingeschränkter Spontaneität und eingeschränktem Geist wahrnahm. So wie mir die Psychotherapie half, die unbewußten Motive zu entdecken, die mein Leben geformt und eingeschränkt hatten, so zeigte mir die Übung, bewußt zu atmen, wie das flache Einatmen meine

Fähigkeit behindert, mich meinen spirituellen und sexuellen Leidenschaften hinzugeben.

Das Schöne der Experimente mit intentionalem Atmen besteht darin, daß es keine Überzeugung, keinen Glauben, kein Dogma, keine Autorität erfordert. Normalerweise widerspricht die Vorstellung von Technik dem spirituellen Leben. Der Geist weht, wie der Wind, wohin er will. Keine Technologie der Seele erzeugt den Zustand der Gnade. Wir können ein Leben lang routinemäßig den Anforderungen der Religion folgen und immer noch ein hartes Herz und einen paranoiden Verstand haben. Wenn wir auf den Atem achten, kommt das vermutlich dem spirituellen Leben so nahe wie nur möglich, wie man auf dem Gebiet des Spirituellen mit einer regelrechten Technik kommen kann – einem vorgeschriebenen Verfahren, das ein sicheres Ergebnis erzielt. Wenn es eine Formel für die Epiphanie im Fleisch gibt, so lautet sie: Folge der Bewegung deines Atmens, und es wird dich zur höheren Macht führen. Atmung ist das einfachste Vehikel der Transzendenz.

Versuchen Sie es. Sitzen Sie ruhig da und achten Sie auf Ihre Atmung. Nichts anderes. Zuerst werden Sie feststellen, wie Ihre Gedanken abschweifen, und Sie werden sich nicht auf den Fluß des Atmens konzentrieren können. Richten Sie Ihre Konzentration wieder auf Ihre Atmung. Wenn Sie Ihre Aufmerksamkeit kurze Zeit darauf lenken, werden Sie merken, daß Sie sich sehr anstrengen. Atmen scheint eine Menge *Willenskraft* zu erfordern. Es ist Arbeit. Allmählich werden Sie bemerken, daß sich der Rhythmus Ihres Atmens verlängert, langsam wird und Ihr Körper weich wird und allmählich dem Atem gestattet, daß er fließt. Nach einer längeren Zeit werden Sie das Gefühl haben, *geatmet* zu werden. Während Sie sich der Bewegung hingeben, tauschen Gestalt und Hintergrund die Plätze, die Gestalt ändert sich. Der, der Sie sind, ändert sich. Wo Sie einst schauspielerten, scheinen Sie nun von einer Macht bewegt zu werden, die über Sie hinausgeht. Der Atem sagt Ihnen, daß Sie von derselben Substanz sind wie der Geist, der alles bewegt.

Die zentralen Metaphern der spirituell-mystischen Tradition spiegeln diese Grunderfahrung wider, in der das Ich von etwas, das größer ist als es selbst, in sich aufgenommen und umfangen wird. In der hinduistischen Tradition wird der menschliche Geist, der Atman, als Teil des Absoluten Geistes, des Brahman, gesehen. Im Buddhismus löst sich die Illusion des Selbst auf, und die Leere wird mit dem ekstatischen Wissen gefüllt, daß es keinen Unterschied zwischen meinem Geist und dem Buddha-Geist gibt. Christliche Mystiker bezeugen die Erfahrung, daß sie einen Vereinigungspunkt zwischen dem menschlichen und dem göttlichen Geist gefunden haben. Aber das orthodoxe Christentum vertritt die Vorstellung, daß es einen absoluten qualitativen Unterschied zwischen den Geschöpfen und Gott, zwischen Zeit und Ewigkeit gibt; deshalb ist der Heilige Geist keine Substanz, die Gott und die Menschen gemeinsam haben, sondern eine besondere Gnade, die Gott manchen Menschen verleiht. Am nächsten kommt man im orthodoxen Christentum der ewigen mystischen Vorstellung von der Identität des Atems und des Geistes, wenn es in dem Kirchenlied heißt: »Hauche mich an, Atem Gottes, erfülle mich mit neuem Leben.« Der transzendente Schöpfer belebt uns mit Seinem heiligen Geist und zieht sich zurück, wobei wir mit einem selbstregulierenden Atem zurückbleiben. Er atmet nicht *durch* uns noch *mit* uns, sondern *auf* uns.

Kommen wir nun vom Atem-Anfängerkurs – »Die elementare Erfahrung der Transzendenz« – zum Fortgeschrittenenkursus – »Inspiration und Mitgefühl«. Man füge der Inspiration die Vorstellungskraft hinzu, und man hat die

Formel, wie man vom mystischen zum moralischen Erleben fortschreiten und Mitgefühl und Anteilnahme entwickeln kann.

In den vielfältigen Spielarten des Buddhismus, in denen die Meditation von zentraler Bedeutung ist, werden mit Hilfe des Rhythmus von Inspiration und Expiration die Grenzen des Selbst und der Kreis der Fürsorge erweitert. Während ich einatme, versuche ich, die universelle Energie, *prana*, oder Geist, die meine Lungen füllt, jede Zelle meines Körpers mit Energie auflädt und belebt, bewußt zu erleben und dankbar zu sein. Ich nehme die Welt in mich auf, stelle mir die Schönheit eines Weizenfeldes vor, das sich im Wind wiegt, oder das Leiden der Millionen in Bosnien oder im Sudan. Während ich ausatme, schicke ich meine Dankbarkeit, meine Energie und mein Mitgefühl allen leidenden Geschöpfen. Indem ich einatme, akzeptiere ich das Geschenk des Lebens. Indem ich ausatme, gebe ich nach, begreife nicht mehr, sondern gebe meine Fürsorge an die Welt zurück. Wenn ich gewähre und mich hingebe, erlebe ich etwas Tieferes, das mein Ich bewegt – die höhere Macht, den Buddha-Geist, den Brahmanen, den Geist Gottes. Während das Atmen zu einer Art Liturgie wird, werde ich jeden Augenblick aufs neue daran erinnert, daß die Essenz meines Wesens praktizierte Dankbarkeit und Anteilnahme ist. Ich bin nur in dem Maße lebendig, in dem ich mich vom wogenden Rhythmus des Empfangens und Gebens bewegen lasse. Ich bin ein durchsichtiger Vorhang, der in einem Fenster hängt, der Zeit und Ewigkeit voneinander trennt und in dem eine immerwährende Brise hin und her weht.

So wie die Neudefinition des gewöhnlichen Aktes des Atmens eine Veränderung unseres Selbstgefühls bewirkt, so erzeugt der einfache Akt des stillen Dasitzens und des Beobachtens unserer flüchtigen vorbeiziehenden Gedanken und Gefühle einen radikalen Wechsel unserer Identität, eine Erfahrung des Transzendierens unseres Ichs.

Zum erstenmal entdeckte ich die Stille mitten in einem Wirbelwind.

1972 lebte ich allein in einem Apartment auf dem Telegraph Hill in San Francisco; ich war nach siebzehnjähriger Ehe geschieden und stand am Ende einer Liebesbeziehung. Meine Kinder lebten tausend Meilen entfernt. Meine Tage waren erfüllt von Leere und Sehnsucht, nur unterbrochen von Ausflügen ins »Triest«, wo ich Espresso trank und mich von der Umgebung anregen ließ. Mit Einbruch der Dunkelheit kamen hungrige Geister und zornige Furien aus dem Gebälk und streiften in meiner spärlich möblierten Junggesellenwohnung umher, auf der suche nach meiner Seele. Sie flüsterten: »Das Beste deines Lebens ist vorbei. Du hast zu viele Fehler gemacht, zu vielen Menschen weh getan. Du kannst nicht wieder von vorne anfangen.« Sie verhöhnten mich, indem sie mich an meine Fehlschläge erinnerten. Wie Staatsanwälte durchstöberten sie die verborgene Kammer meiner Tage, um Ereignisse aufzudecken, die bewiesen, daß ich schuldig war! Schuldig der Grausamkeit, der Gleichgültigkeit, des Egoismus, der Manipulation. Sie kicherten und klatschten mit leiser Stimme über meine verhängnisvollen Charakterfehler, meine verborgene Schwäche, meine zahllosen Ängste. Als ich schließlich so viele irremachenden Beschimpfungen ertragen hatte, wie ich verkraften konnte, verließ ich die Wohnung und lief die ganze Nacht durch die Stadt. Ich hatte kein Ziel, war aber entschlossen, weiterzugehen, bis ich erschöpft war und nach Hause zurückkehren und sofort einschlafen konnte.

Ich entsinne mich nicht mehr, wie viele Nächte ich vor dem Wahnsinn und dem Schmerz davonlief. Allerdings erinnere ich mich noch an den Augenblick, als ich gegen zwei Uhr morgens, nahe des Piers 32, genug hatte und beschloß, nicht mehr davonzulaufen. Ich ging nach Hause, setzte mich in einen Stuhl von dem aus ich die riesige Pyramide des Transamerica Buildings sehen konnte, und rief mir und allen Dämonen zu, die in der Nähe lauerten: »Hier sitze ich, und hier werde ich sitzen, wann immer das Chaos ringsum wirbelt.« Es tauchten keine Dämonen auf.

Am folgenden Abend, als die Stunde der Dämonen näherrückte (ungefähr die Zeit, da meine Kinder sich ohne mich, eine Welt entfernt, zum Abendessen hinsetzten und meine ehemalige Geliebte auf der anderen Seite der Stadt mit ihrem neuen Freund zu Abend aß), erwartete ich die Attacke. Und tatsächlich, mit dem Zwielicht kamen die Dämonen. Aber an diesem Abend hatte ich mich vorbereitet. Ich saß auf meinem Thron, mitten in meinem völlig zerstörten Königreich, und blieb still sitzen. Während sie im Kreis um mich herumwanderten und mir ihre üblichen Spitzen und Vorwürfe entgegenschleuderten, zwang ich mich, noch langsamer zu atmen und sie mit klinischer Objektivität zu beobachten.

Während ich mir die Einflüsterungen der Schuld genau anhörte, hörte ich Anklänge an Paulus, Johannes Calvin und Vater und Mutter in der Stimme, die sagte: »Du hast getan, was du nicht hättest tun dürfen, und ungetan gelassen, was du hättest tun müssen.« Ich sah dem Schuldgespenst direkt in die Augen und verlangte von ihm eine Aufzählung von Einzelbeispielen. Welche Vergehen werden mir im einzelnen zur Last gelegt? »Scheidung, Verlassen und Vernachlässigung der Kinder, Kündigung des Arbeitsplatzes, unverantwortliches wirtschaftliches Verhalten, Untreue und Überheblichkeit«, antwortete er. Bewaffnet mit dieser Auflistung der Anklagepunkte, begann ich, die Gefühle von infantiler Schuld und Scham von reifer Schuld zu trennen. Allmählich trennte ich die Vorfälle von Verrat und Verletzungen, die an mir und anderen begangen worden waren und für die ich die Verantwortung trug, von den Wunden, die ich nicht geschlagen hatte.

Ich benannte und untersuchte die ungeordneten Gefühle, die mich überfielen, eines nach dem anderen. Jeden Abend lud ich die dunklen Geister ein, mich heimzusuchen, und im Klassenzimmer meiner Psyche begann ich die Phänomene Zorn, Kummer, Schuld, Scham, Verzweiflung, Unfähigkeit und Schuldvorwürfe zu untersuchen. Ich beobachtete das Zusammenspiel von Gefühl und Selbstbild, das Schwanken zwischen Überheblichkeit und Selbsthaß. Dabei erkannte ich: Wenn ich mich in einem Augenblick überlegen und urteilend fühlte, empfand ich mich im nächsten Augenblick als minderwertig und schuldig. Ich untersuchte, wie sich unterdrückter Kummer und Zorn in Melancholie, Depression und Verzweiflung verwandelten. Und während ich mich allmählich in meiner Traurigkeit und meiner Reue wohler fühlte, erfuhr ich die Wahrheit der alten Verheißung: »Selig sind, die da Leid tragen; denn sie sollen getröstet werden.«

Wie viele spirituelle Forschungsreisende aus allen Zeiten bezeugen, vollzieht sich wunderbarerweise ein Wandel in der Identität, wenn man in Gegenwart des Chaos unserer ungeordneten Gedanken, Gefühle und dem Rhythmus von Herz und Atmung still dasitzt. So beobachtete ich also den Wirbelwind, der die Mitte meines Selbstgefühls einnahm, und veränderte mich voller Unbehagen – ich war nun nicht mehr der Kranke, sondern der einfühlsam-objektive Beobachter, der das Chaos transzendieren und ruhig bleiben konnte. Mitten auf jenem Schlachtfeld, das meine Persönlichkeit ist – getrieben von verwirrten Alarmsignalen des Kampfes und der Flucht, wo des Nachts die unwissenden Armeen des Über-Ichs, Ichs und Es aufeinanderprallten –, entdeckte ich ein friedvolles Königreich. Ich bin der psychisch Gesunde im Tollhaus meiner Persönlichkeit. Ich bin das Subjekt, das fähig ist, die Zuschreibungen und Zufälle meiner Psyche zu überwinden. Je mehr ich von den Wunden und der Gebrochenheit meiner historischen Situation *erfahre und mich dann von ihnen des-identifiziere*, desto eher erlange ich eine Identität, die nicht meinen flüchtigen Gedanken oder Gefühlen ausgeliefert ist. Ich bin jenes Wesen, das imstande ist, meine geistige, emotionale und körperliche Konditionierung zu transzendieren. Ich bin es, der der Gefangenschaft meines uralten Charakterpanzers entfliehen kann. Ich bin es, der nicht vom Gestern bestimmt wird.

Die zutreffenden Namen für diese Fähigkeit zur Selbsttranszendenz sind Freiheit, Geist und Seele.

Das erste Schimmern des Bewußtseins, daß das Selbst Geist ist, kann aufleuchten, wenn man einen stillen und friedlichen Punkt im Chaos seiner Persönlichkeit entdeckt. Doch das fortdauernde Abenteuer ist die lebenslange Erkundung der vielen Formen der Selbsttranszendenz. Ich rechne stets damit, daß ich größer bin als meine vorhergehenden Ideen, Selbstbilder und Gefühle. Ich überflute meine Persönlichkeit. Wer bin ich? Was ist letztlich meine Identität? Was sind die letzten Grenzen dieses Wesens, das ich »Ich« nenne? Ich weiß es nicht.

Bewegen und bewegt werden: Meditation im Gehen

In dem Bestreben, ganz und gar fleischgewordener Geist zu werden, stoßen wir auf ein Paradox. Wir müssen uns mit unserem Körper völlig identifizieren und zugleich entidentifizieren. Indem ich atme, wird mir bewußt daß meine intimste Handlung auch zugleich ein Be-handelt-werden ist; »mein« Körper wird von etwas belebt, das »jenseits« von ihm ist. Wenn ich still dasitze und auf die vorbeihuschenden Gedanken und Empfindungen achte, entdecke ich, daß »ich« zum Beobachter werde, der den Körper zu transzendieren vermag. Dasselbe Paradox trifft auf die bewußte Wahrnehmung der Art zu, wie man sich bewegt und bewegt wird.

Allein schon die Vorstellung, es könne Meditation in Bewegung, im heiligen Tanzen und geweihten Ringen geben, kommt den meisten westlichen Menschen seltsam vor. Das religiöse Leben im Westen findet gleichsam im Sitzen statt, und nur in den »Unterschichts«-Kirchen der Schwarzen wird zu Gospels und Spirituals getanzt. Presbyterianer, von den Episkopalen gar nicht zu reden, wackeln weder mit dem Hintern noch »gehen sie mal richtig aus sich raus«, und Methodisten benehmen sich, als ob sie, wie der Gott ihrer offiziellen Lehre, »ohne Körper, Geschlechtsteile oder Leidenschaften« leben müßten.

Demgegenüber steht die Auffassung, die Arthur Darby Nock, mein Professor für Vergleichende Religionswissenschaft in Harvard, uns Studenten ins Gedächtnis rief: »Die Religion der archaischen Völker wird nicht *geglaubt*. Sie wird *getanzt*.« Die meisten östlichen Religionen haben Kampfsportarten entwickelt – Jiu-Jitsu, Kung-fu, Aikido, Tai-chi –, die den Körper-Geist geschmeidig halten und den

Gläubigen lehren, dem Bösen auf nichtgewalttätige Weise Widerstand zu leisten.

Von Zeit zu Zeit habe ich versucht, im Sitzen zu meditieren, und mich in Kampfsportarten versucht. Aber die fruchtbarste Form der Meditation ist für mich immer ein langer Spaziergang gewesen.

Zu Fuß zu gehen ist eine wesentliche Disziplin für Geist und Seele. Meine Seele ist ein Reisender, der zu Fuß durch die Welt geht. Wie Aristoteles (dessen philosophische Schule man als Peripatos bezeichnete, nach dem überdachten Gang, auf dem er wandelte und unterrichtete) kann ich keinen klaren Gedanken fassen, wenn ich zu lange sitze. Meines Erachtens hat Nietzsche nur ein wenig übertrieben, als er auf eine Stelle stieß, in der Flaubert schrieb: »Man kann nur im Sitzen denken und schreiben«, und entgegnete: »Da habe ich dich erwischt, du Nihilist! Das sitzende Leben ist eine Sünde wider den heiligen Geist. Nur Gedanken, die man im Gehen erlangt haben Wert.« Ich vermute außerdem, daß Immanuel Kant neben der *Kritik der reinen Vernunft* eine *Ode an die Ekstase* hätte schreiben können, wäre er von seiner Gewohnheit abgewichen, jeden Tag zur selben Zeit einen Spaziergang auf demselben Weg zu machen.

Für mich ist die Meditation im Sitzen, wie die Reue, *Arbeit*, die eine beträchtliche Menge an Konzentration, Seelenerforschung und Willenskraft erfordert. Gehen ist dagegen die reine Gnade, eine mühelose Kunst, die überraschende Augenblicke der spontanen Selbsttranszendenz hervorbringt.

Wenn ich spazierengehe, springen meine Gedanken voraus, überspringen einzelne Schritte und liefern mir Bilder und Ideen aus dem Nirgendwo. Mit verblüffender Regelmäßigkeit enthalten die Gedanken, die mir in den Sinn kommen, wenn ich mich auf einer langen Wanderung in den Bergen befinde, die bahnbrechenden Einsichten, die mir nach wochenlanger harter geistiger oder emotionaler Arbeit verschlossen geblieben waren. Die Losungen meiner Probleme kommen immer von anderswo.

Das Gehen ruft mir ins Gedächtnis zurück, daß mein Sein im Werden ist. Immer bin ich unterwegs, nie komme ich an. Ich bin keine statische Substanz. Ich besitze keine Identität, die nicht verlorengeht und gefunden wird und wieder verlorengeht. Früher haben wir gedacht, die Materie sei fest und statisch; heute wissen wir, daß »es« aus sich bewegenden Mustern besteht. Substanz ist Energie. Es wird immer einen permanenten Wandel geben. Ich muß lernen, mich unterwegs zu Hause zu fühlen.

Wenn ich in den mir eigenen Schritt verfalle, erlebe ich häufig eine Art kinästhetischer Gnade, bei der die Trennlinie zwischen Sich-bewegen und Bewegt-werden ausgelöscht wird. Als ich einmal mit zwei Freunden am späten Nachmittag auf den Hängen des Mount Tamalpais joggte, machten wir an einem felsigen Strand an der Pirates Cove Pause und saßen und unterhielten uns lange. Je persönlicher das Gespräch wurde, desto näher rückten wir zusammen, bis wir schließlich kauerten und mit den Gesichtern einen engen Kreis bildeten. Als wir dann nach Hause zurückliefen, kamen wir über die Bergkuppe und stießen auf die untergehende Sonne. Wir drei sahen uns gegenseitig an, und plötzlich löste sich unsere Individualität auf. Es war, als wäre die Hand Gottes in einen Handschuh gerutscht, an dem jeder von uns eine Fingerpuppe war. Unsere getrennten und besonderen Persönlichkeiten wurden von einer größeren Energie, einem Willen, einer Lebenskraft eingehüllt. Einen Augenblick fühlte – wußte ich, daß mein ganzes Leben und die Leben meiner Freunde von einer Kraft bewegt wurden, die größer ist als irgendeiner von uns. Später sprachen wir darüber und stellten fest, daß wir eine ähnliche Epiphanie erlebt hatten. Ein gewöhnlicher Augenblick war plötzlich transparent, sakramental, symbolisch geworden.

Die Annahme des eigenen Schicksals ist, als fände man das richtige, das leichte, das anmutige Tempo im Leben. Jeder Läufer oder Spaziergänger kennt die Erfahrung, daß er manchmal in eine mühelose Gangart verfällt. Bei diesen Gelegenheiten versinke ich in die Geschehnisse meines Lebens wie ein Stein im Wasser. Indem ich mich dem Unvermeidlichen hingebe, sinke ich hinab, hinab, hinab, bis ich ruhig auf dem Boden liegenbleibe. Ich erinnere mich an den alten Hymnus der Stoa: »Führe mich, o Zeus, und du, Schicksal. Ich werde dir folgen, ohne zu zögern; doch selbst wenn ich ungehorsam bin und mich wehre, werde ich dir doch nicht weniger gewiß folgen.« Ich ergebe mich etwas Größerem als meiner Willenskraft, das sich im Zentrum meines Lebens bewegt. Meine Tante Claire hat immer gesagt: »Schließlich habe ich meinen Rücktritt als Herrscherin des Universums eingereicht und stellte zu meiner Überraschung fest, daß man sie sofort annahm.«

Der menschliche Körper wurde durch Jagen und Sammeln geformt. Wir sind nicht dazu bestimmt, sitzende Wesen zu sein. Unser Körper, unser Geist und unsere Seele werden pervertiert, wenn wir uns nicht mehr bewegen. Gefühle in Bewegung, vor allem Mitgefühl, beinhalten die Fähigkeit, gerührt zu werden. Ein Charakterpanzer, der den Körper starr werden läßt, hemmt unsere Fähigkeit, zu reagieren und uns rühren zu lassen. Anmut ist der Feind der Stauung und umgekehrt. Unser Körper muß geschmeidig sein, darauf eingestellt, daß er sich der höheren Kraft, der Energie, dem *prana*, der Seele hingibt.

Vermutlich rührt einiges der Krise des modernen Geistes und der modernen Seele aus den Sitzgewohnheiten der modernen Intellektuellen her. Die Schulen lehren uns, uns zu setzen, das Leben im Sitzen zu bewältigen. Professoren und professionelle Denker und Manager sind meist Großstadtbewohner, die in Organisationen leben und drinnen, unter künstlichem Licht arbeiten, an Schreibtischen oder Konferenztischen sitzen, umgeben von Maschinen. Vielleicht ist die Welt, die man aus dieser Perspektive sieht, zutiefst verzerrt, was uns immer tiefer in ein Labyrinth der egozentrischen Gedanken und Illusionen hineinzieht. Wir werden immer süchtiger nach den entwurzelten, abstrakten Denkgewohnheiten und Betätigungen, in denen unser Unbehagen gründet.

In welchen Haltungen, Orten und Stimmungen und in Gegenwart von welcher Gemeinschaft können wir am präzisesten, umfassendsten und hoffnungsvollsten über die *condition humaine* nachdenken?

Der einfache Akt, ins Freie zu gehen, ist notwendig, wenn wir den sitzenden, behausten Geist ent-täuschen wollen. Die Haltung des Staunens zerstört den Narzißmus und die Hybris. Ein Fels, eine Wolke, ein Baum können dazu beitragen, daß wir uns erinnern, wer wir sind – vorletzte Bewohner im Haus der Kultur, doch letztlich Bürger des Kosmos. Die Seele des Menschen muß stets ihr letztes Zuhause in der natürlichen Ordnung, den spontan auftauchenden Dingen finden. Wohnungsbesitzer nicht weniger als Farmer haben ihre Wurzeln in der Erde. Der Humus geht in die Definition unserer Gattung ein. Vielleicht ist die beste Liturgie, mit der wir uns an unsere spirituelle Identität erinnern können, ein Spaziergang in der Wildnis.

Jahr um Jahr scheine ich, während ich ausschreite und mich im Einklang mit meiner Körper-Zeit bewege, tiefer in etwas zu versinken, das meine Bestimmung zu sein scheint.

Viel von dem Aufruhr in meinem Leben entstand, weil ich mich bemühte, irgendeine Phantasie oder ein Ideal meines Selbst zu verwirklichen, das mir so nicht paßte. Ich wäre gern unbeschwert, locker, leichteren Herzens. Ich narre mich selbst, bis ich mir wünsche, ich wäre ein ganz anderer als der, der ich wirklich bin. Ich bin unglücklich, weil mich der Dämon der Philosophie belastet, bin verflucht, immer nach dem »Warum« zu fragen, ein besessener Arbeiter des Sinn-Spiels.

Aber dann wechselt plötzlich die Perspektive, und ich akzeptiere, was vorher problematisch war. Ich betrachte meine Lebensgeschichte, meine Eltern, meinen Körpertyp, meinen seltsamen Appetit, Fragen zu stellen, und meinen unruhigen und beunruhigenden Geist als meine Bestimmung. Was eine Wunde war, wandelt sich zu einem Geschenk. In diesem Augenblick weiß ich, daß meine größte Freiheit darin liegt, mich diesem merkwürdigen Wesen hinzugeben, das den Namen Sam Keen trägt. Obgleich ich meine Willenskraft ausgeübt und einige Details meines Lebens selbst geschaffen habe, bin ich doch kein »Selfmademan«. Auf einer Ebene, die tiefer liegt als die Macht der Selbstschöpfung, bin ich aufgefordert, auf das zu reagieren, was ich nur ungenau als meine Essenz oder meine Berufung bezeichnen kann. Mein Schicksal entfaltet sich und läßt mich dabei im sechsten Jahrzehnt meines Lebens die bewegende Kraft der »göttlichen DNS« sehen, die mein Leben seit Anbeginn geformt hat.

Stets tanze ich mit dem anderen und versuche, mich zum Rhythmus der höheren Macht zu bewegen. Wie der alte Cowboy sagte, als man ihn fragte, wie man reitet: »Reiten ist genau wie Tanzen, nur daß man das Pferd führen läßt.« Dasselbe gilt für das Leben.

D. H. Lawrence hat das Gefühl der kinästhetischen Gnade und der Hingabe an das Schicksal in seinem Gedicht »Song of a Man Who Has Come Through« [Lied eines Mannes, der durchgekommen ist] eingefangen:

Not I, not I, but the wind that blows through me!
A fine wind ist blowing the new direction of Time.
If only I let it bear me, carry me, if only it carry me!
If only I am sensitive, subtle, oh, delicate, a winged gift!
If only, most lovely of all, I yield myself and am borrowed
By the fine, fine wind that takes its course through the chaos of the world.

Nicht ich, nicht ich, sondern der Wind, der mich durchweht!
Ein feiner Wind weht in die neue Richtung der Zeit.
Ließe ich mich doch nur von ihm halten, tragen, trüge er mich doch nur!
Wäre ich doch nur empfindsam, fein, oh, zart, eine geflügelte Gabe!
Gäbe ich mich doch nur hin – es wäre das Schönste –, würde ich doch nur von dem feinen, feinen Wind genommen, der das Chaos der Welt durchstreift.

Sakramentale Sinnlichkeit

Um die spirituelle Dimension des Lebens der Sinne wiederzuerlangen, müssen wir die Disziplinen der Freude und des Sichfreuens fördern.

Um die Sinnlichkeit in ein Sakrament verwandeln zu können, müssen wir als erstes langsamer werden. Geschwindigkeit ist der Feind des Geistes. Lassen Sie sich die Zeit, die Sie brauchen. Würdigen und feiern Sie die Geschenke der Farbe und Form, des Schmeckens und Fühlens. Es dauert eine gewisse Zeit, bis man den Augenblick genießen kann.

Schreiben Sie Ihrem Herzen die Maxime ein, die früher an jedem Bahnübergang zu finden war: »Bleiben Sie stehen, schauen Sie und lauschen Sie.« Machen Sie es sich zur Gewohnheit, auf meditative Weise zuzuhören, zu schauen und zu berühren.

Erinnern Sie sich. Epiphanien sind gewöhnlich wie Vergißmeinnicht. Das Ewige ist im Herzen des Hier und Jetzt eingerollt. Das Heilige kann in der flammenden Schönheit eines fallenden Ahornblattes erscheinen, im ekstatischen Aufeinandertreffen von Fleisch und Fleisch, im schmerzverzerrten Gesicht einer somalischen Mutter, die ihr sterbendes Kind im Arm hält, oder auch in den beeindruckenden Mustern, die Quarks und Quasare zusammenhalten. Seien Sie aufmerksam.

Schaffen Sie sich ein Refugium – ein Zimmer in Ihrem Haus, einen Garten, einen Ort in der freien Natur –, wo sie von rituellen Objekten umgeben sind, die Sie daran erinnern, die Schönheit der Erde wertzuschätzen und ihr zu danken. Schön geformtes Treibholz, eine schön geformte kleine Statue, Kobaltglas, eine Sammlung von Meeresmuscheln. Ich kenne einen Mann, der einen tragbaren Altar besitzt – ein kleines Silberkästchen voller Halbedelsteine. Von Zeit zu Zeit, wenn er sich daran erinnern muß empfänglich zu leben, nimmt er einen Stein aus dem Kästchen, hält ihn ins Sonnenlicht und taucht ein in den Strom von Amethyst oder Topas. Ein anderer Freund hat im Büro eine Sammlung von kleinen Fläschchen mit exotischen parfümierten Ölen, um seine Vorliebe für Düfte immer wieder neu beleben zu können.

Manchmal reicht es schon, wenn man einen gewöhnlichen Nachmittag in einen Ferientag – einen heiligen Tag – verwandelt, ein kleines Ritual, ein sakramentaler Geschmack von Brot und Wein, ein Augenblick der Danksagung für einen Lichtstrahl, der durch einen Seidenvorhang fällt.

Kapitel 8

Das Wissen des Fleisches: Geschlechtlichkeit und Geist

»Und das Wort ward Fleisch.«
Johannesevangelium

»Hört, meine Freunde, dieser Leib ist sein Zimbal
Er zieht die Saiten an, und es erschallt
die Musik des inneren Universums.
Wenn die Saiten reißen, die Brücke fällt,
dann wird aus diesem Zimbal aus Staub wieder Staub.
Kabir sagt: Der heilige Eine ist der einzige, der
Musik daraus schlagen kann.«

Robert Bly
The Kabir Book

Priester und Pornographen: Verdrängung und Zwang

Ich besitze ein geradezu unheimliches Foto, auf dem eine Frau in schwarzer Spitze abgebildet ist, die auf einem Altar unter einem imposanten Kreuz sitzt. Ein berühmter Fotograf (der anonym bleiben soll, um die Schuldigen zu schützen) filmte kürzlich eine Fotoserie in einer großen Kathedrale; eine Freundin begleitete ihn. Nach den Aufnahmen, als die Kathedrale leer war, erklärte die Frau, sie sei in einer sexuell repressiven Kirche aufgewachsen und habe schon immer die Güte ihrer Sexualität bekräftigen wollen, indem sie sich in sexuell aufreizenden Posen in einer Kirche fotografieren ließ. Ohne Zögern legte sie die Kleider ab, setzte sich in ihren schwarzen Seiden-Dessous auf den Altar und blickt zu dem Kreuz empor, als wolle sie dem gequälten Leib Christi sagen: »Auch in der heiligsten Lust der Sexualität liegt Herrlichkeit.«

Wenn die Sexualität ihr wundersam-furchterregendes Haupt erhebt, gelangen wir ins schillernde Herz der Verwirrung. Keine menschliche Betätigung ist so umgeben von Herrlichkeit und Niedrigkeit, so voller göttlicher Verheißung und dämonischer Macht. Man kann sie in sentimentalen Versen preisen oder zu pornographischen Stöhnlauten reduzieren. Sie kann das höchste Sakrament sein, die spirituelle Vereinigung von Mann und Frau, Gott und Göttin, von Yang und Yin, oder das erniedrigende »Bumsen« anonymer Körper. Sie kann ein Weg sein, der zu einer beseligenden Vereinigung oder zum Pandämonium führt. Was immer sonst wir über die Sexualität sagen mögen, zunächst müssen wir anerkennen, daß sie in eine Wolke der Obsession gehüllt ist, umgeben von einem Dornengestrüpp der Schuld, einem Sumpf der Scham, einer doppelten Mauer des Dogmas und des Tabus und von sieben Schleiern der romantischen Illusion. Wir müssen uns ihr in dem Wissen nähern, daß wir bestenfalls einäugig sind und schlimmstenfalls blind, und uns vorsichtig den Weg durch den Nebel tasten müssen.

Wenn man über Sex spricht, kann man sich über die weitgefächerten Fragen der Sexualität unterhalten; über die Art, wie wir unsere Geschlechterrollen erlangen und erleben; über die soziale Konstruktion des Begehrens; die Politik des Körpers, der Familie, der Verhütung und der Abtreibung; den Gebrauch von Sexualsymbolik in der Religion. Ich möchte mich aber auf das konzentrieren, was der problematischste Aspekt der spirituell-sexuellen Beziehung geworden ist – das erotische Verhalten, das den möglichen Austausch von Körperflüssigkeiten beinhaltet. Daß zum spirituellen Leben gehört, daß wir einander Herz und Seele im Geist des Mitgefühls öffnen, wird allseits anerkannt. Die schwierige Frage lautet: In welcher Weise beinhaltet es das gegenseitige Öffnen unserer Körper? *Agape* wird empfohlen; aber was ist mit *Eros*?

Am besten beginnen wir unsere Geschichte, indem wir sie in einen historischen Kontext stellen, der noch heute unsere Einstellungen zur Sexualität prägt. Der Mythos von Adam und Eva und der verbotenen Frucht sagt mehr darüber aus, was wir im Bett tun und nicht tun, als der neueste vom *Playboy* oder von *Cosmopolitan* durchgeführte Sexualreport.

In der Schöpfungsgeschichte heißt es weder, daß die Frucht ein Apfel sei, noch ist sie dort ein Euphemismus für Sex. Doch die populäre Einbildungskraft hat die ursprüngliche Geschichte so umgeformt, daß sie etwa folgendermaßen lautet: Gott hat einen nackten Mann und eine nackte Frau in den Wald gesetzt mit allem, was zu einem romantischen Picknick gehört, und ihnen dann befohlen, der Versuchung zu widerstehen. »Ihr dürft«, sagte demnach der Herr, »die unschuldigen Freuden der Brombeeren und des Nacktumherschwimmens genießen, aber keine Äpfel. Kein fleischliches Wissen. Keinen Sex.« Offenkundig hatte Adam keine Ahnung vom Sex, bis Gott ihn verbot und Eva Adam den Apfel zeigte und Adam drängte, einen kleinen Bissen davon zu nehmen. Adam tat es, und sie tat es. Hinterher betrachteten sie einander wissend und erröteten vor Freude, waren aber nicht mehr unschuldig. Und Gott, der nur darauf gewartet hatte, daß sie der Versuchung nachgaben (da Er allwissend war, hatte Er begriffen, daß man dem Reiz des Wissens nicht widerstehen kann), folgte den beiden den Gartenweg hinab und reichte ihnen den Urteilsspruch. Für das Vergehen der Tändelei und des Ungehorsams werde er das Paar aus dem Garten vertreiben: Adam werde zur Arbeit im Ausbeutungsbetrieb der Geschichte verurteilt, und Eva sollte auf der Kinderstation leiden.

Man könnte viel über die Misogynie der antisexuellen Voreingenommenheit sagen, die diese Geschichte des Garten Eden umgibt. Historisch gesehen spiegelt sich darin der Übergang von den matrizentristischen zu den patriarchalischen Kulturen, die Zeit, als die Große Göttin durch Gott den Vater ersetzt wurde. Der jüdische Monotheismus trat siegreich aus dem Kampf mit den alten agrikulturellen Göttinnen in Kanaan hervor. Die Schlange, das Symbol der Großen Göttin, wurde zum Symbol des Bösen umgeformt; und der Sex, ein zentraler Teil des Symbolismus und des Rituals der agrikulturellen Göttinnen, wurde umgewertet und unter einer dunklen Wolke des Argwohns versteckt.

In der Theologie der jüdisch-christlichen Tradition wird die Frau, die Natur und das sinnliche Leben des Körpers durchgehend als weniger wichtig und würdig erachtet als der Mann, die Geschichte und das Leben des Geistes. Sie ist ambivalent geblieben, was die positive Verbindung zwischen Sexualität und Spiritualität betrifft. *Agape*, die göttlichste Form der Liebe, beinhaltet keinen Austausch von Körperflüssigkeiten und wird vom Begehren getrennt. Gott wird dabei natürlich als Schöpfer allen Lebens betrachtet. Und ja, der Körper ist Teil der geschöpften Güte – vor allem von der Taille aufwärts. Aber Sex? In der kirchlichen Praxis wird die körperliche Liebe nur geheiligt, wenn sie sich zwischen legal verheirateten heterosexuellen Paaren vollzieht, bei abgeschaltetem Licht, nach einer Dusche. Alles sehr ordentlich und rein. Jeder andere Ausdruck der Sexualität, von der Masturbation bis zur Homosexualität, bezeugt, daß man unter die Herrschaft der heimtückischen Trinität der Welt, des Fleisches und des Teufels geraten ist. Bis auf den heutigen Tag können die wichtigsten christlichen Konfessionen kein klares »Ja« zu irgendeiner Form der Sexualität aussprechen, die Königin Victoria schockiert hätte.

Beachten Sie zwei vorhersehbare psycho-logische Wendungen, die sich aus dem ergeben, was die vorherrschende jüdisch-christliche Einstellung zum Sex gewesen ist. Die verbotene Frucht wird gerade deshalb als süßeste betrachtet, weil sie verboten ist. Hätte Gott bittere Zitronen verboten, würden wir alle nach Limonade verlangen. Unter der stetigen, unterdrückerischen Hand der westlichen Religion sind wir vom Sex besessen geworden, und vor allem verführt uns das, was tabu, heimlich, verboten, schmutzig und frevlerisch ist. Je mehr unsere Einstellungen zum Sex und unsere Sexualmoral von der repressiven Frömmigkeit der Männer in schwarzer Kutte bestimmt werden, desto mehr kleiden wir den Sex in schwarze Spitze und schwarzes Leder. Der patriarchalische Puritanismus ist der Nährboden für Pornographie, sexuelle Gewalt und Heuchelei.

Die geistige Richtung, derzufolge Sex Sünde ist, erzeugt ihren Gegensatz, nämlich das Denken, wonach Sex Erlösung bringt. Eine Gegenbewegung zur Prüderie seiner methodistischen Erziehung vollzog Hugh Hefner mit seinem zwanghaften Bedürfnis, Männer auf Playboys und Frauen auf »Busen und Hintern« zu reduzieren. Die vorhersehbare Antwort auf »Tu's nicht« ist »Tu's jetzt«. Die Unterdrückung der Sexualität brachte die sexuelle Revolution hervor. Das Versprechen, wonach der richtige Sex die Zauberformel für Glück berge, begann mit Wilhelm Reichs Evangelium des vollständigen Körperorgasmus, wurde durch die Erfindung der Pille beschleunigt und durch das ernsthafte Eintreten für Spaß, Spiele und Sex als Freizeitunterhaltung durch den *Playboy* und *Cosmopolitan* popularisiert. Diese Lehre erreichte ihren Höhepunkt während des Sommers der Liebe der Woodstockgeneration, als die psychodelische Einbildungskraft von der Phantasie gefesselt wurde, und man behauptete, wir müßten nur unsere Libido befreien, Liebe statt Krieg machen und dem Lustprinzip folgen, und schon würden wir zu einem übermütigen Leben im Paradies zurückkehren und ewig jung, ewig sexy, ewig unschuldig sein.

Heute herrscht eine nachdenkliche Stimmung, was den Sex angeht. Herpes und Aids – die die moralistische Minderheit als Strafen beurteilt, die Homosexuelle, Bisexuelle und Polysexuelle heimsucht, weil sie Gottes Gesetz, die monogame Sexualität nicht befolgt haben – haben vielen Formen des unverbindlichen Sex einen Riegel vorgeschoben und lassen Monogamie und Safer Sex verlockender als je zuvor erscheinen. Der Feminismus und die Männerbewegung haben ein lange glimmendes Unbehagen mit unserer traditionellen Geschlechterrollen und -identitäten ans Licht geholt und neue Kämpfe in den erogenen Zonen entfacht. Angesichts des wachsenden Bewußtseins, daß unsere individualistische Gesellschaft die Werte der Gemeinschaft und der Familie radikal untergraben hat, erhebt sich die Frage, wie wir uns von der zerstörerischen Unterdrückung und der obsessiven Beschäftigung mit dem Sex entfernen und seine sakramentale Tiefe wiedergewinnen können.

Die verbotene Frucht essen

Es ist gar nicht schwer, die geschichtlichen und kulturellen Verbindungslinien zwischen Sex und Geist nachzuzeichnen, die christliche und die tantrische Tradition zu vergleichen und gegenüberzustellen, zu analysieren, zu erklären und zu empfehlen. Aber wenn ich in die erste Person Singular verfalle, beginne ich zu stottern, zu erröten und mich zu fragen, ob ich nicht lieber weiter den Mund halten soll. Ich bin unsicher, ob ich über meine Erfahrung der ambivalenten Beziehung zwischen Sex und Geist sprechen kann, ohne einen Vertrauensbruch zu begehen, die Regeln des guten Geschmacks zu brechen und das Risiko des Exhibitionismus einzugehen. Doch ich bin genauso überzeugt, daß die Verschwörung des Schweigens, die wir um diese privaten Geheimnisse gewebt haben, zur fortdauernden Entheiligung des Fleisches beiträgt.

An einem bitterkalten Tag im Februar in Minneapolis hörte ich einmal, wie jemand sagte: »Die Winter in Minnesota sind so kalt, daß die Exhibitionisten einfach eine Selbstbeschreibung abgeben.« Der Unterschied zwischen einer existentialistischen Erörterung der Sexualität und einer exhibitionistischen Haltung liegt darin, ob es gelingt, eine angemessene erzählerische Distanz zu wahren. Nach meiner Überzeugung liefert mir die genaue Untersuchung meiner intimen Erfahrung den besten Zugang zu den Strömen, die die Geschichte meiner Zeit formen. Meine Biographie ist aber nur dann hilfreich, wenn sic auch eine allgemeine Geschichte enthält. Aufgrund der tiefen Überzeugung, daß Millionen von Männern und Frauen es für notwendig erachtet haben, aus einem Garten-Gefängnis zu fliehen, das sich von meinem nur in Einzelheiten unterscheidet, schildere ich meinen Kampf meinen Ausbruch und meine Genesung von der erotisch-spirituellen Krankheit, dem Unbehagen, das wir von den jüdischchristlich-industriellen Traditionen geerbt haben. Dabei gehe ich vorsichtig vor und versuche, den schmalen Grat zwischen Enthüllung und Zurückhaltung nicht zu verlassen.

Meine sexuelle Persona wurde in der dunstigen Atmosphäre von Scham und Schuld geformt, unter dem Einfluß meiner ganz normalen und liebenden Eltern, die, soweit ich weiß, ein recht glückliches erotisches Leben führten. Ich komme nicht aus einer dysfunktionalen Familie.

Meine früheste Erinnerung dessen, was ich noch nicht wußte, war Sex im Alter von vier Jahren. An einem warmen Nachmittag in Florida legte meine Mutter mich in mein Bettchen auf der Hinterveranda und ermahnte mich, ich solle ein wenig schlafen. Damit ich nicht abgelenkt wurde, legte sie alle Spielzeuge so hin, daß ich sie nicht erreichen konnte. Während sich die endlosen Minuten ausdehnten, sie mir vorkamen, wie eine schlaflose Ewigkeit, nur gelegentlich unterbrochen durch das Summen einer Fliege, suchte ich nach einer Möglichkeit, meine Verbannung aufzuhellen. Und siehe da, ich entdeckte ein wundersames schlangenähnliches Spielzeug, ausgestattet mit einer sensorischen, interaktiven Vorrichtung, mit der man seine Form ändern konnte. Je mehr ich damit spielte, desto besser fühlte es sich an und desto größer wurde es. Und das beste war: es war mit mir verbunden. Warum ich diesen Gegenstand bis zu diesem Zeitpunkt übersehen hatte, war mir rätselhaft. Ich ging völlig in der Erforschung der vielfältigen Möglichkeiten meines neuen Spielzeugs auf, als ich *die Augen* auf mir spürte und die Stimme meiner Mutter aus dem fernen Sinai hörte: »Sammy, ein braver Junge tut so was nicht!«

Eine urtümliche Verwirrung umwölkte meinen Körper-Geist: »Ich möchte« und »Du sollst«, Verlangen und Pflicht, fochten gegeneinander. Die Mutter Göttin verkündete, daß ihr Gesicht nur dann auf mich scheine, wenn ich »brav« sei, was bedeutete, nicht mit meinem neu entdeckten erotischen Spielzeug zu spielen. Doch in der Tiefe meines Seins erschien mir die Erkundung dieses phantastischen Wunders wie die fleischgewordene Güte. Dennoch blieb ich gefangen im Licht Ihrer Augen; alles verschob sich, und plötzlich schämte ich mich dessen, was einen Augenblick zuvor der Quell wachsender Freude und eines wachsenden Stolzes gewesen war. Richtig und falsch wechselten auf einmal die Plätze, während man mir beibrachte, daß die angenehmen Gefühle in meinem Penis als böse galten.

Nackt, getaucht ins Licht der Scham, spaltete ich – wie Janus – mein Selbst in zwei Personen, um das Dilemma bewältigen zu können. Ich formte das eine Gesicht zu einer »netten« Maske und lernte, mich auf eine Weise zu benehmen, die die Zustimmung der Mutter Göttin und aller Frauen einbringen würde, die sie in der Folge erneut repräsentieren würden. Mein zweites Gesicht wandte ich der schützenden Dunkelheit zu. Um die Bedrohung der Bloßstellung und der Verurteilung zu vermeiden, wurde ich geheimnistuerisch und heimlich. Meine Sexualität versteckte ich fortan unter der schützenden Decke der Dunkelheit. Es sollten noch viele Jahre vergehen, ehe ich entdeckte, daß die Augen, vor denen meine fleischlichen Geheimnisse am stärksten verborgen waren, meine eigenen waren. Allmählich sorgt die habituell empfundene Scham dafür, daß wir nicht tief in den Apfel der Selbsterkenntnis beißen.

Die Verbote und Gebote meines irdischen Vaters bezüglich der Sexualität waren komplexer als die meiner Mutter. Sex war keine Kategorie, die im Bewußtsein meiner Mutter einen großen Raum einnahm. Ihr ging es um den Gehorsam gegenüber dem Wort Gottes. Hätte die Bibel verordnet, daß jeden Samstagabend im Keller der Presbyterianischen Kirche eine Orgie stattfinden solle, hätte sie uns ohne weiteres auf den Weg des Exzeß geschickt (von dem William Blake, dieser dionysische Christ, sagt, daß er in den Palast der Weisheit führt). Mein Vater hingegen hatte eine ganz besondere Einstellung. Die Regel für Jungen wie Mädchen lautete: »Kein Sex außerhalb der Ehe!« Über diese Vorschrift wurde nicht viel gesprochen, sondern sie wurde uns durch Geschichten über Menschen nahegebracht, deren Leben ruiniert worden war, als sie an allen falschen Orten nach Liebe gesucht hatten; wie im Fall Jimmy Clydes, dem eine brillante Karriere als Musiker winkte, bis er ein »Flittchen« heiratete, das sich mit anderen Männern abgab und ihn verließ so daß er zwei Kinder allein aufziehen mußte.

Unter weißen angelsächsischen Protestanten im Süden der USA in den dreißiger Jahren wurde die Vorschrift gegen vor- oder außerehelichen Sex zwar von allen geehrt, aber häufig gebrochen. Das unnachgiebige Eintreten meines Vaters wirkte deshalb merkwürdig, weil es so gar nicht zu ihm paßte.

Normalerweise lautete seine Erziehungsmaxime, uns Kinder zu ermutigen, dem zu folgen, was uns begeisterte. Und wie bereits gesagt, er war ein außerordentlich sinnlicher Mensch. Die normale Lebensregel, die er uns, mit gutem, überschwenglichem Beispiel vorausgehend, lehrte, lautete: Rieche, berühre, schmecke, schaue, höre zu. In jeder Hinsicht, nur nicht auf dem Gebiet des Sex, drängte er uns, vielfältige Interessen zu entwickeln und unsere Einzigartigkeit zu genießen. Aber für meinen Vater war Sex, und deshalb auch für den Sohn, an dem er so große Freude hatte, so unbeständig und bedrohlich, daß man ihn mit den dicken Mauern der Ehe umgeben mußte.

Im Alter von dreizehn Jahren tauchte ich plötzlich aus der Kindheit auf und betrat die neue Welt des Sex, als ich einen feuchten, ekstatischen Traum hatte. Während meiner Jugend gab es die üblichen Strandparties, Verabredungen und die Versprechen ewiger Liebe, die wir verschiedenen festen Freundinnen gaben. Aufgrund dessen, was ich damals als meine christliche Pflicht ansah, widerstand ich heldenmütig der Versuchung und blieb im technischen Sinne Jungfrau – ich bewahrte mir das Finale für die Frau auf, die für immer meine Frau sein würde.

An einem verzauberten Abend – ich war einundzwanzig – lernte ich Heather kennen. Ein Jahr später waren wir verheiratet.

Ich ging in die Ehe mit der unbefragten Annahme, daß meine Sexualität durch das Band der Treue gezähmt werden müsse. Ich erwartete, daß alle meine wilden sexuellen Begierden domestiziert würden, daß die Lust durch gegenseitige Würdigung und Liebe in eine wahrhafte Vereinigung des Fleisches verwandelt würde. Außerdem rechnete ich damit, daß ich schließlich frei werden würde, meine Sexualität ohne Reserve artikulieren zu können. Die intime Nähe würde meiner Frau und mir erlauben, uns unserer Personas zu entledigen, unsere Egos beiseite zu lassen, die Last der Leistung abzulegen und als knorrige und verletzliche Ichs zusammenzukommen. Wenn wir einander vertrauen, einander die rückhaltlose Anerkennung schenken würden, würden wir nackt und durchscheinend für einander werden, zwei Personen, die sich durch das fleischliche Wissen verbinden und ein Fleisch werden.

In unserer Unschuld erkannten wir nicht, was wir nicht kannten – unser unbewußtes Selbst. Wir waren zu jung, um verstehen zu können, daß unter der ruhigen Oberfläche des Meeres der Liebe und des Wohlwollens Untiefen und trügerische Ströme verborgen lagen. Unter den guten Absichten und ungeprüften Tugenden lauerte der Schatten. Keiner von uns hatte zu Beginn der Ehe eine Ahnung von den verborgenen Tagesordnungen, von den aus der Kindheit stammenden Wunden, dem unterdrückten Zorn, den unrealistischen Forderungen, den geheimen Abhängigkeiten und dem exzessivem Verlangen.

Erst nach Jahren hatte ich die innere Dynamik verstanden, die Heathers und meine Hoffnungen auf eine befreiende Ehe vereitelten, und das machte meine Mitschuld an der Scheidung als einen unvermeidlichen Teil einer Reise aus, auf die wir uns schon längst begeben hatten und festgelegt worden waren, ehe ich den Schauplatz des Geschehens betrat. In unserem Leben sind, wie in einem Theaterstück, bestimmte Handlungen im Drehbuch festgelegt. Die Handlung in Akt II wird bestimmt von den Themen, die in Akt I in Gang gesetzt wurden.

Nach fünfzehnjähriger Ehe, fünf Jahre nach dem Tod meines Vaters, agierte ich das mir bestimmte rebellische Szenario aus. Vor Furcht und Erregung zitternd brach ich das spezielle Tabu gegen das verbotene sexuelle Wissen, das meine Psyche und meinen Körper in einer unterschwelligen Hörigkeit gegenüber der Autorität meines Vaters festgehalten hatte: Namen und Details sind ohne Bedeutung. Ich verliebte mich »Hals über Kopf« in eine attraktive junge Frau, die – wie ich annahm –, in der Kunst der Flirts bewanderter war als ich und alle meine sexuellen Schüchternheiten und Verklemmtheiten hinwegfegen würde.

Ein Film über diese Affäre – das Motel am Meer, das Wechselspiel der Augen und der Küsse, die dünne Salzschicht auf fremder Haut, die erhitzten Leiber auf kühlen Laken – könnte die wahre Geschichte nicht einfangen. Der Akt der Liebe selbst war weder überwältigend leidenschaftlich noch sonderlich gekonnt. Die Erde bebte nicht. Doch tief in den Fundamenten meines Selbst brachen die lange zurückgehaltenen artesischen Wasser durch den Fels, und mein Geist begann sich auszudehnen und meinen Körper und mein Bewußtsein zu beleben. Als ich das Motel verließ, traurig und voll Freude, sagte ich Mutter und Vater, der Matrix und den Regeln, die mich genährt und eingeengt hatten, auf Wiedersehen, und brach auf in das unbekannte Land, das jenseits von Eden liegt. Ich wußte kaum etwas über die Wildnis, die ich nun betreten würde, nur daß ich zu gezähmt gewesen war und meine Lebensleidenschaft wiedererlangen mußte. Ich wollte fortgerissen werden, mich etwas hingeben, das mich übertraf.

Der späte Verlust der Unschuld und mein Verlangen nach einem »Hauch von Wahnsinn« war nur einer der Felsen, an denen meine Hoffnungen auf eine lebenslange Ehe strandeten. Es ist weder schicklich noch notwendig, die komplizierte Geschichte hier nachzuerzählen: Es reicht, wenn ich sage, daß es siebzehn reiche und schwierige Ehejahre gewesen waren. Sie endeten in gegenseitiger Fürsorge und in Schmerz, als sich unsere Wege trennten und wir uns gegenseitig von unserem Gelübde entbanden. Insoweit eine Scheidung jemals ein Akt der Liebe sein kann, war es unsere. Trotz der Zeit, die seither vergangen ist, der räumlichen Entfernung und der Neuverheiratung herrscht noch immer ein herzliches Verhältnis zwischen uns beiden.

Tabubrüche: Einige Richtlinien

Tabus zu brechen ist gefährlich. Es kostete mich eine Ehe, die vielleicht überdauert hätte, und hinterließ bei meinen Kindern Narben, die sich erst nach zehnjähriger Arbeit in Schönheitsflecken verwandelt haben. Sobald wir die Grenze dessen, was den Eltern und Autoritäten erlaubt erscheint, überschreiten, erhebt sich die schrille Stimme unseres kindlichen Gewissens und beschuldigt uns unterschiedslos der Verantwortungslosigkeit, des Verrats, des Verlassens und der Preisgabe der Familie und der Gemeinschaft, nur damit wir unsere narzißtischen Begierden befriedigen können. »Wenn man das Tabu bricht, das den Sex in die Ehe verbannt, was hält dich dann von Vergewaltigungen, Inzest, Mord und Diebstahl ab? Hat man erst einmal Scham und Schuld über Bord geworfen, dann landet man im Zustand moralischer Anarchie!«

Manche Tabus sind schöpferisch, andere zerstörerisch; manche heilig, andere dämonisch. Der Inzest ist eine Entweihung der Familienbande des Vertrauens. Vergewaltigung ist eine Schandtat, die keine Gesellschaft tolerieren kann, wenn sie zivilisiert bleiben will. Mord ist ein Akt, der das Fundament der Achtung für andere zerstört, ohne die es keinen Gemeinsinn geben kann. Nur ein Psychopath würde alle Tabus umstoßen, aber nur ein Fanatiker würde auch bestreiten, daß bestimmte Tabus im Namen der Freiheit und der spirituellen Notwendigkeit gebrochen werden müssen.

Es gibt Zeiten, wenn die elterlichen und sozialen Werte mit unseren im Erwachsenenalter gewählten Wertvorstellungen in Konflikt geraten und wenn eine kindliche Scham und Schuld, die von der Autorität des elterlichen Gewissens hervorgebracht wurde, mit unserem reifen Gefühl für Scham und Schuld kollidieren. In diesen Augenblicken, da unsere spirituelle Entwicklung von moralischen Vorstellungen blockiert wird, müssen wir es wagen, gehorsam gegenüber dem schöpferischen Guten zu handeln. Eine Stimme des spirituellen Gewissens ruft uns fort – in eine Zukunft, die größer und einfühlsamer ist als diejenige, die von moralistischen Ansprüchen und vom Stammesgewissen gefordert wird. Genauso, wie manchmal prophetischer Protest und ziviler Ungehorsam notwendig sind, um das Gemeinwesen gerechter zu machen, so ist manchmal der Abstieg in das dionysische Chaos notwendig, um die heilige Kreativität befreien zu können.

Es gibt nur einen Ort, an dem alle Tabus gebrochen werden – und gebrochen werden müssen: in unseren Träumen. Um das größtmögliche Mitgefühl zu entwickeln, muß ich letztlich wissen, daß *mir nichts Menschliches fremd ist.* Ich bin Ungeheuer und Heiliger, Mörder und Heiler, besudelt und rein. Dieselbe Lust nach Macht und die sich daraus ergebende Grausamkeit, die Hitler antrieb, schwärt in einem dunklen Winkel meiner Psyche; sie grenzt an die Regung nach unterschiedsloser Liebe, die Mutter Teresa belebt. Und die einzige sichere und schöpferische Methode, an die gefährlicheren und zerstörerischeren Formen der tabuisierten Selbsterkenntnis zu gelangen, liegt in den Träumen. Die Einbildungskraft erlaubt uns, aus unseren Phantasien zusammenzustellen, was unangebracht oder dämonisch wäre, wenn wir sie ausagierten. Dionysos, der Gott des Exzesses und der Ekstase, ist der oberste Herrscher im Land der Träume, ebenso wie Apollon, der Gott der Mäßigung, der Vernunft und des Gesetzes, die meisten unserer Tagesstunden regiert. Wenn ich im Traum meine promisken Lüste, mörderischen Begierden und meine grenzenlose Liebesfähigkeit sammle, erwache ich aus der moralistischen Illusion, ich sei unendlich besser oder schlechter als andere Männer und Frauen. Eine amoralische Einbildungskraft liefert uns die Erfahrung, während der Traumzeit »jenseits von gut und böse« zu leben, was für die Entwicklung der Mitgefühle unerläßlich ist. Auch das bin ich.

Normalerweise sind die Tabus, die wir überprüfen müssen, um unsere tiefsten Begierden entdecken zu können, diejenigen, die uns unbewußt durch die Familienmythen und die Ideologie unserer Kultur einprogrammiert wurden. Zur Erlangung der Freiheit muß der Betreffende vielleicht gegen die Fesseln einer aus den Südstaaten stammenden Familie rebellieren, ein anderer gegen das Dogma einer atheistischen Familie. Eine Familie, in der ein Mitglied Alkoholiker ist, bringt ein Tabu gegen Nüchternheit hervor. Eine fundamentalistische Familie erzeugt ein Tabu gegen den Zweifel.

Unlängst wurde ich Zeuge eines Beispiels für einen schöpferischen Tabubruch, der das genaue Gegenteil meines eigenen war. Der Mann, den ich Jack nennen will, ein berüchtigter Schürzenjäger, wurde von weltgewandten Jetset-Eltern erzogen, deren Einstellung in sexuellen Fragen irgendwo zwischen Liberalität und Libertinage angesiedelt war. Das Beispiel seines Vaters und die ausdrücklichen Anweisungen seiner Mutter hatten ihn gelehrt, daß es schändlich sei, *nicht* jede attraktive Frau, mit der er in Kontakt kam, zu verführen. Seine Mutter hatte die Angewohnheit, ihn auf die für eine Liebschaft in Frage kommende Frau aufmerksam zu machen; sie folgte sogar den vielversprechenden Frauen bis in die Damentoilette und gab ihnen die Telefonnummer ihres Sohnes. Wenn seine Verführung Erfolg hatte, erwartete die Mutter, daß er ihr die Einzelheiten erzählte. Infolge dieser Imperative und Ermutigungen schlief Jack mit so vielen Frauen, daß er sich, wenn er unerwartet eine Frau mit einem bekannten Gesicht oder Namen traf, nicht mehr daran erinnern konnte, ob er mit ihr geschlafen hatte. Kürzlich hat er sich jedoch ernsthaft verliebt und erwogen, die Frau zu heiraten. Zum erstenmal in seinem Leben wollte er einer Frau treu sein. Aber dazu war er nicht in der Lage, weil er Angst hatte. Wenn er nämlich seine zwanghaften Verführungen einstellte, näherte er sich gefährlich dem Bruch des Familientabus gegen die Treue. Als ich Jack von meinem Familientabu gegen die Untreue erzählte, sahen wir einander an und lachten, weil wir erkannten, daß wir dieselbe Geschichte erlebt hatten, nur in gegensätzlichen, spiegelverkehrten Welten. Neulich las ich, daß Jack geheiratet hatte. Ich freue mich mit ihm – ich empfinde mit ihm die seltsame Freiheit, die er in seiner neuen rebellischen Freiheit gefunden haben muß.

Heiliger Exzeß: Das Wilde und das Zahme

Eine Halbwahrheit ist ebenso gefährlich wie eine glatte Lüge; dies wurde mir klar, als ich versuchte, völlig seßhaft zu leben, obgleich ich von meiner Abstammung her halb Zigeuner bin. Möglicherweise berührt uns die ehrfürchtige Freude und Hingabe an die sexuelle und heilige Energie, die sich unter unser Persönlichkeit regt, wenn wir geliebt und geschätzt und von den dauerhaften Banden der Liebe sicher gehalten werden. Das große Geheimnis guter Ehen besteht darin, daß Treue ein heiliges Aphrodisiakum ist.

Aber es wäre ein Fehler zu glauben, daß die heilige Sexualität immer zahm, sanft und persönlich ist. Anders als Johannes Calvin meinte, bewegt uns der Geist nicht immer dazu, unserer sexuellen Verehrung »anständig und geordnet« Ausdruck zu verleihen. Manchmal weht ein wildverrückter Sturm durch unsere geordneten Tage, und eine wilde Musik ruft uns zu den Bergen.

In den fünf Jahren zwischen meinen beiden Ehen (eine Auszeit für schlechtes Benehmen) »erkundete ich meine Sexualität«, wie man es damals in Kalifornien nannte, nur in geringem Maße. Als Presbyterianer, der den Glauben verloren hatte, blieb ich konservativ genug, mich mit geringen Abweichungen von einfacher Vanille zufriedenzugeben. Ich teilte meinen Körper sorgfältig mit weniger als einer Handvoll Frauen, und in den meisten sah ich Kandidatinnen für eine neue dauerhafte Beziehung.

Es gab eine bemerkenswerte Ausnahme, eine zwei Jahre währende Liebesbeziehung, die eine große sexuelle Hingabe bedeutete.

In dieser Geschichte möchte ich die Anonymität wahren, nicht um die Privatsphäre der Beteiligten zu schützen, sondern weil unsere Körper die wichtigste Rolle spielten.

Wer wir waren oder gewesen sind oder vielleicht werden würden, ist nicht wichtig. Ich hatte die Frau während meiner Ehe flüchtig gekannt, doch jedesmal, wenn wir uns unterhielten, war sie so voller Phantasien und erzählte mir so viele widersprüchliche Geschichten über ihre Vergangenheit, daß ich nie sicher war, ob sie ihre Biographie nicht einer Eingebung des Augenblicks folgend erfunden hatte. Sie besaß bestenfalls eine flüssige und schlimmstenfalls eine gefährlich diffuse Identität. Zwölf Jahre nach unserer Beziehung verwandelte sich ihre wunderbare Unbeständigkeit in eine Schizophrenie. Als uns die schwarze Magie in ihren Bann schlug, war meine Identität durch meine Scheidung und Entfernung von meiner Familie und meinem Beruf pulverisiert. Wir kamen in Kalifornien zusammen, wo die Illusion der ewigen Jugend und der endlosen Möglichkeiten ein Glaubensartikel ist und wo ich mein Leben von neuem begann.

Einc einzige Begebenheit mag das Ganze verdeutlichen.

Das Einzimmer-Apartment der Frau hätte ein Zimmer in einem Harem für Aufnahmen zu einer Low-budget-Verfilmung von *Scheherazade* sein können: An den Wänden hängen Bettüberdecken mit indischen Mustern, die sich bauschen und einen Himmel über einer großen Matratze bilden, die auf dem Boden liegt. Tantrische Gemälde von königlichen Paaren in verschlungenen Haltungen der Liebe bedecken, was an spärlichen Wandraum nicht verhangen ist. Ein orientalischer Teppich, dunkellila mit Mustern, die an einander umschlingende Schlangen denken lassen, liegt auf dem Boden. Der Geruch von Sandelholz liegt in der Luft.

Die Frau entzündet ein neues Weihrauchstäbchen und bringt zwei Gläser mit Pflaumwein zum Bett. Die beiden sitzen, ihre Beine berühren sich in ganzer Länge. Beide sind atemlos, und in der Luft liegt eine so große Spannung, als schlüge gleich ein Blitz ein. Im letzten Jahr haben sie oft miteinander geschlafen. Jedesmal ist es wie jetzt. Sie sprechen wenig und versuchen, sich solange wie möglich zurückzuhalten, als wäre es irgendwie ungehörig, sich dem Drängen hinzugeben. Wie in Zeitlupe stellen sie die Gläser auf dem Boden ab und küssen sich sanft. Er blickt in die grüne Dunkelheit ihrer Augen und sieht ein Spiegelbild seiner Augen. In beiden Augenpaaren – Verlangen. Wortlos entkleiden sie sich. Sie trägt nichts unter der Bluse und dem langen Rock. Erst jetzt werden sie vom Gefühl der Hast ergriffen. Es gibt kein Vorspiel, kein Bemühen, den anderen zu erregen. Schon drängt ein unsichtbarer Strom sie nach draußen, vom Strand ins Tiefe. Sie zwingen sich, ruhig zu atmen, um die Beschleunigung zu verlangsamen. Er legt die Hand zwischen ihre Beine; sie ist feucht und pulsierend. Sie lehnt sich zurück gegen das Kissen, er dringt aufreizend langsam in sie ein, innehaltend wie ein Taucher auf jeder Phase des Abstiegs in die unter Wasser gelegene Höhle. Als er den Grund berührt, beginnt sie plötzlich zu zucken. Er atmet tief und wartet. Als ihr Atem wieder ruhig wird, beginnen sie sich gemeinsam zu bewegen und halten inne, damit die flüssige Wärme in jede Falte ihrer Körper tröpfelt. Rhythmische Wellen gehen über sie hinweg. Das Räucherstäbchen verglüht. Nach einer endlosen Zeit des Reitens auf den Wellen der Empfindung fallen sie gemeinsam in das Meer der Vergessenheit. Danach liegen sie nebeneinander, sauber gewaschen von der gemeinsamen Leidenschaft. Mehrmals in der Nacht bewegen sich ihre Körper gemeinsam, bis das Liebesspiel und das Träumen über das Liebesspiel sich verschränken. Als er aufwacht, will er sie an sich ziehen, umarmt aber nur ein Kissen. Sein Blick fällt auf einen kleinen Brief, der auf den bauschigen Baldachin aus Paisleystoff befestigt ist: »Holder Mann, Narr, wilder Kerl, Schmetterling, Tiger, Prinz der Liebenden – ich habe es heute morgen kaum geschafft, aus dem Teich der Lust hinauszuschwimmen und das U-Boot zur Arbeit zu nehmen. Komm früh heute abend. Ich plane ein Fest. Alles Liebe, Z.«

Es gab noch weitere sinnenfrohe Abende und Nachmittage, aber es ergab sich nichts Dauerhaftes daraus. Der Mann und die Frau lebten nicht glücklich bis ans Ende ihrer Tage. Schließlich wurden die Brüche zwischen dem, wer sie im und außerhalb des Bettes waren, zu groß. Das Fleisch kann nur ein bestimmtes Gewicht tragen. Ihre Treffen blieben explosiv, folgten in größeren Abständen, bis die beiden so getrennt waren, wie sie es immer gewesen waren.

Eine Stimme, so alt wie die Ur-Scham sagt mir, daß eine so persönliche, so ungeniert sexuelle Geschichte keinen Platz in einer Diskussion des Heiligen hat. Es sei denn, natürlich, sie dient als abschreckendes Beispiel für einen schändlichen oder nur säkularen Modus der Sexualität. Aber ich kann nicht umhin, eine Salbe zu ehren und zu feiern, die mich heilte. Meiner Partnerin in dieser Vereinigung des Fleisches schulde ich etwas für das Geschenk der anmutigen Wildheit, das sie mir gab. Ihre Anbetung meines Körpers gab mir die Unschuld der Leidenschaft zurück, die schamlose Freude darüber, ein ganz und gar körperlicher Geist zu sein.

So beunruhigend es manchen Menschen auch vorkommen mag – es ist notwendig, das Augenmerk auf den heiligen Exzeß zu lenken, denn aufgrund der in der Mittelschicht vorherrschenden, Gefühle neigen wir dazu, Sexualität und Spiritualität auf etwas Zahmes und Kontrollierbares zu reduzieren. Aber die meisten religiösen Traditionen haben ohne Frage orgiastische Praktiken in ihr Repertoire der heiligen Anlässe aufgenommen. Die meisten Kulturen erweisen Dionysos ihre Reverenz, indem sie heilige Tage für den Karneval, Mardi Gras oder Fasching reservieren, an denen der Wein in Strömen fließt und sexuelle Freizügigkeit geboten ist. Hinduistische Schriften feiern die verbotenen Spiele zwischen Krishna und den Milchmädchen. Ich habe einmal etwas über einen Volksstamm gelesen, dessen Namen ich vergessen habe, der nur 362 Tage im Jahre zählte; die restlichen Tage waren Karnevalsfeiern gewidmet, in denen sämtliche sexuellen Moralvorschriften ignoriert wurden. Niemand durfte verantwortlich gemacht werden für das, was in diesen Tagen geschah, weil es sie einfach nicht gab.

Bis heute bin ich so zurückhaltend und zurückgezogen, daß ich mich beim exzessiveren Ausdruck der heiligen Sexualität unbehaglich fühle. Unerwarteterweise erhielt ich 1979 einen Auftrag von der Zeitschrift *Psychology Today*, »Plato's Retreat«, den ersten legalen öffentlichen Sexclub, der in New York eröffnet worden war, aufzusuchen und darüber schreiben.

Während ich über das Angebot nachdachte, ließ schon allein die Vorstellung von öffentlichem Sex meine Tabus erzittern. Ein Chor von Du-sollst und Du-sollst-nicht, Verboten und Ängsten sprach in ungeordneter Hast zu mir. Eine Versammlung von Ältesten empfing mich mit erschrockenen Mienen – Eltern, liebe Freunde, angesehene Professoren –, all die Wächter meiner Jugend, die meinen jungen und knospenden Geist zu einem gesunden, nützlichen, fruchtbaren, schattenspendenden Garten gestutzt hatten. Dr. Conning von der Covenant Church wiegte stumm den Kopf angesichts der bloßen Idee, was ich, einst Kandidat für den Rat der Kirchenältesten, vorschlug. Wie konnte ich so etwas Unanständiges auch nur erwägen! Meine Zwiesprache mit den guten Vätern wurde plötzlich unterbrochen, als ein Satyr mit dichtbeharrten Beinen aus seiner Höhle tief in den unerforschten Regionen meiner Psyche in den

Salon emporfuhr. Er sah mir in die Augen und fragte: »Wie kannst du nur diese voyeuristische Chance verstreichen lassen? Ich verspreche dir, du wirst nichts sehen, von dem du nicht auch geträumt hast, und du kannst aus sicherer ästhetischer Distanz überlegen, wie dämonisch oder göttlich unpersönlicher Sex ist.« Plötzlich empfand ich eine merkwürdige Scham wegen all der Jahre, in denen ich das haarige Ungeheuer in meinem Unbewußten angekettet und gefangen gehalten hatte. Als es mir also zublinzelte, blinzelte ich zurück und fuhr mit einem Taxi in die 74. Straße.

Die Managerin, eine Frau um die fünfzig mit einer brüsken Art und ausdrucksloser Miene; die entweder Langeweile oder unerschütterliche Weltgewandtheit ausdrückte, betrachtete meinen Presseausweis und erläuterte mir Regel Nummer eins. Als Journalist dürfe ich alles beobachten, aber nicht teilnehmen; ich müsse meine Kleidung anbehalten und dürfe mich nicht mit den ›Eingeborenen‹ fraternisieren. Meine Fuhrung durch den Tempel der Liebe begann in den äußeren Anlagen – der Bar, dem Swimmingpool, dem Jacuzzi, dem Tanzboden – wo es zum Vorspiel kommen konnte, wand sich durch Nebenräume, die kleinen Kapellen in einer Kathedrale glichen, wo man sich unter Ausschluß der Öffentlichkeit lieben konnte, und kulminierte in dem zentralen Matratzen-Zimmer, wo die Riten der Aphrodite ernsthaft praktiziert wurden.

In dem Matratzen-Zimmer fand ich eine Mischung von übergroßen Matratzen und Turnmatten vor, die von Wand zu Wand reichten. Spiegel an der Decke und entlang der Wände gestatten den Handelnden, ihre Darstellungen zu bewundern und sich zu sehen, wie andere sie sahen. Ein Wächter stand an der Tür, um die Regeln durchzusetzen, die in großen Druckbuchstaben angebracht waren: Kleidung tragen verboten. Nur Paare von Mann und Frau dürfen eintreten (Noahs Arche). Sobald die Paare drinnen waren, dürfen sie sich trennen und in jedem möglichen sexuellen Logarithmus neu kombinieren, begrenzt nur durch die Anzahl der Körperöffnungen und die Biegsamkeit der beteiligten Körper. Homosexuelle Paare waren verboten. (Nichts Schwules am Ort Platos. Pech gehabt, Sokrates und Sappho!) Auf der Matte lagen etwa dreißig Menschen, ausgebreitet in einem beweglichen Triptychon aus Zweier-, Dreier- und Verergruppen und verwoben in einem Reigen von Brüsten, Schenkeln, Rücken, Armen, Köpfen und Genitalien.

Während ich an der Tür zum Matratzen-Zimmer stand, verschwamm mein Blick allmählich, und ich begann einen Film zu sehen – eine Fellini-Orgie in La Dolce Vita. Ich trat hinter die grüne Tür, und die Menschen vor mir waren bekannte Schauspieler – Marilyn Chambers und Harry Reems. Sie waren nicht wirklich. Mein Gehirn war postmodern, ausreichend gebildet durch Filme und Musikvideos, um alles, was »ja bloß ein Film« ist, locker umgehen zu können. Wie der Pornographiekonsument sieht der Betrachter ein Dorf, das bombardiert wird, wie ein Aufständischer erschossen wird, einenAufstand, eine Prügelei, eine Orgie, aus der Sicherheit der Nichtbeteiligung.

Derweil lenkte ich meine wahre Aufmerksamkeit nach innen. Direkt hinter meiner Netzhaut lief ein anderes Filmfestival ab – »Tabus und Archetypen der Sünde« –, mit Klassikern wie:

Sodom und Gomorrah. Der Gott Israels unterstreicht die Folgen moralischer Verkommenheit, indem er Feuer und Schwefel auf Männer wie Frauen herniedergehen läßt die sich in der Sinnenlust verloren haben.

Die Verurteilung der Aphrodite (alias Ishtar, Astarte und Playmate des Monats). Ebenfalls mit Jahwe, der diejenigen vernichtet, die die Zeugungskraft des Sexus anbeten, an sakramentalem Geschlechtsverkehr teilnehmen und die Ehrung des Wahren Gottes vernachlässigen.

Der Fall Roms. Mit Caligula in der Hauptrolle und Tausenden Mitwirkenden; eine Moralität, in dem der Nichtgott der säkularen Geschichte erstmals jene zu Sinnenwesen macht, die er zu vernichten trachtet.

Die Zerstörung der Betty Grace. Ein unschuldiges Mädchen aus den Südstaaten verliebt sich und wird von einem skrupellosen Mann, der nur an Sex interessiert ist, zur Sünde verführt. Es wird schwanger, wird verlassen, hat eine Abtreibung und stirbt. (Eine Geschichte mit einer Moral, erzählt von meinem Vater.)

Der Geschmack verbotener Früchte. Ein Philosoph unter dem Einfluß der psychodelischen sechziger Jahre und der Esalen-Ethik des Experimentierens treibt ein skrupelloses Spiel mit der Liebe. Die zunächst komischen Folgen verzerren sich zu einem düsteren Szenario, das in die Scheidung einer Ehe mündet.

Diszipliniert und entschlossen verbannte ich diese privaten Filme aus meinen Gedanken, setzte meine subjektiven Gefühle außer Kraft und kehrte zu einer objektiven Beobachtung zurück, weil ich die Tatsachen aufzeichnen wollte, wie sie einem neutralen Auge erscheinen mochten. Die Eingeborenen des Matratzenzimmers waren sehr aktiv. Die Mehrheit der Paare, die das Zimmer betraten, blieben zusammen. Manche sahen zu, liebkosten einander und gingen wieder hinaus, ohne Geschlechtsverkehr gehabt zu haben. Vier Paare in der Mitte der Matratze vollzogen ausgedehnte Übungen in der Missionarsstellung, wobei die mechanischen Wiederholungen ein Maximum an Stimulation und ein Minimum an Leidenschaft hervorriefen.

Am meisten Aufmerksamkeit wurde den bekannten erogenen Zonen geschenkt. Kaum befaßte man sich (oder sollte ich sagen: huldigte man) mit den weiten Ebenen des Bauches, den Türmen der Beine, der Säule des Halses. Kein Erkunden der Haut zwischen Zehen und Fingern. Kein

Nachziehen der Windungen der Ohren oder der zerfurchten Pfade, die das Schicksal in die Handfläche eingeritzt hat. Die meisten Handelnden zeigten eine fast zwanghafte Hast, eine Verbindung zwischen den Genitalien herzustellen. Kaum einmal längeres Küssen oder Umarmen. Keine Minuette zwischen Augenpaaren. Der langsame Tanz der Liebeswerbung und die Zierde der Zurückhaltung hatten in dieser erotischen Welt keinen Platz. Die Atmosphäre erinnerte nicht an ein Gourmetrestaurant, wo jeder Bissen genossen wird, sondern an Fastfood und Standardspeisekarten.

Anzeichen für einen ekstatischen Selbstverlust waren rar. Kaum ein Stöhnen. Wenige laute Schreie. Kein Lachen. Kein Schreien, weil jemand die Beherrschung verloren hatte. Nur zwei Paare liebten sich so, daß es schien, als erlebten sie ein sich steigerndes Gefühl der Erregung und der Selbsttranszendenz.

Die bloße Beobachtung in »Plato's Retreat« erzeugte kaum etwas, was den Geist anregte. Tatsachen allein sind steril. Um interessant zu sein, müssen sie liebkost, geneckt und zu einer überzeugenden Hypothese verbunden werden.

Während ich dem Zusammenspiel der Körper zusah, schweiften meine Gedanken erneut ab – besser gesagt: sie erfanden Metaphern, ohne die der Geist dunkel und das Auge blind ist. Um vom Beobachten zum Verstehen überwechseln zu können, müssen wir fragen: Inwiefern ähnelt ein fallender Apfel dem Mond? Warum ist der Geist wie ein Hologramm? Warum ist eine Orgie wie ein ...? Meine »Versuchspersonen« wurden, metaphorisch gesehen, ein gemischter Wurf von Welpen, die auf einer Matte spielten; Geschlechtsapparatsingenieure, die die Regelkreise der Sexualenergie untersuchten; Schnäppchen-Käufer auf einem erotischen Trödelmarkt; Geister, denen man Novokain injiziert hatte, die mit kühler Verzweiflung versuchten, ein Gefühl für die *condition humaine* wiederzugewinnen; körperlose Genitalien auf der Suche nach Liebe.

Lag dort, unterhalb des unverbindlichen Sex, eine tiefere menschliche Suche verborgen? War dieser Ort der Unzucht Platons Höhle der Trugbilder? Zu Beginn des Abends war ich willens gewesen, die einfachste Erklärung zu akzeptieren: »Plato's Retreat« war ein Refugium, wo Menschen ihre von Gefühlen getrennten Empfindungen erkunden konnten. Doch etwas stimmte nicht an dieser vorläufigen Hypothese. Die Daten paßten nicht zu der Metapher. Wenn das hier eine Schule zur Erziehung der Sinne war, dann hätte ich mehr polymorphe Perversität sehen müssen. Der echte Künstler der Sinne überwindet die Tyrannei des genitalen Zwangs. In dem Matratzenzimmer waren die Rhythmen zu schnell und aggressiv; sie konnten nicht empfindsam sein. Das meiste dessen, was ich sah, paßte in den Rahmen der Lokomotiven-Theorie der Sexualität.

Dieser offensichtliche Umstand ließ eine andere Hypothese wahrscheinlich erscheinen. Die Menschen kamen ins »Plato's Retreat«, um zu sehen und gesehen zu werden, nicht, weil sie mit ihrer Sexualität experimentieren wollten. Warum? Ein Paar erklärte es mir; die Frau sagte: »Die meisten von uns verbringen viele Jahre damit, sich zu fragen, ob mit uns alles stimmt, ob wir wie andere Menschen sind, insbesondere, was den Sex betrifft. Hier kann man sehen, was andere Menschen wirklich tun, und das nimmt eine große Last von der Phantasie.« Der Mann warf ein: »Ich glaube nicht, daß es nur darum geht, andere Menschen zu sehen, sondern auch darum, zuzulassen, gesehen zu werden. Es ist eine Art öffentlicher Zurschaustellung, eine Art Bekenntnis zur eigenen Sexualität.« Sie: »Mitunter möchte ich herausbrüllen: Schau mal, Mama, Papa! Ich tue all die schmutzigen, ungezogenen Sachen, die ihr mir verboten habt, und ich genieße jede Minute in vollen Zügen! In meiner Jugend hatte ich alle möglichen sexuellen Komplexe, und ein Teil von mir ist immer noch ein kleines Mädchen, das sicherstellen will, daß ich mein eigenes Leben führe und das Recht auf Lust und Liebe habe, obwohl ich nicht allzu hübsch oder allzu lieb bin.« Vielleicht ist eine Orgie ein Theater der sexuellen Befreiung, in der unsere verdrängten Anteile ans Licht geholt und vor dem ursprünglichen Publikum der verbietenden Augen – Eltern, Autoritäten, die beobachtenden Institutionen – ausagiert werden. Im Theater unserer Gedanken zwingen wir sie, uns in eben diesem Akt anzunehmen, den sie verboten haben. So transzendieren wir das Gefängnis der Vergangenheit. Die Darbietung ist symbolischer Natur; sie kann therapeutisch wirken.

Im Laufe des Abends erschien mir nicht die Offenbarung, die ich erwartet hatte. Manche Schleier der Illusion waren gefallen, aber ich sah nicht das unmaskierte Antlitz des Gottes Eros. Was liegt unter dem blinden Drängen, das uns dazu treibt, im Zirkus und im Refugium der Geschlechtlichkeit zusammenzukommen? Eine seltsame Erinnerung und mehrere damit verbundene Ideen fielen mir ein. Plötzlich erinnerte ich mich, daß ich schon einmal an einer Orgie teilgenommen hatte.

Anfang der sechziger Jahre war ich mit sehr vielen Menschen zusammengekommen, die einander berührten und rochen, sich unterhakten, lachten, weinten und zu einem Körper, einem Geist, einer Stimme verschmolzen. Ich erinnere mich an die Tränen und das Aufwallen in meiner Brust, als mein kleines Ich barst und ich vom Wesen anderer Menschen erfüllt wurde. Die Gruppe – es waren Zehntausende – kam gleichzeitig zum Höhepunkt, als wir einander hielten, uns gemeinsam bewegten und sangen: »We shall overcome / We shall overcome / We shall overcome – someday / And deep in my heart / I do believe / We shall overcome someday.« Dann sprach Martin Luther King in Frankfort, Kentucky, zu den Demonstranten, im Namen der Bürgerrechte, und wir wurden ein einziges Gemeinwesen. Unser Gemeinschaftsgefühl entsprang der intuitiven Wahrnehmung eines gemeinsamen Zieles.

»Ja, aber das war keine echte Orgie. Es ist bloß ein Spiel mit Worten.«

Das glaube ich nicht. Mein Körper kribbelte, ein Gefühl der Wärme durchfuhr mich, ein elektrisierender Strom durchlief meine Beine, meinen Kopf und mein Herz. Auf der Skala der sinnlichen Wonnen rangiert das Frankfort-Erlebnis höher als viele meiner genitalen Orgasmen. Und es lehrte mich, daß es im Gemeinwesen einen instinktiven Trieb nach Vereinigung gibt. Etwas bewegt uns, damit wir zusammenkommen. Das »Ich« ist rastlos, bis es im »Wir« zur Ruhe kommt. Um ein Selbst zu sein, muß man sich auf die Suche nach Selbsttranszendenz begeben. In gewisser Hinsicht sind regelrechte Orgien ein symbolisch-sexuelles Ausagieren des Instinkts nach Transzendenz und Vereinigung. Die privaten Menschen demonstrieren öffentlich ihr Bedürfnis nach einer Vereinigung, die sowohl fleischlich als auch meta-physisch ist. Bei Orgien wie in Trancezuständen, ekstatischen Gebeten oder jeder anderen Gemeinschaftserfahrung haben wir die Chance, einen Augenblick lang die Last der Individualität abzulegen, reingewaschen zu werden von der Persona, die wir mit Leim, Stacheldraht und höflichen Rollen zusammenhalten, und den Charakter abzulegen, den wir uns zum lebenslangen Gebrauch zugelegt haben. Fleisch berührt Fleisch. Alle Nervenenden sind gleich. Niemand hatte etwas, einen Titel an der Tür oder ein Harvard-Abschluß. Wenn wir uns auf das Fleisch reduzieren, sind wir, im Sexus und im Tod, ein Körper.

Fleisch ist eine Parabel des Geistes.

Nun fing ich an zu begreifen, was in »Plato's Retreat« fehlte und was dort entstellt war. Die Insassen dieser Höhle in New York waren gefangen, selbstunsichere Schauspieler in einem Spiegelkabinett. Hier sah man nichts von der Wildheit einer dionysischen Orgie, keinen furchterregenden Selbstverlust, während die Einzelnen am Rand der Auslöschung erzitterten und in die undifferenzierten Hände des Verlangens fielen. Diese Darsteller kannten nicht den göttlichen Wahnsinn, dem die Wärter in Platos Staat die Ehre erwiesen. Nur jene, die es wagen, in die Dunkelheit unterhalb der Persönlichkeit hinabzusteigen, wo es keine Darbietung gibt, weil kein Publikum da ist, entdekken die mystische Vereinigung aller Lebewesen. Die wahre dionysische Orgie ist eine Einweihung in das numinose Wissen, daß wir viele Persönlichkeiten haben, doch im Wesen eins sind. »Plato's Retreat« war Spaß und Spiele, ohne das Wagnis der Transzendenz. Der ganz und gar säkularisierte und trivialisierte Sex der Orgiensalons sperrte den menschlichen Geist in einem Keller ein, in dem es kein Fenster zu den Sternen gibt.

Als ich nach einer langen Nacht aus der Höhle herauskam, hatte ich viele Illusionen verloren. Im tiefsten Sinn verstand ich, daß hinter dem sexuellen Begehren ein metaphysisches Spiel aufgeführt wird. Im strikt biologischen Sinn kann Sex ein Köder sein, der uns dazu verführen soll, das Spiel der Evolution in Gang zu halten. Doch selbst wenn wir ihn auf diese Ebene herabwürdigen, ist es wunderbar, darüber nachzusinnen, daß in unserer DNS die Hoffnung Hand in Hand mit unserem Verlangen schlendert. Etwas in unseren Genen möchte, daß das Große Spiel weitergeht. Doch in einem tieferen, philosophischen Sinn kam Hegel der komplexen Wahrheit nahe, als er sagte: »Das Wahre ist so der bacchantische Taumel, an dem kein Glied nicht trunken ist.« Da begriff ich, daß meine Ur-Sehnsucht metasexuell war und sich auch durch noch so viele fleischliche Lüste nicht befriedigen ließ.

Im Morgengrauen entdeckte ich einen kleinen Coffeeshop, der mit Milchkaffee und Croissants warb. Minuten später vollzog ich mein privates Morgenritual. Während ich den dunklen Espresso in die dampfende Milch goß und zusah, wie New York seine Energien für die tägliche Jagd nach Herrlichkeit sammelte, dachte ich an Sokrates Segnung am Ende des *Phaidros:* »Lieber Pan und ihr anderen Götter, die ihr an diesem Ort wohnt! Verleihet mir, in meinem Inneren schön zu werden, und daß alles, was ich von außen her habe, dem Inneren befreundet sei.«

Die Sehnsucht nach Armen, die uns ewig halten

Wie kommt es, daß Sex und Geist so eng miteinander verknüpft sind und so sehr verwirren?

Gehen wir von der Erfahrung der Sehnsucht und der Angst aus. Ganz gleich, wie viel wir im Leben erreichen oder was wir besitzen, etwas fehlt immer, ist unvollständig, abwesend. Wir können uns mit jeder Lust vollstopfen und immer noch leer sein, wie besessen von einem Hunger, der nicht gestillt werden kann. Gerade die Unbestimmtheit unserer existentiellen Sehnsucht führt dazu, daß wir die Leere mit einer unendlichen Vielfalt imaginierter Heilmittel für unsere Krankheit, unser Unbehagen füllen. Wenn ich nur mehr Geld, Sicherheit, einen Mercedes-Benz, einen liebevolleren Partner hätte. Wenn ich nur das fehlende

»X« erwerben könnte, wäre mein Sehnen befriedigt, meine Angst beruhigt, und ich lebte erfüllt und in Frieden. Wenn sie, er, die anderen doch nur ... Hätte ich doch bloß ... Wenn ich bloß ... könnte.

Es gibt viele Möglichkeiten, die Sehnsucht und die Unersättlichkeit des Menschen zu analysieren. Psychologen neigen dazu, die Wurzeln unserer mangelnden Zufriedenheit auf Defizite in der Familie zurückzuführen. Unsere Mutter hat keine ausreichend tiefe Bindung zu uns hergestellt, unser abwesender Vater hat uns ignoriert, unser Onkel hat uns sexuell mißbraucht. Wir sind süchtig nach dysfunktionalen Beziehungen und unbefriedigenden Gewohnheiten, weil wir erwachsene Kinder bleiben, Opfer unvollkommener Eltern. Politologen gehen davon aus, daß unsere Entfremdung von zuviel oder zuwenig Individualismus und Kommerzialismus verursacht wird oder einer zu starren oder zu lockeren Struktur der Gemeinschaft oder ungerechten Formen der sozialen Organisation. Es ist mehr als nur ein wenig Wahrheit in diesen Arten der Analyse. Freundlichere und zärtlichere Familien und bessere wirtschaftliche und politische Organisationsformen würden in der Tat viele Arten der Unzufriedenheit lindern.

Alle spirituellen Traditionen vertreten die Auffassung, daß die Sehnsucht nach einem gewissen Maß an metaphysischer Erfüllung der menschlichen *condition humaine,* ebenso wie das sexuelle Verlangen, innewohnt.

Plato schuf einen komplizierten Mythos der Androgynie, mit der er unsere ontologisch-sexuelle Sehnsucht erklärte. Vor langer Zeit, so Plato, gab es drei Menschen-Typen: ein männliches Paar, ein weibliches Paar und ein männlich-weibliches Paar, die Rücken an Rücken verbunden waren. Diese siamesischen Paare waren sehr stark und konnten sehr schnell laufen, indem sie sich mit ihren vier

Armen und ihren vier Beinen wie ein Rad bewegen konnten. Doch da sie sich nie anschauen konnten, waren sie enttäuscht. Zeus erbarmte sich ihrer und schleuderte einen Blitz, der sie in getrennte Personen spaltete. Seit dieser Zeit suchen Männer und Frauen nach ihrem verlorenen Partner. Die Aufspaltung der drei Typen steht für die drei Formen der Liebe – die lesbische, die homosexuelle und die heterosexuelle Liebe.

Paul Tillich übernahm Platons Mythos und übertrug ihn in die moderne Sprache. »Liebe«, schrieb Tillich, »ist der ontologische Trieb zur Wiedervereinigung des Getrennten.« Der Satz, daß die Liebe »ontologisch« ist, beinhaltet, daß sie nicht nur ein »psychologisches«, nicht nur ein sozial konditioniertes Bedürfnis ist. Liebe, die Bewegung von der Fremdheit zur Vereinigung, ist intrinsisch, wesenhaft, ein Strukturelement der menschlichen Natur. Dasselbe Bewußtsein, daß uns Wissen und Macht über die Natur gibt, entfremdet uns von ihr. Je größer unsere Individuation, desto größer unsere Getrenntheit. Weil wir aufgrund unseres Bewußtseins über unser Leben nachsinnen können, werden wir uns der Entfremdung bewußt und streben nach einer Möglichkeit, uns mit »dem Grund unseres Seins« wiederzuvereinigen. Individualität ist sowohl unsere Herrlichkeit als auch unsere Last. Und so ist die Sehnsucht ein unvermeidlicher Begleiter unseres Bewußtseins.

Unser Trieb nach Wiedervereinigung und Zugehörigkeit nimmt viele Formen an. Stämme, Nationen und Konzerne fordern die Menschen dazu auf, Teil des »Wir« zu werden und die ängstliche Last, ein einzelnes Selbst zu sein, abzulegen. Die Religion bietet ein Glaubenssystem und eine Gemeinschaft, in denen sich die Individuen die Totalität, der sie angehören, in Erinnerung rufen und feiern können. »Religion« sagte der Philosoph Whitehead, »ist das, was das Individuum aus seinem eigenen Sölitärsein macht.« In letzter Zeit, da die Politik als auch die Religion daran gescheitert sind, ein Gefühl der Zugehörigkeit zu schaffen, sind romantische und sexuelle Liebe unsere liebsten Wege zur Selbsttranszendenz geworden. Durch Liebe und Sex streben wir nach der Verbundenheit, die uns Gemeinschaft und Religion einst boten, damit unser Alleinsein erträglich wurde.

Unsere sexuellen und spirituellen Regungen werden von derselben ontologischen Sehnsucht angetrieben, demselben Bedürfnis nach Zugehörigkeit. In Fragen der Sexualität und Spiritualität sehnen wir uns nach dem Verlust und der Transzendenz des Selbst und wehren uns doch dagegen. Wir wollen hingerissen werden, befreit von der Bürde unseres Alleinseins, vom geliebten Menschen oder von Gott aus unserer Isolation gerettet werden und zugleich die Integrität unseres individuellen Selbst bewahren. Wir wollen verschmelzen und getrennt bleiben, uns in der Ekstase der Vereinigung verlieren und zu unserem vertrauten Selbst heimkehren.

Auf ähnliche Weise bieten Sexualität und Spiritualität die Freuden und Schwierigkeiten, die mit jedem Aufgeben der vertrauten Grenzen des Selbst einhergehen. Der tantrische Buddhismus vertritt die Auffassung, daß Sex und Tod besonders günstige Themen für die Meditation darstellen, da beide natürliche Ereignisse sind, in denen wir automatisch der Illusion der substantiellen Selbstheit entkleidet werden. Dieselbe Einsicht ist in D. H. Lawrences Gedanken enthalten, daß das Liebesspiel ein »sanftes Handausstrecken nach dem Tod« ist. Der Orgasmus ist eine Parabel. Im Augenblick der Ekstase erreichen wir schließlich ein Ende der Isolation; die Grenzen des Selbst werden fortgespült. Und dann? Kaum sind wir in unserem ozeanischen Zuhause verschwunden, schwimmen wir rasch zu den getrennten Inseln zurück, auf denen wir wohnen. Der Selbstverlust macht die Rückkehr zum Selbst um so süßer. Jeder Mann und jede Frau ist pervers, entstellt, doch dieser Makel ist ontologisch, nicht neurotisch. Er gehört zur *condition humaine.* Die wichtige Frage lautet: Wie machen wir aus diesem Makel etwas Schöpferisches statt etwas Zerstörerisches? Wie können wir zusammen allein sein?

Da das Fürsichsein eines und vieles ist, muß die authentische Spiritualität, wie die sexuelle Liebe, zwangsläufig ein Spiel ohne Ende sein. Das Sein ist, der hinduistischen Tradition zufolge, Lela oder Gottes-Spiel. Hegel zufolge ist die Liebe das Sein, das für sich ist, beziehungsweise der Geist, der mit sich herumtollt. Aber das macht nichts. Wir müssen keine metaphysische oder religiöse Schau der Totalität oder Gottes akzeptieren, um die geringere Wahrheit erkennen zu können, daß die Existenz des Menschen, und daher seine Sexualität und Spiritualität, ein Spiel ist. Der Name dieses Spiels lautet Kommen und Gehen; Verloren und Gefunden; Leere und Form; in fremde Länder reisen und heimkehren; das Selbst vergessen und neu zusammenfügen.

Das Spiel der Liebe und das Spiel des Geistes scheinen denselben Regeln zu folgen: Es sind zwei Spielpartner erforderlich, ein Selbst und ein anderer. Das Spiel besteht aus abwechselnden Zügen, die bis ins Unendliche wiederholt werden. Das Selbst und der andere bewegen sich aufeinander zu und entfernen sich voneinander. Der Eine wird Viele, und die Vielen werden Einer, ad infinitum. Ich und Du werden Wir, und Wir werden Ich und Du.

Das Spiel endet, wenn der Tanz zu Ende ist, wenn das Paradox aufgelöst wird, wenn wir entweder die Bewegung zum anderen oder die Rückkehr zum Selbst tilgen. Wir halten Liebe und Spiritualität nur am Leben, wenn wir uns gleichzeitig in gegensätzliche Richtungen bewegen. Man muß ein Selbst haben, um Selbsttranszendenz zu erleben, und umgekehrt. Man muß ego-zentrisch sein, um exzentrisch sein zu können. Verständnis und Ekstase (außerhalb des Selbst stehen) sind die entgegengesetzten Enden derselben Schaukel.

Wie können wir zwischen inspirierter und entweihter Sexualität unterscheiden? Sicher, die sakralen, das Selbst transzendierenden, offenbarenden Erfahrungen der sexuellen Vereinigung sind keine ausschließliche Eigenschaft der legal verheirateten heterosexuellen Paare. Doch wenn wir nicht nur die alten Vorurteile bestätigen und die willkürlichen sexuellen Maßstäbe unserer Kultur übernehmen wollen, die nicht selten heuchlerisch und grausam sind und unsere Fähigkeit zur Freude zerstören, wie kann man dann entscheiden, was ein heiliges, ehrerbietiges und einfühlsames sexuelles Verhalten auszeichnet? Sobald wir uns über den Sexualmoralismus hinauswagen, brauchen wir einige leitende Grundsätze, die dafür sorgen, daß wir nicht im Nihilismus enden.

Das heilige Liebesspiel bringt Menschen auf eine Weise zusammen, die die Einzigartigkeit jeder Person anerkennt und ihre Fähigkeit stärkt, ihre Individualität sowohl zugunsten der Beziehung *als auch zu etwas jenseits der Beziehung* aufzugeben. Die sexuelle Vereinigung sollte ein mikrokosmotischer Akt sein, der unsere grundlegende spirituelle Beziehung zum Sein wiederholt. Eine inspirierte Sexualität macht die Last der Individualität erträglich und erhöht den Impuls der Person, Bewußtsein, Mitgefühl und Vereinigung anzustreben.

Eine geschlechtliche Begegnung kann zur Epiphanie werden, wenn zwei Menschen einander und sich selbst als geheimnisvoll, ehrfurchtgebietend und faszinierend erleben. Dies geschieht nur dann, wenn zwei Ichs, die Du füreinander sind, Wir werden.

Praktisch bedeutet das: Ich verwandle dich nicht in ein Objekt. Du bist kein »Stück«, keine Eroberung, kein Körper zur Erfüllung meines Begehrens. Wir sind einander Ziele, keine Mittel, unersetzliche Personen, nicht bloße Sinnesorgane, Genitalien oder austauschbare Körper. Wir kommen mit gegenseitiger Achtung zueinander, weil wir anerkennen, daß wir unverletzliche Wesen mit komplexen und einzigartigen Biographien sind. Alles, was uns von der Totalität des Lebens, dem wir uns gewidmet haben, fortzieht, entweiht uns.

Ich erinnere mich an ein besonders deutliches Zeugnis für die Heiligkeit der körperlichen Liebe, die einer ungewöhnlichen Quelle entstammt. Vor einigen Jahren kam eine auffällig gekleidete junge Frau in eines meiner Seminare über persönliche Mythologie. Ihr hüftschwingender Gang, ihre hautengen Kleider und ihre »Plastik«schönheit schrieen geradezu »Hollywood«. Die Frau hatte nichts Herzliches an sich. Sie war eine verletzte, verlorene Seele, die sexuell provozierende Posen einnahm. In der Schlußsitzung erzählte sie ihre Geschichte. Mit distanziertem Tonfall berichtete sie, daß ihr Ehemann Pornofilme produzierte, in denen sie als Hauptdarstellerin fungierte, und daß sie kokainsüchtig geworden sei und noch weitere Drogen nehme. Nachdem sie uns davon erzählt hatte, verstummte sie. Langsam begannen Tränen die verzerrte Schönheit ihres maskenhaften Gesichts weicher zu machen, tiefe Schluchzer schüttelten sie, und tief aus ihrem Inneren drang ein Schrei: »Er zwingt mich zu diesen Dingen, und es zerstört alles in mir. Sex ist mir heilig.«

Wenn ein Liebespaar sich mit Respekt für das Geheimnis ihrer Getrenntheit begegnet, kann es, wenn es zusammenkommt, das Liebesspiel plötzlich als sakramentalen

Tanz erfahren, als ein äußeres und sichtbares Zeichen der unsichtbaren Gnade, die das einzelne Selbst mit dem Sein vereinigt. Nur dann wird Sexualität zu einem Weg zu Weisheit und Mitgefühl.

Lobgesang auf die Ehe: Mit dem Mysterium vermählt

Den überwiegenden Teil meines Erwachsenenlebens habe ich im Stand der Ehe verbracht. Heather habe ich im Alter von dreiundzwanzig Jahren geheiratet, mit vierzig habe ich mich von ihr scheiden lassen, und sechs Jahre später habe ich Jananne geheiratet. Schritt für Schritt habe ich die mit dem romantischen Mythos verbundenen Illusionen aufgegeben, und heute verstehe ich schließlich, daß eine gute Ehe eine sich entfaltende spirituelle Reise ist. Bewohner von Ashrams und Anhänger diverser Gurus behaupten, die Gurus zerschmetterten ihr Ich, zerstörten ihre Illusionen und zwängen sie, zwischen unbedingter Liebe oder Flucht zu wählen. Vielleicht tun sie das. In meinem Fall ist es die Ehe und die tägliche Disziplin des Lebens in einer Familie gewesen, nicht irgendeine formale religiöse Praktik, die mein Ich weicher gemacht, mich Mitgefühl gelehrt und meinem *Eros* und meinem Geist erlaubt hat, sich gemeinsam niederzulegen.

Es ist nicht ungewöhnlich, daß selbst Liebespartner, die keine feste Bindung eingehen, eine vorübergehende mystische Vereinigung erleben, wenn das Ich im Augenblick der Ekstase zerschmettert wird. Viel seltener ist es, daß zwei Menschen sich im Laufe der Jahre der schweren Arbeit widmen, eine rückhaltlose Liebe zu fördern und ihre gemeinsame Sinnlichkeit in eine sakramentale Sexualität zu verwandeln. Es besteht eine unendliche Distanz zwischen dem romantisch-leidenschaftlichem Vergnügen und der Seelenvereinigung in der Ehe.

Wenn wir uns verlieben, verfallen wir fast unvermeidlich einer Illusion. Ein attraktiver Mensch trifft auf einen anderen attraktiven Menschen, und sie bilden eine Gesellschaft zur gegenseitigen Bewunderung. Man sieht sich in den bewundernden Augen eines anderen gespiegelt, und umgekehrt. Wir sind fasziniert und polieren unsere Oberfläche, schauspielern für unser geliebtes Publikum. Die Verliebtheit bringt »das Beste« in uns zum Vorschein.

Da wir glauben, daß Ekstase und intime Nähe sich durch die Ehe geometrisch steigern lassen, beschließen wir, den großen Schritt zu wagen. Wir versprechen einander, die Ehe zu »führen in guten wie in bösen Tagen, bis daß der Tod uns scheidet«. Weil wir alle von der Liebe verzaubert sind, glauben wir insgeheim, unser Gelübde garantiere auf zauberische Weise, daß wir tatsächlich »in guten wie in bösen Tagen« zusammenbleiben. Manchmal, nachdem die Flitterwochen zu Ende sind, entlieben wir uns allerdings, fallen wir aus dem siebten Himmel und landen in der Wirklichkeit, und »das Schlimmste«, das wir bislang versteckt haben, taucht ganz allmählich auf und kommt zum Vorschein. Im Laufe der zunehmenden Desillusionierung entdecken wir, daß wir eine beschädigte Ware gekauft haben. Seine schöne Lässigkeit geht mit einer gedankenlosen Unaufmerksamkeit für Details einher; er kann sein Konto nicht im Plus halten und unterhält nur eine flüchtige Beziehung zur Ordnung im Haushalt. Ihre direkte Art und ihr Verantwortungsgefühl sind verknüpft mit einer rücksichtslosen Inflexibilität, einer Neigung zum Verurteilen und der Unfähigkeit, einem Sonntagvormittag gemütlich im Bett zu verbringen.

Eine gewisse Zeit passen sich beide einander an und machen sich in Abständen immer wieder daran, sich gegenseitig zu ändern. Die frühen Manipulationen sind meist kaum erkennbar – Vorschläge, wie man etwas besser machen kann, Feindseligkeit, ausgedrückt unter dem Deckmantel des Humors, die Einpflanzung von Schuld und Scham. Wenn sich im anderen keine Veränderung abzeichnet, werden die schwereren Waffen ins Feld geführt: Zurückhaltung, Auseinandersetzungen (verbal und körperlich), Affären. Allmählich wird es hell: Diese Ehe wird nicht vollkommen sein. Wir werden nicht alle Bedürfnisse und Wünsche des anderen erfüllen. Die Spannung steigt. So können wir nicht weitermachen.

In einer Krise wird die Ehe entweder aufgelöst oder sie wandelt sich. Eine Wahl wird getroffen, die unvollkommene Beziehung zu beenden, ein »Arrangement« zu treffen, oder das Gelübde der bedingungslosen Liebe zu erfüllen.

Die Ehe als spirituelle Qual beginnt, wenn zwei Ichverhaftete, mit Makeln versehene Individuen, die die Illusionen der Verliebtheit verloren haben, sich gegenseitig etwas versprechen. Wir versprechen, unsere Zögerlichkeit zu beenden; aufzuhören, uns vom anderen zurückzuziehen; die Bedingungen zu entfernen, die wir bislang geschaffen haben, unter denen wir die »Belohnung« unserer Liebe vergeben; Ich-Feinde und Seelen-Freunde zu sein; die einsame Reise gemeinsam anzutreten.

Die Ehe stärkt und zerstört das Ich. Verharren wir in der Festung unserer gewohnheitsmäßigen Muster und sperren wir uns gegenseitig in die selbstgezimmerten Schubläden, erschaffen wir eine gemeinsame Einzelhaft, ein Ego *à deux.* Schlechte Ehen reproduzieren im Kleinen die ganze Brutalität des Krieges. Wenn Mann und Frau im Krieg der Ichs verstrickt sind, werden sie zu gehässigen Feinden, deren gegenseitiger seelischer Mißbrauch auf ihre Kinder und in die zukünftigen Generationen weitergetragen wird. Doch wenn sich die Eheleute in Gegenwart des anderen entwaffnen, sich in gütiger Desillusionierung üben, geschickt im Verzeihen werden, dann verstärkt sich das Urvertrauen, das vom Glauben untrennbar ist und unverzichtbar zur Erlangung der am tiefsten wirkenden erotischen Ekstase, immer mehr. Und die Güte von Vater und Mutter wird auf die Kinder der dritten und vierten Generation übergehen.

Im Rahmen der festen Bindung zwischen Mann und Frau offenbart sich eine spirituelle Dimension der Sexualität, die das Lustband transzendiert. Im tiefsten Sinne ist der Geschlechtsverkehr zwischen den Geschlechtern ein Pflügen, ein Pflanzen, das Säen des Samens, die gegenseitige Hingabe zweier Körper zur Zeugung eines Kindes. Unsere tiefste sexuelle Leidenschaft entspringt unserem Trieb, das Geschenk des Lebens, das wir empfangen haben, weiterzugeben.

Wenn zwei Menschen beschließen, ihre sexuelle Begegnung als Kommen und Gehen anzusehen, ohne die Verheißung, die sie in dieser Vereinigung bindet, wird die genetische Intentionalität ihrer Körper abwesend sein, das Votum der Chromosomen, von Samen, Ei und Mutterleib gestrichen, der Drang nach Unsterblichkeit, der ihre Körper belebt, geleugnet, ihre Fleischeslust von der Treue getrennt.

Vielleicht entstammt die Hektik und Verzweiflung, die die Sexualität in meiner Generation umgibt, der Art, wie eine problemlose Empfängnisverhütung uns dazu verführt hat, die Frage unserer Intentionen zu ignorieren. Moralische Konfusion entsteht, wenn wir die meta-physischen Dimensionen der Geschlechtlichkeit nicht beachten. Unter jeder Welle der Geschlechtslust gleitet die stumme Frage: Welche Folgen hat dieser Akt? Unsere Annahme, wonach das Diaphragma und die Pille die sexuelle Lust von der Intentionalität unserer Körper befreien, ist ausgesprochen naiv. Dreißig Jahre, in denen eine liberale Einstellung vorherrschte, haben das Innere unserer Köpfe und ein wenig unseres Verhaltens geändert, aber nicht die jahrtausendealte Weisheit des Körpers. In unserer Konsumgesellschaft wird Sex, wie jede Ware, von der spirituellen Sehnsucht nach Kontinuität zwischen Vergangenheit, Gegenwart und Zukunft getrennt. Um das Gefühl zu haben, daß unser Leben einen Sinn hat, müssen wir wissen, daß wir am Drama der Schöpfung teilnehmen, das vor unserer Geburt begann und nach unserem Tod weitergehen wird. Wenn wir Sex von Fürsorge und Schöpfung trennen, oder Konsum von Bewahrung, zerbrechen wir das Verbindungsglied zwischen Gegenwart, Vergangenheit und Zukunft und gehören nicht mehr etwas Größerem oder Dauerndem an als unserem kurzen Augenblick in der Zeit.

Wenn ein Kind zur Welt kommt, vertieft sich das Seelendrama. Plötzlich trifft die rückhaltlose Liebe, die sich die Eheleute zu erreichen bemühen, auf die Gnade und wird auf das Baby übertragen. Spontan empfinden wir eine bedingungslose Liebe für unsere Kinder – es sei denn, es blokkieren uns ungelöste Konflikte und nicht geheilte Wunden. Wenn das Band der Liebe mit dem Kind stark und gleichberechtigt ist, können die Eheleute etwas von der bedingungslosen Liebe, die sie für das Kind empfinden, aufeinander übertragen. (Wenn nicht, tritt das grünäugige Monster Eifersucht in die Familie ein.)

Ich bin oft verblüfft, wie spontan Kinder das für uns tun, was eigentlich die formale religiöse Erziehung leisten sollte. Wenn wir Stunde und Stunde dasitzen und meditieren, sind wir gezwungen, die Fehler in unserem Charakter zu beobachten und unsere Ich-Spiele zu beobachten.

Das Elternsein zwingt uns, dieselben spirituellen Werte zu entwickeln. Tausendmal wurde ich, während ich der Entwicklung meiner Kinder zusah, mit meinen Fehlern konfrontiert und gezwungen, zu bereuen und zu vergeben. Mein Sohn hat Wutausbrüche und brüllt oft unvermittelt los; sein Gebaren und seine Stimme ähneln den meinen. Meine Tochter verfolgt verbissen ihre Ziele und verhält sich anderen Menschen gegenüber unflexibel bis zum Punkt der Gefühllosigkeit; die Kinnpartie hat sie von mir. Täglich, im Umgang mit meinen Kindern, sehe ich mein Ich in ihrem Verhalten gespiegelt, werde ich Zeuge meiner ungelösten Konflikte, die in ihrer Verwirrung zum Ausdruck kommt, ich sehe in ihren Wunden das Versagen meines Mitgefühls. Es gibt keine spirituelle Übung, die strenger ist, keine beständigere Quelle der ehrlichen Rückkopplung, die unabdingbar ist, wenn wir den Egozentrismus ausreißen wollen, als die Ehe und das Familienleben.

Wenn wir die Ehe und das Familienleben als Sakrament erachten, begegnen wir einem großen Geheimnis, das im Herzen der Liebe und dcs Glaubens liegt. Wenn Mann und Frau in bedingungsloser Liebe zueinander kommen, nachdem sie ihre gewohnheitsmäßigen Rollen zerstört und die Masken abgenommen haben, werden sie einander lieber und geheimnisvoller. Liebende haben, wie wahre Heilige, gelernt, Gefühle zu hegen, zu vertrauen und jenen geheimnisvollen Anderen anzunehmen, mit dem sie verbunden sind, aber den sie womöglich nie ganz und gar verstehen. Trinken wir aus dem Brunnen des geheimnisvollen Anderen – dem Unbekannten Gott, der unergründlichen Seele, dem geliebten Menschen, der ein vertrauter Fremder bleibt –, so kann die Leidenschaft täglich erneuert werden. So kann es kommen, daß ein Morgen, den wir mit geheiligten Zärtlichkeiten verbringen, wie eine plötzliche

Begegnung mit einer alleinstehenden blauen Blume, ein heiliges-fleischliches, unaussprechlich tiefes Wissen hervorbringt.

Liebe Jan,
Gestern, als wir uns liebten, fehlte etwas.
Die Mauern waren nicht da.
Die Zurückhaltung war nicht da.
Es gab kein Versuchen, kein dem anderen eine Freude machen.
Wir sind ein Geschenk für einander.
Es gab kein Geben oder Nehmen,
kein Yin oder Yang,
kein männlich oder weiblich.
Nur die Preisgabe
unseres schrecklichen Eigenwillens.
Etwas hat uns berührt,
die getrennten Räume, die wir sonst verteidigen, blieben leer.
Dein Selbst und mein Selbst verschwanden, wundersam.
Inspirierte Körper zerschmolzen in anmutigen Flüssigkeiten.
Gemeinsam in süßem Nicht-sein.
Und dann wurden wir wieder zwei.

Hingabe an die Geschlechtlichkeit

Hollywood, Kinsey, Masters und Johnson, der wahren Flut von Sexualratgebern sowie den lüsternen Täuschungsmanövern der Medien zum Trotz verhält sich eine Mehrheit von uns immer noch gedankenlos hinsichtlich der Sexualität. Nach dreißig Jahren, in denen ich Workshops durchgeführt habe und in denen ich in tausende intimer Geschichten eingeweiht wurde, bin ich zu dem Schluß gekommen, daß es eine weit verbreitete Unkenntnis und viel Verdrängung und seelisches Unglück in der Sexualität gibt. Allzu viel unseres Denkens über Sex ist magisch, mythisch und verrückt, und unser Verhalten, entweder von Angst oder Klammern beherrscht, ist häufig entweder feindselig oder eine Sucht.

Da Geist und Fleisch untrennbar sind, gibt es keinen Unterschied zwischen der Hingabe, die notwendig ist, um unsere Spiritualität zu stärken und der, die wir zur Stärkung unserer Sexualität brauchen.

Beginnen Sie mit der Bereitschaft, Ihre sexuelle Persona zu untersuchen, zu entmystifizieren und zu entmythologisieren. Rekonstruieren Sie die Geschichte Ihrer Sexualität. Wann wurden Sie sich selbst als eines Geschlechtswesen bewußt? Wie haben Sie die Bedeutung und die angemessene Reaktion auf Ihre sexuellen Gefühle erlernt? Wurde Ihr sexuelles Erwachsenwerden gefeiert oder mit Verleugnung begrüßt? Welche Einstellungen, Werte und Gefühle nahmen sie per Osmose durch die Familienmitglieder auf? Wie sehr litten sie an einem Konflikt zwischen »ich möchte« und »ich sollte«? Erwarten Sie zuviel oder zuwenig vom Sex? Konzentrieren Sie sich auf die romantisch-sexuelle Suche, statt die anspruchsvollere Suche nach Sinn und Berufung zu beginnen?

Spielen Sie mit dem Gedanken, daß Ihr sexueller Stil der Spiegel ist, in dem sich zeigt, was sie sind und was sie nicht sind? Was zeigt Ihnen der Spiegel? Wenn Ihr sexuelles Verhalten ein Bild für Ihre Beziehung zu Ihrem Geist darstellt, was sagt das über sie aus? Wenn Sie Sex und Liebe trennen, wie trennen Sie sich sonst noch? Wenn Sie es vermeiden, über Ihre Sexualität nachzudenken, sie zu empfinden oder auszudrücken, was vermeiden Sie sonst noch? Wieviel Ihres fleischlich-spirituellen Lebens ist vonAngst beziehungsweise einer Sucht entstellt? Gibt es Bereiche, in denen Ihr sexuelles Verhalten Ihrem Geist peinlich ist, eine Verletzung Ihrer tiefsten Werte?

Was wünschen Sie? In welcher Art sexueller Beziehung könnten Ihre tiefsten Sehnsüchte befriedigt werden? Stellen Sie sich vor, was für Sie ein inspirierter beziehungsweise seelenvoller Ausdruck Ihrer Sexualität wäre. Lassen Sie Ihren Phantasien freien Lauf.

Kapitel 9

Beseelte Erde und Tiergeister

»Vom abgesonderten Heiligen zum Heiligen Ganzen. Hierophanien überall; keine privilegierten Zeiten oder Orte. Jedes Buch ist eine Bibel, und Bücher in den dahinfließenden Bächen ... Dionysos ruft uns ins Freie ... Heraus aus dem Tempel, der von Menschenhand gemacht wurde.«
Norman O. Brown
Love's Body

»Die Ökopsychologie sucht die angeborene, animistische Qualität der Erfahrung wiederzuentdecken.«
Theodore Roszak
Ökopsychologie

Seelenlandschaft und die heutige Umwelt

Ehe es Städte und Hochhäuser gab, ehe es das schnelle Transportsystem und die direkte Kommunikation gab, in der Zeit vor den überdachten Einkaufspassagen und dem Fernsehen, war die Religion eine Erfahrung in der freien Natur. Für unsere uralten Vorfahren waren Tiere keine fremde Gattung, die auf der Leiter der Evolution tiefer rangierten, sondern gleichberechtigte Mitglieder einer geheimnisvollen Gemeinschaft. Die Grenzen zwischen Menschen und anderen Tieren waren durchlässig. Die Seelen der Tiere und der Menschen konnten sich mühelos miteinander verständigen. Die Buschmänner in Südafrika glaubten, daß ein Jäger nach seinem Tod eine Eland-Antilope wurde, und umgekehrt. Felsmalereien, in denen Köpfe dieser Antilopen über dem Regenbogen mit darunter liegenden menschlichen Beinen kombiniert werden, zeigen die Wandlung. Auf einer praktischen Ebene erforderte das Jagen und Töten einer schnellen Antilope mit Pfeil und Bogen, dessen Reichweite nicht über fünfundzwanzig Meter beträgt eine hoch entwikkelte Kenntnis des Denkens und der Gewohnheiten der Tiere. Zeremonielle Tänze, bei denen die Jäger Masken und Hörner trugen und die Bewegungen der Eland-Antilope nachahmten sowie die Entwicklung von Jagdfertigkeiten, verflochten sich und schufen so ein Gefühl dafür, daß Jäger und Beutetier ein Fleisch waren.

Die vormodernen Völker lebten in einer Seelenlandschaft, keiner Landschaft oder einer Umwelt. Für die Pygmäen war der Regenwald Vater und Mutter, die Nahrung und Kleidung und Schutz lieferten. Für die ersten agrikulturellen Völker war die Erde die Mutter und eine Gottheit. Und überall waren Zeichen, Symbole, Omen – heilige Präsenzen. Es ist schwer, sich ein Tier, Insekt, Reptil oder eine Pflanze vorzustellen, das nicht als Seelenfreund und heilige Inkarnation angesehen wurde. Im einen oder anderen Volk wurde ein Frosch, ein Käfer, eine Biene, ein Bär, ein Habicht, ein Kojote oder ein Hirsch als Äquivalent eines »Christus« verehrt, dessen Körper das verwandelte Fleisch Gottes war.

Modernität läßt sich unter anderem dadurch definieren, daß man den Prozeß nachzeichnet, durch den die Natur entheiligt wurde und Gott vom Freien ins Innere der Häuser umzog.

Dieser Vorgang setzt in der Zeit des Alten Testaments ein. Als die umherziehenden Stämme, die Hebräer, nach Kanaan zogen, fanden sie zahlreiche agrikulturelle Geister und Gottheiten – Baals – vor, die die Fortsetzung des sich wiederholenden Kreislaufs der Natur sicherstellten, von denen die Ernten abhingen. Als Stammesgott sanktionierte Jahwe die Siege seines Kriegervolkes. Er war verknüpft mit einer Reihe von Personen und unwiederholbaren Ereignissen in der Geschichte des Volkes – Abraham, Isaak, Moses, das Geben des Gesetzes, der Auszug aus Ägypten. Zunächst belegten die Hebräer die agrikulturelle Göttin und die Baals mit einem Bann und leisteten Widerstand. Es war verboten, »der Himmelskönigin Kuchen backen.« Als es den Hebräern gelungen war, das Land zu erobern und seine Menschen zu unterwerfen, übernahm Jahwe, gleich einem Mafia-Chef, die Herrschaft über die Landwirtschaft. Doch selbst als Gott im Judentum und im Christentum zum Schöpfer und Herrn der Erde ausgerufen wurde, wurde die zentrale Offenbarung Seines Willens und Seiner Entschlußkraft in erster Linie in unwiederholbaren historischen Ereignissen und nicht im geordneten Kreislauf der Natur erblickt.

Obwohl die biblische Tradition den Manifestationen der Naturanbetung der Großen Göttin feindselig gegenüberstand, bleibt sie doch reich an Bildern, die aus der Natur stammen: Maiglöckchen, Löwen, die sich zu den Lämmern legen, Säen und Ernten, Senfkörner, Samen, die auf den Boden fallen, Sterben und Wiedererweckung zum Leben, Weizen und Unkraut, Schafe und Ziegen, Tieropfer, Schäfer, stille Wasser, Fischer, die die Netze ausbessern, Wüsten, in denen große Felsen den einzigen Schatten bieten. Während die Anbetung von heiligen Hainen, Quellen und Feldern in den Tempel verlagert wurde, wurden die Religion und die Metaphern der Einheimischen – der Heiden – allmählich zerstört. Schließlich fand der Gottesdienst für unseren Vater im Himmel in Synagogen, Kirchen und Kathedralen statt. Gottes Wille offenbarte sich eher in Büchern als in Vögeln und Tieren. Als das Christentum dann zur beherrschenden Religion Europas geworden war, hing die Erlösung von der Befolgung der Gebote Gottes und der Teilnahme an den Riten und Sakramenten Seiner Kirche ab, weniger davon, weiter mit dem Kreislauf der Jahreszeiten in Einklang zu leben.

Es gibt keinen genauen historischen Augenblick, da die säkulare Empfindsamkeit und Weltsicht die heilige Teilnahme in der Natur ersetzte. Schrittweise vernichtete die Kirche, was sie als heidnisch erachtete, verfolgte die »Hexen«, die Kenntnisse über heilige Heilkräuter besaßen, und tötete den großen Gott Pan. Die Entheiligung der Natur schuf ein Vakuum, aus dem eine neue Liebesaffäre, ein neues spirituelles Abenteuer, das das Herz und den Geist der modernen Völker gefangennahm, erwuchs Wissenschaft und Technik. Vielleicht hatte es bereits begonnen, als die Griechen die Vernunft erfanden und der Alltag sich beschleunigte, als Galileo, Kepler und Newton die Natur aufs Streckbett legten und dazu zwangen, in mathematischen Formeln und quantifizierbaren Begriffen zu antworten. Und endlich hatte sich diese Einstellung zur Zeit der Industriellen Revolution durchgesetzt, als es die Dampfmaschine und der Telegraph gestatteten, Botschaften schneller zu übermitteln, als es auf den Flügeln des Merkur möglich gewesen wäre.

Die Epiphanie, die die Grundlagen der Moderne legte, ist die Entdeckung der Macht des menschlichen Geistes und Willens. *Mit dem Aufkommen von Wissenschaft und Technik verschob sich des Gefühl der heiligen Tätigkeit von der Natur zur Menschheit.* Der Ort des *Mysteriums* änderte sich. Philosophen, Wissenschaftler und Ingenieure wurden nicht respektlos oder überheblich; sie hatten ein Bekehrungserlebnis gehabt, bei dem sie die Fähigkeit erlebten, die Natur als heilige Macht und Verantwortung, die Gott verliehen hatte, zu begreifen und zu verändern. Wir entdeckten – ob es uns nun gefällt oder nicht –, daß wir über die heilige Macht, die Bewegkraft der Geschichte zu werden, verfügen können.

Mit der neuen Offenbarung, daß die Macht, den Makrokosmos zu begreifen und zu ändern, in unserem mikrokosmischen Geist liegt, änderten sich die Kultstätten. Dabei muß man den Unterschied zwischen den von Kathedralen beherrschten Städten Europas und der polyzentrischen modernen Großstadt bedenken. Es liegt auf der Hand, daß sich die heiligen Orte – die Zentren, an denen sich die am meisten verehrten Tätigkeiten vollzogen – wandelten. Zunächst ersetzten Universitäten, Künstlerstudios, Laboratorien und Fabriken die Kirchen als die Orte, an denen unsere wichtigsten Fragen zum Ausdruck kamen. In unserer Zeit vollzieht sich ein weiterer Wandel, bei dem das Selbstwertgefühl und die erwartete Erfüllung zunehmend in den Informationsnetzwerken, den Mammutorganisationen der Regierungen und der Geschäftswelt gesucht wird.

In jüngster Zeit hat sich die Eroberung der Natur beschleunigt. Mit dem Aufkommen der Informations- und Kommunikationstechnik stellen wir uns eine Ära der demokratischen Allwissenheit vor, in der das gesamte Lagerhaus des menschlichen Wissens jedem Menschen, der einen Computer und ein Modem hat, zugänglich sein wird. Innerhalb weniger Generationen wird die menschliche DNS womöglich aufgeschlüsselt und kartographiert sein, und das Auftrennen der Genketten wird uns erlauben, einen großen Teil unseres Erbgutes neu zusammenzusetzen. Mit ausreichend vielen Datenbanken und mittels der Biotechnologie wird unsere Fähigkeit, den menschlichen Körper (und Geist) neu zu erschaffen, ungeheure Ausmaße erreichen. Gewiß sind wir damit über das unschuldige Knabbern am Apfel des Wissens hinausgegangen, hin zu einer kühnen Vision unserer möglichen Allwissenheit und Allmacht. (Ein unbedeutendes Symbol der verborgenen Hybris der modernen Informationsfanatiker: Ich habe gerade entdeckt, daß das Wort *schwanger* nicht in meinem Wordfinder-Wörterbuch enthalten ist. Vermutlich haben die Computerbenutzer keinen Gebrauch für solch altmodische Wörter.)

Es ist schwer, die Ironie des Apfel-Symbols zu übersehen, das »Apple« zu seinem Firmenzeichen erklärt hat. Es erinnert mich an einen Cartoon, in dem, als Adam gerade in den Apfel beißen will, ein Bote herbeieilt und warnend ausruft: »Tu's nicht!« Und jetzt geht's los. Man verspricht uns, ein größerer Bissen vom Baum der Erkenntnis werde uns Glück bescheren. Aufgrund der vergangenen Erfahrungen mit technologischen Innovationen, beispielsweise dem Auto oder dem Flugzeug, können wir davon ausgehen, daß die neue Daten-Superautobahn sowohl Vorteile als auch Unruhe mit sich bringen werden. Das kommende globale Informationsnetzwerk wird die sich entwickelnden Länder noch stärker in die Eiserne Jungfrau der multinationalen Wirtschaft zwingen und den Prozeß der Marginalisierung der Eingeborenenvölker und die Zerstörung der lokalen Kulturen fortsetzen. Archaische Paradiese wie Bhutan, Neu-Guinea und die Amazonasregion können nicht mehr lange dem Ansturm der »überlegenen« Formen des abstrakten Wissens widerstehen, das die Wissensindustrie erzeugt, weil diese eng mit einer Marktwirtschaft verknüpft ist, die die Naiven dazu verleitet, ihr Geburtsrecht für ein modernes Linsengericht fortzugeben.

Heutzutage ist es unter Grünen, radikalen Umweltschützern und maschinenstürmischen Romantikern beliebt, den Mythos des Sündenfalls noch einmal durchzuspielen, so daß die Vernunft (männlich, rational abstrakt, kontrollierend) und der technologische Genius des Menschen als die Schlange im Garten Eden erscheinen. So gesehen entspringt unsere Entfremdung aus dem ungehörigen Stolz und dem Streben nach der Beherrschung der Natur. Diese kurzsichtige Verurteilung von Wissenschaft und Technik übersieht die sich wandelnde Geschichte der Wahrnehmung des Heiligen. Die schrittweise Entdeckung der Macht des menschlichen Geistes und Willens, die Natur zu begreifen und grundlegend zu ändern, zählt zu den bedeutenden Kapiteln in der fortlaufenden menschlichen »Geistes«-Geschichte.

Denken Sie einen Augenblick über unnötige Krankheiten und Leiden nach, die einfach als Teil der *condition humaine* hingenommen wurden, ehe wir einen Angriff gegen Malaria, Gelbfieber, die Pest, Kinderlähmung, Lepra, Tuberkulose und Hungersnöte starteten. In ihren besten Ausprägungen entspringen Wissenschaft und Technik der heiligen Macht, die Gegebenheit der Natur zu transzendieren, die dem menschlichen Geist und Willen immanent ist. Es tut dieser aufrichtigen Ehrerbietung Gewalt an, den Impuls, ein gewisses Maß an Beherrschung über die Natur zu erlangen, zu dämonisieren. Von Anbeginn der Untersuchung der Natur erlebten wir unsere Fähigkeit, zu begreifen und zu verändern, als ein fürchteinflößendes und wunderbares herrliches Geschenk. Dieses Geschenk der Macht zurückzuweisen, wäre gleichbedeutend mit Ehrfurchtslosigkeit. Die verlorenen Söhne und Töchter von Mutter Natur wären für immer passiv-abhängige Kinder geblieben, hätten wir nicht den Mut aufgebracht, den Apfel zu essen und uns auf die lange Reise des Geistes zu begeben, die auf der entlegenen Seite des Gartens Edens begann.

Die Technik ist das spirituelle *koan* unserer Zeit, das ungeheuer schwierige Puzzle, das gelöst werden muß. In welche Richtung reisen wir, wenn wir weder nach Eden noch in die Alabasterstadt des ewigen Fortschritts heimkehren können?

Der Tag, an dem ich modern wurde

Für mich begann die Moderne plötzlich im Jahr 1943 – ich war zwölf und meine Eltern zogen von der ländlichen Kleinstadt Maryville, Tennessee, nach Wilmington, Delaware, dem Hauptquartier der modernen Götter: Hercules, Atlas und Du Pont.

Es war dunkel, als wir vor dem Haus 306 Blue Rock Head eintrafen; oft gingen wir inmitten des Chaos unausgepackter Kartons zu Bett, erfüllt von großen Erwartungen für die Überraschungen, die wir am Morgen vorfinden würden.

Bei Sonnenaufgang brachen mein Bruder und ich zur ersten Expedition in unsere neue Welt auf. Häuserblocks um Häuserblocks gepflegter Häuser. Quadratisch. Ordentlich. Weit und breit keine Wälder, keine Bäche. Nichts Wilderes als hin und wieder ein leeres Industriegelände. An der Ecke wartete die Bellefont-Straßenbahnlinie, die uns die zwei Meilen bis zur Schule brachte. In der Ferne sah man den Silberstreif des Delaware, der sich bis zum Meer schlängelte – vielversprechend, ein wenig ungezähmt. Doch als wir schließlich das Labyrinth der Vorortstraßen stadtauswärts hinter uns gelassen hatten und über die Geleise der Pennsylvania Railroad gelangt waren, stellten wir fest, daß die Senken und Marschen ringsum des Flusses voller Abfall waren und nach Industriemüll stanken. Da wir hofften, auf etwas Vielversprechendes zu stoßen, erklommen wir den Penny Hill, um die Landschaft unseres Neufundlands in Augenschein zu nehmen. Im Norden hielten die Ölraffinerien von Marcus Hook die ewige Flamme hoch, die Ölfackel, die das überschüssige Gas verbrannte und Giftschwaden in die Luft der Umgebung spuckte. Im Osten, auf der anderen Seite des Flusses, schickte eine Du Pont-Industrieanlage eine Wolke unbekannter Partikel in die Luft empor. (Später entdeckten wir, daß der Niederschlag aus der Wolke am Tag und die Flammen der Feuersäule bei Nacht das Lungenemphysem verursacht hatten, an dem mein Vater schließlich sterben sollte.) Im Süden lag Wilmington, eine Stadt ohne viel Herz oder Seele. Nur westwärts schien es Anzeichen für Wildnis und Freiheit zu geben.

Als wir von unseren Erkundungen zurückkehrten, durchdrang ein grauer Nebel meine Gedanken. Bilder der Wege durch den College-Wald, der sonnenbeschienenen Badestellen in Tennessee und der Felder, in denen Lerchen sangen, prallten mit der neuen Realität von Wilmington zusammen. Ich geriet in den Zustand des Kummers und der Depression, die besonders heimatlose Menschen überkommt und für die es keinen Namen gibt. Da mir bewußt war, daß unsere Familie wegen des Geschäfts meines Vaters in den Norden gezogen war, begrub ich meine Traurigkeit und erwähnte sie nicht. Insgeheim aber wuchs in mir das Gefühl, daß ich aus meiner wahren Heimat verbannt worden war, und so erfüllte mich die nostalgische Sehnsucht nach einer verlorenen, vertrauten Seelenlandschaft, in die ich hineinschlüpfen konnte.

P. S. Die Du Pont-High-School war mein zweiter Schock.

Im Amerika der Kleinstädte und der ländlichen Gebiete wurde das Leben um kleine Gruppen organisiert – die Familie, größere Verwandtschaft, die kleinen Geschäftsleute, Kirche und Schule. Man kannte sich mit Namen und man kannte die Lebensverhältnisse des Anderen. Die Geschichte einer Familie verfolgte ihre Angehörigen über Generationen. Jeder wußte, daß man sich auf das Wort des alten Clark absolut verlassen konnte und daß alles, was Sid Bennett versprach, bloß einem Alkoholrausch entsprang. Wahrscheinlich konnten viele Mütter und Töchter ähnliche Geschichten über Mrs. McClure, die die Sechstklässler in Englisch unterrichtete, erzählen.

Von ersten bis zum letzten Tag an der Du Pont-High-School fühlte ich mich in dem anonymen Betrieb verloren. Nachdem ich einen Ausweis bekommen hatte, schickte man mich in mein neues Klassenzimmer und ordnete mir einen Spind zu, der auf einem langen Flur identischer Spinde stand; bis heute habe ich Angstträume, ich könnte meinen nicht wiederfinden. Jede Stunde klingelte die Klassenglocke, der Unterricht wechselte, und wieder befand ich mich in einer Horde von Fremden. Schülercliquen bildeten Bruderschaften und Schwesternschaften, wobei die Football-Spieler und die Cheerleader den höchsten Status hatten. Schüler mit »Grips« waren im allgemeinen Außenseiter; Schüler, die aus Kleinstädten oder ländlichen Gegenden zugereist waren, galten als »Hinterwäldler«. Besondere Mühe wurde darauf verwandt, daß die Lehrer auf den Fluren patrouillierten, um sicherzugehen, daß kein Schüler dem Unterricht unentschuldigt fernblieb. Während meiner sechsjährigen Gefangenschaft lernte ich zwei Lehrer kennen, die sich ein wenig Enthusiasmus bewahrt hatten und von denen keiner meine Geschichte kannte. In dieser Verbannung hielt ich meinen Geist durch Träume, Freundschaften und häufige Exkursionen lebendig. Im Westen der Stadt, jenseits der letzten domestizierten Vororte, entdeckte ich einen dichten Wald, durch den ein Bach lief und wohin ich mich am Wochenende zurückzog und unter freiem Himmel schlief. Als die Firma meines Vaters schließlich prosperierte, kauften wir ein Haus in Bethny Beach. Danach wurden der Wind, die Wellen, die unbewohnten Dünen und Nordost-Stürme zu meinem Refugium. Doch meine ganze bewegte Jugend hindurch wartete ich und zog mich in meine Phantasiewelt zurück. Des Nachts lag ich wach, entwarf die Ranch, die ich eines Tages in Wyoming bauen würde, und wachte nach Träumen über Pferde auf.

Am 16. Juni 1949, dem Tag, an dem ich von der High-School abging, luden mein Freund Dick Haines und ich unser Campinggerät in meinen Ford Model A und brachen Richtung Westen auf. Als wir Kansas erreichten, war uns das Geld ausgegangen, und wir verdingten uns als Hilfsarbeiter bei der Weizenernte. Nach einigen Wochen mit zwölfstündigen Arbeitstagen (plus allgemeine Arbeiten), jagten wir, braungebrannt, frech und zweihundert Dollar reicher in unserem Wagen über die sonnengedörrten Great Plains, kletterten den Continental Drive hinauf und landeten auf einer Ranch im üppig grünen Gunnison-Tal in Colorado.

Nachdem wir einige Wochen als Hilfsarbeiter auf der Ranch gearbeitet und ich meine bukolischen Träume von Pferden, Rindern und weit offenen Räumen ausgelebt hatte, verspürte ich den Drang nach intellektueller Betätigung. Meine Sinne jubelten beim Geruch der frischgemähten Haferfelder, dem Blitzen der Regenbogenforelle in Bewässerungskanälen, dem Kojoten-Geheul von den umliegenden Bergen. Mein Körper ging mit Lust an die Arbeit: Holz hacken, Zäune errichten und Tiere pflegen. Doch bald sehnte ich mich nach Gesprächen und Ideen, die meinen Geist erweitern würden, und nach einer Welt, die weiter und verschiedenartiger wäre, als irgendeine, die ich bislang gekannt hatte. Ohne zu wissen, was ich wissen wollte oder warum, sehnte ich mich auf einmal nach Wissen. Also drehte ich die Richtung meiner Suche um und wandte mich nach Osten – hin zu Erziehung und Ausbildung und einer urbanen Zivilisation.

Im Laufe der nächsten fünfundzwanzig Jahre widmete ich mich den Aufgaben und Freuden, die nötig waren, ein moderner Mensch zu werden. Wie bereits gesagt führte mich der Pfad meines Geistes nach Harvard und Princeton; die Stadt wurde meine Heimat und die Universität mein

Kosmos. Erst nach der Lebensmitte führte mein Weg an seinen Ausgangsort zurück.

Der Grund meines Seins

Diese Rückkehr vollzog sich plötzlich im Sommer 1976, durch Zufall oder Gnade. Jan und ich fuhren die tausend Meilen lange Strecke von San Francisco nach Methow, Washington; wir wollten meinen alten Freund Jim Donaldson besuchen, der es aufgegeben hatte, Los Angeles zu reformieren, und statt dessen Knoblauch anbaute. Jan befürwortete den Umzug aufs Land, doch mir schien es entweder zu früh oder zu spät im Leben. Ich hatte mir allerdings schon oft ausgemalt, daß das Leben als Rancher lohnender sein könnte, als philosophische Ideen einzukreisen. Wir fuhren entlang der Bäche, die in den Methow flossen, und Jim pries alles in den höchsten Tönen: »Saubere Luft und sauberes Wasser. In den ganzen USA gibt es keine vergleichbare Gegend. Die Götter, von denen Hölderlin und Heidegger sprachen, wohnen immer noch in diesem ursprünglichen Tal der schroffen Cascades Mountains. Und wir haben die Chance, das alles zu erhalten, wenn wir uns gegen die Landerschließer und die Forstverwaltung organisieren. Wir brauchen eure Hilfe.« »Ja, Jim«, erwiderte ich, als wir in die McFarland Creek-Straße einbogen, »aber ich bin kein Farmer, und außerdem gibt es im Umkreis von 100 Meilen kein anständiges Cafe, kein Kino. Das hier liegt zu abgeschieden für mich.«

Ungefähr eine Meile weiter die Staubpiste hinauf hielten wir an, weil Jim uns eine kleine Farm zeigen wollte. »Ursprünglich wollten wir die Farm kaufen, aber sie stand nicht zum Verkauf«, sagte er, als wir in die Auffahrt bogen, um den Besitzern einen Besuch abzustatten. Bei Kaffee und Kuchen eröffnete uns John Edwards: »Vor vier Tagen haben wir beschlossen, die Farm zu verkaufen und ein Grundstück weiter zu ziehen.«

Als nächstes erinnere ich mich an eine Vision. Ich sah mich als alten Mann, der in dieser Küche saß, die schneebedeckten Pappeln betrachtet und einen Nerz das Bachufer hinaufjagen sieht. Ich stellte mir vor, wie ich an diesem Ort glücklich alt wurde. Das schreckte mich so sehr auf, daß ich fragte, ob ich mir einmal die Farm ansehen könne.

Die Farm, siebenunddreißig Acre umfassend, bestand aus einem kleinen, niedrigen Haus, einer großen Scheune und verschiedenen Gewächshäusern, Hühnerställen und Lagerschuppen; sie lag am unteren Ende einer von den Hügeln umgrenzten Senke, durch die der McFarland Creek plätscherte. Es gab ungefähr einen Acre [1 ha = 2,4711 acres] Apfelbäume, zwei Acre Tafelland, zehn Acre so dicht überwucherten Talgrund, daß man den Bachlauf nur erahnen konnte, und vierzehn Acre Weideland, umgeben von beinah senkrechten Hügeln, die mit Goldkiefern und Tannen bedeckt waren. Der kristallklare Bach verschwand im Erdreich und trieb ein inzwischen defektes Pelton-Wasserrad an. Stromauf lagen zwei Ranches; dahinter begann die Wildnis bis hoch nach Kanada.

Während wir so gingen, verwandelte sich die Farm in ein belebtes Wesen, das mir eine Frage stellte: »Hast du jemals vor, aufzuhören, von Ort zu Ort zu reisen, und dich der Aufgabe zu widmen, auf dem Land heimisch zu werden?« Der College-Wald und mein Jugendtraum, am Rand der Wildnis zu leben, stiegen vor mir auf und verlangten eine Entscheidung: Entweder ich griff nach dem Traum oder ich gab ihn auf und verschrieb mich ganz und gar den urbanen Rhythmen und der städtischen Lebensweise. Mein berechnender Verstand sagte mir, daß es sich um eine nicht umsetzbare Phantasie handelte. Aber ich hörte, wie das Land nach mir rief.

Ich kehrte nach San Francisco zurück, rechnete meine Finanzen durch und stellte fest, daß ich zehntausend Dollar zusammenkratzen konnte, um eine Anzahlung zu leisten. Am Abend rief ich John an und gab ein Angebot ab, das er sofort akzeptierte: »Die Farm gehört Ihnen«, sagte er. »Dorothy und ich haben beschlossen, daß wir an Sie verkaufen wollen. Wir werden uns einen Abzahlungsmodus ausdenken, mit dem Sie leben können.« Wir gaben einander das Wort, und die Sache war beschlossen: Ein halbes Jahr später waren die Papiere unterschrieben, und Jan und ich begannen unsere jährliche Wanderung, um die Erntesaison im Methow-Tal zu verbringen – dreizehn Meilen entfernt vom nächsten Geschäft, fünfundzwanzig Meilen von einer Ampel oder einem Theater, mitten im Epizentrum einer Gemeinschaft von Kojoten, Hirschen und Bären und weiteren Vertretern der Tierwelt in großer Zahl.

Wasser und das Fließen des Geistes

Theoretisch war mir das alles bekannt: Ich hatte Peter Warshalls Plädoyer für ein »Wasserscheiden-Bewußtsein« gelesen, und stimmte seiner Idee zu, daß wir keine ökologische Moral haben, wenn wir nicht wissen, woher das Wasser kommt, wenn wir den Wasserhahn aufdiehen, und wohin es geht, wenn wir die Toilettenspülung benutzen. Tief in mir spürte ich, was Henry Beston während seines Aufenthalts im »äußersten Haus« herausgefunden hatte: »Die Welt heute ist krank bis auf ihr dünnes Blut, weil ihr die elementaren Dinge fehlen; sie kennt kein Feuer vor den Händen, kein Wasser, das der Erde entspringt, keine liebgewonnene Erde unter ihren Füßen.« Aber ich war nicht darauf vorbereitet, mit der Krise fertigzuwerden, die unser erstes idyllisches Frühstück auf der Farm unterbrach, als sich das Leitungswasser plötzlich braun färbte. Während ich das Leitungsgewirr im Keller inspizierte, überkamen mich Verzweiflung und Panik. Da befand ich mich meilenweit entfernt von der nächsten Stadt, mit einem defekten Wassersystem, das ich nicht verstand. Nicht nur war ich kein Klempner, ich konnte nicht einmal mit Werkzeug gut umgehen. Bislang war ich in meinem Leben der normalen urbanen Regel gefolgt: Wenn etwas kaputtgeht, besorg dir einen Fachmann.

Zum Glück war John zu Hause und erwiderte meinen Hilferuf mit dem Angebot, mich in die Geheimnisse der Landklempnerei einzuweihen. »Im Frühling ist immer Schmutz im Wasser«, erklärte er, »deshalb mußt du die Rechen in der Schleuse alle paar Tage reinigen. Aber das ist jetzt wahrscheinlich nicht das Problem. Wahrscheinlich sind Jeffs Kühe in der Nähe des Zuflusses herumgetrampelt und haben so Dreck ins Wasser gebracht.«

Auf dem Weg hinauf zur Quelle schlossen wir alle Ventile, die Wasser ins Haus brachten, und öffneten die Bewässerungsventile, so daß der Schmutz geklärt wurde, ehe er die schmaleren Haushaltsleitungen verstopfen konnte. John zeigte mir die Stellen, wo die Hauptleitung regelmäßig barst und geflickt werden mußte. Als wir zu der Schleuse kamen, stand ich vor einen Komplex aus Sickertanks und Rechen, die dazu dienten, das Wasser aus dem Bach zu filtern, ehe es Richtung Süden zum Haus floß. Die Reihe der Gittersiebe mußte in genau der richtigen Reihenfolge gereinigt werden; sonst würde die angesammelte Schmutzlast in die Hauptleitung und somit ins Haus geschwemmt, wo Jeffs fein gesiebter Kuhmist dazu führen würde, daß das Leitungssystem eine Art Arteriosklerose bekäme, die sich nur heilen ließ, indem man jedes Verbindungsstück aufmachte und jedes Leitungsrohr säuberte. Mir wurde klar, daß ich entweder einen Vollzeitklempner einstellen oder selber einer werden mußte. Einen Augenblick dachte ich daran, Mineralwasser aus der Flasche zu trinken und die Farm in ihren natürlichen Zustand zurückkehren zu lassen.

Aber als ich die Hände in den Bach steckte, um das Einlaßsieb zu reinigen, floß das klare Wasser durch meine Hände bis in die verborgensten Stellen meines Geistes, und plötzlich offenbarten sich mir die Geheimnisse der Klempnerei. Installationsarbeiten sind wie das Schreiben eines Absatzes. Man fängt mit einer überfließenden Verallgemeinerung an, lenkt diese dann in Sätze, die sie in kleinere Ideen zerlegen. Der Kniff besteht darin, einen gleichförmigen Strom zu erreichen, indem man die Menge und die Geschwindigkeit des Wassers bzw. der Ideen reguliert. Zuerst muß man eine Möglichkeit ersinnen, den Fluß zu stoppen – ein Verschlußventil bzw. einen Punkt anbringen. Will man lediglich die Bewegung verlangsamen, reicht ein Halböffnungs-Ventil oder ein Komma aus. Wenn man den Fluß aufspalten will, muß man ein Y-Verbindung beziehungsweise ein Entweder/oder benutzen. Um einen Gedanken auszustreuen, damit er eine ganze Weide von Ideen besprengt, verwendet man am besten ein Semikolon. Eine Klammer faßt (wie ein Wasserreservoir) eine Bedeutung, die man nicht sofort verwenden, dafür aber später gebrauchen kann. Substantive sind die Hauptleitungen, die ein ausreichendes Sinn-Gefälle enthalten, um die Grundidee durch das schmalste Rohr des Absatzes zu schieben. Verben bilden die kleineren Leitungen, die die Wassergeschwindigkeit erhöhen. *Wenn, und, aber, mit* und die anderen Konjunktionen sind die diversen Rohrmuffen, die notwendig sind, um Ideen ungleichen Umfangs zu verbinden.

Sobald mir die Logik des Leitungssystems klar war, folgte die Mechanik ohne große Mühe. Binnen eines Monats war mir das Wassersystem vertraut. Am Druck oder an der Größe der Partikel im Leitungswasser konnte ich erkennen, was oben am Bach passierte. Fernwahrnehmung. Ich lernte, wo man die Leitung öffnen mußte, um die Verstopfungen durch Sedimente zu beseitigen und elegante Verbindungsstücke aus PVC-Rohrstücken anzufertigen. Bei der Installationsarbeit ist das Ziel dasselbe, das Plato über die Philosophie bestimmt hat: es geht darum, die Natur am Knochen zu schneiden. Zum Ende eines frustrierenden Tages erfand ich eine einfallsreiche Methode, einen unzugänglichen Abschnitt des Abflußsystems freizubekommen, und Heureka! Das Problem war gelöst. Ich war so zufrieden, als hätte ich soeben Erstsemestern erfolgreich den kategorischen Imperativ erklärt. In jener Nacht träumte ich, daß mein älterer Bruder Lawrence, das mechanische Genie in der Familie, in dessen Schatten ich immer gestanden hatte, die Arme um mich legte und ich so groß war wie er.

Wasser, Luft, Erde und Feuer sind praktische Notwendigkeiten und zugleich alchemische Elemente – eine archaische seelisch-symbolische Wirklichkeit.

Auf der praktischen Ebene ist Wasser im ländlichen Westen der USA von entscheidender Bedeutung. Während meines ersten Jahres in Methow stellte ich fest, daß die Einheimischen über das Wasser so redeten wie die Kalifornier über Grundstücke oder Bewußtseinserweiterung. Der Wert einer Farm oder Ranch bemißt sich nach ihren Wasserrechten und ihrer Nähe zu einem Fluß oder Bach. Und Wasserrechte wiederum sind bestimmt durch die historische Abfolge, in der die Farmen gegründet wurden. Der erste Ort erhielt, ganz gleich, wo er am mach liegt, das erste Wasserrecht, und so weiter. Zum Glück waren wir auf einen verschwenderischen Reichtum an sauberem

Wasser gestoßen. Unsere Farm war 1890 gegründet worden und hatte ein drittes Wasserrecht von bis zu 167 Gallonen pro Minute. Reines Wasser. Der McFarland Creek beginnt als Netzwerk kleiner Bäche hoch in den Bergen, bewegt die Hälfte der Last seines Wassers unterirdisch (wie der menschliche Geist), kommt schäumend an die Oberfläche und steigt dann wieder hinab. Eine Meile stromaufwärts verschwindet das Wasser in einem Sumpf, führt unterirdisch über die Nachbarfarm und taucht hundert Yards vor der Grundstückgrenze wieder auf. Wenn der Bach dann uns erreicht, hat seine unterirdische Reise das Wasser gefiltert, so klar wie ein Geist, der sich durch einen Abstieg in die Traumzeit erfrischt hat.

Jeden Tag lege ich die Hände zusammen, trinke einen ordentlichen Schluck aus dem Gebirgsbach, danke und schaudere bei der Vorstellung, es könnte eine Dürre kommen, eine Trockenheit des Geistes. Indem ich ganz und gar sauberes Wasser trinke, stille ich meinen Durst und danke für eine einfache Güte und trauere, weil ich weiß, daß unsere Quellen zunehmend entweiht werden.

Notiz: »Senkung des Wasserverbrauchs unvermeidlich zur Vermeidung von globaler Krise. Eine Knappheit kann Friedensaussichten und das Bevölkerungswachstum beeinflussen ... Nicht nur Dürre und globale Erwärmung, sondern der verschwenderische, falsche Umgang mit Wasser drohen in den neunziger Jahren eine Krise zu erzeugen, die der Ölkrise in den siebziger Jahren ähnelt.«[1]

Mich beunruhigt das dürre Wesen des modernen Denkens. Etwas, das wir Geist nennen, trocknet aus, während unsere unterirdischen Wasserquellen verschmutzt und ausgebeutet werden und austrocknen. Vermutlich hängt unser Verlust einer »flüssigen« Phantasie mit der Verschmutzung unserer Flüsse und unserem urbanen Exil zusammen. Als konkrete Geschöpfe tun wir alles, was wir der Umwelt antun, uns selber an. Das Äußere entspricht dem Inneren. Die Struktur der menschlichen Seele spiegelt die Welt, die sie bewohnt. Das Wesen und der Inhalt des Geistes wie auch das Gleichgewicht im Verhältnis von Bewußtem und Unbewußtem wird zum großen Teil von der Umwelt bestimmt. Je schneller, lauter und reizstärker die Umwelt wird, desto eher wird der Geist in ein lineares, taghelles und pragmatisches Bewußtsein verbannt. Kann unsere Seele wiederhergestellt werden, kann unser Kelch überfließen, wenn wir uns nicht auf grünen Weiden niederlegen oder neben stillen Wassern ruhen?

Schon immer ist Wasser mit Meditation und der Fähigkeit, in die Tiefe zu sinken, in Zusammenhang gebracht worden. Wasser war das Element, das der Großen Göttin heilig war, die den Mond regierte und die Gezeiten des Meeres und die Menstruation auslöste. Die Große Göttin und ihre heilige Schlange herrschten über die Wasser, die in die Unterwelt führten. Im Taoismus ist der Weg des Wassers das Bild für Weisheit. Und wenn wir eine wissenschaftliche Bestätigung, brauchen, daß Wasser den Fluß der Gedanken ändert, dann finden wir sie in den Ergebnissen der Forschung, derzufolge eine hohe Konzentration negativer Ionen, die von Wasserfällen und Meereswellen ausgelöst wird, einen beruhigenden Effekt auf die Psyche hat.

Ich habe die Vermutung, daß es im Geist eine genetisch kodierte Erinnerung und ein organisches Bedürfnis nach einem gewissen Repertoire von Erfahrungen der Naturwelt gibt. So wie wir bestimmte Vitamine benötigen, um unsere körperliche Gesundheit zu erhalten, so brauchen wir für unsere spirituelle Gesundheit weite, menschenleere Ausblicke, in denen das Auge den Horizont erfassen kann, ohne andere Menschen zu sehen; den beruhigenden Anblick von etwas, das vom Samen bis zur Reife wächst; die furchterregende und demütig machende Wildheit des Windes und

Gewitters; das ermutigende Licht und Wärme der Sonne; den reinigenden Fluß des Wassers. Mir scheint es recht wahrscheinlich, daß der technologische Zwang, der unser Überleben gefährdet, zum großen Teil daher rührt, daß wir in rationalistischen Denkweisen gefangen und aus den fließenden Tiefen unserer Intuition und Einbildungskraft vertrieben sind. Wir sind abgeschnitten von den mondregierten Gezeiten des Meeres und des Geistes, von den Ur-Tiefen, wo Leviathan schwimmt und sich das Denken einrollt und eine Ideen-Spirale bildet, deren poetisches Vermögen die rosafarbenen Höhlen einer Muschel in eine deutliche Nähe zu einer Vagina bringt.

Ach, ich versuche hier ein Mysterium zu analysieren und zu erklären, in das ich vom Wasser des McFarland Creek initiiert worden bin. Ein Dutzend Yards vor meinem kleinen Arbeitszimmer strömt der Gebirgsbach hügelabwärts, stürzt über einen zehn Fuß langen moosbedeckten Felsen hinein in ein Bassin, sammelt sich und macht das gleiche in einem zweiten Wasserfall, ehe er gemächlich stromab weiterfließt. Wenn man die Dezibel zählen wollte, würde der doppelte Wasserfall wahrscheinlich im Bereich des Düsenmotors eines Flugzeugs liegen, das mit 950 Stundenkilometern fliegt. Aber der Klang ist seltsam sanft und porös. Er ist voller Stille, in der eine Einbildungskraft, die daran gewöhnt ist, in Kaninchenlöcher hinabzusteigen und in Schlangentunnel zu verschwinden, in einer getrennten Wirklichkeit neu auftauchen kann. Ich bin zu rational, um an Feen und Gnome zu glauben, aber bei Tag und bei Nacht, wenn ich mich nicht allzusehr anstrenge, höre ich Stimmen, die, wie ich fast glaube, von Wassergeistern stammen. Nie verstehe ich, was sie sagen, aber die Melodie ist klar. Und manchmal hebt die Musik einen schweren Gedanken in eine lyrische Tonlage, und ganz selten nähert sie sich, um einen Satz, den ich schreibe, zu ehren. Wenn Sie also in diesem Buch auf einen Satz stoßen, der unerklärlicherweise einen Windhauch über eine verborgene Äolsharfe in Ihrer Seele bläst, können Sie davon ausgehen, es handelt sich um ein Geschenk des McFarland Creek.

Etwas anbauen: Heilige Schöpferkraft

In den letzten beiden Jahrzehnten, zunächst am McFarland Creek und derzeit auf unserer neuen Farm in Sonoma, habe ich mich intensiv damit befaßt, etwas anzubauen und mich daran zu erfreuen. Ich habe die Früchte der Bäume des Lebens gepflanzt und gegessen: Pfirsiche, Birnen, Pflaumen, Aprikosen und Nektarinen. Ich habe viele Stunden damit verbracht, im Humus zu knien, habe Samen gesetzt und zugesehen, ob meine Hoffnung, Mais und Basilikum zu ernten, in Erfüllung ging.

In keinem Jahr haben wir mehr als einen kleinen Teil der Nahrungsmittel angebaut, der notwendig ist, um die Familie zu ernähren. Aber die Gemüse- und Obstgärten, die ich angelegt habe, haben mir – neben der Freude – Gemüse, Obst und eine Ernte reicher philosophischer Metaphern geschenkt. Etwas anzubauen lehrt uns den tiefreichenden Unterschied zwischen Herstellen und Kultivieren, zwischen Produzieren und Nähren. In der organischen Welt gibt es kein Herstellen, keine sofortige Belohnung. Apfelsprößlinge reifen langsam und müssen jedes Jahr aufs neue geduldig gepflegt werden, ehe ihre Früchte genossen werden können. Um einen Garten anzulegen, muß ich meinen Willen zur Macht aufgeben und lernen, den angeborenen Rhythmus der Tomatenpflanzen und Bohnen zu beachten.

Durch das Kompostieren, das Stutzen und Pflegen von Obstbäumen habe ich endlich den fundamentalen philosophischen Fehler und die geistig-seelische Unehrlichkeit des Gebrauchs des Wortes *Wachstum* im Reich der Wirtschaft und der Politik begriffen. Unheilvolle Dinge werden getauft, wenn *Wachstum* aus seiner legitimen und angestammten Heimat im organischen Reich entführt und unbedacht benutzt wird, um wirtschaftliche und politische Strategien zu legitimieren. Psychologen, Geschäftsleute und Politiker rechtfertigen ihre Bemühungen, indem sie behaupten, sie schüfen Wachstum – persönliches Wachstum, wirtschaftliches Wachstum, Firmenwachstum. Als Nation sind wir besessen von etwas, das wir »Wirtschaftswachstum« nennen. Jeder Politiker und Konzernchef nimmt an, eine gesunde Wirtschaft beziehungsweise Firma würde sich dadurch auszeichnen, daß die Wachstumskurve stetig und fortwährend nach oben weist. Das Bruttosozialprodukt wird zum alleinigen Maßstab des kollektiven Wohlergehens.

Doch wenn wir »Wirtschaftswachstum« in Verhaltensbegriffe übertragen, ergibt sich ein beunruhigendes Bild. Es bedeutet, daß mehr Frauen und Männer jeden Tag ihr Haus verlassen, Büroarbeit in Gebäuden verrichten, Routinen folgen, die von unpersönlichen Konzernen diktiert werden, über die sie wenig Kontrolle haben, in zunehmend anonymen und unzivilisierten Städten wohnen, deren Infrastruktur zusammenbricht, abgepackte Waren konsumieren und sich auf Experten verlassen, die sie mit Dienstleistungen, Essen, Unterhaltung und Gesundheitsfürsorge versorgen sollen. Das »Wachstum«, das wir geradezu zwanghaft anstreben und beharrlich weiter »Fortschritt« nennen, scheint eher dem rapiden Wachstum von Krebszellen zu ähneln als dem geordneten Tanz von Boden und Samen, der in der Reife der Zeit zu einer Getreideähre führt.

Warum sind wir derart besessen vom Wachstumsgedanken? Warum die leeren Reden, die Neutralisierung und

Entwürdigung dieses einstmals heiligen Wortes? Der Grund ist, wie ich glaube, daß ein Großteil der modernen städtischen Bevölkerung (und dies schließt per definitionem die einflußreichsten Intellektuellen, Propagandisten und Worthändler mit ein) über Wachstum nur in einem metaphorischen Sinn Bescheid weiß. Weil unser täglicher Horizont aus Zement und Stahl und sich bewegenden Maschinen begrenzt wird, haben wir das spürbare Gefühl des Sinns und der Hoffnung verloren, der früher Teil der Erfahrung des Pflanzens und Sammelns war.

Alle Dinge, die wachsen, verfügen über einen geordneten Rhythmus, eine Lebensgeschichte, die Richtung und Ziel hat. Man kann sich auf den Prozeß der Geburt, der Reifung, des Niedergangs, des Todes und der Rückkehr zum Humus verlassen. Ungeachtet der Ideologie des Fortschritts ist es nicht sicher, daß uns die Technik in eine wohltätige Richtung führt. Darum verleihen wir der Bewegung, dem Wandel und der Geschwindigkeit die Ehrentitel des Wachstums beziehungsweise Fortschritts. Und wie alle ungeprüften Glaubenslehren versucht auch diese, unsere Zweifel und Unsicherheiten zu verdrängen. In den Vereinigten Staaten brüsten wir uns damit, daß drei Prozent unserer Bevölkerung die Nahrungsmittel für die restlichen 97 Prozent erzeugt. Doch diese vielzitierte Statistik ist wohl weniger ein Zeichen des Fortschritts, sondern vielmehr eine schreckliche Mahnung, wie entwurzelt wir geworden sind. Die meisten von uns haben das Leben des Lohnsklaven gegen das des unabhängigeren und anstrengenderen Lebens auf dem Land und im Dorf eingetauscht. Wenn ich, wunderbarerweise, zum Präsidenten der USA gewählt würde, würde ich eine Politik fördern, die Millionen von Familien hülfe, die so gern das Land wieder neu bevölkern würden, das Dorf und das ländliche Leben neu zu belegen. Wir wären eine gesündere Nation, wenn eine Mehrheit von uns mit der wörtlichen Bedeutung von Wachstum innig vertraut wäre und ein bißchen Schmutz unter den Fingernägeln hätte.

Es ist nicht notwendig, unsere Städte zu verlassen, um unsere Verwandtschaft mit dem Land zu ehren. In meinen Seminaren fordere ich die Teilnehmer manchmal auf, die ideale Umgebung zu zeichnen, in der sie die größte Befriedigung ihrer spirituellen Sehnsüchte finden würden. »Wo möchten Sie leben? Mit wem? Welche Arten von Tätigkeiten würden Ihren Tag ausfüllen?« frage ich. Wie sich herausstellte, würden sich rund 95 Prozent der Teilnehmer in der Nähe von Bergen, Seen, Meeren, Wäldern und Farmland ansiedeln. Wie die Macht des Bildes des Marlboro-Mannes zeigt, gehören wir in unseren Phantasien in die Wildnis, selbst wenn wir in Hochhäusern wohnen. Wir finden zahllose Wege, die Erdverbundenheit zu feiern. Jedes Frühjahr pflanzen Familien in ihren Apartments in New York und Boston aus religiösen Gründen Tomaten auf Fensterbrettern und feiern im Sommer dann ihre saftige Ernte. Versteckt in Rabatten in den Hintergärten von manikürten Vorortshäusern gedeihen Gemüsesorten und Kräuter, die von begeisterten Hobbygärtnern angelegt werden. Millionen, deren einziger Kontakt mit landwirtschaftlichen Erzeugnissen auf dem Wochenmarkt stattfindet, flüchten aus den Städten und wandern in den Rocky Mountains oder den Adirondack. Mountains. Vielleicht werden in nicht allzu ferner Zukunft die Regierungen phantasievolle Programme ersinnen, die die Kultur des Landes und des Dorfes wiederbeleben und die an Lemminge gemahnenden Wanderungen beenden, die in zunehmendem Maße die Massen dazu verdammen, in Megalopolen zu leben. Bis es soweit ist, halten viele von uns die Verwandtschaft mit der heiligen Kreativität des Landes dadurch aufrecht, daß sie symbolische Samen pflanzen und rituelle Reisen ins Hochgebirge machen, wo sie dem Wind in den Kiefern lauschen.

Unkrautjäten und Töten: Heiliges Ent-strukturieren

Sobald ich Land bearbeite, habe ich es unvermeidlich mit Vernichtung zu tun. Um eine anständige Ernte einzufahren beziehungsweise ein ordentliches Leben zu führen, muß man sich an den Tod gewöhnen.

Jahr um Jahr ziehe ich in den Krieg gegen eine Plage der Disteln und des Unkrauts. Niemand, der gegen die Sonnenflockenblume gekämpft hat, wird in Versuchung geraten, die reine Vitalität anzubeten. Auf der Weide könnte ich mit weniger *élan vital* auskommen. Jedes Frühjahr rupfen wir das Zeug aus und verbrennen es; allerdings enthalten wir uns der offiziellen empfohlenen Art der Vernichtung und sprühen kein Unkrautvernichtungsmittel. Die Natur braucht etwas Medizin gegen Entzündungen, aber die chemische Kriegführung scheint mir ein zu scharfes Mittel gegen einen saisonalen Ausschlag. Der geringste Eingriff ist wohl der beste – eher Akupunktur als eine Operation. Man frage die alten Leute, und sie werden sagen, daß der Befall mit aggressivem Unkraut kommt und geht. Disteln sind, wie die meisten Krankheiten, eine kodierte Botschaft, deshalb tun wir gut daran, vorzubeugen statt zu heilen. Möglicherweise wollen sie uns mitteilen, daß das Land überweidet wurde und daß seine empfindlichen Gräser erhalten werden müssen, da es sonst erodiert und im Wirbelwind verschwinden wird.

Mein Bewußtsein, daß der Humus, durch den wir Menschen bestimmt sind, auch ein Schlachtfeld ist, erwuchs aus der Begegnung mit Billy.

Bis ich Billy kennenlernte, war meine Bekanntschaft mit Ziegen überwiegend literarischer Natur. Ich wußte nur, daß sie Dinonysos heilig waren und in dem Ruf standen, jede Menge Temperament zu haben. Als also mein Nachbar

John eines Abends vorbeikam und anbot, mit mir ein Muttertier und einen jungen Bock einzufangen, die von der Herde ausgestoßen worden waren und in einem alten Bergwerk weiter nordwärts von unserer Farm umherliefen, nahm ich das Hilfsangebot dankbar an.

Wir sprangen in den Pickup und holperten über eine unbefestigte Straße, bis wir zu einer verfallenen Hütte kamen, wo das Muttertier den Kopf aus der Tür streckte, um zu sehen, was da los war, und Billy hinter ihrer schützenden Präsenz hervorlugte. Wir kamen diplomatisch näher, in der Hand Korngeschenke, doch die Eingeborenen flohen in ein nahegelegenes Dickicht. Wir redeten ihnen gut zu, sprachen freundliche Worte und verkündeten unsere unschuldige Absicht, aber die Ziegen neigten bloß den Kopf und sahen uns neugierig, aber ungläubig an. Schließlich erkannten wir, daß wir ein gewisses Maß an Schläue und Nachdruck aufbringen mußten, um sie zum zivilisierten Leben zu bekehren. Ich ging um die eine Seite des Strauches herum, John um die andere. Die Ziegen, die den Hinterhalt witterten, rannten in entgegengesetzte Richtungen davon, womit sie uns trennten, und trotteten zum schützenden Gebäude zurück. John und ich versicherten uns gegenseitig, daß wir intelligenter waren als die Ziegen, ersannen eine neue Strategie und schlenderten lässig zum Haus, bis wir in die Vordertür stürmten und die beiden in ihrer Bastion gefangennehmen konnten. Als erstes hievten wir Mama in den Pickup und ließen Billy zurück, wobei wir darauf vertrauten, daß ihn die Angst vor dem Verlassenwerden ein wenig ruhiger machen würde. Während er Flüche ausstieß, legte ich ihm ein Lasso an und versuchte vergeblich, ihn zum Pickup zu ziehen. Schließlich hob ich ihn vom Boden und trug ihn zum Pickup, auf dem die Mutter bereits lag. Als ich in der Fahrerkabine des Wagens saß, roch ich nach Ziege – ein Geruch, den man weder beschreiben noch verwechseln kann. Auf der Heimfahrt beglückwünschten John und ich einander, weil wir die Schlacht gewonnen hatten. Wir hatten ja keine Ahnung.

Mama und Billy lebten sich leichter in der Zivilisation ein, als wir uns vorgestellt hatten, das heißt, sie lernten, ihre tägliche Ration Ziegenfutter als ihren gottgegebenen Anspruch anzusehen, zusätzlich zu dem Recht, alles in ihrer Reichweite Befindliche zu verzehren. Denken Sie nun aber nicht, daß zwölf Acre Weideland plus Sozialhilfe ihre Grundbedürfnisse befriedigte. Für eine Ziege gehört ein Zaun in dieselbe Kategorie wie Kleingeld im Denken eines Kriminellen – es ist etwas, um das man erleichtert werden muß. Während wir noch versuchten, die Umstände ihrer »Gefangenschaft« angenehm zu gestalten, hatten die Ziegen siebenunddreißig Wege zur Flucht ersonnen. Wären sie lediglich zu ihren abgelegenen Schlupfwinkeln in den Bergen zurückgekehrt, so hätten die Ereignisse einen einigermaßen gerechten Verlauf genommen. Aber nein. Wie Soziopathen umgingen sie die Zäune, besuchten Nachbars Garten, knabberten die Rinde und die Äste junger Obstbäume, versteckten sich tagsüber im Ödland entlang des Bachs, kehrten am Abend zurück, als wäre nichts geschehen, und forderten aufreizend ihr täglich Brot. Schon bald nach dem »Erwerb« dieser Ziegen hatten wir die paranoide Phantasie, daß sie sich irgendwie verschworen hatten, die ganze Sache ihrer Gefangennahme und Inhaftierung zu arrangieren, und daß sie uns hinter unserem Rücken auslachten.

Nach einer gewissen Zeit kam etwas mehr Freude in unser Leben: Mama bekam ein Kind. Besser gesagt, Zwillinge. Was für ein Glück! Auf die ihr eigene passiv-aggressive Art erwies sich Mama als unfähig, die Kinder allein zur Welt zu bringen, und ich, ein völliger Amateur in tierischer Hebammenkunst, mußte ihr zunächst bei der Entbindung helfen und sie danach auch noch davon überzeugen, daß sie die Kinder säugen mußte. Wahrscheinlich wollte sie sich ihre Figur nicht ruinieren.

Allmählich begann ich mich wie ein glücklicher Vater in einer unglücklichen Ehe zu fühlen. Mit Freuden hätte ich Mama und Billy getrennt – wenn die Kinder nicht gewesen wären. Sie waren die reinen Schwarmgeister, wild und warm. Sie rangen und spielten miteinander, sprangen auf Mamas Rücken, sprangen gerade in die Luft und drehten elegante, anmutige Pirouetten auf den Hinterbeinen, die Barischnikow beneidet hätte. Wenn wir sie besuchten, kamen sie zusammen und schnupperten an unseren ausgestreckten Händen. Sogar Mama schien milde gestimmt und war's zufrieden, tagsüber auf der Weide und nachts in der Scheune zu bleiben. Rasch wurden wir alle eine glückliche Familie.

Mit einer Ausnahme – Billy. Billy hatte offenbar die schlimmsten Bücher über Aggression, territorale Imperative und Geschwisterrivalität gelesen. Von Anfang an war er ein ungezogener Bruder, dem es nur darum ging, seine Vorherrschaft zu etablieren. Unter dem Deckmantel, die Kleinen in weltlichen Angelegenheiten zu unterrichten, brachte er seinen Geschwistern bei, mit den Köpfen zu stoßen, doch in erster Linie nutzte er die Autorität, seine Untergebenen zu tyrannisieren. Als die Kleinen groß genug waren, daß er sie besteigen konnte, fügte Billy dem Stoßen mit den Hörnern noch das Stoßen gegen die Hinterteile hinzu; er gab keinen Frieden, weder hinten noch vorne. Nachdem ich mir Billys rauhe, grobe und unschöne Art lange genug angesehen hatte, war mir klar: Es mußte um jeden Preis Harmonie in der Herde Einkehr halten. Da Billy zum Kastrieren zu alt war, zeichnete sich ab, daß die Zeit gekommen war, ihn als Ehrengast zu einem Grillfest einzuladen.

Ich hatte noch nie ein Tier geschlachtet oder zerlegt, und als die Zeit näherrückte, kam ich mir unwissend und zimperlich vor. David kam von der Libby Creek Farm herüber und bot an, mir die Drecksarbeit abzunehmen. Zunächst fiel mir ein Stein vom Herzen. Doch je länger ich darüber nachdachte, desto mehr wuchs in mir die Überzeugung, daß ich das Töten selbst übernehmen müßte. Ich war kein Vegetarier, also konnte ich keine moralischen Einwände erheben, einem Tier das Leben zu nehmen. Ich wollte bloß nicht dabeisein, wenn es geschah. Ich konnte Fleisch essen, das hübsch in Zellophan verpackt war, aber ich wollte dem zum Tode verurteilten Tier nicht in die Augen sehen. Deshalb empfand ich einen ungeheuren Zwiespalt, als ich mir ein Gewehr auslieh und in die Scheune ging, um die Angelegenheit hinter mich zu bringen.

Billy war an einem Pfosten festgebunden und protestierte lauthals, daß man ihn von seinesgleichen getrennt hatte. Zitternd kam ich näher, schob eine Patrone in die Kammer und zielte. Eine Welle der Übelkeit jagte durch meinen Magen, ich konnte nicht mehr klar sehen und mußte eine Pause einlegen, tief Luft holen und warten, bis das Gefühl vorüberging. »Mein Gott«, dachte ich, »und wenn ich ihn nun nicht mit der ersten Kugel töte?« Abermals hob ich das Gewehr und wartete, bis ich sicher war, daß Billys Gehirn mit dem Gewehrlauf eine Linie bildete. Und dann drückte ich ab. Aufgeschreckt durch den Knall, sprang Billy hoch; er schrie, als hätte ihn der Schlag getroffen, und fiel zu Boden. »Es tut mir leid, Billy. Es tut mir leid«, sagte ich. Eine Minute lang schlug er heftig aus, als wolle er sich von einem unsichtbaren Feind befreien, dann setzten die weichen Spasmen des Sterbens ein. Dann war es vorbei. Er lag still da, und ich setzte mich hin, weil ich am ganzen Leibe zitterte.

So saß ich lange da, ruhiggestellt von starken Emotionen. Das Gefühl, das ganz nah an der Oberfläche war, war Übelkeit und Ekel, mit einem Anflug von Angst. Ich hatte das größte Tabu verletzt – ein Leben genommen. Irgendwie hatte ich nichts einzuwenden, wenn Tiere, die mich ernährten, für mich geopfert wurden. Aber wie konnte ich mein Selbstbild als sanfter Mann aufrechterhalten, jetzt, da ich in vollem Bewußtsein getötet hatte? Durch meine Tat war ich plötzlich einer von denen (überwiegend Männern), die bereitwillig anerkennen, daß Menschsein bedeutet, eine Welt zu bewohnen, die auch ein Schlachtfeld ist. Der Verstand kann verstehen, daß sich Leben von Leben ernährt, doch mein zivilisiertes Herz hatte sich weitgehend der blutigen Weisheit verweigert, daß wir alle Mörder sind. Als ich Billys Leiche betrachtete, empfand ich das Sakrileg, etwas zerstört zu haben, das ich nie wieder neu erschaffen konnte. Einen Augenblick wünschte ich, Billys promisker Geist möge seinen Leib wieder zum Leben erwecken. Ich wollte Billy ins Leben zurückholen und ihm sagen, alles sei ein schrecklicher Fehler gewesen, und ihn, reuelos, zur Weide zurückbringen, damit er seine Geschwister abermals schänden konnte. Ich spielte mit dem Gedanken, Vegetarier zu werden.

Doch dann kam ein noch viel beunruhigenderes Gefühl an die Oberfläche. Ja, ich war traurig, aber ich war auch erregt. Mein Körper hatte seine Möglichkeit ausgeschöpft, ganz und gar, er pulsierte vor lauter Machtgefühl, das mit Sicherheit erotisch, aber nicht genital war. Irgendein Teil in mir, den ich kaum respektieren konnte, hatte im Tötungsakt Befriedigung und Lust empfunden. Hat man die Macht zu töten, steht man einen Augenblick in der Gegenwart desselben Mysteriums, daß das Leben geschaffen hat, nicht als Opfer, sondern als gottähnliches Geschöpf, das das Schicksal eines anderen Lebewesens beherrscht. Statt die kleine Kreatur zu sein, die vor der überwältigenden Drohung des Todes kauert, war ich derjenige, der den Faden von Leben und Tod in Händen hielt. Ich wollte das Gefühl leugnen, mich von meiner Hybris abwenden. Das verbotene Wissen drohte mich in die Gesellschaft derjenigen zu werfen, die ich am meisten verachtete. Mörder, Söldner, Peiniger und Nekrophile, die Kriege beginnen, um ihre perversen Begierden zu befriedigen.

Mir fiel ein Traum ein, den ich mehrere Jahre zuvor gehabt hatte und der mich immer noch verfolgte. In dem Traum wurde ich von Männern, die einen grausamen Kampf mit Fäusten und Messern führten, in einen unterirdischen Raum geführt. In dem raucherfüllten Raum erstach einer den anderen. Entsetzt lief ich hinaus, um die Polizei über das Morden zu informieren. Als ich aufwachte, empfand ich panische Angst. Lange lag ich da und dachte über den Traum nach, wobei ich mich mit der moralischen Entrüstung der Person identifizierte, die in dem Traum »ich« war. Dann ging mir auf, daß ich alle diese Personen selber war, und versetzte mich in der Phantasie in die Kämpfenden. Dabei empfand ich das Erfrischende des Kampfes, die Ekstase des voll entbrannten Kampfes ums Überleben. Der Traum schien mich in eine vormoralische Dimension meines Wesens hinabzuführen, wo der Willen zum Leben rein und frei von irgendwelchen kulturellen Überlegungen ist. Aber die reine Essenz der animalischen Wildheit war offenbar eine Voraussetzung für die sanfteren Tugenden. Ein ungewohntes Sicherheitsgefühl überkam mich. Mit geradezu körperlicher Überzeugung erkannte ich: Wenn ich jemals in eine Lage geriete, in der ich um mein Leben kämpfen müßte, würde ich nicht zu »zivilisiert« sein – und somit überleben. Der Traum machte mich überhaupt nicht gewalttätiger, sondern befreite mich von einem Gutteil meiner Ur-Angst und vertiefte mein Vertrauen in meine Fähigkeit, für mich selbst zu sorgen.

Die unheimliche Weisheit, in die mich Billys Tod initiierte, entsprang derselben Quelle wie der Traum. Wir alle sind animalischer und gottähnlicher als wir uns gern eingestehen möchten. Unsere zivilisierte Persönlichkeit wurzelt im vormoralischen Geschenk der reinen heiligen Kraft. Man berühre den rohen Willen zum Leben in sich und die Macht, ein Leben nehmen zu können, und man befindet sich ebensosehr in Gegenwart der Präsenz des Heiligen, wie man es beim Liebesspiel, beim Gebären und im Schöpfen ist. Wir erleben den heiligen Geist in uns nur dann, wenn wir das schreckliche und wundersame Wissen annehmen, daß wir, wie die Allmächtige Quelle dieser Zone des Geborenwerdens und Getötetwerdens, Schöpfer und Zerstörer des Lebens sind. Es ist eine heilige *und unvermeidliche* Verantwortung, an der Kreuzung von Leben und Tod zu stehen.

Ich habe den Verdacht, daß zu den unbewußten Kräften, die zum Exodus aus dem Leben auf dem Land in die Städte führte, das sentimentale Verlangen gehört, unsere furchteinflößende Verantwortung zu leugnen, einer Kreatur das Leben zu nehmen. Solange wir unsere Nahrungsmittel in Plastik verschweißt in antiseptischen Supermärkten kaufen, können wir die unmittelbare Teilnahme an dem heilig-tragischen-schrecklichen-notwendigen Akt des Tötens vermeiden.

Die aktuelle Abtreibungsdebatte ist nur ein Beispiel für die moralische Verwirrung, die entsteht, wenn wir uns weigern, die schrecklich-heilige menschliche Verantwortung für die Schöpfung und Zerstörung des Lebens anzuerkennen und für uns in Anspruch zu nehmen. Keine Seite ist willens, die Frage, ob man einem anderen das Leben nehmen darf, im größeren Kontext zu untersuchen, nämlich von Tieren, die aufgezogen und geschlachtet werden, um Nahrungsmittel daraus herzustellen, dem offiziell sanktionierten Töten bei Hinrichtungen und dem Tod durch Verhungern aufgrund der Bevölkerungsexplosion.

Wenn wir unser Leben allzu sauber und rational gestalten, hören wir auf, über die großen agonalen Fragen nachzusinnen, die dem menschlichen Leben seine tragische Würde verleihen. Unter welchen Umständen ist es moralisch, notwendig und heilig, ein Leben zu vernichten? Wann ist das Schlachten von Tieren, die Abtreibung von Babys, das Hinrichten von Kriminellen und das Töten im Krieg gerechtfertigt? Wie werden wir mit der ehrfurchtgebietenden Verantwortung, mit dem mit Ambivalenz und Schuld verbundenen Töten fertig? Wie können wir mit Hoffnung und Mitgefühl in diesem Feld des Geborenwerdens und Tötens leben, das die Erde ist.

Ich habe keine befriedigenden Antworten für das moralische Dilemma des Tötens. Ich bin überzeugt, daß es besser ist, unsere schreckliche Verantwortung, sowohl zu schöpfen als auch zu zerstören, anzuerkennen, als die Illusion zu fördern, wir seien unschuldig. Auf diese Weise werden wir so wenig Lebewesen wie möglich vernichten – Tiere, Feinde oder ungeborene Kinder. Als ich letztes Jahr Bhutan bereiste, fiel mir auf, wie Buddhisten mit einem Teil des Dilemmas umgehen. Theoretisch essen Buddhisten kein Fleisch, weil ein Tier möglicherweise die Reinkarnation eines Menschen ist und die Kuh, die man schlachtet, dein Urgroßvater sein kann. In der Praxis ißt niemand den im Übermaß vorhandenen Fisch, der die Flüsse bewohnt, weil es sich um des Karmas willen – der moralischen Verunreinigung – nicht lohnt, einen Fisch zu töten, der nur einen Menschen sattmacht. Aber Yaks werden geschlachtet, wobei die moralische Rechtfertigung lautet, daß man mehrere Menschen ernähren kann, wenn man einem großen Tier das Leben nimmt.

Heute, da ich auf einem Stück Land lebe, das ich liebe,

habe ich für die Frage der Moral der Vernichtung einen einfachen Test entwickelt: Führt die Zerstörung zu einer größeren Vielfalt und einer höheren Lebensqualität? Mit Freude sehe ich, daß sich in der Umgebung die Gemeinschaft der Lebewesen erweitert hat. Es sind mehr Arten von Bäumen, Vögeln und Tieren auf »unserem« Land heimisch als in der Zeit, ehe wir die Verbesserungen vornahmen. Indem wir Pimentbäume, von denen es zuviele gab, gefällt haben, haben wir Platz für Zedern, Tannen, Birken, Bambus, Lorbeer- und Olivenbäume, neben einem Obstgarten mit ganz unterschiedlichen Sorten. Die Folge ist, daß heute viele neue Vogel- und Insektenarten bei uns leben.

Hilft dieses Prinzip im Umgang mit Abtreibungen und Übervölkerung, mit Aggression und Kriegen? Haben wir das Recht, Verhütung und Abtreibung zu betreiben, um die Übervölkerung zu verhindern, die rasant die Lebensqualität für unzählige Menschen vermindert und Tausende anderer Arten zum Aussterben verurteilt? Ich glaube, ja. Wird eine bewaffnete Intervention in den genozidalen Kriegen in Bosnien, Afghanistan oder dem Sudan für eine größere Vielfalt und höhere Lebensqualität sorgen? Ich bezweifle es.

Tier-Geister

Ein Drittel der achtundsechzig Frosch- und Krötenarten Nordamerikas sind vom Aussterben bedroht: »Herpetologen ... sagen, daß Frösche die idealen Lebewesen sind, will man die Gesundheit der Umwelt bestimmen ... Amphibien sind das globale Äquivalent des sprichwörtlichen Kanarienvogels in einem Bergwerksstollen.«[2]

Der Dow-Jones-Index steigt weiter.

Ein Drittel aller Arten auf der Erde könnte in den nächsten dreißig Jahren aussterben.

Aus dem Blickwinkel des modernen technologisch-ökonomischen Fortschrittsmythos sind alle Tiere entbehrlich – nur eben nicht der Mensch. Die Vorstandsvorsitzenden multinationaler Konzerne und Wirtschaftsplaner der Regierungen kommen nicht zusammen und verschwören sich, um eine »Endlösung« herbeizuführen, die die Vernichtung aller nichtmenschlichen Arten beinhaltet. Nicht theoretisch, aber in ihrer tatsächlichen Auswirkung bedeutet die zunehmende Expansion der Wirtschaft zur Schaffung einer weltweiten Marktwirtschaft den Völkermord an nichtmenschlichen Gattungen. (Ausgenommen sind davon Haustiere und die Tiere, die unserer Ernährung dienen.)

Früher einmal diente das zeremonielle Leben der Jägervölker vor allem dazu, ein Bündnis mit den Tieren zu bilden, Versöhnung und Verehrung sicherzustellen. »Am Anfang aller Dinge waren Weisheit und Wissen bei den Tieren; denn Tirawa, der, der Oben ist, sprach nicht direkt zum Menschen. Er schickte bestimmte Tiere, die den Menschen sagten, er zeige sich durch die Tiere, und daß der Mensch von ihnen und von den Sternen und der Sonne und dem Mond lernen solle. Tirawa sprach durch seine Werke zum Menschen.«[3]

Das Gefühl, mit der Seele der Tiere verbunden zu sein, ist grundlegend für die vormoderne Religion, und es ist immer noch in Kindern vorhanden, die glauben, sie könnten mit Katzen und Pferden sprechen, »bevor sie es besser wissen«. In einem Eskimo-Mythos heißt es: »In der allerfrühesten Zeit, als Menschen und Tiere auf Erden lebten, konnte ein Mensch ein Tier werden, wenn er es wollte, und ein Tier konnte ein Mensch werden. Manchmal waren sie Menschen, manchmal Tiere, und es gab keinen Unterschied. Alle sprachen dieselbe Sprache. Das war die Zeit, als Worte wie Magie waren. Der menschliche Geist besaß geheimnisvolle Kräfte ... Niemand kann es erklären: aber so war es.«[4]

Die traditionellen spirituellen Übungen: Gebet, Meditation und Achtsamkeit sind auch nützlich für die Kultivierung eines stärkeren Bewußtseins für unser inneres Leben. Aber eine übermäßige Konzentration auf das Selbst ist narzißtisch, ermüdend und langweilig. Heutzutage suche ich bei den diversen Schulen der Psychotherapie, Zwölf-Stufen-Programme, Kirchen, Guru-Gruppen und dem Buddhismus vergeblich nach einem Hinweis darauf, daß das moderne spirituelle Leben möglicherweise einer Erneuerung der Gemeinschaft mit unseren animalischen Freunden bedarf.

Wenn Sie an einem durchschnittlichen Tag stehenbleiben, schauen und lauschen, werden Sie eine Abordnung von Engeln entdecken, die uns Botschaften aus der Wildnis bringen. Sie werden keinem Sprung des Leoparden, keinem Stolz des Löwen begegnen, es sei denn, Sie leben am Rand der Zivilisation. Doch selbst im New Yorker Central Park begegnen Sie möglicherweise einer Schar Wachteln, einem Schwarm Enten oder einem Kaninchennest. Alle diese Geschöpfe können Ihnen die bedeutsame spirituelle Lehre erteilen, daß Sie nicht im Mittelpunkt des Universums stehen und dessen einziger Existenzgrund sind. Jedes Eichhörnchen, jeder Spatz bezeugt durch seine *joie de vivre,* daß die Egozentrik des Menschen und der Gattungschauvinismus sowohl ein Fehler als auch eine Sünde ist.

In letzter Zeit ist mir mehrmals eine unverkennbare Gnade zuteil geworden. Vor einigen Jahren wurde ich kurz vor Sonnenaufgang von einem Katzenknurren in sehr tiefer Stimmlage geweckt. Das kann nicht unsere Katze sein, dachte ich. Ich ging ums Haus, um nachzusehen, konnte aber nichts finden. Am nächsten Morgen geschah das gleiche. Am dritten Morgen kroch ich aus dem Bett, folgte dem Geräusch, dieser baßgeigenhaften Katzenmusik tief im Wald, und traf auf zwei Rotluchse, die an den entgegengesetzten Enden eines Holzstammes lagen und im Duett knurrten – Mars oder Aphrodite zu Ehren. Ich stand schweigend da und wartete darauf, daß entweder das Drama des Kampfes oder der Liebe begann. Eine ewig lange Pause später endete das Konzert, und die Sänger verschwanden still im Halbdunkel. Ich hatte das Gefühl, der Ehrenzeuge eines sakralen Rituals gewesen zu sein, gesegnet durch die wilde Anmut von Wesen, deren Schönheit und Geheimnis nicht von den Menschen abhing. Es heißt, daß im antiken Griechenland während der Eleusinischen Mysterien der Höhepunkt der Initiationsfeiern der Augenblick war, da man dem Initianten eine einzelne Getreideähre hinhielt. Vielleicht sind Epiphanien immer so: Etwas so Gewöhnliches wie Getreideähren, Brot und Wein oder ein Rotluchs wird plötzlich durchscheinend, erkennbar als die schöpferische Quelle, aus dem alles Leben, aller Segen, fließt.

Mit der Anerkennung der Heiligkeit jedes Lebewesens, jedes Dings geht ein moralischer Imperativ einher.

Hin und wieder erhasche ich einen Blick der sakramentalen Katzen, die in den Wiesen nach Mäusen jagen; das erinnert mich an meine Verpflichtung, auf dem Land, das ich mit so vielen Geistern wilder Tiere teile, respektvoll zu gehen. Wir Menschen haben wenig Interesse an jenen Angehörigen der eigenen Gattung, die von einer herzlosen Wirtschaft ausgestoßen und zur Obdachlosigkeit verdammt wurden. Für die Tausende anderer Gattungen, die wir in die Verbannung und die Auslöschung treiben, bringen wir weder Mitgefühl noch Reue auf.

Unsere Herzenshärte gegenüber unseren Tieren entspringt der habituellen Vorstellung, Tiere seien seltsame, fremde Geschöpfe und anders. Mit Ausnahme der »Haustiere« halten wir Tiere meistens für wild und somit gefährlich. Im Westen der USA haben wir Feldzüge gegen Wölfe und Pumas durchgeführt, die denen ähneln, die wir gegen die Kommunisten gestartet haben. Die Tiere bedrohten uns, deshalb waren unsere Programme der systematischen Zerstörung gerechtfertigt.

Als Mark und Delia Owens sieben Jahre lang mitten in der Kalahari-Wüste lebten, in einem Gebiet, in dem die Tiere noch nie Menschen zu Gesicht bekommen hatten, stellten sie fest, daß Löwen, Panther, Schakale und Hyänen rasch in ihr Camp einzogen und Seite an Seite mit ihnen lebten, wobei sie weder Furcht noch Feindseligkeit zeigten.[5] Verändere die Augen, mit denen du siehst, und die Welt ändert sich; »wilde« Tiere werden zu vertrauten Geistern. Man betrachte die Schlange als Boten Gottes, als heiliges Geschöpf, vielleicht begreift man dann, wie es möglich ist, daß Hopi-Indianer beim Tanzen ein halbes Dutzend Klapperschlangen in der Hand halten und nie gebissen werden.

Im letzten Jahrzehnt war mein bester Mentos zur Erlernung der Kunst des Lebens ein Pferd. Zuerst sah ich die Stute, als sie unten am Fluß stand, mit erhobenem Kopf; im Gegenlicht leuchtete ihr Fell in allen Farben. Zart und wild. Sie schritt mit einer aristokratischen Haltung, fast tänzelnd. Wir sahen uns kurz an, langsam ging ich um sie herum, um sie in Augenschein zu nehmen, stellte allerdings fest, daß sie mir mit ihrem Blick gefolgt war. Alle meine jugendlichen Phantasien von Pferden und Cowboys wurden sofort wieder wach, und ehe ich mich versah, war ich der nervöse Besitzer einer dreieinhalb Jahre alten, halben Araber-Stute – Prana –, die noch nie einen Sattel gesehen hatte.

Seit meiner Kindheit hatte ich nicht mehr auf einem Pferd gesessen, also gab ich Prana den Winter über an Bonnie, eine junge Pferdeliebhaberin, die mit ihr ein wenig trainieren sollte. Im Frühjahr wurde Prana eingeritten und mit dem

Sattel vertraut gemacht. Gezähmt wurde sie nicht. Sagen wir eher, daß sie sich dem Sattel und dem Zaumzeug ohne Proteste unterwarf und daß sie sich zwar besteigen, aber – wie ich kurz darauf entdeckte –, nicht beherrschen ließ.

Als ich Prana zum erstenmal besuchte, wobei ich Äpfel statt Blumen mitbrachte, half mir Bonnie, sie einzufangen und den Sattel aufzulegen, dann dirigierte sie mich in Richtung des Tores, das über die Weizenstoppelfelder führte, hin zum offenen Hügelland. Solange wir den Hang hinaufritten, bewegten wir uns gemeinsam in einer langen schwankenden Bewegung, wobei der steile Grat ihr Tempo und ihren Gang einschränkte. Doch sobald wir die erste lange ebene Strecke erreicht hatten, fiel Prana in einen hochbeinigen Trab, der mich durchrüttelte. Mein Hintern trommelte auf dem Sattel; rasch machte ein Gefühl des Unbehagens dem ansteigenden Crescendo meiner Angst Platz. Ich ritt nicht auf Prana, ich wurde aufeinen Ritt mitgenommen, und wir beide wußten es. Die rotköpfige Hexe hatte mich in ihrer Macht und jagte in den Wind. Es sollte noch schlimmer kommen. Nun war sie aufgewärmt und bereit, das ganze Feuerwerk zu entfachen. Zunächst fiel sie in einen Trab und dann einen vollen Galopp. Als wir einen langen Kamm hinabritten, der in ein ausgetrocknetes Flußbett führte, begann sie regelrecht zu fliegen, sie berührte den Boden alle hundert Yards, nur um dem Gesetz der Schwerkraft die Ehre zu erweisen. Mittlerweile war meine Bekanntschaft mit dem Sattel flüchtig, angespannt und näherte sich der Trennung. Mit dem letzten Rest Autorität, den ich aufbringen konnte, zog ich an den Zügeln und schrie brrr, brr, brr. Genaugenommen, um mich aufzumuntern, so wie der Henker mit gespielter Höflichkeit dem zum Tod Verurteilten eine letzte Mahlzeit gewährt, erfüllte Prana mir meine Bitte und verringerte das Tempo zu einer nur leicht halsbrecherischen Gangart. Ich nutzte den Vorteil und steuerte sie eine steile

Uferböschung hinauf. Während sie vorübergehend durch die Anstrengung langsamer wurde, erklärte ich ihr, daß ich unsere Beziehung im Griff haben wollte, bis ich ein wenig von meiner Angst vor dem Tod und Verlassenwerden verloren hatte und fester im Sattel saß. Ich versprach ihr Leidenschaft und für die ferne Zukunft, die Zügel locker zu lassen, aber für den Augenblick wollte ich weder dionysisches Jagen noch unvorhergesehene Höhepunkte. Mit fünfzig hatte ich zwar immer noch etwas Appetit auf ein bißchen Wahnsinn, aber ich hatte keine Lust, daß das Tier mit mir durchbrannte. Nur um sicherzugehen, stieg ich ab, als wir die Spitze des Hügels erreicht hatten, und brachte die Dame nach Hause.

Die nächsten Jahre mit Prana waren eine unablässige Meditation über die Beziehung zwischen Hingabe und Kontrolle. Von Anfang an begriff ich, daß Prana (das hinduistische Wort für Atem, Energie, Geist, Seele) die Inkarnation ihres Namens war und daß das Erlernen des Reitens eine strenge spirituelle Disziplin war. Zu meinem *pranayama* – die Yoga-Übung, bei der man sich so lange auf den Atem konzentriert, bis das Einatmen und Ausatmen als Atem Gottes erlebt wird – würden es gehören, meine fixe Idee weiter die Kontrolle haben zu müssen, aufzugeben und mich voll Vertrauen meinem Gott hinzugeben. Beim Zen des Reitens geht es, wie beim Beten, darum, ein Gleichgewicht zwischen Hingabe und Verantwortung herzustellen. Für Pferd und Reiter besteht das Ziel darin, sich wie ein Wesen zu bewegen; dein Wille und mein Wille sind in Einklang; Brahman und Atman vereinigt im einzelnen Akt des Einatmens und Ausatmens.

Die Grundregel der spirituellen Suche – eine unmittelbare Verbindung mit dem Heiligen herzustellen, statt sich auf vermittelnde Instanzen, Autoritäten, Dogmen oder Institutionen zu verlassen – ist auch die wichtigste Regel für das Reiten. Bald stellte ich fest, daß ich Pranas Bewegungen nicht spüren konnte, wenn ich mit Sattel ritt. Einen innigen Kontakt zwischen meinem Hosenboden und ihrem Rücken konnte ich nur dann aufrechterhalten, wenn ich mit einer dünnen Auflage ohne Sattel ritt. Zunächst kam es mir riskant und töricht vor, das geringe Maß an Beherrschung, das der Sattel mir gewährte, aufzugeben. Den größten Teil eines Jahres ritt ich in den Hügeln im Zustand großer Angst, manchmal wurde ich bei einem unbehaglich schnellen Trott auf und ab geschleudert, dann wieder klammerte ich mich fest mit schmerzenden Beinen, während Prana außer Kontrolle geriet und in beängstigendem Tempo gallopierte. Aber allmählich wich meine Ängstlichkeit und machte einem unausgesprochenen Wissen Platz. Pferd und Reiter kommunizierten intuitiv durch die kinästhetische Sprache der Muskeln und Bewegungen – Ich und Du in wortloser Verständigung. Gleich einem Liebespaar erlernten wir den Rhythmus und die Körpersprache des anderen. Wie jeder Reiter oder Mystiker ahnt, kam der Tag, als ich bei vollem Galopp, balancierend am Ruhepunkt hinter dem Widerrist, bewegungslos bei diesem Tanz dasitzen konnte.

Am Anfang einer Beziehung stellen wir uns unvermeidlicherweise die anderen – Nachbarn, geliebte Menschen oder Gott – als Fremde vor. Sie sind fremd, anders, fern. Die Kluft zwischen uns und ihnen scheint unüberbrückbar. Zu einer Verständigung kommt es nur, wenn wir unsere Voranname ändern und dem anderen glauben, daß er uns eher ähnlich als unähnlich ist. Ein Zusammenkommen beinhaltet das Bewußtsein, daß ich und der andere, auf eine noch nicht ganz verstandene Weise, bereits gemeinschaftlich verbunden sind. Eines Tages, als ich mich mit aller Kraft anstrengte, Prana in den Griff zu bekommen, kam mir der Gedanke, ich könnte womöglich mehr Erfolg haben, wenn ich sie mir als hochnervösen Menschen vorstellte statt als unbeherrschbares Pferd; entsprechend behandelte ich sie dann. Während ich meine Hände ausstreckte und die feste Muskulatur an Pranas Hals massierte, ihre Ohren liebkoste und ihr über die Stirn rieb, seufzte sie auf, ließ den großen Kopf fallen und lehnte sich an mich. Ich berührte sie, als sei sie meine Geliebte, und spürte jene Kontinuität zwischen ihrem und meinem Leben, dessen richtiger Name *Mitgefühl* lautet. Von jener Zeit an war das Reiten kein Kampf um Kontrolle mehr, sondern wurde ein sich vertiefender Tanz von Mensch und Pferd, zweier Tiergeister, die sich mit einem Geist und einem Körper bewegten. Fast.

Meine letzte Lehre, was das Loslassen betrifft, war die schwerste. Nach zehn Jahren einer schönen Partnerschaft hatten Prana und ich immer noch eine unüberwindliche Meinungsverschiedenheit, was das angemessene Tempo eines normalen Ritts betraf. Ich favorisierte eine entspannte Gangart, sie die Höchstgeschwindigkeits-Methode. Obwohl ich alles Vertrauen und alle Sitzfestigkeit, die mir zu Gebote standen, aufbrachte, fühlte ich mich immer noch unwohl mit ihrer Auf-Teufel-komm-raus-Lebensphilosophie. Eines Tages sagte ein Freund, mit dem ich ritt: »Mit deinem Pferd gibt es nur ein Problem: Es ist ganz Wind, Kraft und Feuer. Es ist nicht fair, einen Schimpansen um einen geruhsamen Spaziergang zu bitten ... Prana hat zuviel Energie für das Trail-Reiten – sie ist ein natürliches Ausdauerpferd.« Um unsere Ehe zu retten, beschloß ich, ihr die Gelegenheit zu bieten, die Entfernung zurückzulegen, nach der ihre Natur verlangte.

So kam es also, daß ich um fünf Uhr morgens im Oktober vor Sonnenaufgang unseren ersten über fünfzig Meilen führenden Ausdauerritt vorbereitete. Ich stand im Halbdunkel und fragte mich immer wieder: »Warum mache ich das? Ich kann nicht so weit reiten. Das ist doch Wahnsinn. Vielleicht geschieht ja noch etwas, und ich muß es doch nicht.« Die Sonne ging auf, vierundneunzig Pferde versammelten sich an der Startlinie. Eine Menge Aufregung, und viele unruhige Pferde und Reiter. Prana war ruhig, untypischerweise, und ich war eine gemischte Masse aus Angst und Erregung. Ich wartete, bis die meisten Pferde an uns vorbei waren, und gruppierte mich am Ende des Feldes ein. Am Ende der ersten Dreizehn-Meilen-Schleife, als ich an der ersten Veterinärstation, wo es auch heißen Tee gab, haltmachte, war Prana gerade erst warm geworden. Den ganzen späten Vormittag hindurch bewegte sie sich geschmeidig, in einem weiten Trab, und ehe ich mich versah, war es Mittagszeit; wir waren an der Fünfunddreißig-Meilen-Marke eingetroffen.

Als es in den frühen Nachmittag ging, fielen wir in einen entspannten Rhythmus. Meine Ängste, wir könnten stürzen, scheitern und außer Kontrolle geraten, lösten sich in nichts auf, je länger wir auf schmalen Pfaden ritten, die steile Hänge hinauf und hinabführten, durch Wälder mit Redwoodbäumen, Kiefern und Kalifornischen Erdbeerbäumen und auf die kahlen, goldenen Hügeln eines kalifornischen Herbstes. Stundenlang ritt ich so dahin, im Zustand der Selbstvergessenheit, der *flow* des Rennens nahm mich ganz gefangen. Schließlich wurden Prana und ich zu einer sich bewegenden Einheit – Menschenpferd oder Pferdemensch, ich weiß nicht, was. Zeit, Befangenheit und Angst schmolzen dahin, und plötzlich überquerten wir die Ziellinie. Wir hatten es geschafft. Was als Qual begonnen hatte, endete in Freude.

In den Triumph dieses Tages mischte sich ein leiser Zwiespalt. Wir hatten die ganze Strecke zurückgelegt. Ich hatte die Idee meiner eigenen Grenzen überschritten und die Ekstase erlebt, die in jenen Augenblicken der Selbstvergessenheit entsteht, wenn unsere Gefühle überfließen. Aber Prana hatte das Rennen beendet und ihre Reserven an Kraft und Geschwindigkeit waren noch nicht erschöpft. Es war klar, ihr Rhythmus und mein Rhythmus ließen sich nicht in Einklang bringen.

Wir trennten uns in bestem Einverständnis. Ein paar Monate nach dem Rennen schenkte ich sie einem jungen Freund, einem fähigen Ausdauerreiter. Wir reiten oft zusammen. Prana und er haben in diesem Jahr am Tevis Cup teilgenommen – dem bedeutendensten Ausdauerrennen. Heutzutage reite ich ein Tennessee Walking Horse, das ein ruhigeres Temperament hat, und erfreue mich der langsameren Gangart.

Nachdem ich das Geschriebene noch einmal durchgelesen habe, höre ich förmlich einen Chor von Einwänden seitens praktisch veranlagter Menschen: »Flüsse, Apfelbäume, Ziegen, Rotluchse, Pferde – was hat das alles mit Spiritualität zu tun? Sie können sich den Luxus leisten, auf dem Land, auf einer Farm zu leben. Daß man in einer innigen Beziehung zu wachsenden Dingen und zu Tieren lebt, ist aber kein notwendiges Element im spirituellen Leben eines modernen urbanen Menschen. Wofür Sie plädieren, ist für Stadtbewohner nicht praktikabel.«

Nein, man muß nicht mit Bären und Pferden zusammenleben, damit man sich mit der Seele und den Tieren wieder verbindet. Wenn Sie lieber in der Stadt wohnen, kann eine Hauskatze, ein Hund oder auch ein anderes Tier Ihre Seele unterweisen. Achten Sie auf die antiphonalen Blicke, die Zischlaute, das Knurren, Schnurren und Liebkosen, das sich zwischen Ihnen und Ihrer Katze entwickelt, und Sie werden die Kraft der Zweisprachigkeit, die sie als Kind hatten, wiedererlangen. Wenn es in Ihrer Umgebung keine wilden Tiere gibt, machen Sie ein Ritual daraus, einen Zoo zu besuchen, und fühlen Sie sich in den fremden Geist eines Elefanten oder einer Antilope ein. Überlegen Sie, wie sie zum Wächter Ihrer tierischen Freunde und deren Lebensraumes werden können, wenn Sie Nahrungsmittel und Kleidung einkaufen. Es wird Ihr Leben nicht einfacher machen – aber gemeinschaftlicher.

Preisen Sie Gott für die kleinen Epiphanien und die Verbundenheit mit den Geistern der Tiere.

Das ökologische Gemeinwesen

Wenn eine spirituelle Perspektive, wie ich argumentiert habe, eine Wiedererlangung des Bewußtseins die innige Verbindung zwischen Seele, Tier und Humus beinhaltet, stehen wir vor einer Schwierigkeit. Die meisten Menschen der ersten Welt leben in Städten, und inzwischen betrachten wir die urbane, industrielle und unternehmensorientierte Lebensweise als unvermeidlich. Die meisten Stadtbewohner werden wohl die These ablehnen, daß sie das Pendant der verdammten Seelen seien und daß Landbewohner die neue spirituelle Elite darstellten, die das Privileg haben, nahe des Ursprungs der Gnade zu leben. Trotzdem müssen wir uns eine beunruhigende Frage stellen. Wie viele Generationen können die weltweite Abwanderung der Menschen vom Land in die Stadt noch überleben? Wie sieht die spirituelle Zukunft einer Welt aus, in der der Horizont einer Mehrheit von einer verschmutzten, gewalttätigen und entfremdenden Umwelt geprägt wird? Wie hoch ist die Wahrscheinlichkeit, daß die zu nehmende Tendenz zur Urbanisierung und unsere Faszination für Technik, Unternehmenswachstum und eine weltweite Konsumwirtschaft zu einer ökologisch lebensfähigen Umwelt, einem Anstieg an zufriedenen Menschen und an einfühlsamen Gemeinschaften führt? Ich behaupte, daß jede realistische Vorhersage, die die derzeitigen Tendenzen in die Zukunft extrapoliert, wahrscheinlich eine umfassende Katastrophe diagnostizieren würde.

Es fällt schwer, sich die gesellschaftlichen, wirtschaftlichen und politischen Veränderungen vorzustellen, die nötig sein werden, um unsere Städte und unsere ländlichen Gegenden neu zu erschaffen, so daß die meisten Menschen ein gewisses Maß an lebendiger Verbindung *und Identität mit* dem edelsteinbesetzten Netz nichtmenschlichen Lebens bewahren können. Doch es ist noch schwieriger, sich auszumalen, wie ein inspiriertes, mutiges menschliches Leben in einer Landschaft möglich wäre, in der die meisten Arten vernichtet oder dazu verbannt werden, in Zoos oder Wildparks zu leben. Wenn sich unser Wissen über Äpfel darauf beschränkt, was wir im Supermarkt kaufen, und unsere Erfahrung mit Tieren auf das, was wir bei Walt Disney, Wild America oder Sea World beobachten, haben wir schließlich die Herrschaft über die Erde fest etabliert und unsere innige Verbindung mit dem Netz des Lebens zerstört. Wir werden uns dann in unsere inneren Welten zurückziehen, auf der Suche nach »Selbstachtung«, einer Seele, einer »spirituellen Mitte«. Doch was wir finden, wird tiefe Einsamkeit sein. Da unsere animalischen Freunde ausgestorben sind, werden auch wir heimatlos werden in dem, was einst *ein* Kosmos war.

Seltsamerweise haben wir zwar eine neue Vision, die den Menschen gedeihen läßt aber wir wissen nicht, wie wir sie in die Praxis umsetzen sollen. Der sich herausbildende Mythos des 21. Jahrhunderts, der der spirituellen Wiedergeburt in unserer Zeit zugrundeliegt, ist die Idee der Ökologie. Derzeit ist die Ökologie eine bescheidene, im Entstehen begriffene Wissenschaft der Wechselbeziehungen zwischen lebenden Systemen. Aber sie ist auch ein Trojanisches Pferd, das langsam in die Mauern des säkularen-technologischen-ökonomischen Establishment gezogen wird, das sich nicht bewußt ist, daß die Ökologiebewegung eine revolutionäre Kraft enthält. Heute errichtet sie episodische Abwehranlagen zum Schutz von Schnecken und Fleckenkauzen und fordert die Erhaltung von Feuchtgebieten. Morgen wird sie eine umfassende Vision entfalten, eine Neuorientierung unserer Psyche, unserer Wirtschaft und Politik sowie einen Plan zur Neugestaltung der Städte und der Natur, damit wir in Einklang mit anderen Lebewesen leben können. Schon bald wird aus dem Kokon der Ökologie eine Ökopsychologie, Ökospiritualität, Ökonomie und Ökopolitik entspringen.

Als sich herausbildende Wissenschaft des Heiligen erfordert die Ökologie spirituelle Disziplinen, die sich stark von jenen unterscheiden, die aus der Theologie des Mittelalters, der Reformation und der Industriellen Revolution herrühren. In unserer Zeit muß echte Spiritualität in dem *ökologischen Imperativ begründet sein: Lebe so, daß alle zukünftigen Generationen soviel oder mehr Biovielfalt bekommen, wie wir noch haben.* Alles andere ist eine egozentrische Täuschung. Jede Form der Spiritualität, die sich ausschließlich auf das Wohl des einzelnen konzentriert, *ist die Krankheit,* für die sie das Heilmittel zu sein vorgibt. Die traditionellen Religionen waren sich einig in der Bestimmung von Egozentrik, Habgier und Täuschung als der Essenz der Hybris, der Sünde oder Maya. Aus der sich herausbildenden ökospirituellen Perspektive ist das *Wall Street Journal* (die Weisheit dieser Welt) Torheit. Was könnte kurzsichtiger und vermessener sein als der Glaube, daß eine weltweite Marktwirtschaft das heilige Band erhalten kann, das das menschliche und nichtmenschliche Leben zusammenhält?

Die Wörter *Geist* und *Ökologie* beinhalten beide eine Vision, die bekräftigt, daß das Ganze wichtiger als die Einzelteile ist, und deshalb alle Lebensformen in der großen Kette des Seins verbunden sind. Innerhalb dieser Sichtweise bilden Menschen, Blattläuse, Grashüpfer, Erdwürmer, Feldmäuse, Habichte und Kojoten ein Gemeinwesen, zu dem wechselseitige Rechte und Verantwortungen gehören statt eine unverbindliche Sammlung von materiellen Ressourcen zur möglichen Ausbeutung durch den Menschen. Die miteinander verknüpften Intelligenzen, die ein Ökosystem bilden, werden zu Augenblicken der Choreographie eines einzigen Tanzes.

Irgendwie müssen wir den zentralen Mythos des Westens langsam beenden, wonach wir alle »fremden« Lebensformen erobern und beherrschen können, und lernen, uns anmutig in unserer begrenzten menschlichen Nische einzurichten. Ungeachtet unserer urbanen Mentalität müssen wir unsere Begeisterung für das Produzieren und Konsumieren in den Rahmen des Respekts für die geschöpfte Welt stellen. Unsere Städte werden nur dann ein menschenwürdiges Leben ermöglichen, wenn sie von Grüngürteln, bestellten Feldern und freier Natur umgeben sind. Für die heutigen Männer und Frauen ebenso wie für die alten Jäger, Sammler und Bauern ist die Kultivierung eines gesunden Geistes untrennbar verknüpft mit der Identifikation mit dem Humus. Selbst wenn wir in Hochhausapartments in ärmlichen Straßen wohnen, der Horizont unseres Geistes bleibt in der Natur, in einem Refugium, das nicht von menschlicher Hand errichtet wurde. Unser Lied ist lediglich eine Stimme im harmonischen Hymnus des Universums.

Wie (und ob) wir den notwendigen Übergang in eine ökologische Ära bewerkstelligen, läßt sich nicht vorhersagen. Systematische Veränderungen beinhalten mehr Neues und Überraschendes, als sich Futuristen, Regierungsplaner und Chaostheoretiker auch nur ausmalen können. Im Augenblick leben wir an einer windigen Kreuzung zwischen zwei Zeitaltern. Bis dahin können wir, wie die alten Christen, die die Herankunft eines neuen Reichs erwarteten, unsere Hoffnung lebendig halten, indem wir symbolische Akte vollziehen, die unser Leben an eine neue ökosoziale Ordnung ausrichten, die womöglich erst Wirklichkeit werden wird, wenn unsere Kinder erwachsen sind. Üben Sie die neuen Liturgien aus, vollführen Sie symbolische Gesten – recyceln Sie, gehen Sie zu Fuß zur Arbeit, legen Sie einen Garten an, begrenzen Sie den Konsum, streben Sie nach freiwilliger Einfachheit. Diese symbolischen Gesten bergen einen Vorgeschmack, einen Glanz, einen Ernst des heutigen und des zukünftigen Gemeinwesens.

Am rechten Ort: Wohnen und Geschichten erzählen

In unserer Zeit gehört zur Psychotherapie, Ökotherapie und Soziotherapie ein Prozeß der radikalen Erinnerung. Der Fortschrittsmythos geht davon aus, »daß wir die Uhr nicht zurückdrehen können«. Der Geistes-Mythos nimmt an, daß zur Heilung unserer Psyche-Umwelt-Gemeinschaft die Wiedererlangung des verlorenen Gedächtnisses der Kindheit des einzelnen und der Gattung gehört. Um einen Satz von Gabriel Marcel umzuformulieren: »Hoffnung ist eine Erinnerung an die Zukunft.« Unsere Hoffnung auf eine menschliche Zukunft beinhaltet die Wiederauferstehung unseres ökologischen Gedächtnisses.

Die Aufgabe, sich neue Formen der Gemeinschaft vorzustellen und zu schaffen, in denen die Menschen ihre Verwandtschaft mit der nichtmenschlichen Welt erinnern und ehren können, ist unsere neue Berufung. Mein Freund Jim

Donaldson drückte es in einem Brief so aus: »Ein Dienst an der Ökologie ist jetzt der heilige Maßstab für spirituelle Authentizität. Wir können das Beste der Intentionen des Geistes entwickeln, doch ohne starke Formen, kühne neue kollektive Strategien wie etwa Ökoklöster, Kooperativen, die sich mit Energie und landwirtschaftlichen Gütern selbst versorgen können, einen starken kollektiven politischen Widerstand gegen die weitere Vernichtung von Arten wie dem Lachs, werden wir immer noch ein anthropomorphes Seelenleben haben. Häufig glaube ich, daß heutzutage ein Mensch, der sich nicht dem ökologischen Dienst verschreibt, ein Ungeheuer ist.« Wir müssen die Ökogemeinschaft nicht neu erfinden – grüne Städte, Dörfer, in denen Menschen leben und arbeiten, und ländliche Kulturzentren. Mein Einblick in die Art und Weise, wie wir diesen enormen Auftrag angehen können, beschränkt sich auf eine Faustregel, die ich aus Erfahrung gewonnen habe: Ein Ort wird nur dann zum Zufluchtsort für meinen Körper und meinen Geist, wenn ich mich so lange darin niederlasse, daß ich meine Beziehung zu ihm schätzen und kultivieren kann.

Ich kann Städte oder die Erde ebensowenig im allgemeinen lieben wie ich Frauen im allgemeinen lieben kann, indem ich danach strebe, mit allen Frauen Geschlechtsverkehr zu haben. Der College-Wald und die Cascade-Mountains haben mich gelehrt, das Timbre des Windes zu lieben, der durch die Kiefern, Walnußbäume und Eichen weht, und auf das Erscheinen von Drosseln und Füchsen zu achten. In jüngster Zeit habe ich ein inniges Wissen der saisonalen Veränderungen des Weidegrases und des Lebenszyklus der Pfirsichbäume erworben und bin mit der Lebensweise von Generationen von Spechten vertraut, da ich auf einem Stück Land wohne, das ich bearbeite. Ganz allmählich bin ich in das Wissen meiner Verwandtschaft mit diesen

Lebewesen hineingewachsen, die ebenfalls auf diesem Land leben.

Heute sucht die Wissenschaft nach einer Theorie für alles, einem einzigen Prinzip, das unsere Kenntnis des physikalischen Universum vereinigt. Im Reich des menschlichen Geistes ist die starke Kraft, die uns in einer einzigen Gemeinschaft zusammenbindet, *die Geschichte.* Der Boden für Mitgefühl und Gemeinschaft ist eine gemeinsame Geschichte. Die Identität eines Individuums wird geprägt durch den Prozeß, durch den es eine Autobiographie hervorbringt; durch die Verflechtung zweier Lebensgeschichten findet eine Vermählung statt; eine Gemeinschaft gründet in einer gemeinsamen Geschichte. Auf dieselbe Weise kann man eine innige Verbindung zu einer Stadt oder zum Land und zu den Tiergeistern herstellen, indem man so lange an einem Ort verweilt, daß alles in der Umgebung von Geschichten durchdrungen wird. Ein Ort wird nur dann zum heiligen Boden, wenn ich ihn so lange bearbeitet und mich an ihm erfreut habe, daß jeder Fleck und Bewohner eine reiche Geschichte von Assoziationen und Geschichten hat.

In seinem Buch *Ceremony* erzählt Leslie Silko die Geschichte eines jungen amerikanischen Indianers, dessen Erlebnisse als Gefangener seinen Lebenswillen fast vernichteten.

Auf der Suche nach Heilung begann er die alten Mythen und die heiligen Orte seines Volkes zu erforschen. In einer denkwürdigen Szene fand er sich neben einem Teich wieder, wo er Spinnen, Frösche und Libellen beobachtete und sich an die Geschichten erinnerte, die man ihm als Jungen erzählt hatte.

»Als erstes kam die Spinne hervor. Sie trank vom Rand des Teichs, wobei sie darauf achtete, daß die empfindlichen Eiersäcke an ihrem Unterleib nicht mit dem Wasser in Berührung kamen ... Er erinnerte sich an Geschichten über sie ... Sie allein hatte gewußt, wie man den bösartigen Berg Ka't'sina überlisten konnte, der die Regenwolken im nordwestlichen Zimmer ihres magischen Hauses eingesperrt hielt ... Libellen kamen herbei und schwebten über dem Teich. Sie schimmerten in allen Blautönen – pudriges Himmelsblau, dunkles Nachtblau glänzten in beinah schwarzem irisierendem Licht, und Bergblau. Es gab auch Geschichten über Libellen. Er wandte sich um. Wo er auch hinsah, er erblickte eine Welt, die aus Geschichten, aus dem Ehemals, aus den Geschichten seit unvordenklichen Zeiten bestand.«

Meines Erachtens geht die Ära zu Ende, in der wir es uns leisten können, umherzuwandern, alle fünf Jahre umzuziehen, niemals irgendwo hinzugehören, immer unterwegs zu sein. Für mich jedenfalls, nach dem ich mein Leben unterwegs gewesen bin – ich habe in zehn Bundesstaaten, neunzehn Städten beziehungsweise Großstädten gelebt und bin häufiger umgezogen, als ich zählen kann –, ist es an der Zeit, mich niederzulassen. Vor fünf Jahren haben wir sechzig Acre unbearbeitetes Land in der Nähe von Sonoma, Kalifornien, gekauft. Was damals eine Immobilie war, die man kauft und besitzt, ist allmählich zu einer Heimat, zu heiligem Boden geworden – zu einem Ort voller Geschichten.

Begleiten Sie mich auf meinem Weg.

Als wir ankamen, gab es nur eine unbefestigte Straße und eine Furt durch den Gebirgsbach. Während der langen Monate, als wir mit den Behörden des Countys stritten, um die Kauferlaubnis zu bekommen, kamen wir an Wochenenden, zelteten und schleppten Steine, um die beiden Brükken zu bauen, die Sie jetzt sehen. Einmal hat ein Gewitter die Steine unterhöhlt, also holten wir Durchlässe aus Beton und fingen von vorne an.

Agua caliente fließt das ganze Jahr über – im Hochsommer nur ein Rinnsal –, aber der Bach bietet kein gutes Trinkwasser; zu viele unbekannte Größen. Wir wissen nicht, wie viele Pestizide von den Weinbergen, die über uns liegen, in die Wasserscheide sickern oder ob Tiere mit Giardia möglicherweise daraus trinken. An einem glühend heißen Nachmittag im August erkundete ich den Bach; dabei entdeckte ich eine Kolonie leuchtender, smaragdgrüner Farne, die hoch oben am Ufer neben einem großen Felsen standen. Ich suchte nach Hinweisen für eine versteckte Quelle, räumte das verfilzte Blätterwerk von den Wurzeln und stieß auf Sickerwasser. Mit bloßen Händen und einem scharfen Stein grub ich tiefer, wodurch eine Art kleines Rückhaltebecken entstand; ich setzte mich, sah zu und wartete. Binnen einer Minute füllte sich das mehrere Liter fassende Becken mit schlammigen Wasser. Drei Minuten später klärte sich der See, und ich erkannte an einer Wolke ausgewirbelten Schlammes, daß aus einer Quelle, die höher unter dem großen Felsen lag, klares Wasser in das Bassin floß. Aufgeregt grub ich tiefer und entfernte den feuchten Lehm, der sich unter dem Felsen befand. Mehr Wasser. Als ich das Reservoir schließlich vergrößert und das fließende Wasser lange genug beobachtet hatte, um einigermaßen sicherzugehen, daß ich eine unterirdische Quelle entdeckt hatte, setzte die Dunkelheit ein, und ich mußte zum Zelt, unserem vorübergehenden Zuhause, zurückkehren. Am folgenden Tag, und den nächsten Tagen, kam ich mit einer Axt und einer Säge wieder; ich zog mich aus, kniete in dem wachsenden Schlammbett und grub unter dem Felsen. Ich folgte dem Sickern zu einem Rinnsal, dem Rinnsal zu einem Bächlein, dem Bächlein zu einer Quelle, die pro Minute sechs Gallonen förderte: kristallklares Wasser, das aus so großer Tiefe emporsteigt, daß es von Regenfällen oder Dürreperioden unbeeinflußt bleibt. Trinke, schmecke die Süße, und lösche deinen Durst.

Vor drei Jahren habe ich diesen Garten mit Obstbäumen angelegt – zwei von jeder Sorte –, und diesem Sommer ernten wir unsere ersten Kirschen, Äpfel, Mandeln und Pfirsiche. Der Garten ist eingezäunt, wie Sie bemerken werden. Zunächst hatten wir nur einen Elektrozaun, und die beiden einjährigen Hirsche, die im Tal leben, kamen hinauf zum Zaun, berührten ihn mit ihren Nasen und wichen zurück. Doch in diesem Jahr wurden sie frecher, angespornt durch zwei weitere Jungtiere, die eine ununterdrückbare Vorliebe für Apfelbaumrinde hatten, so daß sie anfingen, über den Zaun zu springen. Also mußte ich einen höheren Zaun errichten.

Das Grundstück, auf dem wir unser Haus errichtet haben, liegt genau dort, wo vor hundert Jahren das alte Norborn-Haus stand. Wenn man genau hinsieht, sieht man immer noch den alten Steinofen, den man in die Flanke des Hügels gesetzt hat. Der Ort ist seit langem von Menschen bewohnt. Als wir das Fundament aushoben, fanden wir einen tadellosen Pfeilkopf, ein Geschenk einer der Stämme, die einst hier lebten. Ich könnte hunderte Geschichten über den Hausbau erzählen, Geschichten über das Heranwachsen meines Sohnes Gifford, unseren Baumeister, über die Heilung einer Ehe, die begann, als Jan und ich zusammen arbeiteten, über langwierige Kämpfe mit den County-Behörden, über den Schopfspecht, der in dem abgestorbenen Ahornbaum nistete und uns beim Bauen zuschaute. Aber dafür fehlt die Zeit.

Es reicht zu sagen, daß das Land, die Pflanzen, die Tiergeister, die Personen, die hier wohnen, und die Geschichten, die wir erzählen können, allmählich Teil eines nahtlosen Gewebes geworden sind. Ich und sie vermischen sich; wir sind ein Fleisch. Ich bin durch das Leben als Ehemann inkarniert worden. Eine so lange Verbindung macht uns zu dem, was wir sind, auf daß Mensch und Land sich verknüpfen und ein Körper werden. Ein Ort wird nur dann zum heiligen Wohnort, wenn wir ihn mit Fürsorge und Geschichten erfüllen.

Kapitel 10

Geist der Öffentlichkeit: Eine Gemeinschaft des Mitgefühls schaffen

Suchet des Stadt Bestes, darin ich euch habe wegführen lassen, und betet für sie zum HERRN; denn wenn's ihr wohlgeht, so geht's auch euch wohl.

Jeremia 29, 7

»Wir rechnen mit einer Theophanie, von der wir nur den Ort kennen, und der Ort heißt Gemeinschaft.«

Martin Buber.
Between Man and Man

»Die große Herausforderung unserer Zeit besteht darin, Spiritualität und Politik wiederzuvereinigen.«

Sandor McNab

Wir haben jetzt ein großes Stück gemeinsamen Weges zurückgelegt. Die Reise begann, als wir uns der existentiellen Situation als einsame Männer und Frauen stellten, die voller Zweifel, Fragen und unbestimmter Sehnsüchte sind, und wir uns verabschiedeten von der vertrauten Gemeinschaft, um das intime Reich unserer autobiographischen Erfahrung zu erkunden. Wir sind die Berge des Geistes emporgeklettert, haben in den heiligen Dimensionen der Sensualität und Sexualität geschwelgt und unseren Platz im Haushalt der Erde neu entdeckt.

Viele Kartographen verweisen darauf, daß die Karte der

spirituellen Reise hier endet; die meisten Führer wagen sich über diesen Punkt nicht hinaus. Leider wird in den meisten zeitgenössischen Veröffentlichungen behauptet, bei der spirituellen Reise gehe es darum, einen privaten Garten der inneren Erfahrung anzulegen – mystische Erfahrungen, außerleibliche Erfahrungen, Erlebnisse des nahen Todes, Grenzerfahrungen, Erfahrungen aus einem früheren Leben, Erleuchtungserlebnisse, Wohlergehen, Selbstachtung, Ichstärke; oder aber es gehe darum, die Beziehungen zu unseren wichtigsten Bezugspersonen zu verbessern. Die meisten Psychotherapeuten und selbsternannten spirituellen Gurus raten zu einem Rückzug ins Private und zur Kultivierung des eigenen Gartens. Es ist einer der großen Fehler unseres Systems, daß die Professionen voneinander isoliert sind und daß die für die Heilung von Psyche und Geist Verantwortlichen in Theorie und Praxis überwiegend unpolitisch sind.

Die entscheidende Prüfung für den Geist findet sich weder auf den Höhen der Berge noch in den Tiefen der einsamen Reise. Dieser Probe haben sich zu allen Zeiten und in allen Zeitaltern einzelne Männer und Frauen gestellt. Die große Herausforderung besteht darin, zu lernen, wie Menschen aller Temperamente und aller Schichten friedlich im Tal des Schattens der Geschichte zusammenleben können.

Auch wenn unsere modernen spirituellen Kartographen und Führer zur Kurzsichtigkeit neigen, die meisten der von den klassischen Erkundungsreisenden hinterlassenen Karten zeigen, daß unmittelbar hinter der Mitte der Reise die Straße eine 180-Grad-Kurve beschreibt – fort vom Selbst und hin zur Gemeinschaft, fort von der Kultivierung des privaten Reichs und hin zu der von Mitgefühl geprägten Tat im Reich der Öffentlichkeit. Sobald man sich des Selbst erinnert, es neu zusammengefügt hat, muß man es vergessen und sich auf die Suche nach einem gemeinschaftlichen Zuhause begeben, das irgendwo jenseits des Horizonts liegt.

Formulieren wir das Problem weniger metaphorisch: die Herausbildung einer spirituellen Sichtweise beinhaltet zwei Stufen. Erstens muß ich meine einzigartige Individualität aggressiv behaupten und erkunden. Zweitens muß ich mich ständig der beinahe unvermeidlichen Illusion der Egozentrik widersetzen und erkunden, wie ich aus dem mich umgebenden Meer emporsteigen und mein Leben daraus mitnehmen kann. Beim Tanz des Geistes wechseln wir ständig vom »ich« zum »wir«, von Subjektivität zur Intersubjektivität, von Einsamkeit zur Gemeinschaftlichkeit.

Exil und die Sehnsucht nach Gemeinschaft

Wie ein Neoromantiker kann ich den modernen Zustand der Entwurzelung und der Sehnsucht nach Gemeinschaft diagnostizieren, indem ich das Innere meiner Seele untersuche. Ich bin ein guter Mensch des zwanzigsten Jahrhunderts. Ich habe meine Individualität aus dem rohen Marmor geschlagen, der mir gegeben war, und in meiner eingeschränkten genetischen und geschichtlichen Bestimmung Freiheit geschmeckt. Ich habe ein reiches Innenleben und schenke den Bewegungen meines Geistes Aufmerksamkeit. Ich lebe in komplizierter Harmonie mit meiner Frau und freue mich an meinen erwachsenen und heranwachsenden Kindern. Ich habe Freunde, die mir nah sind, einen Kreis von Bekannten, eine befriedigende Arbeit, ein bißchen Ruhm, finanziellen Überfluß Land und Pferde. Ich führe ein privilegiertes, von Glück beziehungsweise Gnade geprägtes Leben. Und dennoch fehlt etwas. Ich kann weder die Form der Leere bestimmen noch einen Umriß des obskuren Objektes meines Begehrens zeichnen, aber ich kann sie benennen – Gemeinschaft.

Wie Heraklit betreten auch wir modernen Männer und Frauen, wenn wir in den Fluß unserer Zeit steigen, nie zweimal denselben Ort. Wir gehen immer weiter. Seit wir Europa verlassen und die Neue Welt erobert haben und weiter nach Westen, zum Pazifik, gezogen sind, sind wir ein Volk, das einen tiefen Glauben an Abschiede hat. Wir reißen Wurzeln aus und lassen uns vom Wind vorwärtstreiben, getragen vom blinden Optimismus, daß wir in einem reicheren Boden verpflanzt werden. Im Durchschnitt wechseln Amerikaner ihren Wohnort alle fünf Jahre.

Daraus folgt daß der Großteil einer wie immer gearteten Gemeinschaft nicht mehr geographisch zusammenhängend ist. Meine Gemeinschaft ist ein Stern, der explodierte und Bruchstücke meines Sonnensystems in alle Himmelsrichtungen schickte. Meine Kinder und meine Ursprungsfamilie sind über zwei Kontinente verstreut. Die Freunde, an die ich mich regelmäßig mit Hilfe der Telefongesellschaft wende, sind unter ganz verschiedenen Vorwahlnummern erreichbar. Meine Berufsgemeinschaft erstreckt sich über ein Dutzend Länder, in denen ich gearbeitet habe, und darüber hinaus an die Grenzen der literarischen Welt.

Während sich das 20. Jahrhundert seinem Ende nähert, sind die meisten von uns Flüchtlinge, die im Exil leben, verbannt aus der spirituellen Gemeinschaft, der wir angehören, die wir aber nur noch nie geplant haben. Uns plagen die unbewußten Erinnerungen an eine Zeit, da wir unter Unseresgleichen lebten und eine dunkle Hoffnung nach einem Heimatland hegten, das erst noch in Zeit oder Raum existieren muß, das wir aber oft in unseren Träumen erblickt haben. Nichts prägt unsere Zeit so sehr, weist uns die Richtung der Suche, die wir unternehmen müssen, so eindeutig wie das Vakuum.

Der öffentlich gesinnte Held: Die Reise nach außen

Man reibe drei Ideen aneinander: Politik, Heldentum und Geist. Wenn es jemals eine Politik des Mitgefühls geben soll, wird sie eine neue Art Politiker erfordern, ein neues Modell des Heroismus und ein neues Verständnis von Spiritualität. Es sind Facetten desselben Edelsteins.

Und so hat es Vaclav Havel ausgedrückt: »Früher oder später wird die Politik mit der Aufgabe konfrontiert sein, ein neues, postmodernes Antlitz zu finden. Ein Politiker muß wieder zum Menschen werden ... Seele, individuelle Spiritualität, persönliche Einsicht in die Dinge; der Mut, er selbst zu sein und den Weg zu gehen, den das Gewissen ihm weist, Demut angesichts der geheimnisvollen Ordnung des Seins, Vertrauen in ihre natürliche Richtung und vor allem, Vertrauen in seine eigene Subjektivität als seine wichtigsten Verbindungen mit der Subjektivität der Welt – das sind die Eigenschaften, die die Politiker der Zukunft kultivieren müssen.«[1]

Heute wandelt sich die Arena des spirituellen Abenteuers, es kehrt das Innerste nach außen und verschiebt sich von der Psyche zur *polis,* von der inneren Reise zur Gemeinschaft.

Die Geschichte der menschlichen Evolution läßt sich als die Geschichte der sich wandelnden Visionen des heroischen Lebens lesen. Jedes Zeitalter steht vor besonderen Herausforderungen, die gemeistert werden müssen, charakteristischen Agonien, dunklen Kräften, mit denen der Held ringen muß. Die Ketten, die wir zerbrechen müssen, um frei zu werden, unterscheiden sich von Generation zu Generation. Die gestrigen kühnen Abenteuer der Wagemutigen sind heute die Packagetour der Ängstlichen. Was in einem Zeitalter schöpferisch war, wird im nächsten dämonisch. Ein Beispiel: Am Anfang ihrer Entstehung verbanden die Nationalstaaten verschiedene Völker zu größeren Gemeinschaften und begrenzten die Kriege zwischen den örtlichen Clans. Heute haben Nationen oftmals die Mittel, Völkermorde und Weltkriege zu organisieren. Städte waren ursprünglich Rückzugsorte, die Freiheit von kurzsichtigen Perspektiven und vom mühseligen Leben als Bauern boten. Nun sind sie Enklaven, die Millionen anziehen, die keine andere Alternative haben, als der urbanen Ideologie und der wirtschaftlichen Not zu gehorchen.

Um das Ganze auf einen – allzu – einfachen Nenner zu bringen: Die heroische Aufgabe im Zeitalter der Jäger und Sammler bestand darin, mit der heiligen Welt der Tiere und Pflanzen in Einklang zu leben; die heroische Aufgabe im Zeitalter der großen Reiche bestand darin, Städte zu bauen und Feinde zu besiegen; die heroische Aufgabe im Zeitalter von Technik und Wissenschaft bestand darin, die Natur zu erobern; die heroische Aufgabe seit der Heraufkunft der Tiefenpsychologie war es, die innere Welt zu erforschen; die heroische Aufgabe für heutige und zukünftige Generationen besteht darin, die dunklen Kräfte zu domestizieren, die die Gemeinschaft zerstören.

Überlegen Sie, wie die Idee des Helden im Begriff ist, sich in den neunziger Jahren zu ändern. Der traditionelle Held des Westens in seinen vielen Manifestationen – Krieger, Mystiker, Erlöser, rationaler Vernunftsmensch, Wissenschaftler, Technologe, Künstler – war das großartige, einsame Individuum. Im Zusammenhang mit der Nacherzählung des Mythos des Helden mit tausend Gesichtern zitiert Joseph Campbell stets die Passage aus der Legende der Suche nach dem heiligen Gral, in der sich die Ritter der Tafelrunde auf die Suche begeben: »Jeder Mann ging in den Wald zu dem Ort, wo es am dunkelsten war und wo es keinen Weg gab, denn er glaubte, es wäre eine Schande, in der Gruppe loszugehen.«

Während das zwanzigste Jahrhundert fortschritt und Wissenschaftler und Technologen zunehmend ihre heroische Aufgabe erfüllten, die Natur zu verstehen und zu beherrschen, hat eine Kompensationsreaktion stattgefunden – das verstärkte Bemühen, die Geheimnisse der inneren Welt der Psyche zu verzeichnen und ihre irrationalen Kräfte in den Griff zu bekommen. Die neue Wissenschaft der Psychoanalyse strebt danach, das Licht des Bewußtseins in den Dschungel der Seele zu bringen. Die Therapeuten waren die neuen Erforscher, auf der Suche nach den Quellen des Nils, den Geheimnissen des dunklen Kontinents. Künstler waren die Boten und Geschichtenerzähler der neuen Reise. Joseph Campbell schildert die Arena des Heroismus in der Mitte des zwanzigsten Jahrhunderts so: »Die mythogene Zone ist heute der Einzelmensch in Verbindung mit seinem inneren Leben, der durch seine Kunst mit jenen ›da draußen‹ kommuniziert.«

Freuds Formulierung der Aufgabe des Psychonauten hat die nachfolgenden psychologischen Schulen zwar modifiziert, doch kommt in der Psychoanalyse immer noch das heroische Ideal der inneren Reise zum Ausdruck. Die Aufgabe des Reisenden bestand darin, in die verbotene und unbekannte Unterwelt der Libido hinabzusteigen, um die dort hausenden engelhaften und dämonischen Kräfte der Erotik zu befreien. Das Unbewußte sollte bewußt gemacht werden. Wie eine von allen Seiten belagerte Festung sollte das Ich im Kampf gegen die amoralischen Begierden des Es und die grausamen moralistischen Forderungen des Überichs gestärkt werden. C. G. Jung entdeckte zwar eine unterhaltsamere Gruppe von archetypischen Helfern im Unbewußten doch stimmte er mit Freud in der Frage der Therapie im Grunde überein. Beide führten Psychotherapien durch, in denen ein einsames Individuum danach strebt, die Beziehung zwischen Bewußtem und Unbewußtem im Gespräch mit einem einsamen einzelnen Therapeuten innerhalb der Begrenzung eines Behandlungszimmers zu heilen.

Man kann viele Argumente dafür anführen, daß Freud und Jung eine absolut zutreffende Beschreibung der Psyche ihrer Zeit lieferten, sich aber auch in größerer Übereinstimmung mit dem religiösen Establishment befanden, als sie es sich gern eingestanden hätten. In die Seele des einzelnen hinabzutauchen und sie heilen zu wollen, ob nun durch Therapie oder Theologie, ergab viel Sinn in der selbstzufriedenen, rationalistischen, repressiven Gesellschaft der damaligen Zeit. In der Zeit vor dem Ersten Weltkrieg in Europa und nach dem Zweiten Weltkrieg in den USA herrschte großer Optimismus. Es gab kaum ein Gespür für die dunklen Kräfte, die unter der dünnen Schicht der Zivilisation lauern. Als Luis Buñuels Film *Der Andalusische Hund* im Jahr 1928 in die Kinos kam, wußten nur wenige Menschen, was sie mit den surrealistischen Bildern anfangen sollten – Ameisen, die aus Löchern in der Hand einer Schaufensterpuppe hervorkrabbelten, ein Augapfel, der von einer Rasierklinge geöffnet wird. Die wilden, traumhaften, widersprüchlichen Bilder und Gefühle, die das unbewußte Leben regieren – das Terrain der Libido – waren praktisch unbekannt. Erfolgreiche Männer und Frauen waren meist extrovertiert, pragmatisch und hatten sich fest im Griff.

Bedenken Sie den Wandel, der sich in der Struktur der Psyche vollzogen hat. Heute ist es die Libido, die frei ist, das Überich ist im Exil, und das Ich ist unterentwickelt. Kurz nach dem Zweiten Weltkrieg, als die Industrie der USA einen großen Überschuß an Konsumgütern produzierte, begannen die neuen Ingenieure des Begehrens – die Werbeindustrie – uns davon zu überzeugen, man dürfe keinen

Wunsch unbefriedigt lassen. Tugend und Laster wechselten die Plätze. Plötzlich erwartete man von uns, Geld auszugeben, statt es zu sparen, zu genießen, statt für die Zukunft zu planen. Das Evangelium des sexuellen Überflusses ersetzte die Tugend der aufgeschobenen Befriedigung. Kaufen Sie jetzt, bezahlen Sie später. Komm auf den Geschmack. Mach's doch mal. Ein Tabu nach dem anderen, das den Prestigekonsum, den Sex, die Drogen und die Gewalt regierte, wurde geschwächt. *Jedes »Laster«, jede »Perversion«, die im neunzehnten Jahrhundert verdrängt und ins Unbewußte verbannt wurde, ist heute ein bewußter Teil der öffentlichen Einbildungskraft.* MTV und die großen Fernsehanstalten erforschen Inzest, Vergewaltigung, Kindesmißbrauch, Ritualmorde, Teufelsanbetung, Kannibalismus, Prostitution und Pornographie bis zum Erbrechen. Das Durchschnittskind in den USA sieht dreißigtausend Akte simulierter Gewalt pro Jahr. Was einst dem Geist eines Mittelschichtkindes unvorstellbar war, wird heute zur besten Sendezeit ausgestrahlt.

Wir haben unsere Seelen von innen nach außen gekehrt. Apollon ist im Exil, und Dionysos läuft Amok in den Straßen. Vernunft ist eine Tugend, die im Verborgenen wirkt. Mäßigung und Zufriedenheit sind aus der Mode. Lüsternheit – endloses Begehren, steigendes Bruttosozialprodukt – ist der Traum der westlichen Welt. Sogar in Zeiten wirtschaftlicher Not sind wir unfähig, zwischen Wünschen, Bedürfnissen und Rechten zu unterscheiden. Wonach Menschen verlangen, das fordern sie. Wir sind nicht mehr damit zufrieden, daß die Regierung unser natürliches Recht auf »das Streben nach Glück« sichert. Nun erwarten wir, daß sie uns Glück beschert (ohne zusätzliche Steuern oder Haushaltskürzungen). Das Überich ist schwach, wenn nicht gar tot, wenn Mitglieder der Unterklasse die Innenstädte niederbrennen, wenn Drogen – sofortige Ekstase – in jeder

High-School und in jedem Ghetto erhältlich sind, und wenn Schießereien aus dem fahrenden Auto zum neuen Initiationsritus für Mitglieder von Jugendbanden geworden sind.

Psyche und *polis* spiegeln einander, so wie Körper und Geist. Das Innere entspricht dem Äußeren. So wie die alten psychischen Strukturen sich auflösen, so zerbrechen auch die politischen Strukturen, die früher unser Leben beherrscht haben. Vor unseren Augen zerstören sich die Reiche und erleben ihren Aufstieg und Fall. Wo einst eine stabile Schreckensherrschaft herrschte, es zwischen den großen Mächten des Kapitalismus und des Kommunismus einen kalten Krieg ohne Sieger gab, sehen wir heute ein großes Durcheinander von Gruppen und einen erneuten Ausbruch barbarischer ethnischer Gewalt. Und wir haben nur eine schwache Hoffnung: Wenn die sich bekämpfenden Gruppierungen ihre Meinungsverschiedenheiten beiseite lassen, können sie womöglich die Prosperität der neuen Marktwirtschaft genießen.

Aber die Losungen des neunzehnten Jahrhunderts reichen nicht zur Bewältigung der Probleme des zwanzigsten Jahrhunderts. Wenn wir uns in den neunziger Jahren auf eine neue innere Reise begeben wollen, dann wird sie uns nicht ins Freudsche Unbewußte führen! Wenn wir eine neue politische Reise antreten wollen, wird sie nicht in den Nationalismus, die Industrialisierung und eine globale Konsumgesellschaft führen. Wir können nicht durch das Haar des Hundes, der uns beißt, geheilt werden.

Die zentrale Verdrängung in der gegenwärtigen zeitgenössischen Kultur des Westens besteht darin, daß wir unser Bedürfnis nach Sinn und nach einem Gefühl des Heiligen nicht anerkennen wollen.

Es kann keine kulturelle, keine spirituelle Wiedergeburt geben – es sei denn, Millionen von Individuen machen die verdrängten Fragen zu einer Sache des höchstmöglichen

Interesses: »Was strebe ich an? Was ist der Sinn meines Lebens? Was ist mir heilig?« Doch unsere Zeit verlangt mehr vom einzelnen. Heute brauchen wir eine Schmiede, mit der wir Alleinsein und politisch-kommunales Engagement verbinden können. Diejenigen, die bereit sind, ihr spirituelles Unbewußtes zu erkunden, müssen den Mutterleib der Privatheit und das Refugium der Religion verlassen und sich der heroischen Aufgabe verschreiben, neue Formen des politischen Lebens zu schaffen.

Es erfordert immer Mut, sich den eigenen persönlichen Schatten zu stellen – unserer existentiellen Gebrochenheit, unseren irrationalen Impulsen, amoralischen Begierden, unseren Größenphantasien, unserer Grausamkeit und Feigheit. Aber der neue Held muß mit dunklen Kräften ringen, die weitaus größer sind als irgendwelche, die die individuelle Psyche bewohnen. Die Dunkelheit, die uns zu verschlingen droht, ist metaphorisch: institutionell, körperschaftlich, wirtschaftlich und politisch. Das gegenwärtige Unbewußte manifestiert sich in der Verschmutzung unserer Umwelt, der mutwilligen Zerstörung Tausender nichtmenschlicher Arten, dem boomenden Waffengeschäft, der Epidemie von kleinen Kriegen, der erneuerten Praktik des Völkermords. Die Krise der wuchernden Megalopolis ist der unbewußte siamesische Zwilling unseres promethischen Kampfes zur Eroberung der Natur. Kriminalität, Armut und Obdachlosigkeit bilden die dunkle Seite einer Konkurrenzwirtschaft, in der die Sieger in den Genuß von Luxus kommen und die Verlierer das Nachsehen haben. Die blutige Gewohnheit, Kriege zu führen, das regelmäßige Opfern von Männern auf weit entfernten Schlachtfeldern, der Würgegriff des militärischindustriellen Komplexes erschöpft weiter unsere Wirtschaft und unseren Geist, sie bildet die Schattenseite unseres größten Interesses am Erhalt der Souveränität von Nationen. Unsere

Selbstzensur hat uns davon abgehalten, die versteckten Kosten des Wohlstands zu berechnen.

Worin besteht nun die Schattenarbeit des neuen Helden? Wie lauten die Fragen, die wir leben müssen? Welche Qualen müssen wir freiwillig erdulden? Wie heißen die Ungeheuer, gegen die wir in den Kampf ziehen müssen? Zu welchen neuen Aufgaben sind wir aufgerufen?

Die spirituellen Helden unseres Zeitalters sind jene, die den Mut haben, sich das bewußt zu machen, was wir ignoriert haben, die zerstörerischen Folgen anzuerkennen und kollektive Handlungen zu fordern. Psychologen nennen das »unsere Projektionen zurücknehmen«. Die alten spirituellen Bezeichnungen dafür waren Zerknirschung, Reue und Wiedergutmachung. Dazu sind ein gebrochenes, reumütiges Herz und ein neuer Wind nötig.

Die Welt wird – ob es einem gefällt oder nicht – in rasendem Tempo zu einem einzigen Kollektiv ungleicher, unruhiger Nationen. Die Isolation gehört der Vergangenheit an. Während wir uns einem neuen Jahrhundert nähern, stehen wir vor einer bedeutenden Wahl: Entweder wir treiben auf das Große Technologische-Ökonomische-Militärische Kollektiv zu, oder wir beginnen mit dem kühnen Experiment, eine neue gemeinschaftliche Ordnung zu schaffen.

Die heroische Aufgabe für das einundzwanzigste Jahrhundert besteht in nichts Geringerem als der fast unvorstellbaren Aufgabe, unsere fundamentalen Organisationsprinzipien, Ideale und Welten zu ändern, damit wir ein globales Gemeinwesen, eine Gemeinschaft des Mitgefühls schaffen können.

Die Sakramente der Einbildungskraft, des Einfühlungsvermögens und des Mitgefühls

Wir beginnen die lange, wahrscheinliche endlose Reise in Richtung auf eine Republik des Mitgefühls, indem wir uns in den Tugenden üben, die zur Schaffung einer Gemeinschaft erforderlich sind.

Wir können uns die spirituelle Praxis in den einfachsten Begriffen als die Erkundung der Art und Weise vorstellen, ob wir offener werden, wie weit sich unsere Identität dehnt, wie viel wir in uns aufnehmen können. Ein seelenvoller Mensch ist kein autonomes Atom, sondern ein Quanten-Selbst, Teilchen und Welle, Essenz und Hologramm. *Geist* läßt sich als Synonym für *Liebe* betrachten. Ein inspiriertes Leben wird beständig erweitert, bis es eine immer größer werdende Gemeinschaft umfaßt. Dazu ist nötig, daß wir ein elastisches Herz, einen erotischen Körper, einen großherzigen Verstand und eine einfühlsame Einbildungskraft kultivieren, mit der wir alles ausreißen, was uns davon abhält, uns selbst und die anderen zu lieben, mit deren Existenz unser Leben verwoben ist.

Man hört jede Menge Lippenbekenntnisse, was die Liebe betrifft: »Gott ist Liebe ... Die Liebe regiert die Welt ... Liebe ist der Morgen- und der Abendstern ... Die Welt braucht Liebe, süße Liebe, und so weiter ...« Man nimmt allgemein an, daß Liebe die Antwort auf alle unsere Probleme ist, und ganz natürlich entsteht. Man bringt uns bei, »ehe wir sechs, sieben, acht Jahre alt sind, all die Dinge zu hassen, die unsere Verwandten hassen«, und doch sollen wir wissen, was Liebe ist.

Meines Erachtens wissen wir es nicht. Liebe mag teilweise Gnade oder »Chemie« sein, aber sie ist auch eine Kunst, die erlernt werden muß. Erst nach Jahren der Übung haben wir ein geschicktes Herz entwickelt.

Am Anfang steht die Absicht. Als ich als verwirrter Teenager meine Mutter fragte, was Liebe ist, gab sie mir eine Definition, die jeder, die ich in den Wörterbüchern fand, überlegen ist: »Liebe«, sagte sie, »ist die Absicht des Herzens.« Sie entsteht nur eben nicht durch Zauberei. Sodann erklärte sie mir, daß der eine Teil der Liebe süß und leicht ist, etwas, in das wir fallen und von dem wir fortgerissen werden. Aber der andere Teil ist schwierig; er erfordert Disziplin, Willenskraft und daß man immer wieder einem Menschen sein Herz öffnet, mit dem man zornig ist, den man nicht ausstehen kann und nicht mehr mag.

In einer idealen Welt würde jeder von den Eltern ohne Wenn und Aber geliebt, die wiederum von ihren Eltern ohne Wenn und Aber geliebt wurden, ad infinitum, und wir alle würden so viel Liebe empfangen, daß wir spontan unser Herz öffnen würden. Doch in der realen Welt hat man uns alle zu Krüppeln gemacht, weil man uns zu wenig, zu spät oder auf verquere Weise geliebt hat; wenn wir anfangen, nach einer tiefempfundenen Verbindung zu suchen, humpeln wir schließlich auf dem Lebensweg dahin. Wenn wir also der Einzelhaft unseres individuellen Ichs oder dem Gruppengefängnis unseres kollektiven Ichs entkommen wollen (die beide auf dem Willen zur Macht beruhen), müssen wir einen beträchtlichen Willen zur Liebe entwikkeln.

Nachdem wir beschlossen haben, uns über die Atmosphäre des Ich hinauszuwagen, begeben wir uns durch einen Akt der Einbildungskraft auf den Weg in die Gemeinschaft. Um die Fremden und Rivalen auf der anderen Seite des Flusses verstehen zu können, gegen die wir uns bis dahin verteidigt haben, müssen wir uns in ihre Weltsicht versetzen, die Dinge mit ihren Augen sehen. Wie Proteus verwandeln wir uns und werden der andere. Wir versuchen den Geist des anderen zu bewohnen.

Die geschickte Einbildungskraft ist noch keine Liebe. Die imaginäre Identifikation, die der Neuling der Liebe erlernen muß, unterscheidet sich gar nicht so sehr von dem, was jeder gute Romanautor, Psychotherapeut oder General praktiziert. Man muß jemanden nicht lieben, ihn nicht einmal respektieren, um sich vorstellen zu können, wie die Welt aus seinem Blickwinkel aussieht. Ein Romanautor muß wissen, wie seine Figuren in einem Stuhl sitzen, sich kämmen, wählen, einen Maiskolben essen, sich lieben. Ein Therapeut muß die innere Welt eines Patienten, der unter Wahnvorstellungen leidet, rekonstruieren. Ein Krieger muß seinen Feind kennen. General Ulysses S. Grant sagte einmal: »Ich kenne Lee so gut, wie er mich kennt. Ich kenne alle seine starken Seiten, und alle seine schwachen.«

Einfühlungsvermögen ist ein Schritt näher in Richtung Liebe. Um sie zu üben, müssen wir über das rhetorische Verstehen und unsere geistigen Vorstellungen hinausgehen, hin zu Gefühlen; wir müssen den Versuch wagen, zu *fühlen*, wie es ist, eine andere Person zu sein. Wenn ich zum Beispiel effektiv mit George kommunizieren will, einem schwulen Bekannten, von dem ich weiß, daß er Aids hat, und der wohl nur noch ein Jahr leben wird, muß ich mich fragen, wie ich mich fühlen würde, wenn ich an seiner Stelle wäre, und es zulassen, einen Teil seiner Angst, seiner Wut und seines Mutes zu erleben. Im praktizierten Einfühlungsvermögen bewahren wir immer noch eine psychologische Distanz zwischen dem Selbst und dem anderen. In Georges Fall ist der Schmerz, den ich mir zu empfinden erlaube, immer noch sein Schmerz, nicht meiner.

Wenn wir die Praktik des Mitgefühls üben, ziehen wir von den Randbezirken ins Zentrum der Liebe um.

Nehmen wir an, daß mir, indem ich ein empathisches Verständnis für George erreiche, plötzlich klar wird, daß auch ich sterben werde. Sobald ich dem Syllogismus: »Alle Menschen sind sterblich; ich bin ein Mensch« bis zum unvermeidlichen Schluß folge: »Deshalb bin auch ich sterblich« – bin ich nicht der Beobachter von Georges Leid, sondern stelle eine tiefe Verbindung mit einem Mitmenschen her. Sobald ich mir in Erinnerung rufe, daß auch ich jemand bin, »dem die Stunde schlägt«, verschiebt sich die Mitte meiner Schwerkraft. Mein singuläres Ich wird zur pluralen Seele. Nehmen wir ein anderes Beispiel: Während der Unruhen in Los Angeles 1992 zählte Bobby Green zu jenen Männern, die Reginald Denny zur Hilfe eilten, dem weißen Lkw-Fahrer, den man zusammenschlug. Als man ihn fragte, warum er sein Leben aufs Spiel gesetzt habe, um der Prügelei Einhalt zu gebieten, sagte er: »Ich hatte das Gefühl man würde mich schlagen.«

Mitgefühl entspringt der Weisheit. Es entstammt dem Bewußtsein, daß das Selbst und die anderen bereits miteinander verbunden sind. Liebe ist die Anerkenntnis, daß Einheit wichtiger ist als Vielheit, daß das Allgemeinwohl der fruchtbare Boden ist, in dem unsere Individualität wurzelt. Das Schicksal der Gemeinschaft aller Lebewesen ist das Schicksal des Selbst. Bewußtsein, Mitgefühl und Gemeinschaft sind nur unterschiedliche Bezeichnungen für das Phänomen, das das Objekt der spirituellen Suche ist. Auf gleiche Weise sind Unbewußtheit, Haß und Egozentrik verschiedene Bezeichnungen für das seelenlose Leben.

Das seelenlose, mutlose Leben bewegt sich in einer nach unten weisenden Spirale, wie Wasser, das den Abfluß hinabfließt: je weniger Liebe, desto weniger Gefühl, desto weniger Empfindung, desto weniger Einfühlungsvermögen, desto weniger Hinwendung, desto weniger Kontakt zu anderen, desto weniger Selbsttranszendenz, desto weniger Freiheit, desto weniger Hoffnung. Wenn das Netz der Fürsorge und Verbindung verloren geht, wird das Ich zur Festung, die man gegen eine Vielzahl von Gefahren verteidigen muß. Abgekapselte Menschen schaffen eine Atmosphäre der Angst und Beziehungen, die auf dem Willen zur Macht beruhen. Wir sind über Generationen hinweg in einer Gemeinschaft des Hasses oder der Liebe zusammengeschweißt. Mit großer Regelmäßigkeit wird der Mißbrauchte zum Mißbrauchenden, der Verletzte zum Verletzenden – und der Be-gnadete zum Gnädigen.

Als Kinder werden wir unterschiedlich stark von Fürsorge und rückhaltloser Liebe inspiriert. Vor dem Recht gelten wir alle als gleich, doch in Wahrheit sind wir ungleiche Empfänger von Gesundheit, wirtschaftlichen Chancen und Ausbildungsmöglichkeiten, Reichtum und der befähigenden Gnade der Liebe. Möglicherweise sind wir nicht in irgendeinem theologischen Sinn zur Erlösung oder Verdammnis prädestiniert, wie Johannes Calvin behauptete; doch wir sind zu spirituellem Reichtum oder spiritueller Armut durch das fürsorgliche oder gleichgültige Klima unserer Kindheit prädisponiert. Wir treten ins Leben mit einer ungleichen Begabung, sind Erben der Tugenden und Laster unserer Eltern. Niemand von uns wählt seine Eltern oder das Maß an Urvertrauen oder -mißtrauen, mit dem wir ausgestattet sind. Normalerweise vollzieht sich um die Lebensmitte herum ein Sich-Öffnen – ein Zusammenbruch oder ein Durchbruch –, bei dem sich der dornige Weg bietet, sich bewußt zu werden, wie gesegnet oder verletzt wir gewesen sind, so daß wir die Suche beginnen, die Menge an liebevoller Güte zu erhöhen, die wir zu geben und zu empfangen vermögen. Ebenso wie der IQ (Intelligenzquotient) durch mentale Übungen erhöht werden kann, so kann der MQ (Mitgefühlquotient) dadurch erhöht werden, daß wir die willentliche Absicht des Herzens und die Sakramente der Einbildungskraft und des Einfühlungsvermögens praktizieren.

Glücklicherweise bringt die Liebe Tugenden hervor, die die Auswirkungen des Teufelskreises umkehren. Allmählich kann, durch die Pflege einer liebenden Gemeinschaft, oder plötzlich, als Folge eines einzelnen Aktes der Güte, ein zentripetales Ich allmählich die Richtung umkehren und zum zentrifugalen Selbst werden.

Das Individuum wird auf dem Webstuhl der Gemeinschaft gewebt. Wie falsch, wie oberflächlich unser westliches philosophisches Denken über das Selbst doch war! Descartes' »Ich denke, also bin ich« identifiziert das Selbst mit dem Geist. Wir täten besser daran, mit dem Axiom »Ich wurde geliebt, also bin ich« zu beginnen. Die Seele und die Gemeinschaft sind verschlungen wie die Doppelhelix. Liebe ist kein Bonus, kein angenehmes emotionales Extra; sie ist das konstitutive Element bei der Herausbildung des Selbst. Mein Sein ist Ko-Sein. Ob ich einfühlsam oder leidenschaftslos bin, wird in einem gewissen Maß von dem Mitgefühl abhängen, mit dem ich genährt wurde.

Wenn ich erkenne, wie entscheidend die empfangene Liebe für das Urvertrauen ist, mit dem ich ins Leben trete, führt mich das zu der Aufgabe, ein liebevollerer Mensch zu werden, zum zentralen Punkt meines Lebenssinns. Das Maß an Fürsorge, das wir in die intersubjektiven Verbindungen, die uns in Ehen, Familien und Gemeinschaften vereinigen, einbringen, bestimmt, wie friedfertig, kraftvoll und kreativ unser Leben sein wird.

Lokale Heilige und geheiligte Nachbarn

Wenn wir überlegen, wie wir eine Gemeinschaft neu erschaffen, ist der aktuelle Slogan »Denke global, handle lokal« ein guter Ansatzpunkt. Diese Liebe vollzieht sich in einer Gemeinschaft, sie ist eine örtliche Erscheinung, die sich nicht durch Ausschüsse vervielfachen oder durch Regierungsprogramme herstellen läßt. Die Atmosphäre des Mitgefühls, die eine Masse entfremdetet Individuen in eine von Fürsorge bestimmte Gemeinschaft verwandelt, wird von Tausenden Akten der Güte und der gütigen Voraussicht hervorgebracht. Und die Dramen der heroischen Liebe werden normalerweise auf der kleinen Bühne gespielt; die Namen der lokalen Helden und der geheiligten Nachbarn sind nur in den Städten und Dörfern bekannt. Wenn sich eine Handvoll Nachbarn um Ed und Vicky versammelt und sich um ihr an Down-Syndrom erkranktes Kind kümmert, dann gelangt das zwar nicht in die Nachrichten, aber es erneuert das Band, das Fremde zu einer stützenden Gemeinschaft verbindet.

Um mich an die Praxis des angewandten Mitgefühls zu erinnern und mir Mut zu machen, sammle ich Bilder und Geschichten, mit denen ich mein persönliches Pantheon der lokalen Helden und geheiligten Nachbarn errichte. (Wir brauchen ein modernes Gegenstück zu den *Leben der Heiligen* – inspirierende Pin-ups von erotischen Heiligen, sympathischen Propheten, Heldinnen der mitfühlenden politischen Aktion.) Zum Beispiel:

Am Ende der dreißiger Jahre schien meine Großmutter McMurray das soziale Gefüge der Stadt Maryville, Tennessee, zusammenzuhalten. Als Leiterin der Fakultät für Hauswirtschaftslehre am Maryville College fand sie irgendwie Zeit, Kuchen zu backen, die auf den Treffen der Kirchengemeinde im Nu verschwanden, und Gefängnisinsassen Töpfe mit Hühnersuppe zu bringen. Als die wirtschaftliche Rezession kam, organisierte und leitete sie den »Maid Shop« des College, in dem Uniformen genäht wurden, damit eine Generation armer Mädchen die Möglichkeit hatten, sich das Studium zu finanzieren.

Vor zehn Jahren gründeten einige Männer und Frauen, die die althergebrachte ländliche Lebensweise in Methow-Tal im Staat Washington bewahren wollten, eine Bürgerinitiative, um gegen die »Aspen Ski Corporation« zu kämpfen, die mit aller Kraft einen Ski-Urlaubsort schaffen wollte, der die soziale und natürliche Ökologie des Tales zerstört hätte. David gegen Goliath. Mit unerschütterlichem Engagement und sehr wenig Geld bekämpften sie nacheinander drei Bewerber, allesamt mit großen Geldmittein ausgestattete Firmengruppen, bis die Pläne ruhten. In einer Gerichtsverhandlung nach der anderen zwangen sie den widerstrebenden United States Forest Service und die Entwicklungsgesellschaften, schriftliche Gutachten über die ökologischen Verhältnisse vorzulegen und den gesetzlichen Bestimmungen zu entsprechen. Die Folge: Noch heute ist der Fluß sauber, die Wildwechsel sind immer noch offen, es gibt keine Apartmentanlagen, und das Zusammenleben im Tal wird weiter von der einheimischen Bevölkerung bestimmt.

Kay Allisons »New-Age«-Buchladen in Charlottesville, Virginia, wirkt eigentlich nicht wie eine Brutstätte sozialen Aufruhrs. Man findet dort eine Menge Bücher über die Kraft der Kristalle und vergangene Leben, aber keine über soziale Organisation. Doch ganz im stillen hat Kay eine kleine Gruppe von Menschen organisiert, die sich darum kümmern, Restexemplare von Verlagen zu erhalten und in den Gefängnissen in Virginia zu verteilen.

Vier Frauen im wohlhabenden Marin County tun sich zusammen, mieten ein Haus und schaffen ein Refugium für geschlagene Frauen. Der Inhaber eines Delikatessengeschäfts in Ann Arbor organisiert, daß Restaurantbesitzer ihre überschüssigen Essen zu einer Unterkunft von Obdachlosen bringen. Eine Kirchengruppe einer Pfarrei in Graden Plains, Kansas, sammelt ungepflückte Äpfel für die städtischen Armen. Ein Intensivarzt in Sonoma sammelt Medikamente und medizinische Geräte und bringt sie in ein kleines Krankenhaus in Bhutan. Ein reicher Automobilhändler in Lexington schenkt der Stadt ein dreißig Acre großes Grundstück für eine neue Schule. Eine große Rechtsanwaltskanzlei in San Francisco arbeitet unentgeltlich für den »Trust for Public Lands«. Eine kleine Gruppe von Bürgern aus Birmingham kämpft darum, ein besseres Lehrprogramm für die High-School zu entwickeln. Ghetto-Eltern in Detroit stellen aus ihrem Kreis eine Gruppe zusammen, die dafür sorgt, daß Drogendealer aus ihrem Stadtteil fernbleiben. Aus solchen Aktivitäten wird das Reich der Güte gebaut, Tat um Tat.

Wir müssen eine radikale Abkehr von dem Irrglauben vollziehen, demzufolge Gott die Welt bewahrt, weil sechsunddreißig gute und gerechte Männer in jeder Generation geboren werden. Es sind nicht einige wertvolle Männer und Frauen, sondern die zahllosen, anonym bleibenden, ganz normalen Menschen in jedem Dorf und jeder Großstadt, die die Bürgerrechte schützen und eine Gemeinschaft schaffen. Unsere unmittelbare Umgebung liefert jedem von uns eine Berufung und eine Gelegenheit, Phantasie, Einfühlungsvermögen und Mitgefühl zu üben. An jedem Ort gibt es Probleme, die unmittelbar gelöst werden können. Wer Ohren hat zu hören, für den gibt es immer Nachbarn mit dringenden Bedürfnissen. An Gelegenheiten zu dienen, fehlt es nie.

Zu den praktischsten Möglichkeiten, das Alltagsleben zu heiligen, zählt, daß man sich darum bemüht, so auf Menschen und Situationen zu reagieren, auf die man im Laufe eines Tages trifft, als ob sie die Bitte aussprächen, man möge ihnen helfen, oder als ob Sie Ihnen ein Geschenk machen wollen. Hören Sie mit offenem Herz und wachem Verstand zu. Sehen Sie sorgfältig hin. Was wird (im stillen) von Ihnen erbeten, wenn Ihr Friseur Ihnen etwas über die Drogensucht seines Sohnes erzählt; wenn Ihr Nachbar ruhig erklärt, daß seine Krebsoperation kein voller Erfolg war; wenn der Gouverneur verkündet, daß die örtlichen Gefängnisse so überfüllt sind, daß sich vier Männer eine einzige Zelle teilen müssen? Welches Geschenk wird uns gemacht, wenn ein Freund sich Ihr verzweifeltes Bekenntnis über das Scheitern Ihrer Ehe anhört, oder eine Regierungsbehörde Ihnen Essenmarken zuteilt? Vor fast zehn Jahren hat Anne Herbert, als sie den *Whole Earth Review* schrieb, beiläufig etwas begonnen, was sich zu einer informellen Bewegung entwickelt hat, indem sie anregte, wir sollten es zur täglichen Praxis machen, anonyme Akte des willkürlichen Guten und des unsinnigen Schönen gegenüber fremden Menschen vollziehen. Nur weiter so.

Die globale Gemeinschaft

Die Pflege unserer privaten Bestimmung und unserer lokalen Gemeinschaften ist ein notwendiger, aber nicht mehr hinreichender Akt des inspirierten Lebens. Denn neu an der historischen Situation ist, daß die wichtigsten Probleme, vor denen wir stehen, und die Veränderungen, die wir vornehmen müssen, globaler Natur sind – Aids, die Erwärmung der Erde, die Zerstörung der Regenwälder, die Bevölkerungsexplosion, die Schwankungen der multinationalen Wirtschaft, die politische Instabilität der ärmsten Nationen, die Flut der Flüchtlinge, die Verschmutzung der Luft und der Flüsse.

In einer einzigen Generation hat die Revolution auf dem Gebiet der Kommunikationstechnologie die Gemeinschaft, der wir angehören, vom lokalen zum globalen Maßstab erweitert. Die Fernsehnachrichten liefern mir täglich aufs neue eine ausgemergelte, staubbedeckte Masse hungernder Menschen ins Wohnzimmer. Kinder mit riesengroßen Augen und zahnstocherdünnen Ärmchen sehen mir zu, während ich Granola-Kekse und Obst esse. Der Krieg in Bosnien bringt mir blutverschmierte Krieger ins Haus, die sich an »ethnischen Säuberungen« beteiligen, und legt Dutzende von Obdachlosen vor meine Tür. Plötzlich strekken sich meine moralischen Nervenenden, wenn mich Nachbarn, die ich bislang nicht kannte, ansehen und von mir fordern, ich solle sie in den Kreis meiner Fürsorge aufnehmen. Da ich für das tragische Dasein dieser unglückseligen Mehrheit Mitgefühl empfinde, verschiebt sich meine Identität. Mir wird klar, daß ich zur Familie der Menschheit gehöre. Wir sind ein Volk, eine von Unbehagen charakterisierte, menschliche Gemeinschaft.

Wir sind ein Teil der Weltbevölkerung, ob wir nun bereit sind oder nicht. In unserer Generation wächst das *Bewußtsein*, daß wir – ob es einem gefällt oder nicht – in einer globalen Gemeinschaft leben, aber wir zeigen noch zu wenig *Engagement*, eine mitfühlende Gemeinschaft aller Völker zu verwirklichen. Die weltweite Gemeinschaft, zu der wir wesensmäßig gehören, existiert derzeit nur in der Erinnerung und in der Hoffnung. Die große spirituelle Herausforderung unserer Zeit besteht darin, zu einer Expedition zur Verwirklichung dieser Gemeinschaft aufzubrechen. Das ist unsere neue Aufgabe, unser spirituell-politischer Auftrag.

Der erste Schritt zu einer global verantwortlichen Spiritualität ist möglicherweise die Erkenntnis, daß die neue Situation ein moralisches Paradox hervorbringt: Sie erweitert das Mitgefühl über unsere Fähigkeit hinaus, mit Taten zu reagieren. Mahatma Gandhi hat die, Maxime für mitfühlende Handlungen folgendermaßen formuliert: »Ich gebe dir einen Talisman. Immer wenn du zweifelst oder wenn das Selbst dir zuviel wird, wende den folgenden Test an: Erinnere dich an das Gesicht des ärmsten und schwächsten Menschen, den du gesehen hast, und frage dich, ob der Schritt, den du erwägst, für sein Leben und seine Bestimmung einen Nutzen haben wird. Mit anderen Worten – wird er zur Selbstversorgung der hungrigen und spirituell hungernden Millionen führen? Dann wirst du nämlich feststellen, daß deine Zweifel und dein Selbst hinwegschmelzen.«[2] Es gibt nur wenige, die diesen Rat befolgen können, ich zähle nicht zu ihnen. Doch wenn wir uns diesen Talisman vor Augen führen, wird er allmählich unsere Isolation und unseren Individualismus auflösen und uns mit der universellen Gemeinschaft verbinden, die unsere Heimat ist.

Indikatoren für die spirituelle Gesundheit einer Gemeinschaft

Nur ein Narr oder ein Zukunftsforscher kann vorhersagen, welche Gestalt eine mögliche, aber unwahrscheinlich erscheinende Weltordnung des Mitgefühls annehmen wird. Vermutlich werden wir immer stärker vor eine große Alternative gestellt werden – *entweder* lernen wir, jenseits der alten Grenzen von Nation, Klasse und Religion füreinander zu sorgen, oder wir zerstören uns im wirtschaftlich-militärischen Krieg jeder gegen jeden. Doch läßt sich überhaupt nicht vorwegnehmen, welche Dynamik sich womöglich entfaltet, *wenn* sich eine Mehrheit der Bürger der Praxis des politischen Mitgefühls verschriebe.

Wir wissen zwar nicht, wie sich ein solcher Umbruch herbeiführen ließe, doch wir können einige der radikalen Veränderungen in unseren grundlegenden Werten und Prinzipien des politischen Handelns benennen, die wir herbeiführen müßten, wenn wir uns auf die Errichtung einer politischen Ordnung des Mitgefühls zubewegen wollen.

Wenn es eine solche Gemeinschaft geben soll, so wird sie entstehen aus:

- einer Verschiebung vom Fortschrittsmythos hin zu einem Mythos des zukunftsorientierten Wachstums,
- einer Verschiebung in der Identität vom egozentrischen Individuum hin zu einer in der Gemeinschaft verwurzelten Person,
- einer Verschiebung vom Kampf zwischen den Nationen und der Politik des Machtgleichgewichts zum Welt-Spiel der ökozentrischen Politik,
- einer Verschiebung vom Mythos des Wettbewerbs zu dem der wirtschaftlichen Zusammenarbeit,
- einer Verschiebung vom Mythos der gerechten Kriege und sanktionierten Gewalt zu friedlichen Mitteln der Konfliktlösung,
- einer Verschiebung von der Bevölkerungsexplosion zum Nullbevölkerungswachstum,
- einer Verschiebung vom Nationalismus, vom Grundsatz der Souveränität und von ethnischen Konflikten hin zu einer effektiven weltweiten Föderation,
- einer Verschiebung von einer säkularen Sicht der Natur als Rohmaterial hin zu einer erneuten Heiligung der Natur,
- einer Verschiebung von einer Welt, die zwischen Arm und Reich geteilt ist, hin zu einer gerechteren Verteilung des Reichtums,
- einer Verschiebung von der zwanghaften Produktion immer komplexerer Technologien zu angemessenen, zukunftsorientierten Technologien,
- einer Verschiebung von einem habituell passiven Ver-

brauch vorfabrizierter Werte und Mythen durch die Unterhaltungsmedien im Dienst der Werbeindustrie zu einer interaktiven Beziehung zu den Medien.

Das alles klingt äußerst radikal und utopisch. Es geht von nichts Geringerem aus als der Anstrengung, eine Gesellschaft zu gründen, die auf dem *Grundsatz der Großzügigkeit* beruht. So unwahrscheinlich es klingen mag: Sie ist nicht ohne historische Vorläufer. Viele Stammesgesellschaften beruhten auf dem Austausch von Geschenken statt dem Tausch von Gütern, auf dem Ideal der Großzügigkeit statt dem der Gleichheit. Der Jäger gibt Fleisch, der Schamane gibt Visionen, die Mutter gibt die Kinder, die alte Frau steuert die Kenntnis der Heilkräuter bei, die alten Männer steuern die Weisheit der Regierungskunst bei. Selbst heute ist der Austausch von Geschenken in jenen Teilen der Welt, wo der Markt noch nicht zum Organisationsprinzip des Lebens geworden ist, die bedeutendste Kraft zur Schaffung von Gemeinschaftlichkeit. Westliche Bürger, die in den Ländern des Himalaja reisen, sind oft verblüfft von der Gastfreundschaft und Großzügigkeit, der sie dort begegnen.

In jüngster Zeit erleben wir in den USA, daß wir unsere Gesellschaft nicht allein auf dem Grundsatz des Eigeninteresses und des Anspruchsdenkens errichten können. Ohne Großzügigkeit kann es keine Gemeinschaft geben. Ohne die Freundlichkeit zu Fremden wird eine Gesellschaft zu einem bewaffneten Camp. Ohne das selbstlose Geben von Vätern und Müttern werden aus Kindern entfremdete und unhöfliche Erwachsene. Ohne Zärtlichkeit zwischen Sohn-Vater-Großvater, Tochter-Mutter-Großmutter wird die Kontinuität der Generationen unterbrochen und Weisheit geht verloren.

Lassen wir einen Augenblick die Fragen beiseite, ob

die Republik des Mitgefühls ein unmöglich zu erreichendes Ideal oder ein Widerspruch in sich ist. Ehe er vollzogen wurde, schien jeder größere historische soziale Wandel unwahrscheinlich. (Welche Chancen hätten Lloyds in London im Jahr 37 nach Christus dafür gesehen, daß sich das Christentum zur wichtigsten Religion des Westens entwickeln würde?) Die menschliche Natur ist weder fixiert noch an ihrem Ende; das gleiche gilt für die vielen verschiedenen politischen Gemeinschaften. Entscheidend ist, daß wir uns den Traum von der mitfühlenden Ordnung vor Augen halten, ohne davon auszugehen, daß der Traum illusionär ist oder sich durch einen Fünfjahresplan verwirklichen läßt. Reinhold Niebuhr hat einmal anläßlich der Not des Menschen bemerkt, »nichts, das sich zu tun lohnt, läßt sich in einem einzigen Leben erreichen«. Um der Verzweiflung zu entgehen und um von der Hoffnung belebt zu werden, muß man nicht wissen, daß sich unsere Träume von einer gerechten und einfühlsamen Weltordnung schon morgen verwirklichen lassen. Man muß nur einer Berufung folgen, die uns in die richtige Richtung steuert.

Ohne daß wir annehmen, wir könnten Ungerechtigkeit, Habgier und Grausamkeit eliminieren oder ein spirituelles Utopia schaffen, können wir doch eine Art Anzeigentafel konstruieren, auf der wir unseren Fortschritt oder Rückschritt auf dem Weg zu einer einfühlsameren Gemeinschaft skizzieren können.

Beginnen wir mit einer Analogie. Jedes Jahr veröffentlicht das »Bevölkerungskrisenkomitee« in Washington einen »Index des menschlichen Leidens«, der jede Nation auf einer Skala von 0 bis 100 aufgrund folgender Kriterien einstuft: (1) Bruttosozialprodukt pro Kopf (2) durchschnittliche jährliche Inflationsrate, (3) durchschnittliches jährliches Anwachsen der Zahl der Arbeitskräfte, (4) durchschnittliches jährliches Anwachsen der städtischen Bevölkerung, (5) Kindersterblichkeit, (6) täglicher Kalorienverbrauch pro Kopf im Verhältnis zur erforderlichen Menge, (7) Zugang zu sauberem Trinkwasser, (8) Energieverbrauch pro Kopf (9) Alphabetisierungsrate bei Erwachsenen und (10) persönliche Freiheit und Regierungsform.[3] Obgleich dieser Index einige der feineren Aspekte des Leidens und Wohlergehens nicht messen kann, ist er doch ein weitaus besseres Mittel zur Messung der physischen Gesundheit von Nationen als ihr Bruttosozialprodukt.

Ich schlage vor, einen vergleichbaren Index zu entwikkeln, anhand dessen sich die seelische Gesundheit der Weltgemeinschaft beschreiben läßt indem er mißt:

- Abnahme des Prozentsatzes der Weltwirtschaft, der für die Produktion und den Verkauf von Waffen aufgebracht wird. Annahme: Das System der Kriegführung ist die Kernillusion, die wir überwinden müssen, damit wir eine von Mitgefühl geprägte Weltordnung schaffen können. Derzeit könnten weniger als ein Viertel der militärischen Ausgaben auf der ganzen Welt die soziale Erosion verhindern, die Abnahme des Ozons in der Erdatmosphäre stoppen, die Bevölkerungszahl stabilisieren, die globale Erwärmung und den sauren Regen verhindern, saubere, sichere Energie liefern, Behausungen schaffen, Analphabetentum und Unterernährung beseitigen, für sauberes Wasser sorgen und die Schulden der sich entwickelnden Länder begleichen.[4]
- Abnahme der Personen, die im Krieg, in Grenzkonflikten und Fällen ethnischer Gewalt ums Leben kommen. Annahme: Es gibt nur einen Weg, die Ideologie, Propaganda und Rhetorik des »gerechten« und »heiligen« Krieg ab absurdum zu führen, nämlich die Tode, die sie verursachen, zu zählen. Jedes Menschenleben ist gleich heilig. Ein Institut zur Überwachung der Todesfälle könnte

in großen Zügen die Moral einer Nation messen, indem man bestimmt, für wie viele Tode sie in einem Jahr die Verantwortung trug, entweder durch direkte Kriegführung, durch zivile Unterdrückung oder indem sie anderen Ländern »Militärhilfe« leistete oder diesen Waffen lieferte.

- Abnahme der Fälle von Folter. Annahme: Folter ist eine absolute Entheiligung, das Beispiel für eine Abwesenheit der Seele. Als solche liefert sie dem moralischen Denken einen eindeutigen Maßstab zur Identifizierung des Bösen.
- Abnahme der Fälle von Vergewaltigung und Feindseligkeit zwischen den Geschlechtern. Annahme: Spirituelle Gesundheit ist unerreichbar, wo sexuelles Unbehagen herrscht. Die uralte und heutige Entfremdung der Geschlechter ist weder genetisch bedingt noch unvermeidlich, sondern ein Produkt der wirtschaftlichen und politischen Organisationsformen, die die Geschlechter voneinander entfremden.
- Anstieg der Zahl der Frauen in Einheiten der Polizei und der Friedenssicherung, die die Macht, die Verantwortung und die Bürde tragen, mit dem Ausbruch von krimineller, ziviler und nationaler Gewalt fertigzuwerden. Annahme: Die gegenwärtige Rollenverteilung, die Männer zu Kriegern sozialisiert, die sich auf die Kontrolle und das Management der Gewalt spezialisieren, und Frauen zu »nährenden« Personen, die sich auf das private Reich beschränken, schreibt das System der Kriegführung und den Kampf der Geschlechter weiter. Eine gesunde wirtschaftlich-politische und ökospirituelle Ordnung verlangt, daß wir die Rollenverteilung der Geschlechter aufgeben, die das System der Kriegführung widerspiegelt und fortschreibt.
- Abnahme der Zahl der Arbeitsstunden, die erforderlich

sind, um ein ausreichendes Einkommen für einen angemessenen Lebensstil zu sichern. Annahme: Wirtschaftliche Aktivitäten sollten ein Mittel zur Hervorbringung der Freizeit und Muße sein, die notwendig sind, um das Privatleben, das Familienleben und das Gemeinschaftsleben genießen zu können. Die Arbeit sollte Geist und Körper von der Tyrannei der Wirtschaft befreien. In einem gesunden kommunalen Wirtschaftssystem würden Menschen arbeiten, um zu leben, nicht leben, um zu arbeiten.

- Anstieg der Prozentzahl der Güter und Dienstleistungen, die für die Marktwirtschaft produziert werden in Verhältnis zum Haushalt bzw. zum lokalen Wirtschaftssystem. Annahme: Jenseits eines bestimmten Punktes entmachtet uns die Umwandlung von notwendigen Gütern und Dienstleistungen in Waren, die von Fremden gekauft werden, und zerstört die zwischenmenschlichen Beziehungen, die überhaupt erst ein Gefühl der Zugehörigkeit erzeugen. Wenn anonyme Ärzte sich um unsere Körper kümmern, Bestattungsunternehmer unsere Toten beerdigen, das Agrarbusiness unsere Nahrungsmittel produziert und multinationale Konzerne unsere Supermärkte besitzen, schwächen wir das Netz der Bedeutung, das durch die wechselseitige Abhängigkeit zwischen Freunden und Nachbarn geschaffen wird. Was früher die Fakultät der Hauswirtschaft am Iowa State College war, hieße heute College für Angewandete Konsumwissenschaften. Hier liegt ein Teil der Geschichte des Verlustes der Seele verborgen – die Ersetzung der vertrauten Sicht auf die Welt durch die Ökonomie des Konsums.
- Abnahme des Prozentsatzes der Freizeit, die wir dem passiven Unterhaltungskonsum widmen im Vergleich zu der Zeit, die wir in der Familie, mit Freunden und

der Gemeinschaft verbringen. Annahme: Intimität wie Gemeinschaft entstehen daraus, daß wir einander Geschichten erzählen. Liebende verflechten ihre Beine und Lebensgeschichten, weil sie eine gemeinsame Geschichte haben wollen. Gemeinschaften werden durch eine multiple Liebesaffäre geformt, dem Weben von gemeinsamen Legenden, Klatschgeschichten, Spielen, Feiern, Erinnerungen und Hoffnungen. Wenn das Anschauen von Fernsehkomödien und Krimis das Gros unserer Freizeit aufzehrt, werden wir zu Voyeuren der Pseudomythen von Plastikhelden und Bösewichtern und vernachlässigen das Erzählen eigener Geschichten.

- Anstieg der Zeitmenge, die Eltern oder andere in einer Großfamilie mit Kindern verbringen und während der sie die Kinder erziehen. Annahme: Nichts kann die in der Familie gemachten Fehler wiedergutmachen. Die Familie ist die Grundschule der Liebe.
- Abnahme der Abhängigkeit von komplexen Technologien, die unsere Grundbedürfnisse befriedigen. Annahme: Eine unangemessene Technologie erschöpft unsere natürlichen Ressourcen und unser kreatives Talent, ohne dabei das Allgemeinwohl zu erhöhen. Wir müssen unsere technologischen Impulse disziplinieren und eine sorgfältige Bewertung der zu erwartenden sozialen Folgen neuer Technologien vornehmen.
- Abnahme des geplanten Verhaltens, der von der Werbung geschaffenen »Bedürfnisse« und des Prestigekonsums. Annahme: Das neue Spiel heißt »weniger ist mehr« beziehungsweise freiwillige Beschränkung; die Produktion der einfachsten, qualitativ höchststehendsten, schönsten, haltbarsten und ökologisch sinnvollsten Produkte. Wir müssen die Ökonomie der Mode, die Tyrannei der Neuheit und die ökologisch zerstörerische Gewohnheit

beenden, derzufolge wir in Begriffen des »diesjährigen Modells«, des »neuen, verbesserten Produkts«, der Veränderung um der Veränderung willen denken.

- Abnahme der Verhältnisse zwischen den reichsten und ärmsten einzelnen Ländern und Nationen. Annahme: Die derzeitige Ungleichheit zwischen den Industrie- und sich entwickelnden Ländern, zwischen denen, die haben, und denen, die nicht haben, ist ungerecht. Liebe und damit die Gemeinschaft gedeiht nur, wo es Gerechtigkeit gibt und ein angemessener Zugang zur Macht von allen Seiten herrscht.
- Abnahme der Bevölkerung. Annahme: Eine freiwillige Reduktion der menschlichen Bevölkerung ist notwendig, damit eine inspirierte Gemeinschaft unterschiedlicher Wesen gedeihen kann. Heute, da die Weltbevölkerung 5,5 Milliarden beträgt, liegt es auf der Hand, daß wir ein gesundes Ökosystem und einen angemessenen Lebensstandard nicht bewahren können, wenn wir die Weltbevölkerung im nächsten Jahrhundert auf die vorausgesagten 12–14 Milliarden steigen lassen.
- Abnahme der Zahl der bedrohten Arten. Annahme: Ein Anstieg der Vielfalt der Arten liefert uns den großen Maßstab für unsere ökospirituelle Gesundheit. Die menschliche Gemeinschaft ist untrennbar verbunden mit dem Wohlergehen des Schwarzhalsreihers, des Berglöwen und der anderen Arten, die nur in der freien Natur gedeihen.
- Abnahme der Größe, der Macht und des Einflusses der Regierungsbürokratien. Annahme: Die Wiedererschaffung einer Nation und letztlich einer Welt, die aus Netzwerken von starken Gemeinschaften besteht, erfordert eine Relokalisierung von Verantwortung, Macht und Regierungsgewalt wie auch eine Dezentralisierung der Nahrungsmittelproduktion, der wirtschaftlichen Ein-

richtungen (Banken, Geschäfte und Fabriken) und der Wohlfahrtsunternehmen (Kirchen, Krankenhäuser und dergleichen).

- Abnahme der nationalen Souveränität und zunehmende Stärkung der Identität des Bürgers mit und der Treue zu einer Art Weltregierung wie den Vereinten Nationen, die für die Einhaltung des Friedens zuständig wäre und andere Funktionen übernähme. Annahme: Eine absolute nationale Souveränität ist eine Vorstellung, deren Zeit abgelaufen ist. Der Anspruch auf das moralische Recht, Gewalt im Dienst nationaler Interessen anzuwenden, ist Narzißmus im großen Stil, eine Täuschung, die die öko-spirituelle Gemeinschaft der Welt zerstört, der wir unsere primäre politische Loyalität erweisen müssen.

Fügen Sie Ihre Kriterien hinzu. Diese Liste soll provozieren, sie ist nicht definitiv.

Schlußzeit: Die Möglichkeit eines Zeitalters des Geistes

Die Hoffnung auf eine Republik des Mitgefühls, ein Ende der säkularen Geschichte, ein Absterben der repressiven Machtstrukturen und ein neues Zeitalter der Seele ist so uralt wie immer wiederkehrend. Jesaja freute sich auf eine Zeit, da die Schwerter zu Pflugscharen geschmiedet würden und der Löwe sich mit dem Lamm niederlegen würde. Jeremia erhoffte sich ein neues Bündnis, wenn das Gesetz des Herrn so klar ins Herz eines jeden Menschen geschrieben sein würde, daß niemand seinen Nachbarn lehren müßte. Ein Spiritual verleiht diesem Traum seine Stimme: »Ich will mein Schwert und den Schild unten am Fluß niederlegen ... Ich will keine Kriege mehr führen.« Die Mythologie fast jeden Volkes erzählt die Geschichte als Drama mit drei Akten: Am Anfang war Einheit, Friede, ein paradiesischer Garten. In der Gegenwart herrschen Uneinigkeit, dauernde Konflikte und ein universeller Krieg aller gegen alle. Am Ende werden wir wieder zusammenkommen und einträchtig in der Stadt Gottes leben, im Paradies von Shabhala, in der Alabasterstadt, nicht getrübt von menschlichen Tränen, in der Arbeiterutopie, wo alle nach ihren Bedürfnissen bekommen und nach ihren Fähigkeiten dienen und der Staat abstirbt. Glaubt man den großen Visionären, stehen wir vor dem, was Joachim von Fiore das dritte Zeitalter nannte, das Reich des Heiligen Geistes.

Wie können wir diese Geschichten, diese Träume von einer himmlischen Zukunft deuten? Die tibetanischen Buddhisten, die die kompliziertesten und verblüffendsten metaphysischen Wundermärchen erzählen, haben ein Sprichwort: »Du bist ein Narr, wenn du diese Geschichten glaubst. Du bist ein Narr, wenn du diese Geschichten nicht glaubst.« Wörtlich genommen führen diese Geschichten über die bevorstehende spirituelle Republik zu apokalyptischen Erwartungen und zur Schaffung von utopischen Gemeinschaften, die uns notwendigerweise enttäuschen. Verlassen Sie sich darauf – das zweite Kommen wird nicht im Jahr 2000 stattfinden, so, wie es nicht im Jahr 1000 stattfand. Der Heiland wird nicht eintreffen, unter Trompetenfanfaren und mit rechtgesonnenen Legionen, um am 31. Dezember 1999 um 23 Uhr 59 das Reich Gottes einzuläuten. Nächstes Jahr werden sich nicht alle Juden in Jerusalem wiedervereinigen. Und auch die Datenautobahn und die globale Marktwirtschaft werden keine Technoutopie erschaffen.

Der Sinn dieser mythischen Geschichten über das Ende der Geschichte läßt sich nicht in ihren bildlichen Einzelheiten finden. Alle diese Bilder der Hoffnung wurzeln in einer tiefen *Wahrnehmung* der menschlichen und außermenschlichen Wirklichkeit. Es geht in ihnen nicht primär um das, was in einer fernen Zukunft geschehen kann, sondern um das, was real ist, hier und jetzt. Die Geschichten verweisen auf das zentrale Versprechen – das *telos*, Potentialität, Intentionalität –, das in der menschlichen DNS eingerollt ist. Es gibt nichts Empirischeres als die Schlußfolgerung, daß die Essenz eines menschlichen Wesens programmiert ist und sich zu seiner vollen Potentialität nur dann entfaltet, wenn es in einer Gemeinschaft des Glaubens, der Hoffnung und der Liebe lebt. Wir werden in, durch und für das Zusammenkommen geschaffen. Das Gesetz der Liebe ist nicht nur unseren Herzen, sondern auch unserem Erbgut eingeschrieben.

Wir entwickeln unsere Sprache und Intelligenz nur innerhalb einer Gemeinschaft. Unlängst haben Wissenschaftler am National Institute of Health entdeckt, daß bei Affen, denen man jegliche Berührung vorenthielt, das Kleinhirn (das Koordinationszentrum der Bewegungen) und die Nervenbahnen zum limbischen Gehirn (der Sitz der Emotionen) unterentwickelt bleiben. Liebe scheint im wahrsten Sinn des Wortes notwendig, um die Nervenbahnen, die Dendritenketten, zu schaffen, die unsere Intelligenz und unsere Fähigkeit zum Mitgefühl bestimmen.

Ärzte, Physiologen und medizinische Epidemiologen sind heute dabei, nachzuweisen, daß die Wahl, ob wir sechzig oder neunzig Jahre alt werden, von unserem Mitgefühls-Quotienten und unserer kommunalen Intelligenz abhängt. Je mehr Konflikte, Verschmutzung und Streß wir erzeugen, desto kranker werden unsere Körper und unsere Seele. Je mehr Wettbewerb, Habgier und Kriegführung die Organisation des Gemeinwesens bestimmen, um so mehr Charakterpanzer, paranoide Vorstellungen und psychischen

Streß erzeugen wir. Ökologen warnen uns: Wenn unsere Annahme, überlegen zu sein, unsere Entfremdung und unser Bemühen, die Natur zu beherrschen, unbefragt bleibt, könnte der Mensch den anderen Arten folgen und selbst aussterben.

Die mystische Vision beruht nicht auf einer Wahrscheinlichkeitsrechnung, sondern auf dem intuitiven Versprechen, das nicht nur in uns ist, sondern auf irgendeine Art die Essenz dessen, der wir sind. Wir werden geschaffen von einem Kommunikations- und Feedbacknetzwerk und sind mit ihm verbunden; Tiere, Gemüse, Mineralien und Marsmenschen (wenn es sie denn gibt) sind da eingeschlossen.

Meine Sehnsucht nach einer Gemeinschaft verrät mir etwas über die Macht, das Potential, das Versprechen, das mich lebendig hält. Unsere tiefsten Sehnsüchte sind Echos aus der Zukunft, kosmische Anrufungen. Die Stimme des *telos* oder *Omega*-Punktes fordert uns auf, der zu werden, der wir sind. Die Bilder der Hoffnung sind dunkel, grobe Blaupausen einer möglichen Zukunft, Vorhersagen der Richtung, die die Evolution von Körper, Geist und Seele und des Gemeinwesens nehmen wird. Wir sind Punkte in der Richtung, in die wir reisen müssen, und umgekehrt. Die Zukunft regt sich bereits in der Gegenwart. Es gibt eine Intentionalität in der Geschichte, die uns nötigt, Erfüllung zu suchen.

Ganz gleich, ob wir das alles verwirklichen können: Der Traum von einer mitfühlenden Republik ist unsere Leitidee, der Nordstern, der die spirituelle Reise leitet und uns eine Richtung verleiht, ohne daß wir ganz und gar historisch werden. Wir brauchen keine übersinnliche Erlaubnis für ein derartiges Projekt der Einbildungskraft. Man muß nicht im vornherein wissen, daß man durchaus eine von Weisheit und Mitgefühl bestimmte Gemeinschaft erschaffen kann – nur ist es eben das kühnste Abenteuer, das je unternommen wurde. Dieses Vorhaben zielt darauf ab, den Willen zur Macht, den territorialen Imperativ zu transzendieren. Es könnte das größte Spiel des Universums werden. Wenn die Essenz des menschlichen Geistes in der Fähigkeit liegt, das Gegebene zu überwinden, erreichen wir unsere wahrhafte Statur nur dann, wenn wir danach streben, das zu schaffen, was immer real, aber nie verwirklicht worden ist. Wir sind metaphysische Tiere. (Was wir erreichen können, muß das übertreffen, was wir begreifen, oder wozu soll das »meta« sonst nützen; ist es bloß eine Metapher?)

Der Reisende auf dem spirituellen Weg weiß nie genau, wohin die Fahrt geht oder ob er das ersehnte Ziel erreichen wird. Es gibt keine Anhaltspunkte, daß wir in der historischen Zeit Vollkommenheit erreichen werden, sondern nur zweifelhafte Indizien für unseren moralischen Fortschritt. Sicher aber ist, daß das Streben nach und die Arbeit an einer Republik des Mitgefühls dem Leben des einzelnen Richtung, Sinn und ein Bewußtsein für die Teilnahme an einem heiligen Ziel verleiht.

Was einen Mann oder eine Frau zu diesem großen Abenteuer verleitet, ist nicht die Erwartung, anzukommen, sondern ein Gefühl der Berufung. Etwas ruft meinen Namen und fordert, daß ich antworte. Die Stimme sagt nicht: »Beseitige alles Leiden und schaffe die himmlische Stadt.« Sie sagt: »Die Gaben, die du hast, werden benötigt, die Krankheit unserer Zeit zu heilen. Du bist Architekt – forme den Raum sorgfältig, um bessere Gebäude und eine menschlichere Stadt für alle Bürger zu schaffen. Du bist Bankier – arbeite, um eine ökologischere Wirtschaft zu schaffen. Du bist Farmer – bearbeite das Land, damit es fruchtbar bleibt für zukünftige Generationen. Du bist Arzt – kümmere dich um die Heilung der ganzen Person. Du bist Koch – bereite die Mahlzeiten so, daß sie den Gaumen erfreuen und den Körper nähren. Du bist Vater oder Mutter – nimm dir Zeit, an deinen Kindern Freude zu haben und sie zu führen. Du bist Konzernchef – produziere und vermarkte nur Produkte, die das Allgemeinwohl erhöhen. Du bist Soldat – verringere die Gewalt, halte Frieden, und wenn du kämpfen mußt, tue es ohne Haß oder bittere Rache. Du bist Fernsehproduzent – produziere Geschichten, die erheben, das Einfühlungsvermögen erhöhen und unser Mitgefühl stärken.« Und so weiter.

Die Stimme, die uns ruft und inspiriert, die Reise zu unternehmen, ist immer spezifisch. Solange wir auf die Bedürfnisse unserer Welt reagieren, indem wir unser Mitgefühl und unser Können bereitstellen, werden wir nicht der Verzweiflung anheimfallen, weil es eine so überwältigend große Menge an Bedürfnissen gibt. Das spirituelle Leben beruht auf einer Weigerung zu verzweifeln, es entsteht durch solidarisches Handeln und demütigen Agnostizismus. Wir wissen nicht genug, als daß wir verzweifeln sollten. Verzweiflung ist versteckte Arroganz – ich habe die Zukunft gesehen, und sie funktioniert nicht. Die Hoffnung wurzelt im Vertrauen in den Unbekannten Gott. Wir kennen weder das endgültige Schicksal der Seele des einzelnen noch der Republik aller Wesen; deshalb arbeiten, warten und hoffen wir. Und das ist genug.

Kapitel 11

Tod: Die letzte Frage

Ich kann nur von Hoffnung belebt werden, wenn ich mein engstirniges Eigeninteresse überwinde und mich großzügig dem großen Traum hingebe, eine Mitfühlende Republik errichten zu können. Ob ich nun hoffe oder an der Möglichkeit der historischen Transformation verzweifle – ich kann doch nicht umhin, mir Fragen über das Schicksal meines Geistes zu stellen. Das Universum mag sich endlos fortsetzen, und es kann sich in Äonen zu einer Liebesgeschichte formen (oder nicht). Doch was ist mein letztes Schicksal? Zeit unseres Lebens bleibt die große Frage: »Auf was darf ich hoffen?«

Wie Hiob fragen wir alle uns, ob der Tod das letzte Ende oder ein Neuanfang ist: »Denn ein Baum hat Hoffnung, auch wenn er abgehauen ist; er kann wieder ausschlagen und seine Sprößlinge bleiben nicht aus ... Stirbt aber ein Mann, so ist er dahin: kommt ein Mann um – wo ist er?« Auslöschung oder Metamorphose? Von Anfang bis Ende sind Leben und Tod, Eros und Thanatos, siamesische Zwillinge. Doch was geschieht, wenn man Zwillinge trennt? Wird alles von mir sterben, oder überlebt etwas, eine Seele, der Geist? Ist der Tod wie Schlafen? Werde ich aus der langen Nacht des Grabes erwachen und wiedergeboren werden, wiederauferstehen oder reinkarniert?

Hören Sie genau hin, und zumindest einmal am Tag werden Sie die Uhr dreizehn schlagen hören, und alles, was davor lag, wird in Zweifel gezogen. Die Gegenwart des Todes verwandelt das Leben in ein Fragezeichen. Die Frage des Todes ist die Baßmelodie in der Symphonie der Fragen.

Erst gestern morgen brachte unser Jack Russell-Terrier Junge zur Welt. Vier Welpen lebten, einer starb. Ich stählte mein Herz, diszipliniert und bereit, die Sterblichkeit zu akzeptieren, während meine dreizehnjährige Tochter Jessamyn trauerte und den vollkommenen kleinen Körper für die Beerdigung vorbereitete. Wissend, jedoch ungläubig, rief sie: »Daddy, können wir ihn nicht wieder lebendig machen?«

Letzten Monat starb meine Freundin. In dieser Woche ist Holly gestorben. Und eines Tages ..., aber ich möchte nicht daran denken. Und Sie wollen es auch nicht.

Und doch rät jede spirituelle Tradition das gleiche: Halten Sie den Gedanken an den Tod in der Nähe. Laufen Sie nicht vor ihm davon. Nehmen Sie das Wissen des eigenen Todes früh im Leben an, und Sie werden viele Illusionen vermeiden. Das Ich bläht sich auf, wenn es den Tod verleugnet; der Geist wird stark und sanft, wenn er in seiner Gegenwart lebt. (Zwar ist es sinnvoll, über den eigenen Tod zu meditieren, doch glaube ich, daß Sharper Images' »Persönliche Lebens-Uhr« – 99,95 Dollar mit dreimonatiger Garantie –, die »Sie ermahnt, das Leben voll auszukosten, indem sie die Zeit und die Stunden, Minuten und Sekunden anzeigt, die Ihnen laut statistischer Lebenszeit verbleibt«, zu weit in die richtige Richtung weist.)

Kurze Geschichte des Todes

Treten wir einen Augenblick lang einen Schritt zurück, wenden wir uns von der quälenden Frage *meines* oder *Ihres* Todes ab und halten wir den knochigen Sensenmann auf Abstand, indem wir das Phänomen objektiv behandeln.

Der Tod ist die große Unbekannte, er prägt die Art, wie wir leben. Der Säkularismus ist eine militante Leugnung des Todes, die Religion ist eine organisierte Antwort auf die Drohung des Todes, die spirituelle Suche eine Anstrengung, in Gegenwart des Todes zu leben.

Wir sind aufrecht gehende Tiere, also können wir bis zum Horizont und zu den Sternen emporblicken, doch wie bei einem angepflockten Pferd ist eines unserer Beine an den Tod gefesselt. Wir leugnen, setzen uns zur Wehr und wollen die Fesseln loswerden, wobei wir die ganze Zeit in immer kleiner werdenden Kreisen auf das Unvermeidliche zulaufen. Doch der Pflock hält uns fest.

Wir haben ein Bewußtsein, weil wir uns des Selbst bewußt sind, und leben innerhalb einer elastischen Ausdehnung der Zeit, die sich zwischen der erinnerten Vergangenheit und der vorgestellten Zukunft erstreckt. Die nicht erinnerte Geburt und der unverstellbare Tod sind die Klammern, das Symbol der existentiellen Situation des einzelnen:? (Geburt → Tod)? Alles, was vor meiner Geburt geschehen ist, ist offenbar ein unpersönliches Vorspiel zu meiner Existenz; alles, was danach geschieht, ein unergründliches Geheimnis. Daß jeder Mensch nur einen kurzen Moment in der Zeit existiert, macht uns perplex, wir finden es inakzeptabel. Zwar kann ich mir den Akt des Sterbens vorstellen, doch nur mittels eines Tricks kann ich mir mein Tot-sein ausmalen. Doch der Tod ist ein Faktum. Alles andere ist Spekulation, Theorie und Theologie.

Man könnte die Geschichte der Religion als die Geschichte der mannigfachen Methoden schreiben, mit denen die Menschen den Tod geleugnet und behauptet haben, daß wir auf irgendeine Weise unseren kurzen Augenblick in der Zeit überdauern.

Die Mythologie liefert zahlreiche Zeugnisse, was das fortdauernde Rätsel und das existentielle Paradox des Lebens betrifft. Der Tod ist der natürliche Abschluß des Lebens, und doch wird er allerorten als unnatürliches Ereignis betrachtet, als etwas, das einer Erklärung bedarf. Das Mythos jeden Volkes enthält Geschichten, die die Frage beantworten: Wie kam der Tod in die Welt?

Die ersten Gegenstände, die uns aus prähistorischer Zeit überliefert sind – Bärenschädel, die in ritueller Ordnung in Höhlen arrangiert sind, die Waffen, Nahrungsmittel und anderen Gegenstände, die mit den Toten begraben wurden –, deuten darauf hin, daß die Religion dem Bemühen entsprang, mit dem Tod durch die Leugnung seiner Endgültigkeit fertigzuwerden. Die Wandmalereien in den Höhlen von Lascaux lassen vermuten, daß unsere Vorfahren der Frühzeit möglicherweise ein metaphorisches Argument konstruiert haben, damit die menschliche Seele überlebt: So wie sich die Bisonherde trotz des Todes des individuellen Bisons, den der Jäger getötet hat, erneuert, so geht im Tod der Geist des Jägers in die kollektive »himmlische« Seele ein, aus der bei der Geburt dann neue menschliche Wesen entspringen.

Die Ära der Landwirtschaft begann und dort, wo noch heute bäuerliche Lebensformen herrschen, läßt der Rhythmus des Pflanzens und Erntens den Glauben an die metaphorische Einheit von Seele und Samen entstehen. So wie der Samen auf den Boden fällt und stirbt, um auf wundersame Weise mit dem Einsetzen des Frühjahres neu geboren zu werden, so schläft die menschliche Seele im Tod in der Erde, um in neuer Gestalt wiedergeboren zu werden. Wiedergeburt ist die Essenz des Seelen-Samens.

Sokrates hat das Argument für die Unsterblichkeit der Seele formuliert. Er sagte: Da die Seele ungeboren ist, muß sie auch unsterblich sein. Der Körper wird geboren, altert und stirbt, die Seele ist aber unkörperlich. Deshalb, so riet Sokrates, sollten wir den Tod nicht fürchten, sondern uns in der philosophischen Kunst des Sterbens üben, indem wir uns von den Empfindungen des temporären Körpers entidentifizieren und uns mit dem ewigen, unsterblichen Geist identifizieren.

Während Sokrates die Idee der unsterblichen Seele im Westen entwickelte, schufen östliche Denker sowohl neue Theorien über die Seele als auch praktische Techniken, mit denen man die Todesangst meistern wollte. Ab dem Jahr 200 v. Chr. fanden in Indien Yogis, Asketen und umherziehende Mystiker heraus, daß sie durch Atemkontrolle und Meditation die Identitätserfahrung des menschlichen Geistes – Atman – mit dem göttlichen Geist – Brahman – machen konnten. Bringe das Plappern des Geistes zum Schweigen, gib die schmerzliche Illusion deiner Individualität auf, entdecke deine Identität mit dem Absoluten Geist und überwinde die Illusion der Endgültigkeit des Todes.

Buddha löste das Problem des Todes, indem er die Vorstellung vom substantiellen Selbst auflöste. Für Buddhisten ist die Individualität, die erst recht nicht im Leben nach dem Tode bewahrt bleibt, eine Illusion. Da wir uns an die Vorstellung eines stabilen, unwandelbaren Selbst klammern, streben wir danach, Leiden, Krankheit, Alter und Tod zu vermeiden. Das wiederum schafft eine Art Metaleiden. Der Ausweg besteht darin, die Illusion der Dauer aufzugeben, und dem »edlen, achtteiligen Pfad« zu folgen.

Nach dem Leben, dem Tod und der angeblichen Wiederauferstehung Jesu' führte das Christentum einen neuen

Tonfall in die Zwiesprache mit dem Tod ein. Der jüdisch-christliche Gott wurde, im Gegensatz zu den begrenzt einflußreichen Göttern der Griechen, als Schöpfer *ex nihilo* von allem – von Stoff und Geist – betrachtet. Er schuf die Menschen mit Leib und Seele, als psychosomatische Einheit. Aus der jüdisch-christlichen Perspektive betrachtet gibt es keine unsterbliche, lautere Seele, die vom sterblichen Leib getrennt werden kann, keine körperlose Essenz, die vielleicht nach dem Tod überlebt. Hat der Atem den Körper verlassen, sind wir tot. Aber damit ist die Geschichte noch nicht zu Ende. Ob nun in einem parallelen Raum – dem Himmel – oder in einem Reich Gottes am Ende der historischen Zeit –, irgendwie wird der Schöpfer seine Kinder in einem wiederauferstandenen und glorifizierten Körper neu zur Welt bringen. Wir werden wieder erschaffen.

Allmählich haben die Säuren der Modernität den blinden Glauben an die biblische Autorität und die Hoffnung auf Wiederauferstehung weggeätzt. Der Säkularismus – die Vorherrschaft der urbanen und technokratischen Denk- und Lebensformen – hat unsere Füße in Beton gegossen, unseren Horizont auf das Hier und Jetzt begrenzt und uns die Hoffnung auf jede Transzendenz unseres kurzen Augenblicks in der Zeit genommen. Es gibt keine Seele, keinen Geist, der unsere biologische, soziologische, psychologische und politische Konditionierung transzendiert. Das dreigeschossige Universum, mit Schatten-Höllen und Unterwelten, die von allen möglichen dämonischen Gastgebern bewohnt werden, und die sieben Himmel voller strahlender Engel und unvorstellbaren Lüsten ist zusammengebrochen und hat einem effizient gebauten Bungalow Platz gemacht. *Was man sieht, ist, was man bekommt.* Wer bei seinem Tod am meisten Spielzeug besitzt, hat gewonnen. Du machst nur einmal die Runde, also nimm sie mit Karacho. Im schicken postmodernen Zeitalter verschwenden wir natürlich keine Zeit damit, über die Existenz einer Seele oder eines Geistes zu diskutieren oder sie zu bestreiten. Der Gott, dem wir vertrauen, soll unser Wirtschaftswachstum sicherstellen und den amerikanischen »way of life« sanktionieren, nicht ein Argument für den Glauben an Transzendenz liefern.

Die moderne Eliminierung von Seele und Geist und die daraus folgende Weigerung, den Tod mit spiritueller Bedeutung aufzuladen, hat sowohl wohltätige als auch katastrophale praktische Folgen. Die gute Nachricht heißt: Wir haben den Tod zum Feind erklärt und deshalb eine Großoffensive gegen unsere Krankheiten gestartet. Mit beängstigender Regelmäßigkeit produzieren unsere neuen Priester – die Ärzte – Wunder. Krankheit um Krankheit wurde besiegt. Unsere Lebenserwartung erhöht sich durch Wundermedikamente, neue Operationsverfahren reparieren uns. Die schlechte Nachricht lautet: Trotz unserer ungestümen, brillant geplanten Feldzüge gegen die Krankheiten schlägt uns der uralte Feind im letzten Gefecht. Letztlich verlieren die Ärzte 100 Prozent ihrer Patienten: Und weil wir Sieger sein müssen und keine guten Verlierer sein können, erschöpfen wir unsere Ressourcen im vergeblichen Kampf gegen den Tod. Man schätzt, daß wir heute mehr als die Hälfte unseres astronomisch hohen Haushalts für medizinische Aufgaben darauf verwenden, todkranke Patienten in den letzten Monaten am Leben zu erhalten, nachdem Freude und Hoffnung längst aus ihrem Leben verschwunden sind. Wir leugnen um jeden Preis die Herrschaft des Todes.

Am leichtesten erkennen wir uns im Spiegel des Gegensatzes. Wir können empfinden, was wir durch unsere zeitgebundene, stadt-gebundene, technik-gebundene Lebensweise gewonnen und verloren haben, wenn wir uns in andere Kulturen einfühlen. Kürzlich haben sich im Iran Tausende islamischer Fundamentalisten auf das Martyrium vorbereitet und sind glücklich durch Minenfelder gegangen, in dem sicheren Wissen, daß diejenigen, die im heiligen Krieg, dem *Dschihad*, sterben, unmittelbaren Eingang ins Paradies finden. In Bhutan ist der Glaube an die Reinkarnation und das Gesetz des Karma ebenso festverwurzelt wie der Fortschrittsmythos in den Industrienationen. Überall bildet das große Mandala des Feuerrades die Pilgerfahrt der Seele ab, während sie durch verschiedene Leben voranschreitet, aufsteigend in Richtung der Erleuchtung und der Befreiung vom Leid oder dem Absinken in verschiedene Reiche der Hölle, je nachdem, wieviel Verdienste man im Leben erworben hat. Priester wie Bauern glauben fest daran, daß die spirituellen und moralischen Disziplinen, die wir in diesem Leben ausgeübt beziehungsweise ignoriert haben, Einfluß darauf haben, in welchem Stand man wiedergeboren wird.

Was wird verloren, was gewonnen, wenn wir im kosmischen Drama der christlichen, islamischen oder buddhistischen Version der Pilgerfahrt leben? Was ist der Preis, den wir für den Himmel entrichten müssen? Kosten uns die Rezepte der Religion die Freude am Augenblick? Kaufen wir Ewigkeit, indem wir unsere Ziele außer acht lassen? Produziert eine säkulare Gesellschaft, die den praktischen Dingen Aufmerksamkeit schenkt, ein Mehr an Glück, Gesundheit und Sorglosigkeit?

Und wenn uns nun keine theologische Autorität, die uns das ewige Leben verspricht, überzeugt oder tröstet? Was, wenn wir die Ersatz-Unsterblichkeit eines zukünftigen Utopias, das uns der Staat verspricht ablehnen? Was, wenn wir uns weigern, uns mit Drogen, Medikamenten, Arbeit oder Konsum ruhigzustellen? Was, wenn wir aufhören, die Angst zu leugnen, daß wir sterben müssen? Wie können wir über den Tod nachdenken, ohne vorbehaltlos anzunehmen, was doch wohl tröstende Illusionen sind? Wie können wir mit der unannehmbaren Tatsache unserer Sterblichkeit fertig werden?

Reflexionen über meinen Tod: Schrecken und Vertrauen

Will ich mich der Frage meines Todes nähern, so muß ich den Schutz des anonymen Wir verlassen und mein verletzliches Ich erkunden. Die in uns allen wurzelnde Angst vor dem Tod ist nicht abstrakt, sondern persönlich.

Meine frühesten Assoziationen mit dem Tod wurden von Bildern des Himmels und der Hölle und von Gefühlen der Sicherheit und des Schreckens getönt. In der Sonntagsschule lernten wir den Satz: »Glaube an den Herrn Jesus Christus, und du wirst erlöst werden.« Predigten und Lieder waren voller lebendiger Bilder über die Alternative, die die Gläubigen und die Ungläubigen erwartete – ewiges Licht oder ewige Verdammnis. Schilder entlang den Highways und Landstraßen im Süden der USA stellten die Frage: »Wo willst du die Ewigkeit verbringen?« Innerhalb der Atmosphäre des evangelischen Christentums steht jeder Mann, jede Frau und jedes Kind immerwährend am Scheideweg, dort, wo die Entscheidung zwischen einem schmalen Pfad getroffen werden muß, der zum ewigen Leben führt, und einem breiten Weg, der zur Verdammnis führt.

Seit der Kindheit trug ich die Last meines angsterfüllten Wissens, daß ich eine Entscheidung zugunsten Christi zu treffen habe. Andernfalls – beim nächsten Mal das Höllenfeuer. Während dieser Zeit war ich mehr als nur ein wenig verwirrt von der calvinistischen Vorstellung, daß Gott einige Menschen zur Erlösung vorherbestimmt (insbesondere Presbyterianer) und andere zur Verdammnis. Auf den Knien meiner Mutter lernte ich, mir die Ereignisse des Tages in Erinnerung zu rufen und mein Gewissen zu erforschen, um herauszufinden, ob ich in Gedanken, Wort oder Tat eine Sünde begangen hatte. Wenn ich zu Bett ging, flehte ich, der Herr möge meine Seele bewahren, und – so ich vor dem Aufwachen stürbe – betete ich darum, der Herr möge meine Seele zu sich nehmen. Mir wurde der fürchterregende Trost gewährt, daß meine Sünden vergeben würden, *wenn* ich mich erinnern, beichten und aufrichtig bereuen würde. Aber wenn ich das notwendige Quantum Aufrichtigkeit für meine kleinen Sünden oder den erforderlichen Glauben an die stellvertretende Sühne durch Jesus nicht aufbrachte, spürte ich, daß ich den rutschigen Abhang in Richtung ewiger Höllenqualen hinabglitt. Viele Nächte lag ich da, geplagt von Zweifeln, starr vor Furcht und fragte mich, ob mein Appetit für die Freuden dieser Welt, mein rebellischer Geist und mein fragender Verstand bewiesen, daß ich mich nicht unter den Auserwählten befand.

Der Tod war ganz Theorie und Theologie – bis zu dem Tag, als unser Hund, Possum, nach Hause gehumpelt kam und, blutüberströmt nach einer Schußverletzung zum Sterben unter unser Haus kroch. Wir hörten das Gejaule der Hündin, aber ich konnte sie nicht erreichen. Schließlich rief mein Vater den Sheriff an, der sie mit einem einzigen Pistolenschuß tötete.

Tagelang trauerte ich und fragte: »Warum erschießt jemand unseren Hund? Was ist mit ihr geschehen, als sie starb? Ist sie in den Himmel gekommen?« Meine Eltern fühlten sich nicht wohl bei den Fragen, weil sie keine Antwort darauf hatten. Weder die Bibel noch Calvin hatten mit der Frage des ewigen Schicksals bei Tieren gerungen. Aber die Dinge standen schlecht für Possum, weil sie keine persönliche Entscheidung zugunsten des Herrn Jesus Christus getroffen hatte.

Als Possums Körper dann im Grab lag, begann der Wurm des Zweifels an mir zu nagen. Mit kindlicher Klarheit fragte ich mich: Wenn Gott auf meinen geliebten Hund nicht aufpaßte, konnte ich Ihm dann mein ewiges Schicksal anvertrauen? Allmählich löschte ich die Hölle von meiner theologischen Landkarte. Ich überlegte: Wenn Gott Liebe war und man sich darauf verlassen konnte, daß Er mir ein Leben nach dem Tode sicherte, konnte Er auch eine Möglichkeit finden, Hunde in seinen ewigen Armen zu halten. *Wie* Er das vollbringen konnte, war mir nicht klar. Aber irgend etwas Geringeres war eines erstklassigen Gottes unwürdig. Jahre später, als ich mein Philosophie- und Theologiestudium begann, verschwand auch der Himmel von der Landkarte. Nun, da ich die Autorität der Bibel und der Kirche zurückgewiesen hatte, hatte ich keinen Fels mehr, auf den ich meinen Anspruch auf ein Leben nach dem Tode bauen konnte.

Abgeschnitten von einer Lehre über ein Leben nach dem Tode, verliert der Tod die Nebenbedeutung von Belohnung oder Bestrafung und erlangt den Status einer amoralischen Tatsache. Ich werde nicht sterben, weil »ich gesündigt und mich der Herrlichkeit Gottes unwürdig erwiesen habe«, sondern weil ich geboren bin. In vielerlei Hinsicht fällt mir der Umgang mit dem natürlich-neutralen Antlitz des Todes psychologisch schwerer als die – religiös-magische Vorstellung, – derzufolge der Tod die Folge von Sünde, Rebellion und eines Tabubruchs darstellt. Die religiösmagische Sicht bietet zumindest eine Art mythischer Erklärung des irrationalen, aber hartnäckigen Gefühls, daß wir nicht sterben sollten. Daß der Tod einfach ein brutales Faktum ist, »etwas Naturgegebenes« (was immer dieses merkwürdig flehentliche Wort bedeutet), läßt uns in einem Universum verharren, in dem es keine befriedigende Erklärung für die beunruhigendste aller Tatsachen gibt. Der

Tod stellt eine Frage, der wir weder ausweichen noch die wir beantworten können.

Wie stellen wir uns der gesichtslosen Leere, dem Ende, das in unserem Anfang eingerollt ist, der Bedrohung, die mit dem Versprechen des Lebens homogenisiert ist? Wie kann ich mir das letzte Schicksal derjenigen vorstellen, die ich liebe, die aber gestorben sind? Eines totgeborenen Welpen? Meiner Freundin? Beth? Meines Vaters?

Für viele Menschen konzentriert sich die Furcht vor der Sterblichkeit auf die Aussicht von Schmerz, Krankheit und den Sterbevorgang. Für andere konzentriert sich die Angst auf das Ergebnis – das Totsein. Gordon Sherman, ein Freund, der jahrelang bei wachem Verstand die Folgen einer Leukämie ertrug, sagte: »ich würde mich auf den Prozeß des Sterbens und des Totseins freuen, wenn da nicht das Endergebnis wäre.« Ich würde mich auf den Sterbeprozeß und das Totsein für eine vorübergehende Zeit freuen, wenn ich wiedergeboren, reinkarniert oder in irgendeiner Form wiederauferstehen würde, bei der ich weiter Erfahrungen und ein Bewußtsein der Kontinuität der Identität mit meinem vergangenen oder zukünftigen Leben hätte. Ich fürchte nicht die Transformation, sondern daß ich aufhöre zu sein. Berichte über Erlebnisse vom nahenden Tod von denjenigen, die das Bewußtsein wiedererlangten, deuten daraufhin, daß das Ende des Sterbeprozesses möglicherweise außerordentlich angenehm ist, eine Art totaler Körperorgasmus. Doch die Aussicht auf Auslöschung ist eine ungeheure Verschwendung einer kosmischen Ressource. Da kämpfen wir ein Leben lang darum, ein wenig Selbsterkenntnis, Weisheit und Mitgefühl zu erlangen; und dann sterben wir. Es ist eine Schande.

Als junger Erwachsener begegnete ich dem Tod in der Verkleidung der Angst, daß etwas mich davon abhalten könnte, meine Verheißung ganz zu erfüllen. Ich betete, ich möge nicht sterben, ehe ich viele Abenteuer bestanden hätte, eine mit Leidenschaft erfüllte Arbeit entdeckt, eine Frau geliebt, Vater eines Kindes geworden, ein Haus gebaut, Großmut entwickelt hätte. Heute, mit zweiundsechzig Jahren, ist das meiste, was ich mir mit Zwanzig vorgestellt habe, Realität geworden. Ich habe geschmeckt, wonach ich einst gehungert habe, mehr erreicht, als ich geplant habe, und wurde durch mehr Ereignisse überrascht, erweitert, geschlagen und bereichert, als ich mir vorgestellt hatte. Zwar bin ich immer noch eine Landmeile von einem ganz und gar mitfühlenden Herzen, das ich ersehne, entfernt, doch habe ich keine Angst mehr davor, ohne Erfüllung zu sterben. Ich habe die meisten der erforderlichen Kurse (bis auf das Schlußexamen) beendet – der Rest sind Wahlkurse. Dennoch läßt mich der Gedanke an den Tod nicht kalt.

Der Tod meines Vaters im Jahr 1964 markierte eine Mitte in meinem Leben, die in keiner Beziehung zur Anzahl meiner Lebensjahre steht. Davor war ich ein Junge, geschützt vor der dunklen Sonne des Todes durch seine enorme Präsenz. Hinterher war ich ein Mann, abgehärtet durch das tragische Wissen, daß, selbst wenn die Liebe stärker ist als der Tod, kein helles Licht der Herrschaft der Dunkelheit entkommt. Vorher schien der Tod fern, ein theoretisches Problem, das sich durch einen ausreichend festen Glauben lösen ließ. Hinterher war keine Theorie aussagestark genug, der Tatsache des Todes zu widerstehen. In den Jahren, die seither vergangen sind, wurde ich durch innere Widersprüche erweitert. Mein linearer Geist verwirft die Idee des Überlebens nach dem Tode, doch mein Vater lebt weiter in meiner Traumzeit. »Aber das ist nur ein Traum«, mögen Sie einwenden. Und ich müßte dem zustimmen. Aber ich kann nicht umhin, mich zu fragen, ob die zyklische Logik der Träume nicht ebensoviel über die Wirklichkeit enthüllt wie die lineare Logik der Zeit.

In letzter Zeit besucht mich der Tod in den späten, dunklen Stunden des Tages in der nackten Form blanken Schrekkens. Kurz vorm Einschlafen gehen mir Szenen des vergangenen Tages und Gedanken darüber durch den Kopf, was der nächste Tag wohl bringen wird. Ganz kurz tönt eine bestimmte Traurigkeit mein Bewußtsein, daß ich wieder einen Tag weiter dem unvermeidlichen Ende nähergerückt bin. Manchmal wache ich um zwei Uhr morgens auf, und das Grauen des Nichtseins packt mich und preßt den Atem aus mir heraus. Ich stelle mir den Tod vor, der die Tafel leerwischt und alles, was ich bin, auslöscht. Nichts bleibt von mir übrig. Null. Ich verschwinde im schwarzen Loch des Nichts. Dieses reiche Leben, dieser einzigartige Sam Keen, der mit soviel Mühen und Liebe gezeugt und erzogen wurde, fällt der Vergessenheit anheim. Eines Tages wird es mich nicht mehr geben. Wie das? Nein! Nein! Nein! Das kann nicht sein! Die unbegreifliche und völlig natürliche Tatsache, daß ich nicht mehr sein werde, erfüllt mich mit Schrecken. Ich fange an zu laufen und versuche, diese unannehmbaren Gedanken zu verdrängen. Und dann erinnere ich mich daran, was ich aus den zahllosen Begegnungen mit den dunklen Mächten gelernt habe – laufe niemals vor einem Ungeheuer davon! Ich lasse die Wogen des Schreckens über mir zusammenschlagen, immer wieder, bis sich ihre Kraft verausgabt hat. Traurig und erschöpft drehe ich mich zur Seite und umarme meine Frau, dankbar für die Wärme und voll Freude, am Leben zu sein – noch.

Mir scheint es ratsamer, bereit zu sein, Augenblicken blanken Schreckens ins Auge zu sehen, als billigen Trost in religiösen Unsterblichkeitsversicherungen zu suchen.

Warum?

Wenn wir offen für die Wunder des Lebendig-Seins leben wollen, müssen wir uns auch dem Schrecken stellen.

Radikale Ehrlichkeit fordert von uns, anzuerkennen, daß wir nicht wissen, was uns nach dem Tode widerfährt. Weder können wir wissen, ob wir in irgendeiner neuen Gestalt überleben, noch, daß wir ausgelöscht werden. Es ist wichtig, mit dem zu leben, was wir wissen, und uns nicht zu betrügen. Die menschliche Würde hat etwas mit unserer Bereitschaft zu tun, freudig in Unkenntnis unseres letzten Schicksals zu leben. Wir wurden nicht geschaffen, damit wir allwissend sind. Ein paar Augenblicke blanken Schrekkens pro Tag sind ein geringer Preis für die ungeheure Energiemenge, die man spart, wenn wir uns von der Tyrannei des Gehorsams gegenüber göttlich legitimierten Autoritäten befreien oder von der Notwendigkeit enthoben sind, uns irgendein Unsterblichkeitsprojekt auszudenken.

Stephen Batchelor urteilt in ähnlicher Weise über den spirituellen Agnostizismus, und zwar aus der buddhistischen Tradition heraus, in der die Vorstellungen von Karma und Wiedergeburt immer eine zentrale Rolle spielten. »Man hat oft das Gefühl, daß es zwei Wahlmöglichkeiten gibt: Man kann an die Wiedergeburt glauben oder nicht daran glauben. Aber es gibt eine dritte Möglichkeit: die des Agnostizismus – in aller Ehrlichkeit anzuerkennen, daß man nichts weiß. Man muß sie weder bekräftigen noch leugnen; man muß weder die von der Tradition überlieferten, buchstäblichen Versionen übernehmen, noch ins andere Extrem verfallen und glauben, daß der Tod eine endgültige Auslöschung darstellt ... Wie kann man etwas wissen über etwas, das die Abwesenheit eben diesen Apparates voraussetzt, der ein solches Wissen herstellt (den psychophysikalischen Komplex von Körper und Geist)? Was immer ich darüber sage – was nach dem Tode mit mir geschieht, sage ich unvermeidlich vom Standpunkt dessen, was nach dem Tod aufhören wird ... Eine agnostische Haltung zum Tod scheint mir leichter mit einer authentischen spirituellen Einstellung vereinbar ... Sich für eine trostspendende, ja selbst eine beunruhigende Erklärung dessen zu entscheiden, was uns hierhergebracht hat oder was uns nach dem Tode erwartet, legt eben jenem Gefühl des Geheimnisses außerordentliche Beschränkungen auf, um das es der Religion im wesentlichen geht.«[1]

Wenn wir uns weigern, den Tod zu leugnen, auf was können wir dann hoffen?

Alle Symbole für ein Leben nach dem Tode – Himmel, Reinkarnation, Wiederauferstehung des Leibes, Unsterblichkeit der Seele – fördern, wenn man in ihnen mehr erblickt als den stotternden Versuch, in der stillen Dunkelheit ein Lied der Hoffnung anzustimmen, Illusionen. Selbst während meines radikalen Schreckens, wenn ich das Gefühl habe, daß der Tod Auslöschung bedeutet, weiß ich, daß ich nichts weiß. Sowohl die Leugnung des Todes wie die Behauptung, es gebe ein Leben nach dem Tode, sind gleichermaßen grundlos. Es gibt keine kognitive Basis – weder für Optimismus noch Pessimismus.

Manche Menschen sind der Meinung, daß sie oder andere entweder Erinnerungen an vergangene Leben oder Tranceerlebnisse haben, als körperlose Wesen Besitz von ihnen ergriffen hätten, was zeige, daß es ein Leben nach dem Tode gäbe. Bis vor kurzem haben lediglich einige wenige Theosophisten, Menschen, die sich für Forschungen im Bereich des Übersinnlichen interessieren, sowie tibetanische *tulkus* behauptet, über ein derartiges okkultes Wissen zu verfügen. Doch in letzter Zeit sind zahlreiche Therapeuten, die vom Leben nach dem Tode sprechen, und Chaneller auf den Plan getreten, die jedem, gegen Entgelt, helfen, sich an frühere Leben zu erinnern beziehungsweise mit dem Geist der Toten in Verbindung zu treten. Ich bleibe skeptisch, was die angeblichen Beweise angeht, die diese Menschen zur Stützung ihrer Behauptungen vorbringen, und werde von ihrem fadenscheinigen Optimismus nicht getröstet.

In den Monaten unmittelbar im Anschluß an den Tod meines Vaters im Jahr 1964 wurde meine Trauer durch eine geistige Agonie verstärkt, während ich verzweifelt nach Gründen suchte, an eine ewige und gütige Macht zu glauben, die man vielleicht Gott nennen könnte. Damals unterrichtete ich noch das Fach Philosophie der Religionen in Louisville, so daß es einen zusätzlichen Druck seitens meiner Kollegen gab, ein Glaubensbekenntnis abzulegen, das für die Gemeinde der Gläubigen akzeptabel wäre, die uns ja die Gehälter bezahlten. Doch je mehr ich den Himmel zu Stürmen versuchte, desto größer wurde meine innere Unruhe. Ich fand einfach keine Antworten.

Eines Morgens, als ich durch einen Park zur Arbeit ging, inmitten der weiten Fläche stand, schien sich der Himmel zu öffnen. Eine Stimme aus dem unendlichen Schweigen im Inneren und jenseits von mir sagte: *»Du mußt nicht wissen.«* Ein ungeheures Gefühl der Erleichterung durchströmte mich – so, als sei ein tausend Pfund schweres Gewicht von meinen Schultern gehoben worden. Vielleicht zum erstenmal in meinem Leben war ich frei von dem Zwang, eine Erklärung für meine Existenz zu finden. Mein Geist entspannte sich – im Wissen, daß ich nie eine sichere Kenntnis des letzten Kontextes meiner Existenz haben konnte.

In Gegenwart des Todes war mein Geist an seine Grenzen gestoßen und hatte neue Freiheit geschöpft. Ich war desillusioniert und hatte die Hoffnung entdeckt. Hoffnung ist, im Gegensatz zur Illusion oder zum Optimismus, keine Vorhersage der kommenden Dinge. Sie ist auch keine Behauptung, im Besitz eines Spezialwissens zu sein oder in einer vorborgenen Zukunft erleuchtet zu werden, in der alles

Böse erlöst und jeder Tod negiert wird. Wer hoffen will, muß wissen, daß wir die Grenzen des Ewig-Schöpfenden nicht kennen können, der alles, was ist, ins Leben gebracht hat, bringt und bringen wird. Darüber hinaus müssen wir dem unerschöpflichen Geheimnis vertrauen, das wir berühren, wenn wir entdecken, daß das Vermögen des Geistes, der Freiheit, uns zu transzendieren, die besten Hinweise auf das Wesen des Seins liefert.

Bei der Frage nach der Existenz Gottes geht es nicht um die Existenz irgendeines fernen, unendlichen Wesens. Es ist die Frage der Möglichkeit der Hoffnung. Die Bekräftigung des Glaubens an Gott ist die Anerkenntnis, daß es eine todlose Quelle der Kraft und des Sinns gibt, der man vertrauen kann, alles gut Geschöpfte zu nähren und zu bewahren. Die Existenz Gottes bestreiten ist gleichbedeutend mit der Leugnung, daß es überhaupt Grund zur Hoffnung gibt. Die Hoffnung beginnt mit der Erkenntnis, daß die menschliche Erfahrung letztlich nicht reicht, um mit allen Möglichkeiten, die die Wirklichkeit bereithält, fertig zu werden.

Ich merkte, daß ich Saul Bellows Romanfigur Herzog widersprach, der äußert: »Aber was lehrt die Philosophie dieser Generation? Nicht, daß Gott tot ist; diese Station liegt schon lange hinter uns. Vielleicht sollte man statt dessen feststellen, daß der Tod Gott ist. Diese Generation denkt – und das ist der Gedanke aller Gedanken –, daß keine Treue, Verletzlichkeit, Zerbrechlichkeit von Dauer sein und wahre Macht besitzen kann. Der Tod wartet auf diese Dinge wie der Zementfußboden auf die fallende Glühbirne.«

Die letzte Bestimmung aller treuen, verletzlichen und zerbrechlichen Dinge – einschließlich der Seelen von Vätern und Söhnen – ist mir unbekannt. Aber ich weise die verborgene Anmaßung der Allwissenheit zurück, sowohl der religiösen als auch der säkularen Art. Mein Geist kann nicht die Grenzen des Möglichen ausloten. Deshalb *wähle ich,* dem Geheimnis zu vertrauen, aus dem aller Segen entspringt. Ich hoffe, daß – auf eine Art, die mein Verständnis übersteigt –, das Licht bleibt, nachdem die Glühbirnen zerborsten sind.

Wenn ich der Quelle vertrauen soll, aus der ich stamme – diesem einzigartigen Sam Keen, der zugleich ein gewöhnliches Beispiel der Gattung homo sapiens ist –, muß ich auch dem dunklen Schicksal vertrauen, in das ich bei meinem Tode verschwinde.

Ich bin enthalten in einer Selbstwerdung, einem Gott, für den das fortdauernde Sterben ein Weg des ewigen Schöpfens ist. Daß dieses Wesen Milliarden von Individuen mit einzigartigen Fingerabdrücken und Autobiographien hervorgebracht hat, die nicht länger zu dauern scheinen als Träume – das ist die Tatsache, über die ich nicht aufhören darf mich zu wundern und dessentwegen ich mich daran erinnern muß, daß ich nicht verstehen kann. Es ist sowohl die Agonie als auch die Schönheit der *condition humaine,* daß wir unseren letzten Ursprung und unser Ziel nicht kennen.

Im leuchtenden Dunkel, in dem wir auf die Reise gehen, sind wir oft einsam, aber nie allein. Der Straße überdrüssig, überwältigt von der Größe der Schwierigkeiten, denen wir uns in unseren kurzen Tagen stellen müssen, sind wir versucht, zu verzweifeln oder uns mit einem billigen Optimismus zu begnügen. Doch tief in unserem Geist werden wir bewegt und aufgefordert, dieses unablässige Abenteuer mit dem sich sehnenden, ruhelosen und schöpferischen Einen zu unternehmen, der sich – auch wenn er mit zehntausend verschiedenen Namen Gott genannt wird – immer noch in wundersames Schweigen hüllt.

Kapitel 12

Die Feier unserer Tage: Gesammelte Rituale für das Leben

In unserer Familie war es Brauch, daß wir Kinder jedes Jahr unser Geld zusammenwarfen und der Mutter zum Geburtstag einen Pralinenkarton kauften. Nachdem sie pflichtschuldigst überrascht tat, durfte sich jeder eine Praline aussuchen. Zuerst gingen die leicht identifizierbaren, mit Goldfolie verpackten Likörkirschen weg. An den folgenden Tagen, als sich jeder ein Stück aussuchen durfte, konsultierten wir die Abbildung auf der Innenseite der Schachtel, um unsere Lieblinge zu finden – die mit Karamel, Pfefferminz oder Ahornzucker gefüllten Pralinen –, bis nichts mehr übrigblieb als die glasierten Mandeln.

Behandeln Sie diese Sammlung von Ritualen als Kollektion. Suchen Sie sich zunächst Ihr Lieblingsritual heraus, genießen Sie es und warten Sie eine Zeitlang, ehe Sie ein anderes probieren. Warnung: Wenn Sie sie in einem Rutsch lesen, bekommen Sie wahrscheinlich Magenschmerzen. Knabbern und stellen Sie sie langsam zusammen.

Symbole, Rituale und Gesten

Im schönsten wie im schlimmsten Leben wird es unvermeidlich außergewöhnliche Augenblicke geben. Aber eine Schwalbe macht noch keinen Sommer, eine einzige

Grenzerfahrung reicht nicht zur Schaffung eines inspirierten Lebens. Um ganz und gar lebendig zu sein, müssen wir Wege finden, die Sahne von unserer Erfahrung abzuschöpfen – die hohen und heiligen Augenblicke der Inspiration –, und sie mit den gewöhnlichen Minuten unserer durchschnittlichen Tage verbinden. Es ist leicht, in Hochstimmung zu geraten; es ist eine Herausforderung, seelenvoll zu bleiben.

Jede Religion in der Menschheitsgeschichte hat sich dem Problem gegenübergesehen, wie man die Vision des Heiligen in den Teig des alltäglichen Lebens kneten kann. Eine vergleichende religionswissenschaftliche Studie ergibt eine endlose Vielfalt symbolischer Akte und Objekte – Zeremonien, Sakramente, Initiationsriten, Rituale, Liturgien, Mantras, Mutras, Tänze, Gesänge und Amtstrachten; sie sind dazu geschaffen, den Gläubigen daran zu erinnern, den heiligen Möglichkeiten des Lebens treu zu bleiben. Ein inspiriertes Leben wird von Gesten gerahmt, die den Fluß der profanen Zeit unterbrechen und unsere Tage mit kurzen Ausblicken einer transzendenten Realität durchsetzen. Morgengesänge, Gebetsfahnen, die im Wind flattern, und Gebetsmühlen, die sich in einem Bach drehen, machen eine Bauernfamilie in Bhutan darauf aufmerksam, das alles, was sie tagsüber erleben, eine Manifestation der Buddha-Natur sein wird. Chinesen und Chinesinnen üben Tai-chi im Park, um ihre Bewegungen mit dem Weg des Tao in Einklang zu bringen. Eine katholische Gemeinde feiert die Messe und erneuert so ihre Überzeugung, daß gewöhnliche Materie in göttliche Substanz verwandelt werden kann.

Rituale laden gewöhnliche Handlungen und Gegenstände mit *symbolischer* Bedeutung auf. (Die ursprüngliche Bedeutung des aus dem Griechischen abgeleiteten Wortes *symbolisch* ist »etwas zusammenzubringen«. Die Bedeutung des Gegensatzes, *dämonisch,* ist »etwas auseinanderreißen«). Ein gebeugter Kopf bedeutet Ehrerbietung; Brot und Wein stehen für das göttliche Sichverströmen in der Feuerprobe des menschlichen Lebens; der Blitz repräsentiert die Erleuchtung des Buddha.

Indem wir unsere Tage durch Rituale heiligen, spielen wir das Spiel der heiligen Poesie, bei der man der einen Sache erlaubt, eine andere zu bedeuten. Man könnte das inspirierte Leben als eine Art göttlichen Wahnsinn betrachten, der uns heilt, als symbolisches Bewußtsein, das die Oberfläche und die Tiefen zusammenführt. Ein inspirierter Geist ist ein metaphorischer Geist, in dem alles sowohl er selbst als auch ein Symbol ist, das über sich hinausweist. Mit Ritualen spielen und Disziplinen zur Erlangung einer größeren Bewußtheit erfinden heißt anerkennen, daß wir zwei Reichen angehören. Wir leben gleichzeitig in zwei Dimensionen, dem Profanen und dem Heiligen, in der Zeit und der Ewigkeit. Wir sind ganz besonders belebt, inspiriert und lebendig, wenn wir lernen, zwischen dem Hier und Jetzt und dem Jenseits hin und her zu wechseln.

Mancher empfindet die »fertigen«, traditionellen religiösen Rituale und Disziplinen als befriedigende Art und Weise, sein Leben zu heiligen. Andere Menschen müssen sich ihre eigenen schaffen. Die folgenden Praktiken sind meine Mischung aus Tradition und Innovation. Mit ihnen möchte ich zeigen, wie ich an die Aufgabe herangegangen bin, mich daran zu erinnern, wer ich bin und wie ich leben soll. Es sollte selbstverständlich sein, daß die Rituale und Disziplinen, die Ihren Geist kleiden können, maßangefertigt werden müssen, sonst passen sie nicht zur Form Ihres Lebens. Fühlen Sie sich frei, alles aus meiner Garderobe auszuleihen, was Ihnen paßt, und alles abzulegen, was Ihnen nicht ganz angemessen erscheint.

Mein Freund und ehemaliger Führer auf dem Pfad, Howard Thurman, riet mir einmal: »Wenn du morgens aufwachst, steige *nie* aus dem Bett –, sondern schlummere. Und wenn du abends ins Bett gehst, schlafe *nie* sofort ein – sondern schlummere.« Im weiteren erklärte er, daß er jeden Abend vor dem Einschlafen die Ereignisse des Tages Revue passieren ließ und seine Pläne für den folgenden Tag durchmusterte. Erst dann fiel er langsam in den Schlaf, wobei er seinen Geist sanft aufforderte, im Traum an dem Dilemma, in dem er sich befand, weiterzuarbeiten. Wenn er morgens aufwachte, lag er still und kostete jeden Abschnitt aus, der ihm in Erinnerung geblieben war, und erst dann nahm er die Tätigkeiten des Tages auf.

Die Schamanen alter Kulturen und die Aborigines erinnern uns daran, nicht weniger als Sigmund Freud, daß der »Traum der Königsweg zum Unbewußten« ist. Sie wußten, daß wir die zerschlissenen Ränder unserer sichtbaren und unsichtbaren Realität nur zusammenweben können, wenn wir die Fähigkeit kultivieren, in die Traumzeit hinein und wieder hinaus zu reisen. Wissenschaftler sagen uns, daß wir ungefähr alle neunzig Minuten, ob wir schlafen oder wachen, in einen REM-Zyklus eintreten (rapid eye movement), in der unser Geist mit Träumen, Tagträumen oder Phantasien erfüllt wird. Die meisten modernen Menschen sind das Leben auf der Überholspur gewohnt; wir haben allmählich gelernt, den Zauber und den Wahnsinn der Traumzeit zu ignorieren, und richten unsere Aufmerksamkeit nur noch auf »praktische« Dinge. Insbesondere Männer haben vergessen, wie man träumt und das Schloß der Weisheit betritt, das hinter der fruchtbaren Finsternis, direkt hinter den Augenlidern liegt. Um die Fülle des Geistes wiederzuerlangen, müssen wir in einem beständigen

Austausch mit unseren Träumen leben und eine tiefe Liebesbeziehung zwischen den radikal sich unterscheidenden Selbsten entwickeln, die wir im Schlaf und im Wachzustand sind. In meinen Träumen sind eine Gemeinschaft von Heiligen und Libertins, von Narren und weisen Tieren, gütigen und grausamen Männern und Frauen enthalten. Ich bin der Held, den ich bewundere, und der Feind, den ich hasse. Für den, der für die Weisheit der Nacht empfänglich geworden ist, liegt es auf der Hand, daß Selbstliebe und Nächstenliebe Kopf und Zahl derselben Medaille sind. Ich bin diese anderen, die ich liebe und verachte.

Wenn wir auf unsere Träume achten, entdecken wir, daß Gott uns »Lobgesänge gibt in der Nacht« (Hiob 35, 10).

In den Monaten vor meinem sechzigsten Geburtstag dachte ich viel über den Tod nach. Ich war gerade von einem längeren Aufenthalt in einer buddhistischen Kultur zurückgekehrt und hatte mit den Glaubensvorstellungen von Karma und Reinkarnation gespielt, wobei ich zu fühlen versuchte, wie es wäre, an irgendeine Art der Kontinuität über den Tod hinaus zu glauben. Aber ich konnte der Furcht vor dem Nichtsein nicht entkommen, dem Grauen, vollständig in der Leere zu verschwinden, die immer ein fester Bestandteil des Wettermusters meiner Seele gewesen war.

Eines Nachts hatte ich einen seltsamen Traum über einen silbernen Käfer, der einen Teil von sich abnehmen und sich wieder völlig zusammensetzen konnte. Zuerst krabbelte der Käfer in ein Stück Holz, verschwand und tauchte auf der anderen Seite wieder auf. Als nächstes verschwand er in einem Stein und erschien wieder. Schließlich krabbelte er, was am seltsamsten war, in eine völlig durchsichtige, edelsteinähnliche Substanz, geriet aber aus dem Blickfeld. Zwar konnte ich durch den Edelstein hindurchschauen, doch der Käfer war nicht zu sehen; aber irgendwie war mir klar, daß ich aus dieser Reise durch die durchsichtige Leere unversehrt wieder auftauchen würde.

Ich erwachte aus dem Traum mit einem tiefen Gefühl der Erleichterung und des Trostes, ohne aber seine Bedeutung zu verstehen. Was um alles in der Welt hatte ein verschwindender und wieder auftauchender Käfer mit meinem Leben zu tun? In den folgenden Tagen gärte es in mir, bis mir plötzlich aufging, daß in der Religion des alten Ägyptens der Skarabäus-Käfer das Symbol der Unsterblichkeit war.

Der Traum handelte von meiner Angst vor dem Tod. Der Käfer entsprach der buddhistischen Vorstellung der Desintegration des Selbst im Tod und der gleichzeitigen Weitergabe der Geist-Substanz (Karma) in ein anderes Leben; eben diese Fragen hatte ich in Bhutan untersucht. Der Käfer verschwindet und taucht doch wieder auf, als Käfer. Könnte auch ich im Tod verschwinden und wiedererscheinen? Ich weiß nicht. Doch vermittelte mir der Traum einen vorübergehenden Frieden, der mein Fassungsvermögen überstieg.

Wachen Sie auf und beenden Sie den Tag, indem Sie sich auf Ihre Eindrücke besinnen. Betreten und verlassen Sie das Königreich des Schlafes leise und gezielt. Laden Sie Ihre Seele ein, ehe Sie in den Schlaf gleiten, Ihnen einen Traum zu schicken. Wenn Sie aufwachen, versuchen Sie sanft herauszufinden, ob Sie ein Bild oder eine Bildfolge aus dem Traum behalten haben. Wenn ja, lassen Sie ihn Revue passieren, bis er Ihnen klar vor Augen steht. Sobald Sie aufstehen, schreiben Sie den Traum in ein Tagebuch oder sprechen ihn auf Band. Im Laufe des Tages nehmen Sie alle eineinhalb Stunden Urlaub vom Alltag und stellen sich auf die Zeit der »rapid eye movements« ein. Stellen Sie die Brennschärfe weicher und achten Sie auf die Tagträume und Phantasien, die sich unter der Oberfläche abspielen. Schlüpfen Sie ins Kaninchenloch, das in die Unterwelt des Unbewußten führt. Werden Sie zum Welt-Reisenden.

Bei der Deutung von Träumen, wie auch im Umgang mit anderen Aspekten des Sinns Ihres Lebens, sind Sie die entscheidende Autorität. Es liegt an Ihnen, die diversen und paradoxen Themen zusammenzuweben, die Ihre Nächte und Tage durchziehen und zu einer einzigartigen spirituellen Autobiographie führen. Wenn Ihre Träume Sie verblüffen, sprechen Sie mit einem Freund/einer Freundin darüber.

Gehen Sie sanft in die gute Nacht. Erinnern Sie sich jeden Abend an den Tag. Versuchen Sie, ehe Sie schlafen gehen, sich an die Zeilen aus einem alten Glaubensbekenntnis zu erinnern: »Wir haben das unerledigt gelassen, was wir hätten tun sollen; und haben das getan, was wir nicht hätten tun sollen.« Während Sie die Ereignisse des Tages einsammeln, sich an sie erinnern, werden Sie entdecken, daß sich durch das Meditieren über das, was Sie getan und was gelassen haben, der Weg, den Sie am folgenden Tag gehen sollten, vor Ihnen öffnet. Während Sie sich in Erinnerung rufen, daß Sie so geistesabwesend waren, daß Sie nicht antworteten, als der Taxi-Fahrer sagte, seine Frau müsse sich später am Nachmittag einer Operation unterziehen, werden Sie verstehen, daß Ihre Seele in diesem Augenblick schrumpfte und daß Sie morgen nach einer Möglichkeit Ausschau halten müssen, Mitgefühl zu praktizieren und Ihr Selbst wieder so weit wie möglich zu dehnen. Wenn Sie sich erinnern, daß Sie im stillen die gottverdammten »Skinheads« oder mörderischen Serben verflucht haben, werden Sie daran erinnert, daß es auch in Ihnen ein Schlangennest voller giftiger Vorurteile gibt.

Sich-Zeit-Lassen: *Kairos* und *Chronos*

Leider beginnen die meisten Menschen den Tag, indem sie sich mit der Tyrannei der chronologischen Zeit verbünden. Hektisch, alarmiert erwachen wir und rüsten uns sofort zum Verhalten des Typs A. Die Uhr und unsere tägliche feste Ration Kaffee treiben uns voran, denn Zeit ist Geld, Geld regiert die Welt, und die Schnellen streichen den Gewinn ein. Die freie Zeit ist auf die Wochenenden beschränkt.

Die Griechen kannten zwei Begriffe für »Zeit«, *chronos* und *kairos*.

Die *chronologische* Zeit ist das, was wir mit Uhren und Kalendern messen; sie ist immer linear, geordnet, quantifizierbar und mechanisch. Die *kairotische* Zeit ist organisch, rhythmisch, körperlich, gemächlich und unperiodisch; sie ist die innere Kadenz, die die Frucht zur Reife bringt, eine Frau zur Geburt, einen Mann dazu, die Richtung in seinem Leben im genau richtigen Augenblick zu ändern.

Im Reich des Geistes herrscht eher die kairotische als die chronologische Zeit. Gnade kommt nicht pünktlich. Es mag gut sein, daß Züge nach einem festen Fahrplan verkehren; allerdings bin ich nicht sicher, ob das diktatorische Regiment des politischen und wirtschaftlichen Lebens, das dies erforderlich macht, lohnend ist. Es ist sicherlich ein Fehler zu erwarten, daß der Heilige Geist fahrplanmäßig eintrifft, entweder in Form der Versicherung, daß einem vergeben wird, im Gottesdienst um elf Uhr am Sonntagmorgen, oder als simultaner Orgasmus um 21 Uhr 41 am Samstagabend. Große und seelenvolle Ereignisse – Sich-verlieben, eine Öffnung zum Jenseits-im-Inneren, die Geburt von Ideen und Kindern – marschieren nicht nach dem Zeiger der Uhr, sondern erscheinen in der ihr eigenen Zeit, dann, wenn das Herz vorbereitet ist und der Augenblick reif.

Es gibt keine Möglichkeit, unsere Seele in aller Eile zu kultivieren. Die Krankheit des Eiligseins schadet unseren geistigen Gefäßen. Geschwindigkeit tötet. Die Gewohnheit, etwas zu überstürzen, zerstört die langen und sanften Rhythmen des Atmens, die notwendig sind für ein inspiriertes Denken und die Hingabe an überraschende Gelegenheiten, die auftauchen, sobald wir unser Leben nicht mehr in einen Plan zwängen. Wenn wir in die Falle der Streß-Zeit gehen, verlieren wir aus den Augen, welche Stunde in unserem Leben geschlagen hat. Ist es Zeit zu heiraten oder sich scheiden zu lassen? Zu handeln oder zu warten? An einer Sache festzuhalten oder von neuem zu beginnen?

Natürlich haben Sie Verpflichtungen, Bindungen, eine Arbeit, die gemacht werden muß, einen Lebensunterhalt, der verdient werden muß, Kinder, die zur Schule gebracht werden müssen, und tausend Dinge, die während und danach zu erledigen sind. Man muß nicht ins Kloster gehen, wenn man das Leben des Geistes pflegen will. Wir streben nach einer Vermählung von *chronos* und *kairos*, nicht nach der Enthaltsamkeit vom einen oder anderen. Die schnelle und die langsame Zeit sind die rechte und linke Hemisphäre des inkarnierten Geistes. Lassen Sie sich Zeit, und handeln Sie kraftvoll.

Reservieren Sie regelmäßige Zeiten für meditatives Denken, Sich-erinnern und Schweigen. In praktischer Hinsicht ist es gut, früh aufzustehen und die Stimmung des bevorstehenden Tages festzulegen. Genießen Sie einige behagliche Augenblicke – eine anmutige Liebkosung, eine rituelle Reinigungsdusche, ein geweihtes Frühstück, ein Gespräch über wesentliche Dinge mit Familienangehörigen oder einem/r Freund/in. Praktizieren Sie Rituale – Meditation, Gebete, Tai-chi, Singen, das Lesen bestimmter Texte –, die Sie daran erinnern, daß Sie den Tag im Geist der Dankbarkeit und der Hingabe beginnen sollen.

Feiern und persönliche Heilige Tage

Wenn Sie eine spirituelle Praxis schaffen wollen, müssen Sie einen Kalender einrichten, der Ihre persönlichen heiligen Tage und Feiern verzeichnet und feiert.

Jedes Jahr ermahnen uns die offiziellen Kalender – so sicher wie der Sommer kommt –, Weihnachten mit dem Austausch von Geschenken zu feiern, zu Silvester auf Parties zu gehen, uns am 4. Juli ein Feuerwerk anzusehen und zum Thanksgiving den Opfer-Truthahn zu essen (und das Football-Spiel im Fernsehen zu verfolgen). Die Frommeren unter uns begehen Ostern oder das Passahfest, die Feiertage, die der jüdisch-christlichen Erinnerung heilig sind, oder auch heidnische Frühlingsriten. Mit einem kleinen Gruß an Hollywood verschenken wir zum Valentinstag Rosen und herzförmige Grußkarten als Zeichen der Liebe. Zu Halloween spielen wir »trick-or-treat«, legen – halb im Ernst, halb im Scherz – Masken und Verkleidungen an und betreten die Schattenwelt, um die Geister der Toten zu ehren. Weil es die Pflicht gegenüber unseren Vorfahren ist, kreuzen wir die Geburtstage von George Washington und Abraham Lincoln und seit einiger Zeit auch den von Martin Luther King an.

Die offiziellen Feiertage und Feiern unterbrechen die Zeit, stoppen den Fluß unserer Tage und erinnern uns daran, auf die Rhythmen und Jahreszeiten unseres Lebens zu achten. Weil sie ein Archiv gemeinsamer Erinnerungen und ein Gemeinschaftsritual darstellen, halten sie die Verbindung zu den gemeinsamen Erlebnissen, dem Mythos und der Geschichte aufrecht, die uns zu einem einzigen Volk zusammenbinden, einer Republik der Vielfalt.

Doch direkt unterhalb der Oberfläche unserer offiziellen Feiertage liegt eine Welt der privaten Feiern und rituellen Anlässe, der besonderen Ereignisse im Leben von Familien und Freunden. Stöbern Sie in einem Laden, der Grußkarten verkauft, und Sie werden die informellen Rituale des Alltagslebens entdecken. Grußkarten sind die Oblaten unserer täglichen Kommunion, sie verwandeln unsere Gewöhnlichkeit und markieren unsere Initiationsriten. Lauschen Sie der Liturgie: Alles Gute zum Geburtstag, Alles Gute zum Hochzeitstag. Wir teilen Ihren Kummer. Herzlichen Glückwunsch zum Jubiläum. Du bist die beste Mutter (Vater) in der Welt. Herzlichen Glückwunsch zum: Neuen Baby, Neuen Zuhause, zur Pensionierung, zum Neuen Job, zum Neuen Abenteuer, zum Neuen Auto, daß du deine Diät durchhältst. Danke. Gute Reise. Gute Besserung. Kopf hoch!

Gegen diese fertigen, hausgemachten Feiertage und rituellen Anlässe ist überhaupt nichts einzuwenden. Aber wir können noch nicht gut feiern. Wir verfangen uns in Routine, die unser Gespür für das Wunder lähmt und dazu führt, daß wir vergessen, wer wir sind. Über meinem Schreibtisch hängt ein Zitat aus dem Film *A Thousand Clowns;* es erinnert mich daran, was wichtig ist: »Du mußt Deine Tage in Besitz nehmen und benennen, jeden einzelnen, sie alle, oder die Jahre gehen an dir vorbei und keines davon gehört Dir.« Wenn ich daran denke, mache ich mir meinen eigenen Kalender und trage besondere Feiertage darauf ein. Hier eine Sammlung meiner Feiern:

Fliedertag. Anders als jene meinen, die uns befehlen, die Uhren nach der »Sommerzeit« zu steilen, wird der Frühling nicht mit der Uhr eingeläutet. Man weiß, daß er da ist, wenn wir mit dem Schmutz des Winters herumlaufen, der in der Seele sitzt, uns plötzlich ein Zephyr den ersten schwachen Duft nach Flieder in die Nase weht und wir uns der nostalgischen, längst vergangenen, weit entfernten Frühlinge erinnern. An einem solchen Tag ist es am besten, Verabredungen abzusagen und sich den Freuden der Nase und der Wiederentdeckung der Kindheit zu widmen. Entfalten Sie Ihre Sinne, wandern Sie mit der Brise, riechen Sie die Symphonie der Düfte auf den Straßen der Stadt oder der Wege im Wald.

Freundestag. Man kann nie wissen, wann man von einem Augenblick auf den anderen alle praktischen Prioritäten über den Haufen werfen sollte. Aber verlassen Sie sich darauf; es wird Tage geben, da ein alter Freund plötzlich in der Stadt aufkreuzt, und es gibt nichts Wichtigeres, als sich mit ihm darüber zu unterhalten, was in den vergangenen Jahren geschehen ist. Oder Tage, an denen Sie zuhören müssen und keine Ratschläge geben.

Geldtag. Manchmal, normalerweise um den 15. April herum, halte ich es für angebracht, meine Lebensziele den Geldmitteln gegenüberzustellen, die erforderlich sind, um diese Ziele zu verwirklichen. Wieviel Geld brauche ich, und was bin ich bereit zu tun, um es zu bekommen? Geld ist so wichtig, daß man es nicht mit Verdienst verwechseln darf; es darf aber auch nicht unsere Tage unbewußt dominieren.

Trauertag. Jeden 4. November seit 1964 halte ich eine Weile inne, um mich an den Tag zu erinnern, als mein Vater starb, und mir die Trauer darüber gestatte, daß der Tod so viele meiner Familienangehörigen und meiner Freunde in sein Reich geholt hat. Der Herbst lädt uns ein, die Verluste zu betrauern, die uns die Vergänglichkeit unvermeidlich zufügt die flüchtige Süße der Sterblichkeit auszukosten.

Familientag. In letzter Zeit bedeutet Thanksgiving für mich jeder Tag, an dem sich meine Kinder aus allen Herren Länder versammeln, an dem wir uns in Santa Fe oder Brasilien treffen und alte Geschichten über die Zeit erzählen, als ich Gif dazu brachte, das hartgekochte Ei zu essen, das eigentlich Lael zugedacht war. Vielleicht sind unsere Familienfeiern die wichtigsten noch verbliebenen Feiertage. Ohne Vertrautheit und ein Zuhause ist die Welt zu einsam, als daß man sie ertragen könnte – zuviel Fast-food und Fremde, die in der Nacht vorbeigehen.

Ihr Kalender unterscheidet sich sicher von meinem, denn die Ereignisse, die dem Drama Ihres Lebens Würde, Tiefe und Freude geben, unterscheiden sich von meinen. Auch bei der besten Planung werden Sie nicht in der Lage sein, all die Anlässe vorherzusehen, denen Sie Beachtung schenken sollten. Um ein echter Feiernder des Lebens zu werden, müssen Sie im Handumdrehen bereit sein, sich ein dreitägiges Wochenende zu gönnen, einen Nachmittag freizunehmen, um sich die Chagall-Ausstellung anzusehen, am Dienstagmorgen aus keinem anderen Grund im Bett zu bleiben, als dem, daß Ihnen danach ist, einen besonderen Tag auszurufen, um die Götter, von denen aller Segen kommt, für einen unverhofften Glücksfall zu preisen.

Der Zeit entkommen: Ewige Augenblicke

Damit wir unser Leben mit Sorgfalt bewältigen, müssen wir uns ständig zwischen den Anforderungen der abstrakten Uhr-Zeit und den Rhythmen unseres persönlichen Gefühls der Zeitlosigkeit bewegen. Doch in jedem inspirierten Leben gibt es auch eine wilde Bewegung, bei der wir aus der Zeit hinausspringen und mitten in einem ewigen Augenblick landen.

Die großen Mystiker aller Traditionen berichten von ekstatischen Erfahrungen, die jedes Zeitgefühl transzendieren. Wie sehr dies für gewöhnliche Menschen möglich, ja überhaupt wünschenswert ist, die nicht bereit sind, ihre Familie, ihre Freunde und abendliche Fernsehkomödie aufzugeben, um ihr Leben der Kultivierung mystischer Bewußtseinszustände zu widmen, weiß ich nicht. Ich bin vertrauter mit und stärker interessiert an bescheideneren Augenblicken der Transzendenz.

Als C. G. Jung durchlitt, was wir heute als Identitätskrise der mittleren Jahre bezeichnen, erlangte er das Gefühl für die Richtung in seinem Leben wieder, indem er mit eigenen Händen ein Steinhaus baute, da er als Kind am glücklichsten an den zeitlosen Nachmittagen gewesen war, die er mit dem Bauen von Sandburgen verbracht hatte.

Die Pforte zwischen dem säkularen Reich und dem Reich

des Geistes steht in jenen Erfahrungen weit offen, in denen wir die Zeit und uns selbst vergessen.

Als Kind verlor ich mich im Wald, als wir endlose Stunden damit verbrachten, im Bach Dämme zu bauen, Flußkrebse zu angeln und Bäume emporzuklettern. Viele ewig lange Momente beobachtete ich einen Rotkopfspecht, der sich um seine Jungen kümmerte. Wenn es nach mir ginge, könnte ich immer noch am Ufer des Baches liegen, wo ich mich eines Tages in den vorbeiziehenden Wolken auflöste, denen ich zugesehen hatte. Irgendwo in meiner Seele werden alle Uhren angehalten, es ist immer noch Sonnenuntergang an einem Sommerabend, die Kinder aus der Nachbarschaft haben sich versammelt, um Verstecken zu spielen, und es ist nie so dunkel geworden, daß man nichts mehr sehen konnte, und wir spielten immer weiter und weiter.

Im Gegensatz dazu initiierten mich Schule und Kirche in den Zwischenzustand der Langeweile und der endlosen Zeit. Sonntagmorgen von elf bis zwölf war die längste Stunde der Woche, eine Form grausamer, ungewöhnlicher Bestrafung für jedes Kind. Gebet und Predigt des Pastors schleppten sich bleifüßig durch die Wüste der Zeit. Während die endlosen Worte meine Gedanken lähmten, studierte ich die Muster im Holz der Kirchenbank und stellte mir das Versteck vor, daß ich im Wald bauen wollte, *falls* der Gottesdienst jemals zu Ende gehen würde. Oder ich sah zu, wie das Licht durch die Kirchenfenster fiel, wo sich Jesus mit seinem Schäferstab weit über den Abgrund beugte, um das verirrte Lamm zu retten, Paulus geblendet vom Licht des wiederauferstandenen Christus neben seinem Esel auf dem Weg nach Damaskus lag und der Heilige Sebastian für alle Zeit das Martyrium ertrug, genau wie ich.

Heute, im reifen Erwachsenenalter, löst die Ewigkeit die Zeit am häufigsten auf, wenn ich still dasitze, nichts tue, nur dem Wind lausche, mich vom Spiel der Phantasie oder

der Einbildungskraft unterhalten lasse, mit meiner Frau schlafe, mit meinen Kindern spreche, mit Freunden zu Abend esse und feiere, reite, einen Vortrag halte, schreibe, in fremden Städten umhergehe, im Gebirge wandere und wenn ich auf meiner Farm arbeite.

Gestern, am Nachmittag, lag ich erschöpft unter einem Baum. Vielleicht bin ich eingeschlummert. Jedenfalls wußte ich sofort, daß ich verschwunden war. Nur der Wind strich durch die Bäume, der Klang von zwitschernden Spatzen und die Wärme der Sonne. Kein Ich. Ich, der Beobachtende, war abwesend, völlig absorbiert von der Erfahrung. Mit dem Verschwinden der plappernden Gedanken und des Selbst-Bewußtseins war ich plötzlich Teil eines riesigen Horizonts, umgeben von ursprünglichem Schweigen. Einen Augenblick, der mir wie eine Ewigkeit vorkam, hörte die Arbeit meines Ichs auf, meine lebensgeschichtlich konditionierte Persönlichkeit verschwand – Sam Keen war nicht der Mittelpunkt der Welt. Glückseligkeit. Erfrischung. Dann kehrte ich allzu schnell (oder gerade rechtzeitig) zurück und fing an, die Erfahrung zu »schätzen«, darüber nachzudenken, Möglichkeiten zu ersinnen, um zu dem heiligen Augenblick zurückzufinden. Die Stille verschwand, mein Ich kehrte zurück; ich steckte wieder in meiner alten Haut. Wer war »ich« in diesen Augenblicken, als es nur den Wind in den Bäumen gab?

In solchen Momenten sind die Grenzen des Selbst durchlässig. Ich werde bewohnt, bewegt, von etwas inspiriert, das Jenseits von mir ist.

Die Praktik der Selbst-Bewußtheit, die systematischen Erinnerungen und die Formung unserer Erfahrung zu einer Autobiographie ist eine lebenslange, befriedigende Arbeit. Im Gegensatz dazu scheint die Inspiration durch Gnade einzutreffen. Die Freude, die der Fülle des Geistes entspringt, beschleicht uns, wenn wir nicht bewußt sind, wenn unser Selbst-Bewußtsein durch intensive Konzentration ersetzt wird.

Achten Sie genau auf die Vielfalt und Qualität jener Erfahrungen, in die Sie derart vollständig in den Augenblikken eintreten, da Sie jedes Selbst- und Zeitgefühl verlieren. Rufen Sie sich die Geschichte Ihrer Reisen über die Zeit und das Selbst-Bewußtsein hinaus in Erinnerung. Worin liegt der Unterschied zwischen der Art Selbstverlust, den Sie erleben, wenn Sie ins Kino gehen, sich auf die Arbeit konzentrieren, mit dem Computer spielen, windsurfen, staunen, schlafen, zuviel Alkohol trinken, mit jemandem schlafen, Musik hören, tanzen, beten, streiten, Drogen nehmen? Durch welchen Selbstverlust werden Sie gestreßt, verkleinert, süchtig, entmutigt? Durch welchen werden Sie erfrischt, erweitet, bewegt, inspiriert?

Essen: Heilsamer Appetit

Zu den immer wiederkehrenden mythischen Fragen, die jede Kultur auf unterschiedliche Weise beantwortet, zählt: »Was soll man essen und was nicht?« Steak ist in St. Louis ein Abendessen und in Bombay ein Sakrileg. Essen ist selten eine rein pragmatische Handlung, die man nur vollzieht, um den Hunger zu stillen und Ernährungsbedürfnisse zu befriedigen. Es ist eine Art Rorschach-Test, der uns verrät, wer wir sind und was wir wertschätzen. Wir sind, was wir essen. Fast-food, das heilige Abendmahl, eine zur Magersucht führende Ernährungsweise oder ein Erdendankfest – in allen kommt eine Lebensphilosophie zum Ausdruck. Essen ist umgeben von konzentrischen Kreisen emotionaler, sozialer und mythischer Bedeutungen. Es kann ein Symbol der Fürsorge sein oder ein Medium der Feier. Es ist die Mutter, die an einem kalten Abend Kakao macht, oder ein Passah-Sakrament, mit gemeinsamen Erinnerungen und Hoffnungen, Meßwein und bitteren Kräutern. Für Amerikaner ist ein schnelles Frühstück mit Schinkenspeck und Eiern, Kaffee und Zucker oder ein Abendessen vor dem Fernseher ebenso natürlich wie ökonomische Konkurrenz und der Glaube an den Fortschritt. Für Pygmäen sind Maden, Nüsse und Beeren, die am offenen Feuer gegessen werden, die gegebene, großzügige Gabe des Geheiligten Waldes, und werden vom ganzen Volk gesammelt und gemeinsam verspeist.

Es gibt eine und nur eine Kost, die uns ganz nährt – wir müssen *bewußt* essen, was sowohl Körper und Seele ernährt und erfreut. Der schwierigste Teil einer inspirierenden Ernährung besteht darin, die unbewußten Motive und unerfüllten Wünsche ans Licht zu holen, die sich als Hunger verkleiden. Der Bananensplit, auf den Sie einen Heißhunger haben, kann ein Ersatz für die Süße sein, die Sie von einem Elternteil oder einem geliebten Menschen nicht erhalten haben. Ich esse gewohnheitsmäßig zuviel Süßigkeiten, weil ich möchte, daß das Leben süßer sein soll, als es ist. Ich esse mehr, als ich will, weil ich mir keine Zeit nehme, das Essen zu schmecken. Irgendein Trugbild drängt mich, einen leeren Ort zu füllen, die Leere zu vermeiden. Wenn ich mir bewußt bin, was und wie ich esse, genieße ich mein Essen und esse die richtige Menge. Wie jeder Süchtige, der von seiner Sucht genesen ist, bestätigen kann, kann keine noch so große Menge an Essen, Alkohol, Sex oder Geld unsere existentielle Leere füllen. Wir können nie genug von dem bekommen, was wir eigentlich gar nicht haben wollen.

Die Menschen des Westens haben es sich angewöhnt, Diäten zu machen und zuviel zu essen – Selbstverleugnung und Sich-gehen-Lassen. Wir sind getrieben vom Trugbild, zu klein oder zu groß zu sein. Unsere Psyche, unsere spirituelle Neigung, besteht darin, zu leer und zu voll zu sein. Sie ist gefangen im verflochtenen Stoff koabhängiger, aber einander widersprechender Illusionen.

Es ist ein Grundsatz des spirituellen Lebens, daß wir unseren tiefsten Wünschen vertrauen sollen. Der zwanghafte Appetit und die blinde Lust kann uns ins weite Land führen und uns dazu bringen, daß wir uns mit den Schweinen niederlegen, doch unsere tiefste Sehnsucht weist den Weg nach Hause.

Befragen Sie sich hinsichtlich Ihrer Eßgewohnheiten: Was essen Sie? Warum? Wann? Mit wem? Ist Essen für sie bloßer »Brennstoff«, der Sie weiter in Bewegung hält? Essen oder trinken Sie zuviel, wenn sie gelangweilt oder bedrückt sind? Sind Sie ein sorg-loser oder ein sorg-fältiger Esser? Mit welchen Nahrungsmitteln belohnen Sie sich für etwas? Essen Sie allein, oder speisen Sie mit der Familie und mit Freunden? Genießen Sie jedes Mahl, oder essen Sie im Stehen? Was ist der Unterschied zwischen Ihrem obsessiven und Ihrem inspirierten Appetit? Stopfen Sie sich buchstäblich mit Essen voll, wenn Sie versuchen, Ihren spirituellen Hunger zu stillen?

Experiment: Fasten Sie einen Tag, zwei oder drei, nehmen Sie nur Wasser und Fruchtsäfte zu sich. Während ihr Hunger wächst, beachten Sie, auf welche Speisen Sie Hunger haben und welche Gefühle jene Zeiten umgeben, zu denen Sie normalerweise essen. Enthalten Sie sich eine Zeitlang aller Stimulanzen und tröstenden Nahrungsmittel und studieren Sie, wie Ihre Stimmungen und Ihr Energieniveau schwanken. Nach einer Zeit des Fastens finden die meisten Menschen, daß sie auf leichtere oder einfachere Speisen Appetit haben. Abstinenz macht den Gaumen empfindlicher. Essen Sie ein, zwei Tage nichts, kosten Sie das Gefühl aus, leer zu sein, und Sie werden zu Tee und Toast zurückkehren wie zu einem Bankett.

Essen Sie einen Apfel, und genießen Sie die Textur, den Geruch und den Geschmack jeden Bissens. Achten Sie auf die unendlichen Prozesse und die Verknüpfungen zwischen organischer und anorganischer Materie, den menschlichen und nichtmenschlichen Welten, die notwendig sind, um Ihnen einen einzigen Apfel auf den Tisch zu bringen.

Bereiten Sie ein Essen vor, schmücken Sie den Tisch mit schönen Blumen und dinieren Sie allein beim Fest der Einsamkeit.

Bereiten Sie ein Festmahl vor, und essen Sie gemeinsam mit der Familie und Freunden, um so die Gemeinschaft zu feiern.

Danksagung: Dankbarkeit und Großzügigkeit

Jede religiöse Tradition erzeugt Rituale der Danksagung und des Gebets.

Vielleicht ist die beständigste Perversion der Religion der unbewußtc Impuls, Gebete und Rituale in schwarze Magie zu verwandeln, Gott zu zwingen, daß er uns Güter und Dienstleistungen liefert, oder mit Hilfe verschiedener spiritueller Praktiken die neurotische Behauptung der moralischen Überlegenheit über andere zu begründen. Der spirituelle Konsumerismus verwandelt Gott in eine Art Notfallnummer, die wir anrufen, damit wir in Krisenzeiten gerettet werden, oder in einen irrealen Einkaufsdienst, mit dem wir um unser Wohlergehen feilschen: »Wenn du mir ABC gibst, werde ich den Zehnten zahlen, keine Drogen mehr nehmen, in die Kirche gehen, mein Leben XYZ widmen.«

In Krisenzeiten können die meisten nicht anders, sie müssen Fürsprechgebete anstimmen. Ich weiß nicht, ob es in Fuchsbauten Atheisten gibt, doch in Gefahrenzeiten, in besonders agnostischen Augenblicken – einmal, als ich beinahe eine hundert Meter hohe Klippe hinabgestürzt wäre, mehr als einmal, als jemand, den ich liebte, in Gefahr oder dem Tode nahe war –, habe ich verzweifelt nach dem Unbekannten Gott gerufen, dem ich keine Hilfe zutraute und dessen Mittel und Wege ich mir nicht vorstellen konnte.

Ungeachtet dieser Rufe nach Hilfe und Hoffnung, die sich uns in dunklen Zeiten entringen, gehört die erste Priorität der Herausbildung der spirituellen Praxis zur Förderung eines Gefühls der Dankbarkeit und der Danksagung.

Ray Bradbury fängt diese Erfahrung in dem Bericht über ein Gespräch mit einem alten Mann in einem irischen Pub auf: »Es ist eine ungeheure Verantwortung, wenn die Welt sich dreht, um einem etwas zu geben. Zum Beispiel: Sonnenuntergänge. Alles ist rosa und golden, es sieht aus wie jene Melonen, die sie uns aus Spanien hochschiffen. Das ist ein Geschenk, nicht wahr? ... Na ja, wem dankt man für Sonnenuntergänge? Und zerren Sie ja nicht den Herrn in die Bar. Jede Bemerkung Ihm gegenüber ist zu leise. Ich meine, jemanden, der Sie packt und Ihnen auf den Rücken schlägt und sagt, Danke für das schöne Licht heute morgen, alter Junge, besser, Tausend Dank dafür, wie die kleinen Blumen heute am Straßenrand ausgesehen haben, und das Gras, über das der Wind strich. Auch das sind Geschenke, wer würde das bestreiten? Was überkommt Jungs wie uns, frage ich mich, die ihre ganze Dankbarkeit ein Leben lang aufsparen und nichts davon ausgeben, Geizkragen, die wir sind? Werden wir eines Tages nicht vom Blitz getroffen und zeigen, daß wir morsch sind ... Aber weil man irgendwo irgendwie jemandem danken kann, wird man rund in den Schultern und kurzatmig. Tu was, Mann, ehe du zu den lebenden Toten zählst.«[1]

Machen Sie es zum Ritual, häufig innezuhalten, um etwas zu würdigen und dankbar zu sein. Segnen Sie die Speisen, die Sie ernähren. Segnen Sie jeden, der Sie auf die eine oder andere Weise liebt. Segnen Sie die Gaben und Talente, die Sie schöpferisch sein lassen. Segnen Sie die Farben, eine nach der anderen – Blau, Grün, Gelb, Rot und alle Pastellfarben und malvenfarbenen Töne. Segnen Sie alte Freunde. Segnen Sie kleine Kinder und alte Eltern. Segnen Sie das Zueinanderpassen von Männern und Frauen, die Zunge und die Hochgestimmtheit und alle Säfte der Lust. Segnen Sie besonders Bach und wer immer Ihren Hintern und Ihr Herz in Schwung bringt. Segnen Sie jene Bücher, die Sie gesegnet haben. Segnen Sie den Schlaf und das Erwachen.

Achten Sie darauf: Je mehr Sie ein Kenner der Dankbarkeit werden, desto seltener werden Sie ein Opfer des Grolls, der Depression und der Verzweiflung. Die Dankbarkeit wird zum Elixier, das allmählich die harte Schale Ihres Ichs auflöst – Ihr Bedürfnis zu besitzen und zu kontrollieren – und Sie in einen großmütigen Menschen verwandelt. Das Gefühl der Dankbarkeit produziert tatsächlich eine spirituelle Alchimie, es macht uns großherzig – Menschen mit großer, weiter Seele.

Tischgespräche und seelenvolle Unterhaltungen

Reden Sie am meisten über die Dinge, die am wichtigsten sind, und am wenigsten über die Dinge, die am unwichtigsten sind. Wir unterschätzen ungeheuer die Heiligkeit der tiefreichenden Gespräche und die Zerstörungskraft des fortdauernden Geplappers und des oberflächlichen Geredes über Pseudoereignisse des Sports, der Unterhaltung und des Lebensstils. Die Stunden, die wir dem Fernsehen widmen, haben die traditionelle gemeinschaftliche Hinwendung zum Gespräch, zum Geschichtenerzählen und zur Vergegenwärtigung der Abenteuer der mythischen Helden und Heldinnen verdrängt.

Viele Eltern, die sich von den offiziellen Kirchen losgesagt haben, quälen sich mit der Frage, wie sie ihren Kindern spirituelle Werte vermitteln können. »Ich wuchs in einer Familie auf, die Mitglied in einer Baptistengemeinde in den Südstaaten war«, erzählte mir kürzlich ein Freund. »Ich glaube nicht mehr ans Dogma der Kirche, ich hasse ihre geistige Enge und Kleinkariertheit, aber manchmal bin ich in Versuchung, meine Kinder zur Sonntagsschule zu schicken, damit sie eine formale religiöse Erziehung erhalten. Ich habe mir überlegt, ob ich sie zu den Unitariern schikken soll, aber die würden ihnen keine festen Glaubensüberzeugungen vermitteln, gegen die sie später rebellieren können.«

Spirituelle Werte und Visionen werden eher nebenbei aufgefangen statt gelehrt. Sie werden osmotisch von einer Person zur anderen weitergereicht. Der beste Weg, Kinder einzuweihen, besteht darin, sie in die täglichen Gespräche am Frühstückstisch und am Abendbrotstisch einzubeziehen. Wenn Eltern über die großen mythischen Fragen nachdenken, ihre moralischen Dilemmata mitteilen, sich kritisch über oberflächliche Werte und Lebensstile äußern und Fragen der rechten Lebensweise und Dinge größter Wichtigkeit erörtern, wachsen Kinder mit Ehrfurcht vor dem Leben auf. Es bieten sich immer ungebetene, wunderbare und schreckliche Anlässe für seelenvolle Gespräche. Der Hund der Familie ist von einem Auto überfahren worden, und die Frage des Todes kommt zur Tür herein und nimmt am Tisch Platz. Auf dem Weg zum Supermarkt kommen Sie an einer Enklave von Obdachlosen vorbei, und das Rätsel der Ungleichheit fällt Ihnen in den Schoß. Ein kleines Kind sieht, daß der Bauch der Mutter groß geworden ist, und fragt, woher die Babys kommen, und das Mysterium der Schöpfung wird greifbar.

Vieles von dem, was meine Kinder über meine Seele wissen, überwand die Kluft zwischen Generationen in jenen wenigen Momenten der Zubettgehzeit, wenn ich sang: »Schlaf ein, mein Kind, und Friede begleite dich die ganze Nacht.« Und sie baten, um das Ins-Bett-gehen hinauszuschieben: »Daddy, erzähl uns eine Geschichte aus der Zeit, als du ein kleiner Junge warst.« Dann erzählte ich aus der Zeit, als mein Collie Susy von einem Auto angefahren wurde und mein Vater dachte, wir müßten ihrem Leiden ein Ende setzen, und ich ihn bat, noch einen Tag zu warten; er tat es, Susy stand auf und ging, und wir stellten fest, daß Hoffnung in etwas Realerem und Mächtigerem wurzelt als in Erwartungen oder Vorhersagen.

Die Seele wächst im Zusammensein. Wort um Wort, Geschichte um Geschichte, was auch immer geschieht, bauen wir uns unsere Welt. Aus einem wirklichen Gespräch – Sprechen und Zuhören – erwächst gegenseitige Verständigung und wird Mitgefühl. So entsteht Gemeinschaft.

Die täglichen Nachrichten und die Praktik der Sympathie

Marshall McLuhan wurde einmal gefragt, warum die Berichte im Fernsehen immer nur Hiobsnachrichten sendeten. Angeblich hat er geantwortet, daß das Fernsehen voller guter Nachrichten sei, allerdings würden die von der Werbung gebracht. Ganz gleich, über wie viele Massaker in den Tagesnachrichten berichtet wird, alle paar Minuten verspricht uns eine Werbesendung Glück und Erlösung, wenn wir die Marke X kaufen. In rascher Folge liefert uns das Fernsehen die schlechten Neuigkeiten und das Evangelium des Wohlstands und des Fortschritts, Bilder verhungernder Kinder im Sudan und Diätpläne, die die Übergewichtigen in schlanke Schönheiten verwandeln sollen.

Je mehr wir passive Betrachter des Leidens der anderen werden – Krieg, Völkermord, Gewalt, Obdachlosigkeit, Hungersnot, Überschwemmungen und Pest – und zugleich zu übermäßigem und Prestigekonsum angeregt werden, desto stärker fördern wir den Zustand der moralischen Verwirrung.

Joseph Campbell, dieser wahre Bürger im Reich des immer wiederkehrenden Mythos, lehnte es ab, sich die Nachrichten anzusehen; er sagte, die moderne Gewohnheit, sich zu den Mahlzeiten die Nachrichten anzusehen, sei ein erbärmlicher Ersatz für die klösterliche Praktik, sich in den Stunden des Essens die heiligen Texte vorlesen zu lassen.

Ich glaube eher, daß wir mit dem Medienungeheuer ringen müssen, es zähmen und dazu bringen, daß es inspirierteren Bedürfnissen dient. Nur so können wir am fortschreitenden historischen Drama teilnehmen.

Die moderne Technologie und die Revolution im Bereich der Telekommunikation verlangen, daß wir neue spirituelle Disziplinen entwickeln.

Schalten Sie ab, stimmen Sie sich ein, und ignorieren Sie systematisch den Kult der Gewalt zur besten Sendezeit. Kaufen Sie keine Waren von jenen, die die Verherrlichung der Gewalt unterstützen, unseren schlimmsten Impulsen Vorschub leisten und Grausamkeit und Töten als spaßige Angelegenheit und Machtspiele betrachten.

Wirken Sie der natürlichen Tendenz der Erschöpfung des Mitgefühls entgegen, indem Sie die Nachrichtensendungen gezielt ansehen und unter die Lupe nehmen. Wenden Sie sich dem Leiden der Welt zu. Lesen Sie die Berichte von Amnesty International als eine Art Meditation. Versuchen Sie, sich ein unschuldiges Auge und Herz zu bewahren. Als Kind habe ich mich mit jeder Figur in den Geschichten identifiziert, die ich in der Zeitung gelesen habe. Ich habe um die Opfer von Gewalt geweint, mich gefragt, wie Verbrecher und Soldaten so grausam sein konnten und erfreute mich am Glück der Gewinner bei einer Lotterie in Irland. Als Erwachsener muß ich an der Praktik des Einfühlungsvermögens und des Mitgefühls arbeiten, die ich früher ganz natürlich vollzog.

Wenn Sie eine Zeitschrift oder eine Zeitung aufschlagen oder den Fernseher anschalten, aktivieren Sie Ihren spirituellen Unfugs-Detektor. Strengen Sie Ihren Verstand ebenso wie Ihr Herz an. Denken Sie nach. Zögern Sie. Kultivieren Sie Zweifel. Seien Sie nicht gutgläubig. Bewerten Sie die Indizien. Drehen und wenden Sie sie. Welches Vorurteil oder welche Ideologie regiert die Wahl dessen, was als Nachricht gilt und was ignoriert wird? Fragen Sie immer: Wer ist für die Nachrichten verantwortlich? Versuchen Sie Propaganda von ehrlicher Berichterstattung zu unterscheiden. Als Grundregel kann dabei gelten: Alle Behauptungen der Werbeindustrie und der Medien, die Wahrheit, die Wahrheit und nichts als die Wahrheit zu sagen, sollte man als unwahr betrachten, bis sie sich als wahr herausstellen. Überlegen Sie, welche Werte, Lebensstile, Bilder des Heroismus und Visionen des guten Lebens gefördert werden, und bewerten Sie sie im Licht Ihrer eigenen Vision des beherzten Lebens.

Beruf und Berufung

Viele Menschen, die einen Auftrieb ihres Geistes spüren, erfahren einen zunehmenden Konflikt zwischen ihrer Berufsarbeit und der Herausforderung, die ferneren Orte des Möglichen zu erforschen. Die Spaltung zwischen Arbeit und Berufung, wirtschaftlicher Notwendigkeit und dem Bedürfnis, etwas von bleibendem Wert beizutragen, empfinden die meisten Menschen zunehmend als tiefgreifendes Dilemma, während die Forderungen des Marktes zur bestimmenden Kraft in Ihrem Leben wird. Fast täglich sagt mir jemand: »Ich hätte gern Zeit zum Meditieren, meine Tiefen zu erkunden, zu denken und mir Fragen zu stellen. Ich hätte gern einen Beruf, der etwas bewirkt Arbeit, die anderen Menschen dient. Aber ich bin gefangen in einem Bürojob, den ich hasse, und tue Dinge, die ich nicht respektiere.« Vorige Woche, als mich der zweite Telefonverkäufer beim Abendbrot unterbrach, reagierte ich ziemlich heftig und verärgert: »Ich betrachte die Kundenwerbung per Telefon als Eindringen in meine Privatsphäre, ich nehme diese Störung übel, und aus Prinzip kaufe ich weder bei einer Organisation, die diese Taktik anwendet, noch spende ich etwas auf diese Weise.« Zu meiner großen Überraschung antwortete der Vertreter: »ich stimme Ihnen zu. Ich hasse diesen Job. Aber entweder ich mache ihn, oder ich muß auf der Straße betteln. Ich habe keine Wahl.«

Wir tun den Schritt aus der Gefangenschaft der Wirtschaftsordnung, wenn wir erkunden, was unsere Berufung sein könnte. Lassen Sie einen Augenblick die Frage außer acht, ob Sie mit ihrer Berufung den Lebensunterhalt verdienen können.

Eine spirituelle Berufung beinhaltet vier Elemente: eine Begabung, eine Freude, ein Bedürfnis und Disziplin.

Damit Sie herausfinden, wozu Sie sich berufen fühlen, fragen Sie sich:

Was ist meine Begabung? Aus Gründen, die ebenso geheimnisvoll wie die Quellen des Selbst sind, ist jedem von uns vorherbestimmt, in manchen Dingen gut und in anderen schlecht zu sein. Und manche Menschen bewohnt vom ersten Augenblick an eine einzigartige Form des Genius. Es ist schwer, sich vorzustellen, daß Georgia O'Keeffee etwas anderes gewählt hätte als den Beruf der Malerin, zu dem sie sich bereits in sehr jungen Jahren berufen fühlte. Dasselbe gilt für Bach. Oder James Joyce.

Woran habe ich Freude? Sie können relativ sicher sein, daß, wenn Sie etwas hassen, es nicht Ihre Berufung ist. Joseph Campbell riet den Menschen, die ihren Weg verloren hatten, ständig dem zu folgen, wobei sie Glück empfanden. Augustinus sagte: »Liebe, und tue, was du willst.« Die Ausübung dieser Begabungen, die den Weg bestimmen, wird Ihnen Freude machen. Natürlich gibt es so viele verschiedene Talente, wie es verschiedene Menschen gibt. Ich kenne Menschen, für die es eine Berufung ist, einen Motor zu tunen, eine gute Suppe zu kochen, ein elegantes Haus zu entwerfen, ein Tagesheim zu leiten, todkranke Menschen zu pflegen, einen politischen Wahlkampf zu organisieren, organischen Knoblauch anzubauen. Ich kenne nur wenige Berufe oder Professionen, die keine spirituelle Berufung für manche darstellen, die ihnen nachgehen.

Wem dient meine Begabung? Das Gefühl, zu etwas berufen zu sein, entsteht zu dem Zeitpunkt, da ein dringender Wunsch, ein Ruf, ein Appell an uns gerichtet wird, den wir nur dadurch beantworten können, daß wir die Begabungen, Talente und Fertigkeiten, die uns gegeben sind, mit anderen teilen. Zum Beispiel: Die Organisation »Ärzte ohne Grenzen« reagiert auf das Leid der Opfer in verschiedenen kleinen Kriegen; eine Organisation pensionierter Manager berät notleidende Firmen in Ländern der Dritten Welt. Nichts klärt die Vorstellung der Berufung so sehr wie der Vergleich mit seinem krankhaften Zwilling – dem Ehrgeiz. Ehrgeizige Menschen mögen eine Begabung haben, doch sie verwenden sie auf egoistische Weise. Diejenigen, die von einem starken Gefühl der Berufung bewegt werden, nutzen ihre Talente, um anderen zu dienen. Sehr oft ist die Begabung, die wir anzubieten haben, die Folge einer

Wunde, die uns zugefügt wurde. Unser persönliches Leid kann uns empfindlich machen für andere, die auf ähnliche Weise leiden. Ein ehemaliger Alkoholiker ruft eine Gruppe der Anonymen Alkoholiker ins Leben, die anderen Menschen mit Alkoholproblemen helfen soll; eine Frau, die sich von einem sexuellen Mißbrauch erholt hat, läßt sich zur Beraterin ausbilden, um anderen Frauen zu helfen, die sexuell mißbraucht worden sind. Es ist häufig der verletzte Heiler, der heilt, der Therapeut, der als Kind vernachlässigt wurde und sich deshalb automatisch in die »erwachsenen Kinder« einfühlen kann.

Welchen Regeln bin ich bereit zu folgen? Eine Berufung ist mehr als ein unterschwelliges Talent. Um zu reifen, muß eine Begabung entwickelt und diszipliniert werden. Große Pianisten machen Fünf-Finger-Übungen; Picasso meisterte die elementaren Lektionen der Farbe, Form, Perspektive und der Skizze, ehe er zum kühnen Künstler wurde.

Wenn Sie Ihre Berufung entdeckt haben, ist es keineswegs sicher, daß sie etwas mit Ihrem Beruf zu tun haben wird. Viele Jahre lang fand mein Freund Charles Breslin, ein Straßenbauunternehmer, seine größte Freude im Studium philosophischer Schriften. Es wurde allgemein anerkannt, daß er während seiner Freizeit mehr philosophische Texte gelesen hatte als irgend jemand sonst in Kentucky. Viele Menschen sind glücklich in Berufen, die ihnen das wirtschaftliche Überleben sichert, und folgen ihrer Berufung in den Stunden außerhalb des Berufs. Während Einstein an seiner Relativitätstheorie arbeitete, verdiente er seinen Lebensunterhalt in einem Patentamt. Der Komponist Charles Ives und der Dichter Wallace Stevens arbeiteten beide tagsüber als Versicherungsangestellte. William Carlos Williams war Arzt. Viele Frauen haben, wie Tillie Olsen, die Arbeit als Hausfrau mit einer künstlerischen Berufung verbunden oder sich der Bedürfnisse der Gemeinschaft angenommen.

Gefährlich wird die Trennung von Berufung und Beruf dann, wenn Menschen weiter einer Tätigkeit nachgehen, die den spirituellen Werten widerspricht, die sie in ihrem Privatleben zu verwirklichen trachten. Ganz unterschiedliche Berufe lassen sich, wie die Buddhisten sagen, »als rechtes Auskommen« bezeichnen, aber manche eben nicht. Man kann mühelos erkennen, daß Verbrechen, der Handel mit Drogen oder zweifelhaften Wertpapieren, die Ausbeutung der Armen und Machtlosen und das profitable Geschäft durch die Befriedigung des lüsternen Hungers nach Gewalt unvereinbar sind mit der Entwicklung einer spirituellen Sensibilität. Die Erstellung einer differenzierten Liste ist jedoch eine Sache des individuellen Gewissens des einzelnen. Der eine kann seinem Gewissen nach als Aktmodell arbeiten, ein anderer nicht. Was dem einen schmeckt, kann einem anderen schaden.

Hier einige Faustregeln:

Arbeiten Sie nicht für eine Firma, deren *Produkte* sie nicht schätzen, ganz egal, wie liberal deren Personalpolitik ist. Wählen Sie keinen Beruf, den sie nicht von ganzem Herzen unterstützen können. Ein seelenvoller Beruf verlangt, daß wir unsere Kreativität nicht auf gesellschaftlich schädliche Weise einsetzen.

Gehen Sie ab und zu Kompromisse ein, aber verraten Sie nicht Ihre Seele. Normalerweise wird immer eine gewisse Dissonanz zwischen Ihren persönlichen Werten und den Anforderungen bestehen, die eine Organisation an sie stellt. Seien Sie sich im klaren über die Grenzen der Kompromisse, die Sie machen können, ohne daß Ihre persönliche Integrität dabei verletzt wird.

Schützen Sie Ihr Privatleben. Seien Sie auf der Hut vor jeder allzu großen Investition an Zeit, Energie und Enthusiasmus – machen Sie also nicht die Arbeit zum Sinn Ihres Lebens. Entziehen Sie sich Organisationen, die von Ihnen fordern, daß Sie Ihre Familie, Ihre Freunde oder Ihre Gemeinschaft vernachlässigen.

Erlauben Sie keiner Organisation, ihre Definition von Glück oder vom guten Leben an die Stelle *Ihrer* inneren Vision zu setzen, und verwechseln Sie das Streben nach einer besseren gesellschaftlichen Stellung und die Belohnung des höheren Status nicht mit dem Rat, »folge dem, was dich glücklich macht«.

Fremde: Engel und verkappte Lehrer

Gehen Sie in jeden Tag mit der Erwartung, daß das, was tagsüber geschehen wird, eine verborgene Botschaft enthalten kann, die ganz persönlich an Sie adressiert ist. Rechnen Sie mit Vorzeichen, Epiphanien, unvermuteten Segnungen und Lehrern, die, ohne es zu wissen, Ihren Zustand ansprechen.

Kürzlich stand ich in einer Schlange und wartete darauf, mit einem Flug der United Airlines nach San Francisco zurückzukehren. Die Stewardeß machte viele Umstände mit einer Frau vor mir, und so riß ich ungeduldig den kleinen Abschnitt von der Bordkarte, warf ihn auf den Abfertigungsschalter und ging langen Schrittes ins Flugzeug. Zehn Minuten später kam die Stewardeß zu meinem Sitz. »Sind Sie Mr. Keen?« fragte sie. »Ja«, antwortete ich. »Mir hat nicht gefallen, daß Sie nicht gewartet haben, bis ich Ihr Ticket in Empfang genommen habe. Ich hätte Sie zurückrufen können.« Ich brachte eine schwächliche, unehrliche Entschuldigung vor, während ich die ganze Zeit dachte: »Was fällt dieser Angestellten eigentlich ein, *mir* gegenüber, einem Reisenden der Business Class, einen solchen Ton anzuschlagen?« Nachdem sie gegangen war und ich Zeit gehabt hatte, mich wieder zu beruhigen, dachte ich über den Vorfall nach und erkannte, daß die Stewardeß mir ein großes Geschenk gemacht hatte – ein wunderschönes Beispiel persönlicher Integrität. Sie hatte sich gewehrt, ihre Würde in einer schwierigen Situation bewahrt, gegenüber einem Kunden deutliche Worte gebraucht, genau wie es jemand, wie ich hoffe, auch gegenüber seinem Vorgesetzten tut. Sie brachte mir auch einiges über den aufgeblähten Zustand meines Ichs bei, meinen verborgenen Anspruch, etwas Besonderes zu sein, und meine Neigung, die anerkannten Spielregeln abzulehnen. Die Stewardeß erwies sich als mein Engel für diesen Tag, als Botin aus der Welt der Seele. Ich danke meinem Guru – Miß X, Stewardeß der United Airlines, Rückflug 101.

Definieren Sie die Erfahrung, Fremden zu begegnen, um, indem Sie so tun, *als ob* jeder ein heiliges Wesen sei. In der hinduistischen und der buddhistischen Kultur ist es Brauch, bei einer Begegnung die Hände in der Geste eines Gebets zu falten und sich vor der Göttlichkeit dieser Person zu verbeugen. Dieselbe Grundeinstellung ist in Jesus' Maxime enthalten, die das Verhalten des Christen leiten soll: »Was ihr getan habt einem unter diesen meinen geringsten Brüdern, das habt ihr mir getan.« Wenn es Ihnen ein bißchen geziert oder frömmelnd vorkommt, sich gegenüber dem Gemüsemann an der Ecke oder dem Polizisten auf der Fifth Avenue zu verneigen, machen Sie die Geste im stillen, nicken Sie mit dem Kopf und entbieten Sie Ihren Mitbürgern, diesen anderen inkarnierten Seelen, ein kurzes wissendes Lächeln.

Metanoia: Wiederaneignung von Licht und Schatten

Paranoia ist ein verbreiteter Geisteszustand bei Bürgern des Gottesreiches. Die Projektion des Schattens des Bösen wird besonders tief in die Herrschaft des politischen Lebens eingewebt. Metanoia – sich umwenden, um sich der Finsternis im eigenen Selbst zu stellen, unsere Projektionen zurückzunehmen und unsere Selbstgerechtigkeit zu bereuen – sollte eine unablässige Disziplin des spirituellen Lebens sein.

Es gibt eine sentimentale Illusion, die von einigen Denkern des New Age und der Religionswissenschaft genährt wird: nämlich, daß spirituell zu leben heißt, nur positive, liebevolle Gedanken zu haben und ständig ein hohes Maß an Selbstachtung zu wahren. Die gewohnheitsmäßige Selbstbeglückwünschung – jeden Tag werde ich in jeder Hinsicht besser und besser – gehört eher in Motivationstrainingsseminare für Handelsvertreter als zum moralischen Realismus des spirituellen Lebens.

Zur Metanoia gehört eine allmähliche Entwaffnung und Abrüstung der Persönlichkeit. Der beste Grund, unsere Feinde zu lieben, besteht darin, daß »sie« uns einen Spiegel vorhalten, in dem »wir« das Bild unseres geleugneten Selbst erkennen können. Unsere Feinde haben das Geheimnis, den fehlenden dunklen Schatz nämlich, daß wir ganz und wahrhaftig werden müssen.

Spielen Sie ein Spiel mit sich, bei dem Sie so tun, als ob das, was Sie über Menschen, die Sie als Feinde betrachten, sagen, falsch ist, und das, was diese Feinde sagen, zutrifft. Probieren Sie die Wahrheit Ihres Feindes aus. Stellen Sie Ihre Vorurteile in Frage. Notieren Sie im Laufe des Tages die ätzende Kritik und die barschen Urteile, die Sie über andere treffen, und überlegen Sie, ob das, was Sie über »sie«

sagen, vielleicht mehr über Sie verrät als über die anderen; sammeln Sie Ihre Feinde um sich und hören Sie zu, was diese über Sie zu sagen haben.

Beichten Sie regelmäßig. Es war der Volksmund, nicht die kirchliche Autorität, der die Maxime prägte: »Beichten ist gut für die Seele.« Mit der Ausnahme des katholischen Beichtstuhls haben wir fast keine rituelle Möglichkeit, mit der wir unsere Gebrochenheit, unsere Entfremdung und Schuld, »das, was wir nicht hätten tun sollen, getan haben, und das ungetan haben lassen, was wir hätten tun sollen«, anerkennen können. Da wir kein formelles Ritual kennen, mit dem wir die Tugend der Metanoia praktizieren können, gehen viele von uns zum Psychotherapeuten statt zum Priester, um so ihre Schuld, Einsamkeit, Grausamkeit, Zwangsgedanken, Angst, ihren Haß und mangelnden Glauben zu erkunden. Wer seelenvoll leben will, muß nicht in irgendeinem traditionellen Sinn religiös sein oder eine Psychotherapie machen, aber er muß einen Weg finden, die Disziplinen der Beichte und der Reue zu praktizieren.

Bevölkern Sic das Schattenland von neuem, und holen Sie den Teil Ihres Geistes, den Sie geleugnet haben, zu sich zurück. Das ist eine schwierige Aufgabe. Offenbar können wir nicht erkennen, was wir ein Leben lang vor uns verborgen gehalten haben. Zum Glück ist Ihr Schatten, der Ihnen selbst unsichtbar ist, Ihrer Familie, Ihren Freunden und Nachbarn offensichtlich. Ihre Frau, Ihr Mann oder Ihr engster Freund kann Ihnen mehr über Ihre langweiligen Seiten, verborgenen Laster, geheimen Machtspiele, unbewußten Grausamkeiten und habituellen Abwehrmechanismen verraten als die meisten Priester oder Therapeuten – *wenn Sie fragen und bereit sind, mit wachem Verstand und offenem Herzen zuzuhören.*

Und so beschrieb der christliche Mystiker François Fénelon (1651 – 1715), wie man sich Schatten und Licht wiederaneignet: »Wenn das Licht stärker wird, sehen wir, daß wir schlechter sind, als wir dachten. Wir sind verblüfft über unsere ehemalige Blindheit, während wir sehen, wie aus den Tiefen unseres Herzens ein ganzer Schwarm schändlicher Gefühle hervorbricht wie schmutzige Reptilien, die aus einer verborgenen Höhle krabbeln. Nie hätten wir geglaubt, daß wir solche Gefühle hegen, und wir stehen entsetzt da und sehen zu, wie sie allmählich erscheinen. Aber wir dürfen weder verblüfft noch entmutigt sein. Wir sind nicht schlimmer, als wir waren; im Gegenteil, wir sind besser. Doch während unsere Fehler geringer werden, scheint das Licht heller, durch das wir sie sehen, und Grauen erfüllt uns. Bedenken Sie – zu Ihrem Trost –, daß wir unsere Krankheit nur erkennen können, wenn die Heilung beginnt.«

Erkunden Sie die wahren Extreme, die jenseits der falschen Alternativen der Arroganz oder Scham liegen – Schatten-Arbeit und Licht-Arbeit.

Bei der Disziplin der Licht-Arbeit geht es nicht darum, ein ausgeprägtes Selbstwertgefühl zu erlangen. Eine Zeile aus einem alten Glaubensbekenntnis kann als Ausgangspunkt dienen. »Wir alle haben gesündigt und sind aus der Gnade Gottes gefallen.« Wenn ich dies in die Sprache des Existentialismus übertrüge, würde ich sagen: »Ich bin so oft in mein niedergeschlagenes oder aufgeblasenes Selbstbild eingekapselt, daß ich vernachlässige, den Zauber des Lebens zu erforschen und zu genießen. Ich bin weiter und wilder, aufnahmebereiter und verheißungsvoller, als ich zu sein wage. Ich lebe abwechselnd in einer billigen Absteige und in einem Luxushotel, aber ich teile das Erbe des überfließenden Lebens, in dem ich lebe und mich bewege und in dem ich mein Sein habe.«

Ihre Aufgabe, wenn Sie sich entschließen sollten, diesen Auftrag anzunehmen, besteht darin, den Feind im Inneren, die dunkle Seite der Kraft, das Reich des Bösen, das unerkannt in der Festung Ihres Ichs wohnt, aufzuspüren – *und* die Höhen Ihres Geistes, Ihre Schönheit, Ihre Kraft, die Süchte, Gewohnheiten und Obsessionen, die Sie womöglich gefangenhalten, zu transzendieren und Ihren Schöpferinstinkt und Ihr Mitgefühl zu erforschen.

Anbetung und Hingabe

Experimentieren Sie mit der gedanklichen Neubestimmung der Art und Weise, wie Sie Menschen und Dinge betrachten. Wechseln Sie die Perspektive. Hören Sie auf, im Sinne von Gewinn und Verlust, nützlich und nutzlos, funktional und dysfunktional und wertvoll und wertlos zu denken, und spielen Sie mit der Vorstellung, daß wir die tiefe Freude am Leben nur dann erleben, wenn wir eine Haltung der Anbetung in unserem Verhältnis zu Dingen, anderen Lebewesen und Personen entwickeln.

Ich vermute, daß der Niedergang von Anbetung und Hingabe und der Aufstieg der rein pragmatischen Denkweisen der tiefste Grund für die Zerstörung der modernen Welt ist. Wir benutzen Dinge und Menschen und werfen sie weg. Stellen Sie sich die Revolution vor, die sich vollziehen würde, wenn wir nur Produkte herstellten und kauften, die wir bewundern können und die wir deshalb mit Hingabe pflegen. Nur das, was wir wertschätzen, überschütten wir mit Fürsorge.

Es ist etwas zutiefst Spirituelles in der Hingabe, mit der sich die jungen Mädchen in unserem lokalen Gestüt um ihre Pferde kümmern. Jedes Pferd wird jeden Tag gestriegelt und gestreichelt; sein Name, sein Charakter und seine

Geschichte ist Gegenstand liebevoller Klatschgeschichten und Gespräche; sein Sattelzeug wird gereinigt und poliert. Ich bin bereit, diesen Grundsatz noch auszudehnen, und folgende These aufzustellen: Die Art und Weise, wie ein Mann ein gutes Paar Wanderschuhe kauft, sie zwanzig Jahre lang benutzt und pflegt, während sie durch das lange Tragen weicher werden und sich der Kontur des Fußes anpassen, ist ebenfalls ein Modell für ein wahrhaftiges Gefühl der Hingabe.

Überdenken Sie einmal die Wirtschaftsordnung in Hinblick auf eine Produktion und Konsumption bewundernswerter Dinge statt als eine Herstellung von Gegenständen des geplanten Verschleißes. Probieren Sie die Disziplin aus, nur das zu kaufen, was sie auch zu schätzen und zu lieben bereit sind. Überdenken Sie auf ähnliche Weise zwischenmenschliche Beziehungen im Sinne von Anbetung statt den heute modischen Kategorien von funktional bzw. dysfunktional.

In einem Seminar, das ich kürzlich abhielt, sagte eine Frau, sie komme aus einer dysfunktionalen Familie. Ich hielt inne und fragte sie: »Sagen Sie mir in anderen Worten, ohne eine Maschinenmetapher zu benutzen, was Sie meinen.« Sie antwortete: »Weder mein Vater noch meine Mutter haben mich angebetet.« »Und möchten Sie angebetet werden?« fragte ich sie. »Ja«, antwortete sie. Ich glaube, jeder Mensch hat das natürliche Recht, angebetet zu werden. Wenn man uns nicht wunderbar findet, verwelken wir, statt zu gedeihen. Eine ganz und gar lebendige Person ist eine, die anbetet und angebetet wird, liebt und schätzt und geliebt und geschätzt wird.

Anbetung ist nichts Geringeres als vollständiges Wissen. Jemanden kennen heißt ihn so lieben, wie der andere sich selbst kennt und liebt. Einen Rotluchs anbeten heißt, einen Augenblick lang in ihm zu verschwinden, aus seinen schrägen Augen zu blicken und Freude zu empfinden, wenn er sich auf eine arglose Maus stürzt.

Fabulieren Sie. Spielen Sie mit der Vorstellung, daß Gott ein Netzwerk der Anbetung ist, das einzelne Wesen wie Zellen in einem Körper verbindet:

Gott ist in jedem Mann, jeder Frau, jedem Wacholderbusch und jeder streunenden Katze inkarniert, als Bewußtsein, daß das Sein von sich selbst hat. Gott ist das gestaltgebende Bewußtsein, das der Grashüpfer über sich hat, und das Bewußtsein, das der Eichelhäher von sich hat, während er den Grashüpfer frißt.

Gott ist die Gesamtsumme aller Formen selbst-bewußten Lebens und wird in jeder Nanosekunde in einer Milliarde von Formen wiedergeboren.

Gott ist der Leim, der das Viele zu Einem verbindet, eine Form des kosmischen Selbstbewußtseins, das die intimen Empfindungen jedes Wesens bewundert und genießt.

Vielleicht.

Einen Zufluchtsort errichten

Wir brauchen eine abgetrennte Zeit, einen abgetrennten Ort, in den wir uns zurückziehen können, damit wir in die Mitte von Zeit und Raum zurückkehren können.

Die Religion trennt die Welt in heilige und profane Räume und erschafft dauerhaft heilige Länder, Tempel und sakrosankte Orte. Heute gelten Delphi, Mekka, Jerusalem, Benares, Lhasa, Taksang, Lourdes, die San Francisco-Gipfel und die Akropolis als Orte, in denen besondere Epiphanien des Heiligen stattfinden. Pilger nähern sich diesen Orten in ehrwürdigem Schweigen und in der Erwartung, eine religiöse Glaubenserfahrung zu machen. Je mehr Tradition ein Ort ausstrahlt, desto eher glauben die Gläubigen, daß etwas Einzigartiges, etwas innerlich und objektiv Magisches in dem heiligen Raum anwesend ist, das es in den anderen, profanen Räumen nicht gibt.

Bestimmte Landschaften und Orte sind ohne Frage ehrfurchtgebietend. Den meisten Menschen verschlägt es den Atem, wenn sie zum erstenmal einen Wald mit Redwoodbäumen, den Grand Canyon oder einen antiken Tempel erblicken; sie erleben einen Augenblick der Verzauberung. Aber die spirituelle Suche beruht, anders als eine religiöse Pilgerfahrt, auf der Annahme, daß *kein Ort profan ist, sondern jeder Ort heilig*. Wenn wir Augen hätten zu sehen, könnten wir die Ewigkeit in einem Körnchen Sand erkennen und die heilige Intention des Kosmos am geschlängelten Lauf des Snake River ablesen. Mitten auf dem Times Square oder in Cape Canaveral könnten wir die spürbare Sehnsucht nach himmlischer Herrlichkeit berühren, die dic Evolution der Sterne auf ihren Bahnen leitet und Männer und Frauen bewegt eine Stadt oder ein Raumschiff zu bauen. Das große Geheimnis ist: Das Anderswo ist hier und jetzt, der Schatz, den wir in einem fernen Land suchen, ist unter unserem Heim verborgen.

Viele Disziplinen, die unsere Fähigkeit entwickeln, das Leben aus einer spirituellen Perspektive zu sehen, haben mit *Nichttun* zu tun, die hektische Suche aufzugeben und zu lernen, die heiligen Geschehnisse des alltäglichen Lebens aufmerksam wahrzunehmen. Eine Zen-Maxime lautet: »Tue nicht etwas. Sitze einfach da.« Der Psalmist rät uns: »Sei still, und wisse, ich bin Gott.« Meister Eckhart, der christliche Mystiker des Mittelalters, empfiehlt uns, einen Zustand der Leere und des Desinteresses zu kultivieren.

Wir alle müssen uns ein Refugium schaffen, in das wir uns zurückziehen können, um den Ablenkungen unseres normalen Tagesablaufs zu entkommen. Alleinsein ist notwendig, damit wir zu jener köstlichen Stille und Ruhe kommen, die die Pforten der Wahrnehmung reinigt, unsere Fähigkeit zu staunen erneuert und unsere Werte und Prioritäten neu ordnet.

Es gibt viele Wege, wie Sie Ihr Refugium errichten können. Sie könnten damit anfangen, indem Sie Ihre persönliche heilige Geographie rekonstruieren. Erinnern Sie sich der besonderen Zeiten und Orte, an denen Sie eine wundersame Offenheit für das Mysterium des Normalen erlebt haben. Vielleicht lädt ein Ort – ein windgepeitschter Strand, eine Hütte im Wald, eine Kathedrale, ein kleiner Park – Sie dazu ein, sich an Ihr Selbst zu erinnern, beruhigt Sie und gibt Ihnen das Gefühl der Neuorientierung. Vielleicht wollen Sie dorthin zurückkehren, Sie können aber auch einen Raum für Meditation und Ruhe reservieren. Wenn Sie eine Familie haben, brauchen Sie ein »Bitte nicht stören«-Schild und die unmißverständliche Aussage, daß Sie nicht zur Verfügung stehen, wenn die Tür zum Refugium verschlossen ist.

Mein Studio, eine Hütte am Bachufer, dient mir sowohl als Arbeitsplatz als auch als Rückzugsort. Darin habe ich Gegenstände versammelt, die für mich eine besondere Bedeutung haben. Drei Fotoalben helfen mir, mich an verschiedene Kapitel meiner Autobiographie zu erinnern. Mehrere Halbedelsteine fangen das Licht ein und brechen es zu einem Kaleidoskop von Farben. Eine knorrige Baumwurzel, die etwas an einen alten Mann erinnert und die ich 1938 auf einer Wanderung mit meinem Vater fand, steht in der Ecke und hält Wache über heilige Erinnerungen. Mehrere an der Wand hängende Masken erinnern mich an bestimmte Dämonen, Spaßmacher, wilde Tiere und grünäugige alte Männer, die ich im Dickicht meiner Seele erspäht habe. Es gibt einen Ofen, der Wärme spendet, ein Bett zum Schlafen und Träumen, einen extra Stuhl für einen Freund, Teppiche und Decken, die ich von Reisen an Orte mitgebracht habe, an denen Frauen noch mit der Hand weben, sowie Kerzen, die weiches Licht spenden. Wenn ich allein sein möchte, schalte ich das Telefon und das Faxgerät ab und bleibe still sitzen, bis mein Atem langsam und sanft geht und ich in der Lage bin, ins Refugium einzutreten, das mich immer in der Mitte meines Wesens erwartet.

Praktizierte Gemeinschaft und Gemeinsamkeit

Die spirituelle Reise ist eine Fahrt, auf die wir uns allein begeben. Sie beginnt in der Gemeinschaft, führt uns hinaus in die Wildnis der Einsamkeit und kehrt zur Gemeinschaft zurück. Immer wieder. Stoppen wir den Rhythmus von Rückzug und äußerem Engagement, so werden wir früher oder später unter der Entfremdung von uns selbst und anderen leiden.

Um den Illusionen zu entkommen, die aus der Selbsteinkapselung stammen, und um sich etwas (auf kluge Weise) hinzugeben, das jenseits des Selbst liegt, das unser individuelles Leben mit Sinn füllt, müssen wir uns die folgenden, mythischen Fragen stellen: Wer ist mein Nachbar? Wer ist mein Volk? Zu welcher Gemeinschaft gehöre ich? Mit wem teile ich meine Abgeschiedenheit?

Probieren Sie folgendes Gedankenexperiment aus; es ist eine Übung zur Weitung Ihres Geistes. Betrachten Sie die immer weiter werdenden Horizonte, die Ihre Einzigartigkeit umfassen können. Spielen Sie damit, daß Sie Ihr Selbstgefühl allmählich dehnen. Beginnen Sie mit Ihrer von der Haut umgebenen, zeitgebundenen, vom Tod begrenzten Individualität, und bewegen Sie sich nach und nach in einem der weiteren konzentrischen Kreise der Gemeinsamkeit.

Was geschieht, wenn Sie Ihr Selbstgefühl verbinden mit:
Ihrer Herkunftsfamilie? Ihrer Kleinfamilie? Ihrer erweiterten Familie?

Dem Kreis Ihrer engen Freunde?

Einer religiösen Gemeinschaft gleichgesinnter Menschen – Kirche, Gemeinde, Synagoge, Sangha, Moschee, Ashram?

Einer Gemeinschaft von Berufskollegen, Firmenangehörigen, Mitarbeitern?

Ihren unmittelbaren Nachbarn?

Der politischen Gemeinschaft – Bezirk, Bundesstaat oder Nation?

Der Gemeinschaft aller am Leben befindlichen Menschen (einschließlich Ihrer Feinde, Konkurrenten und den Angehörigen »primitiver« Stämme im Amazonasgebiet)?

Der Gemeinschaft aller Menschen, einst und heute, lebendig und tot (einschließlich Ihrer Vorfahren, den Heiligen und moralischen Ungeheuern, die die Geschichte formten, die sie formte, und Ihrer Nachfahren bis in die unendliche Zukunft)?

Der Gemeinschaft aller lebenden, fühlenden Wesen?

Der Gemeinschaft aller lebenden und toten fühlenden Wesen von einst und morgen (einschließlich Schimpansen und Dinosaurier)?

Achten Sie darauf, daß sich Ihnen jedesmal, wenn Sie Ihre Identität erweitern, bestimmte moralische Forderungen stellen. Wenn Sie sich lediglich mit Ihrer Familie und Ihren Freunden identifizieren, sind Sie verpflichtet, nur die zu lieben, die Sie lieben. Wenn Sie Ihre Grenzen erweitern und Ihre Nachbarn einschließen, dann verpflichten Sie sich, höflich zu jenen zu sein, die Sie vielleicht nicht mögen. Wenn Sie mit allen Lebewesen verwandt sind, müssen Sie herausfinden, wie Sie sich um den Fleckenkauz kümmern können. Wenn Sie in den Kreis allen Lebens, einst und morgen, gehören, müssen Sie herausfinden, welche Verantwortung Sie gegenüber der alten DNS haben, die Ihr Wesen prägt und beabsichtigt irgendeine zukünftige Evolution jenseits Ihrer gegenwärtigen Form herbeizuführen.

Es ist gut, die Einbildungskraft zum Zerreißen anzuspannen, mit ihren Möglichkeiten zu spielen, die äußeren Grenzen des Selbst zu dehnen. Doch wenn wir zur Frage des alltäglichen Lebens zurückkehren, ist die wichtigste Einübung von Gemeinsamkeit die schlichte Freundlichkeit gegenüber Fremden, Höflichkeit gegenüber den Nachbarn und Gerechtigkeit gegenüber der größeren Gemeinschaft. Heute, wie zu Zeiten des Propheten Micha, wird von uns verlangt: »Recht tun, Güte und Treue lieben, in Ehrfurcht den Weg gehen mit deinem Gott.«

Wählen Sie die Gemeinschaft, in der Sie leben und arbeiten wollen. Bleiben Sie an Ort und Stelle. Pflegen Sie die Freundschaft zu tugendhaften Freunden. Machen Sie sich mit Ihren Nachbarn bekannt. Treten Sie einer lebendigen Gemeinschaft bei. Engagieren Sie sich in der Gemeinschaft, und engagieren Sie sich politisch. In unserer Zeit stehen wir am Ende eines erstaunlichen Experiments in Individualismus. Doch durch die Befreiung des Individuums und durch die Möglichkeit, daß es die Fesseln der Tradition und Gemeinschaft transzendieren konnte, sind wir über das Ziel hinausgeschossen. Im nächsten Zeitalter müssen wir neue Formen der Gemeinschaft ausprobieren.

Hausgemachtes Credo

Um die Verbindung von Geist und Seele herzustellen, sammeln Sie die Bruchstücke Ihrer Glaubensüberzeugungen, formen Sie sie zu einer kohärenten Weitsicht und fassen Sie sie in einem Credo zusammen. Die meisten Menschen gehen überwiegend dem Geschäft des Lebens nach, ohne sich die Mühe zu machen, ihre fundamentalen Glaubensüberzeugungen, Grundsätze und Werte zu artikulieren. Unser Glauben – unser Mangel an Glauben – ist blind und stumm; er hat weder Augen noch eine Stimme. Es zu wagen, vor sich selbst und anderen ein Glaubensbekenntnis abzugeben, ist ein Akt des intellektuellen und moralischen Mutes. Das Verständnis, das Sie für sich in Anspruch nehmen, ist der Boden, auf dem Sie stehen, und die Vision und die Werte, für die Sie einstehen wollen. Meißeln Sie Ihr Credo nicht in Stein, gießen Sie es auch nicht in Bronze. Im Gegensatz zu religiösen Glaubensbekenntnissen soll das persönliche Credo nicht die WAHRHEIT einfangen, die »den Heiligen ein für allemal anvertraut ist«. Alle paar Jahre ist es sinnvoll, innezuhalten und eine Inventur der Glaubensüberzeugungen zu machen, das alte Credo zu zerreißen und ein neues zu schreiben. Wenn Sie eine lange Zeit blind in einem dichten Wald umhergereist sind, erklimmen Sie einen Berggipfel oder einen hohen Baum, damit Sie sich einen Überblick über die Region verschaffen, aus der Sie kommen und worauf Sie zusteuern.

Vor einigen Jahren organisierte Stewart Barnd, der Initiator und Herausgeber des *Whole Earth Catalogue*, eine internationale Konferenz, auf der man einige Anwesende, die es gewohnt waren, längere Zeit im Mittelpunkt des Interesses zu stehen, fünf Minuten Zeit gab, ein Statement abzugeben. Die Vorschrift, sich kurz zu fassen, wurde dadurch durchgesetzt, daß das Mikrophon zehn Sekunden nach der Zeitbegrenzung ausgeschaltet wurde. Das folgende, leicht revidierte Credo, stellt meine Bemühung dar, meine grundlegenden Überzeugungen in knapper Form zu formulieren.

Unser Un-behagen und unsere Krankheit

1. Zu unserem Un-behagen gehört unsere Gewohnheit, Symptome zu kurieren.
2. Die Technologie kann uns nicht von unserer Obsession heilen, Dinge technisch lösen zu wollen.
3. Die psychologische, spirituelle und wirtschaftliche Depression entspringt einer Ziel-Krise, keiner Energiekrise.
4. Die Energie folgt der Absicht.
5. Wir haben unseren Zweck, nicht unsere Mittel verloren.
6. Uns fehlt ein Lebenszweck.
7. Visionen findet man in Träumen, nicht am Tage.
8. Das erste, was wir tun müssen – nichts.

Visionen der Heilung

9. Am Anfang ist das Ende – das *telos*.
10. Jeder Prozeß bewegt sich auf ein Ziel zu.
11. Alle Energie ist bereits gestaltet.

12. Der Zweck schafft die Mittel.
13. Die Frage des Wertes, des Zwecks rangiert vor der Frage der Technik.
14. Wir sind auf der Durchreise zu einem unbekannten Ziel.
15. Ein Mensch gehört zwei Königreichen an: dem Hier und Jetzt und dem Dort und Damals.
16. Wir werden dadurch geheilt, daß wir von einer Bestimmung träumen, die wir nicht kennen können.
17. Wir sind Geschöpfe von Licht und Dunkelheit, Erleuchtung und Verdunkelung.
18. Die verheißene, aber unbekannte Zukunft zieht uns in die Richtung, der zu werden, der wir sind.
19. Das menschliche Potential ist unerreichbar – Gott sei Dank.
20. Wir sind unvollendet; deshalb hoffen wir.
21. Wir werden bewegt von Sehnsucht, von dem, was wir noch nicht sind.
22. Es gibt einen Traum, der uns bewegt.
23. Wir gehören nicht uns selbst.
24. Alles, was sich in einem einzigen Leben erreichen läßt, ist ein zu geringer Traum, um einem ganzen Leben Sinn zu verleihen.
25. Jede Identität, die man finden kann, verdient, daß man sie verliert.
26. Wer bin ich, so zu tun, als könnte ich die Frage: Wer bin ich? beantworten.
27. Was ich bin, ist größer als das, was ich von mir weiß.

Der Pfad

28. Paranoia – Mißtrauen, Schuldzuweisung, Ausschluß – ist die normale conditio humana.

29. Metanoia – Reue, Vertrauen, Verantwortung übernehmen, Einschließung – schafft den Geist.
30. Die Zukunft des Menschen hängt davon ab, ob wir lernen können, daß wir Verwandte sind und gütig zueinander sein müssen.
31. Ein vollständiger Mensch ist kein Krieger.
32. Wir können das Leben nicht erobern.
33. Es gab Fische, ehe es Fischer gab. Die Fische waren vor den Fischern da.
34. Wir haben die Welt nicht geschaffen.
35. Wir haben keine Macht.
36. Unsere erste wichtige Verantwortung: wertschätzen.
37. Die Philosophie und die Heilung beginnt mit Staunen.
38. Schweigen geht aufrichtigen Worten voran.
39. Männliches Handeln wurzelt in Kontemplation.
40. Gib dich dem hin, was ist, ehe du irgend etwas zu ändern suchst.
41. Es ist nur sicher, das zu ändern, was du zu lieben gelernt hast.
42. Wir können nur lieben, was fehlerhaft ist.
43. Eine vollkommene, endgültige Welt hätte für mich keine Verwendung.
44. Tragödien, Ungerechtigkeit und Unvollkommenheit liefern die Aufgaben, die dem Leben einen Sinn geben.
45. Wir sind auf dieser Welt, um zu staunen und Verantwortung füreinander zu tragen.

Und zum Schluß

Man kann endlos viele Rituale erfinden. Ebenso kann es keinen endgültigen Schluß für die spirituelle Reise geben. In meinem Leben wie in Ihrem müssen endlos viele Tätigkeiten bewältigt werden, damit man über sie nachdenken und sie heiligen kann. Auf alle Fälle sollten Sie etwas anbauen, um sich der wahren Bedeutung der Demut erinnern zu können. Recyceln Sie, damit Sie sich daran erinnern, daß sich alles Heilige – einschließlich Ihr Geist – in einem Kreis bewegt. Lieben Sie irgendein wildes Tier, damit Sie den Anteil in sich lebendig halten, der nicht domestiziert ist. Jedesmal, wenn Sie einen anderen Menschen berühren, ehren Sie den Geist seines Fleisches. Halten Sie ihr Rückgrat geschmeidig und Ihren Sinn für Humor gut geölt. Bleiben Sie agnostisch, aber vertrauensvoll. Bemühen Sie sich nicht, allzuweit in die Zukunft zu schauen. Der Weg wird sich vor ihnen öffnen, Schritt für Schritt.

Gestern nachmittag sind Jan, Jessamyn und ich aufgebrochen und zehn Meilen auf einem schwierigen Trail geritten. Schließlich kamen wir zu dem Haus unserer Freunde. Sie luden uns zum Abendessen ein, und ehe wir uns auf den Nachhauseweg machten, war es dunkel. An den offenen Stellen erhellten ein Dreiviertelmond und ein klarer Himmel den Trail, doch als wir durch ein Wäldchen ritten, gerieten wir in einen dunklen Tunnel aus überhängenden Bäumen. Lichtsplitter drangen durch die Zweige, doch nicht genug, als daß wir den Weg sehen konnten. Da ich nachts noch nie auf einem unbekannten Weg geritten war, wußte ich nicht, wie gut die Pferde sehen konnten. Die steilen Hänge mit unebenem Untergrund machten mir besonders große Sorgen. Angespannt spähte ich ins Dunkel, hielt die Zügel kurz und führte mein Pferd auf das, was ich sah. Einmal zog die Stute nach rechts, aber ich bestand darauf, das wir dem folgten, was ich für den Trail hielt, der nach links führte. Als wir in einem Gestrüpp in eine Sackgasse gerieten, fiel mir ein, daß sie die bessere Fährtenleserin war; ich entspannte mich allmählich und ließ mich durch den dunklen Wald führen.

Während sich meine Augen langsam auf die Dunkelheit einstellten, wurde es ein ganz bißchen heller. Mein enges Blickfeld warnte mich vor überhängenden Zweigen, und ich geriet in ein Kontinuum fließender Bewegungen. Pferd und Reiter wurden eins: Einmal ritt Jan heran und leuchtete mit der Taschenlampe auf den vor uns liegenden Weg. Sofort konnte ich nicht mehr sehen, was rechts und links von mir lag, sondern nur noch den schmalen, erhellten Korridor. Geblendet vom Licht übersah ich einen tiefhängenden Ast und spürte, wie etwas gegen mein Ohr schlug.

Wir beendeten unsere Reise ohne künstliches Licht. Als wir schon auf dem Berg ankamen, sahen wir die Lichter jeder Stadt in der Bay Area ausgebreitet vor uns liegen, und den hoch am Himmel stehenden Mond.

Vertrauen Sie der leuchtenden Dunkelheit.

Anmerkungen

Vorspiel

1. Religion in America, Gallup Report, Nr. 236, Mai 1985.
2. Paul Davis, *The Mind of God*, New York 1993.

Kapitel 2

1. *San Francisco Examiner*, 6. Oktober 1991.
2. Frederic Spiegelberg im Gespräch mit Keith Thompson, Katalog des Esalen Institut, September 1993.

Kapitel 3

1. Das *Popol-Vuh*, zitiert in Dennis Tedlock, *Breath on the Mirror*, San Francisco 1993.
2. Albert Einstein, in: *Albert Einstein: Ideas and Opinions*, übers. von Sonja Bargmann, New York 1954.

Kapitel 5

1. Edwin Bernbaum, *Sacred Mountains in the World*, San Francisco 1991.
2. Rebecca Goldstein, *The Mind-Body Problem*, New York 1983.
3. Richard Feynman, zitiert in James Gleick: »Part Showman, All Genius«, *The New York Times Magazine*, 20. September 1992, S. 4.

Kapitel 7

1. Norman O. Brown, *Love's Body*, München 1977, S. 196 ff.
2. Ebda., S. 202.

Kapitel 9

1. *San Francisco Examiner*, 15. November 1992.
2. Emily Yoffe, »Silence of the Frogs«, *The New York Times Magazine*, 13. November 1992.
3. Häuptling der Pawnee Letakota-Lesa im Gespräch mit Natalie Curtis (c. 1904), zitiert in Joseph Campbell, *The Way of the Animal Powers*.
4. Robert Bly, James Hillman und Michael Meade, *The Rag and Bone Shop of the Heart*, New York 1992, S. 160.
5. Mark Owens and Delia Owens, *Cry of the Kalahari*, Boston 1984.

Kapitel 10

1. Vaclav Havel, »The End of the Modern Era«, *The New York Times*, 1. März 1992.
2. Gandhi, zitiert in Larry Brilliant, »The Health of Humanity«, *Whole Earth Review* (Herbst 1993).
3. Das »Population Crisis Committee«, 1120 Nineteenth Street N. W, Washington DC 20036.
4. Laut Untersuchungen des »World Game Institute«, dargestellt im *Whole Earth Review* (Herbst 1991).

Kapitel 11

1. Stephen Batchelor: »Rebirth: A Case for Buddhist Agnosticism«, *Tricyle: The Buddhist Review* (Herbst 1992).

Kapitel 12

1. Ray Bradbury, *Green Shadows, White Whale*, New York 1993.

Band 60353

Sam Keen

Feuer im Bauch

Was ist heutzutage eigentlich ein richtiger Mann? Die alte Männlichkeits-Rolle ist ausgespielt, der »Softie« war auch keine Alternative.

Sam Keen untersucht die politischen, wirtschaftlichen und mythischen Ursachen der männlichen Unrast und hilft, sinnvolle Antworten zu finden. Darüber hinaus unterzieht er die Beziehung von Mann und Sex, Mann und Krieg, Mann und Arbeit einer kritischen Betrachtung und zeigt auf diesen Gebieten neue Rollen, andere Vorbilder auf. Feuer im Bauch ist daher ein Leitfaden auf der Suche nach dem neuen Mann.

»Seit langem das Intelligenteste, was zu diesem unendlichen Thema zu lesen war.«

zeit-magazin

BASTEI LÜBBE

Band 60447

Alphons Silbermann

Propheten des Untergangs

Angst kennt jeder, Angst hat jeder. In seiner neuen Streitschrift geht es dem international angesehenen Soziologen Alphons Silbermann jedoch nicht um die psychologische Fragestellung, woher ein Angstzustand rührt, sondern um die Aufklärung der gesamtgesellschaftlichen sozialen Bewegungen, die Angst hervorrufen – und wozu.
So nutzen die allgegenwärtigen Medien die überaus komplexen Lebenszusammenhänge unserer Tage aus, um Angst zu schüren. Verwüstung, Krieg, Mord, Brand, Seuchen, Korruption und Unfälle bestimmen die Nachrichten und verursachen ein Klima der Bedrohung, das nichts mit der Realität der meisten von uns zu tun hat.
Deshalb appelliert Alphons Silbermann mit seinem Buch an die Vernunft. Er nimmt der Angstspirale durch Aufklärung die Dynamik und zeigt, wie man der alltäglichen Angstmacherei mit Sinn und Verstand entgegentreten kann.